KB139133

하버드 중국사 **남북조**
분열기의 중국

China Between Empires : The Northern and Southern Dynasties by Mark Edward Lewis
Copyright ⓒ 2009 by the President and Fellows of Harvard College
All rights reserved.

Korean Translation edition ⓒ 2016 by Nermerbooks
Published by arrangement with Harvard University Press, Massachusetts, USA
Through Bestun Korea Agency, Seoul, Korea
All rights reserved.

이 책의 한국어 판권은 베스툰 코리아 에이전시를 통하여
저작권자인 Harvard University Press와 독점 계약한 너머북스에 있습니다.
저작권법에 의해 한국 내에서 보호를 받는 저작물이므로
어떠한 형태로든 무단 전재와 무단 복제를 금합니다.

하버드 중국사 남북조_분열기의 중국

2016년 3월 14일 제1판 1쇄 인쇄
2016년 3월 28일 제1판 1쇄 발행

지은이   마크 에드워드 루이스
옮긴이   조성우
펴낸이   이재민, 김상미

편집   이유나
디자인   달뜸창작실, 최인경

종이   다올페이퍼
인쇄   천일문화사
제본   광신제책

펴낸곳   너머북스
주소   서울시 종로구 자하문로 100-1(청운동) 청운빌딩 201호
전화   02) 335-3366, 336-5131 팩스 02) 335-5848
홈페이지   www.nermerbooks.com
등록번호   제313-2007-232호

ISBN 978-89-94606-41-5 93910
ISBN 978-89-94606-28-6 (세트)

너머북스와 너머학교는 좋은 서가와 학교를 꿈꾸는 출판사입니다.

하버드 중국사 **남북조**
분열기의 중국

마크 에드워드 루이스 지음

조성우 옮김

너머북스

차례__

지도와 그림__

한국어판 서문

하나의 문명사를 한 권의 책에 담아내는 일은 제2차 세계대전 이후, 적어도 서양에서는 역사학자가 가장 열정을 쏟았던 작업이다. 중국사 분야에서도 숱한 난관을 이겨내고 뛰어난 작품들을 내놓은 수많은 개척자 ─ 존 페어뱅크John Fairbank(1907~1991)부터 조너선 스펜스 Jonathan Spence(1936~)에 이르기까지 ─ 가 있다. 나는 세계대전 이후에 태어난 세대로서 우리 세대에게는 그러한 야망이 그다지 많지 않은 것을 당연한 일이라고 생각한다. 내 동료 중에도 이미 몇몇 이들이 포괄적인 역사서를 저술했고, 앞으로도 더 많은 작품이 나올 가능성이 있지만, 우리 가운데 페어뱅크나 스펜스에 버금가는 권위를 얻을 사람은 아마 없을 것으로 본다. 우리에게는 앞선 세대가 겪지 못했던 문제가 있는데, 과거에는 없던 너무나 방대한 지식과 구체적인 정보가 현재 넘쳐나는 것이 그 이유이다. 부지런한 역사학자라면 중국에서 출간된 모든 책을 읽을 수 있던 시절이 있었다. 하지만 적어도 20여 년 전부터는 이러한 일이 어려워졌고, 오늘날은 사실상 불가능하다. 그렇기에 오히려 우리 세대에는 중국의 역사를 특정한 주제에 따라 재조명하여 한 권의 책에 담아내는 일이 얼마든지 가능해졌다. 하지만 중국사 전체를 한 권의 책에 담아내는 작업은 더욱 어려운 일이 되었다.

하버드 대학교 출판부의 캐슬린 맥더모트Kathleen McDermott가 폭넓은 독자층을 위한 중국사를 출간하자고 내게 제안했을 때 나는 그 전체를 나 혼자 다 쓸 수 없음을 직감했다. 원나라 이전의 중국사라면 나는 거의 아마추어 수준에 가까웠기 때문이다. 각 왕조마다 전문가가 필요한 작업이었다. 이 시리즈는 원래 4권으로 기획되었지만, 가장 중요한 왕조 — 한漢, 당唐, 송宋, 명明, 청淸 — 만 해도 이미 5권이 필요한 상황이었다. 그때 (이 시리즈의 저자인) 마크 에드워드 루이스Mark Edward Lewis가 진·한과 당 사이의 남북조 시기에 대해서는 풍부한 서술이 가능할 만큼 새로운 연구가 이루어졌으므로, 따로 한 권으로 정리해줄 필요가 있다고 조언했다. 나 역시 3~6세기에 걸친 중국사를 한 권의 책에 담아내자는 의견에 찬성했고, 결국 이 "하버드 중국사" 시리즈는 중국이 항상 강력하게 중앙 집권화된 정부가 다스리는 지역이라는 기존의 통념과는 다른 곳임을 보여주는 기획이 되었다. 그리하여 총 6권의 시리즈를 기획하게 된 것이다.

나는 이 시리즈의 다른 저자들에게 별다른 지침을 주지 않았다. 내가 가장 중요하게 생각했던 점은 각 시대에 해당하는 연구 자료들의 가장 최근 성과를 조사하여 현재의 자료에 가장 가까운 사실을 서술하는 것이었다. 나는 역사를 시대 순으로 처음부터 차근차근 서술하는 평범한 방식을 되풀이하지 않기를 요청했다. 반대로, 그 당시에 살던 사람과 같은 관점과 같은 생각을 가지고 보고 서술하기를 바랐다.

이미 정형화되고 기정사실화된 역사를 다시 끄집어내는 것이 아니라, 당시의 삶이 구체적으로 어떠했는지 그 복잡 다양함을 오롯이 담아내는 역사서가 되기를 희망했다. 나는 또한 우리가 이미 알고 있고 또 곧 알게 될 지식에 너무 많이 의존하지 않기를 바랐다. 그리고 외부에서 바라보는 역사가 아니라, 역사의 내부에 밀착하여 숱한 세월을 함께 살아내고 자세히 읽어내는 역사서가 되기를 바랐다. 가령 각 시대를 이해하기 위해 일정 부분 정치사가 필요하다는 사실을 인정했지만, 그때에도 황실 정치가 정치사를 독점하지 않도록 주의해줄 것을 각 저자들에게 요청했다. 그렇다고 철학의 흐름이 이야기를 주도하는 것을 원한 것도 아니었다. 일반 서민은 대부분 철학이나 정치와는 동떨어진 삶을 살았던 만큼, 나 역시 이 "하버드 중국사" 시리즈가 일반 서민들의 삶과 경험을 충분히 보여주기를 소망했다. 그러므로 이 책을 읽는 독자들은 황제 중심의 일화보다는 당시의 사회, 경제, 문화, 그리고 백성들의 일상생활에 관해 좀 더 많은 정보를 접하게 될 것이다. 마지막으로, 이 "하버드 중국사" 시리즈가 공통적으로 담아내고자 한 주제는 각 시대의 역사가 형성될 때 비한족非漢族이 맡은 역할과 공헌에 주목하는 일이다. 중국의 역사는 한족漢族만의 역사가 아니기 때문이다.

이러한 지침을 제외하면, 나는 시대마다 중요한 사건의 가치와 활용 가능한 자료에 따라 각 시대를 어떻게 파악해야 하는지에 대해서는 시리즈 저자들의 재량에 맡겼다. 그 결과 중화제국에 관하여 상당히 포괄적인 연구가 이루어졌는데, 각 시대가 하나의 주도적인 주제에 따라 해석된 것이 아니라 여러 시대마다 대두했던 다양한 주제가 전개

될 수 있었다.

바라는 바가 있다면, 이 시리즈의 6권 모두가 독자들에게 서로 다른 방식으로 중국의 과거를 통찰하고 앞으로의 새로운 연구를 자극하는 계기를 제공하는 것이다.

책임 편집 티모시 브룩

일러두기

· 중국의 인명과 지명은 우리말 한자음으로 표기했고, 처음 언급할 때만 한자 병기했다.

· 서양과 일본의 인명과 지명은 국립국어원 외래어표기법을 기준으로 삼았다.

· 중국 사료의 인용은 가능한 한 중국 사료를 참고하여 번역했다.

· 이 책에 등장하는 날짜는 특별한 언급이 없는 한 양력으로 환산된 날짜이며, 음력 날
　짜는 따로 병기했다.

| 들어가는 말 |

중국인은 중국이 통일되고 군사적으로 강성했던 시대를 중심으로 중국 역사를 서술하려는 경향이 있다. 그 결과로 한漢 제국이 종교 반란 집단과 지역 군벌의 손에 무너진 이후 400년 역사는 소홀하게 다루어진다. 이렇듯 이 시대를 부차적으로 치부하는 태도는 이 시대에 대한 합의된 명칭이 없는 점에서도 드러난다. 중국인 역사학자들은 왕조별로 시대를 구분하는 전통에 따라 이 시대를 '위진남북조魏晉南北朝'라고 부른다. 반면 서구 학자들은 '분열의 시대(the Age of Disunion)' 혹은 '초기 중세(the Early Medieval period)'라는 대안을 제시하기도 하였다. 그러나 전자는 중국이 단일한 정권 아래 통일되어야 정상이라고 상정하는 것이고, 후자는 중국 역사에 서양사의 시대 구분을 덧씌우는 것이다.

나름의 한계는 있겠지만 나는 중국식 명칭을 수정하여 이 시대를

'남북조'라고 부르려 한다.[1] 그 이유는 다음 두 가지다. 첫째, '위진남
북조'라는 중국식 용어보다 간결하게 이 시대의 모습을 드러내기 때문
이다. '남북조'라는 용어는 후한 멸망 이후 4세기 동안, 중국 정치세계
가 황하를 중심으로 하는 지역과 양자강을 중심으로 하는 지역으로 양
분되어 있었음을 반영한다. '위진남북조' 가운데 '위魏' 시기는 보통 '위
·촉·오 삼국' 시기로 더 알려져 있는데, 당시 중국은 북부 황하 유역을
지배하는 한 국가 '위'와 남부 양자강 유역을 분할하는 두 국가 '촉'과
'오'로 분열되어 있었다. 그 뒤로 '진晉' 시기 단 30여 년만 통일되었을
뿐, 다시 황하 유역과 양자강 유역으로 분열된 시기가 뒤따랐다.

　'남과 북'이라는 틀을 선호하는 두 번째 더 중요한 이유는 남북의 지
리적 구분과 관련한 주요 변화들이 여러 면에서 이 시대의 역사적 의
의를 규정하기 때문이다. 이 시대에 한족 인구 상당수가 북에서 남으
로 이주하였고, 이들은 남중국의 낯선 자연환경 및 이민족들과 조우

---

1) 저자는 여기서 후한 제국의 붕괴부터 수의 재통일에 이르는 시기 전체를
　'남북조the Northern and Southern Dynasties'라고 부르겠다고 밝히고 있다.
　일반적으로 '남북조'라고 하는 용어는 북쪽에 선비 탁발부가 세운 북위北魏가,
　남쪽에는 유유劉裕가 세운 송宋이 각각 자리 잡은 5세기 초반부터 수가
　589년에 중국을 재통일하기 전까지의 시기를 지칭한다. 그러나 저자는 후한
　제국이 붕괴한 후 수의 재통일이 이루어지기 전까지의 시기 전체를 통칭하여
　'남북조'라고 부른다. 저자의 취지를 그대로 반영하여 이 책 제목은 '남북조'라는
　명명을 따랐으나, 일반적으로 북중국에 오호십육국五胡十六國, 남중국에
　동진東晉이 존재하던 시기는 남북조라 부르지 않는 경우가 많다. 저자가
　쓰는 '남북조'라는 용어는 한국에서 흔히 사용하는 '위진남북조'를 대신한
　것으로 이해하면 될 것이다. 그러나 저자가 동진과 남조를 포괄하여 저자의
　취지대로 남쪽 왕조라는 의미로 'southern dynasties'라는 용어를 사용하거나,
　오호십육국의 여러 국가와 북조를 포괄하여 'northern dynasties'라는 용어를
　사용하는 경우에는 혼동을 막기 위하여 저자의 용어 그대로 사용하지 않은 곳이
　있음을 미리 밝혀 둔다.-역주

하였다. 이러한 대규모 이주와 그 와중에 나타난 문화 변동의 결과, 남
중국은 북중국으로부터 문화적으로 분화되었다. '남북조'라는 명칭은
정치적 분열이라는 역사적 사실을 인정하는 용어이지만, 동시에 이 시
대 중국 문화권이 확장되고 다양해졌음을 의미하는 용어이기도 하다.

이 책 각 장에는 다양화와 관련한 다섯 중심 주제가 통합적으로 반
영되어 있다.

(1) 중국 내 지역 구조와 외부세계와의 관계 양측 모두에서, 중국에
대한 새로운 지리적 정의가 이루어졌다.
(2) 새로운 문화와 문학 경향에 따라 구분되는 새로운 사회지배층이
등장하였다.
(3) 종종 세습되기도 하는 별도의 군사 인구(병호兵戶)와 새로운 군사
기구가 출현하였다.
(4) 이러한 군사력으로 지탱되는 제국 정부가 사회로부터 점차 유리
되었다.
(5) 사회적·정치적 계층 구분에 더는 정확하게 부합하지 않는 대형
종교가 등장하였다.

이 목록 순서에서도 짐작할 수 있듯이 한漢과 당唐 사이 4세기 동안
가장 중요한 발전은 중국이 지리적으로 재정의된 것이다. 이는 적어
도 네 가지 양상으로 드러난다. 우선 첫째로 가장 중요한 양상은 양자
강 이남 지역에 전면적으로 진출하고 정착한 점이다. 양자강은 선사

시대부터 넓은 의미의 중국 문화 권역에 속하였고 전국 시대 이래로는 중국 정치 권역의 일부였으나, 그럼에도 불구하고 여전히 부차적인 지역으로 남아 있었다. 전한前漢(기원전 202~서기 8) 시대 말에는 등록된 인구의 4분의 1도 안 되는 수가 양자강 유역에 살고 있었고, 이 지역 주민들은 독특하거나 심지어는 이질적인 지역문화를 지녔다고 간주되었다.[2] 그러나 이민족의 침략과 홍수 때문에 후한後漢(서기 25~220) 시대에 중국 인구의 상당수가 남방으로 이주하기 시작하였고, 이러한 움직임은 4세기 초 정점에 달했다. 한족은 꾸준히 남방을 점거해가면서 농업 활동을 확장하기 위해 산지를 개간하고 습지를 간척하였다. 그 결과 현지 토착민은 원래 거주지에서 쫓겨나거나 한족에 흡수되었다. 또한 한족은 이전에는 사람 손길이 닿지 않았던 구릉 및 산악 지대까지 들어가기 시작하였다. 이렇게 중국 영역에 속해 있었으나 미개척지였던 곳을 채워가는 과정은 남북조 시기 동안 일어난 두 번째 중요한 지리적 변화였다.

세 번째 측면은 중국이 외부세계에 대해 더 많이 알게 되고, 그렇게 넓어진 영역에서 자신이 차지하는 위치를 새롭게 이해하게 된 것이다. 불교가 전래되면서 중국은 중앙아시아 및 인도와 정기적으로 교역하게 된다. 중국의 세계관에서 신화적 영역이었던 일본은 이 시대에 드디어 현실로 등장하였다. 중국 남단은 대체로 낯선 지역으로 남아 있었으나, 현재 광저우로 발전하게 될 도시가 활기찬 교역 중심으

---

2) 초楚에 대해서는 Lawton, ed., *New Perspectives on Chu Culture*; Li, *Eastern Zhou and Qin Civilizations*, ch. 10-11; Cook and Major, eds., *Defining Chu*. 한대의 인구 수치에 대해서는 Bielenstein, "Wang Mang," pp. 240-242.

로 부상하였다. 그 결과 중국인 일부는 인도뿐 아니라 동남아시아와 접촉하고, 해로를 통해 더 서쪽으로 향했다.

마지막으로 살펴볼 지리적 재정의는 중국 문화 자체 내에서 발생하였다. 국가와 개별 호구 사이 중간에 사회적 공간이 만들어진 것이다. 한대의 문학이 조정과 수도에 초점을 맞춘 데 반해 뒤이은 시기에는 개별 지역과 지방의 문화에 치중하는 문학이 등장하였다. 문학이 다루는 범위는 농촌 촌락, 산지, 황량한 변경 지역까지 포함하기 시작했다. 문학과 고급문화의 범위와 주제가 확장되면서 중국의 사회지배층도 변화하였다. 그들은 정원(원림園林), 사원, 저택의 살롱, 전원의 별장 등 함께 모여 문화 및 종교 활동을 나눌 수 있는 새로운 물리적 공간을 발전시켰다.

남북조 시대의 두 번째 중심 주제는 이러한 새로운 지배층의 등장이다. 한대의 유력한 가문들을 특징짓는 요소는 주로 토지와 같은 물질적 부, 사회 연줄의 네트워크, 그리고 중앙관직 독점 등이었다. 재력과 권력은 통일제국 초기에 지위의 주요 지표였다. 이와 달리 남북조의 지배층은 여러 문화 및 문학 활동을 추구하며 그들 스스로를 세밀하게 구별 지었다. 고상한 가문으로 스스로를 정의하며 단순히 부유하거나 권력을 지녔을 뿐인 사람들과 자신을 구별하기 위해, 시 짓기, 서예, 철학적 대화, 특징적 복식, 그리고 세련된 몸가짐을 계발하여 내세웠다. 이러한 사회지위를 만들어내는 활동은 점차 관직 임용의 첫 단계를 통과할 수 있는 세습적 권리를 인정하는 새로운 관료 선발 방법과 합쳐지기에 이른다. 남북조는 상세하게 기록된 족보를 작성함으로써 지배층이 자신의 친족 집단을 규정하기 시작한 시기이기도 하다.

다양화의 세 번째 주요 요인은 주로 세습적 병호兵戶로 구성된 군대의 등장이다. 32년에 징병제가 폐지된 이후 한 조정은 주로 비한족 기병, 죄수, 지원자에 의존했다. 후한 말에 등장한 군웅들은 예속 소작인, 유목 전사, 투항한 황건 잔당으로 군사를 충원하였다. 뒤이은 시기동안 대체로 이들 소작인—병사과 피난민이 세습 병사의 공급원이었고, 한편으로는 비한족 기병이 또 다른 공급원이었다. 이러한 두 부류의 병사들은 궁극적으로 개별 지주와 친족 집단의 군사 역량을 위축시켰다. 5세기 초부터 군사력의 중심이 지배층 가문에서 조정으로 되돌아오자, 황제의 권위가 다시 강화될 수 있었다.

황제 권력이 이러한 군사 기반에 의존하는 현상은 남북조 시대의 네번째 주제, 즉 제국 정부가 사회 일반으로부터 유리되는 상황으로 이어진다. 이 과정은 한 제국 시기부터 시작되었다. 한 제국은 한자漢字라는 단일한 문자 체계에 기반을 두고 범제국적 문화를 형성하였고, 이전 전국 시대 각국을 구분 지었던 지역과 장소에 준한 유대를 초월하여 의례 중심으로 건설된 수도를 만들었다. 남북조 시대에는 통상적 문치 질서 외부에 있는 인구로 꾸려진 군사력이 황제 권위의 토대를 이루었으므로, 조정은 사회 일반의 일상적 문제들로부터 더욱 멀어지게 되었다. 아울러 남북조의 4세기 동안에는 중국 역사에서 처음으로 이민족 군주가 중국을 침범하여 점령하고 관료기구에 대한 통제를 장악하였다. 220년 후한 왕조 멸망 이후 18세기 가운데 9세기(만약 당唐 황실을 '이민족' 출신이라고 간주하면 3세기를 더하여) 동안 중국 제국의 전통적 중심부인 황하 유역을 이민족 황제가 통치했다는 사실은 정부가 얼마만큼 중국 사회와 사람들로부터 떨어져 있었는지를 확연하게 보여준다.

남북조 시기 동안 다양화가 진행된 마지막 주요 원천은 기존 정치 사회 단위와 유대관계가 없던 종교 운동이었다. 진한 제국에서는 황제가 최고 시제이고 황실 구성원이나 관료가 그를 보조하는 형태로 국가 차원에서 종교 행위가 이루어졌다. 개별 가구 혹은 가계는 그 지도자의 주도로 조상에게 바치는 제사를 통해 규정되었다. 산, 신선, 정령 등에 대한 신앙처럼 국가가 인가하지 않은 종류는 지역 주요 가문의 연합 혹은 하급 관리의 몫이었다. 그러나 천년왕국적 성격을 띠고 한을 무너뜨린 황건의 반란이 발생하자, 종교는 공통 신앙만이 유일한 사회적·정치적 유대관계였을 개인들을 한데 모으는 역할을 하였다. 도교와 불교는 산 자와 죽은 자에 의해 점유되는 세계의 새로운 전형뿐 아니라 새로운 사회조직의 전형도 제공하였다. 이 두 종교는 중국인의 삶 모든 면을 바꾸어놓았다.

장기간의 분열이라는 단순한 사실 때문이 아니라 남과 북에서 이렇듯 서로 연계된 변화들이 축적되어 나타났기 때문에, 이 시대는 중국 역사에서 중요한 위치를 차지한다. 589년 수隋로 재통일되었을 때 중국은 전혀 다른 세계가 되어 있었다. 한때 주변부였던 양자강은 중국의 곡창이 되었다. 남중국 농산물을 북쪽의 수도에 공급하기 위하여 수가 처음으로 대운하를 만든 일은 이 점을 잘 보여준다. 아울러 중국 지배층의 지식 세계와 그러한 세계를 표현하는 언어 자체도 변화하였다. 족보와 새로운 문예 풍조로 스스로를 규정한 이들 지배층은 관료가 되는 첫 관문에 대한 세습적 특권을 통해 수와 당 국가 질서의 일부로 통합되었다. 사회 스펙트럼의 반대쪽에는 예속 농민과 병사의 세습적 지위도 이후 수와 당이 물려받을 사법 질서에 반영되었다. 종교 사원이 만들어낸 사회적 공간뿐만 아니라 불교와 도교 자체가, 이제는 그들도 일부가 된 국가 체제와 그들이 중요한 역할을 행사하는 친족 구조를 변화시켰다. 반면 개조된 '유목 부족' 구조에 연원을 둔 군사 제도로 지탱되는 제국 정부는 그 자신이 갖춘 세속적 문치의 초월성을 주장하였다. 이 새로운 중국은 스스로가 보다 큰 세계에 통합되어 있음을 발견하였다. 중국은 불교라는 공통 종교를 지니고 경우에 따라서는 한자라는 공통 문자를 쓰는 국가들과 물질적으로나 사상적으로 교류하게 된 것이다. 한과 당 사이 무시되어 왔던 이 시기는 이렇게 다양한 방식으로 중국 역사에 깊고 영원한 자취를 남겼다.

1

| 북중국과 남중국의 지리 |

진한대에는 황하 상류 황토 고원과 황하 하류 범람원 사이의 지리적 구분이 아주 중요하였다. 한대 역사 전체가 이 두 지역 사이 균형의 변화라는 시각에서 서술될 수도 있다(지도 1).[1] 그러나 수 세기에 걸쳐 자발적으로 혹은 불가피하게 점차 많은 중국인이 남쪽으로 이동하였고, 이에 따라 황하 유역 내 구분보다 다른 구분, 즉 황하 유역과 양자강 유역 사이의 구분이 중요해졌다.

한 제국은 유목 부족 세력을 제국 군사력으로 통합하기 위해 국경 내에 정착시키는 정책을 실시하였고, 그 결과 황하 유역에서는 점차 중국 문화와 비중국 문화가 서로 뒤섞였다. 남쪽으로 향한 이주의 첫

---

1) Skinner, "Marketing and Social Structures"; Skinner, "Regional Urbanization"; Skinner, "Cities and the Hierarchy of Local Systems." 중국 진한대의 지역에 대해서는 Lewis, *Construction of Space*, ch. 4. 남북조 말의 지역에 대해서는 Somers, "Time, Space, and Structure," pp. 379–380.

번째 물결은 이러한 정책으로 인해 시작되었다. 후한 마지막 세기 동안 대부분 농민이던 중국인 이주민 수백만이 남쪽으로 향했고, 이러한 움직임은 서기 220년 후한이 멸망한 후에 더욱 속도가 붙었다. 320년에 이르면 추가로 수백만 중국인이 이미 양자강 하류 지역에 정착해 있었다. 이때 황하 유역에서는 이민족 출신 군주가 세운 국가들 간에 끊임없는 전쟁이 벌어지고 있었다. 한대 이래의 고도古都인 낙양과 장안이 각기 311년과 317년에 약탈당하면서 혼란은 절정에 달했다. 대체로 이러한 이주의 결과, 280년에서 464년 사이 양자강 유역과 그 이남에서 호적에 등록된 인구는 다섯 배로 증가하였고 소위 '강남', 즉 양자강 이남 지역이 중국 문화의 주요 중심지가 되었다.[2]

6세기 말 수 왕조가 중국을 재통일하기까지 분열의 시대 동안 중국 북반부는 이민족이 통치하였는데, 이들의 행태가 더 많은 한족 인구를 황하 유역에서 양자강 유역으로 밀어냈다. 그리고 남중국의 규칙적 강우와 비옥한 토질은 밀려난 이주민을 끌어들였다.[3] 589년 수가 중국을 재통일하였을 때 전국에 등록된 인구 가운데 40퍼센트 정도가 양자강 유역에 거주하였다. 수는 인류 역사상 가장 큰 인공 수로인 대운하를 만들어 남북을 하나로 묶으려 하였다. 그러나 그러한 노력에도 불구하고 두 지역은 각각 별개 지역으로 남았다. 예전에는 남부 변

---

2) Tuan, *China*, pp. 85–86, 88–89; Yang, "Notes on the Economic History," p. 113. 후한대 양자강에 대해서는 de Crespigny, *Generals of the South*, ch. 1.

3) Wiens, *China's March*, pp. 100–104; Buchanan, *Transformation*, pp. 17–19. 두 번째의 책 p. 27의 도표는 남북 간 등록된 인구의 균형이 변화하는 모습을 보여준다.

경이었던 지역이 7~9세기에 걸친 당 왕조 동안 중국 인구, 경제, 문화
의 중심이 되었다.

8세기 중엽만 해도 전 인구의 절반 이상은 여전히 북중국에 살았으
나, 13세기 말이 되면 오직 15퍼센트 정도만이 북중국에 살았다. 이는
북중국 인구가 감소했기 때문은 아니었다. 사실 이 시기 북중국 인구
자체는 늘어났다. 이 현상은 오히려 남중국 인구가 대폭 증가했기 때
문에 발생한 것이었다. 중국에 통일 제국이 성립한 이후의 역사를 둘
로 나누어 볼 때, 후반부의 역사에는 남과 북 사이, 즉 황하 유역과 양
자강 유역 사이에 중요한 지리적·문화적 구분이 존재하였다. 이 구분
은 한과 당 사이 4세기 동안 형성된 것이었다.[4]

농업과 수리

중국 역사상 북중국에서는 소규모의 가족농업이 주를 이루었고, 그
규모는 대체로 몇천 평을 넘지 않았다. 지주는 이용 가능한 농지를 약
간만 소유할 뿐, 광대한 장원을 소유한 대가문은 존재하지 않았다. 이
러한 상황은 심지어 명청대에도 마찬가지였다. 18세기와 19세기에 미
국으로부터 상업 작물인 목화와 담배가 들어왔지만,[5] 대부분 시대에

---

4) Tuan, *China*, ch. 1; Buchanan, *Transformation*, ch. 2, 4; Tregear, *Geography*,
   ch. 1, 2, 4; van Slyke, *Yangtze*, 1–3.

5) 일부만 전해지고 있는 한대의 농서는 조, 기장, 보리, 벼, 피, 콩, 팥, 모시, 삼, 외,
   박, 토란, 뽕나무의 총 13종류 작물을 나열하고 있다. Tuan, *China*, p. 81. 다른

현대 중국의
지형

0 ———— 1,000km

후룽장

헤이룽강

따씽안링
샤오씽안링

몽골 고원

얼퇴이 산맥

준가얼 분지

천산 산맥

타림 분지

쿤룬 산맥

투르판 저지대

티베트 고원

히말라야 산맥

황허 고원

오르도스 고원

친링 산맥

바옌카라 산맥

탕구라 산맥

횡단 산맥

웨이수

한수

성도 평원

민장

쟈링강

요하

만리 창성

황허

태항 산맥
루량 산맥

위수

양즈강

태산

황해

화이허

따삐에 산맥

통바이 산맥

바이산 호 · 태호

파양호

동정호

번양호

뽀양호

시쟝

주쟝

남중국해

동중국해

태평양

지도1

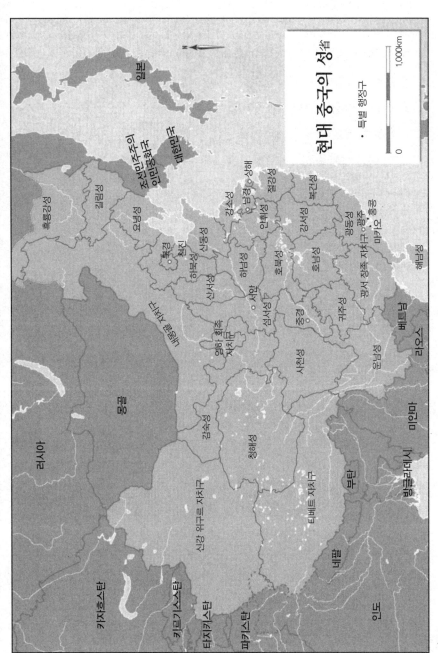

현대 중국의 성省

· 특별 행정구

지도 2

북중국에서는 주로 밀, 조, 수수, 그리고 중요한 보충 작물이자 토양을 위한 질소 공급원인 대두大豆 등 건지乾地 농업이 실시되었다. 이들 주요 작물은 야채와 함께 재배하기도 하였다. 북중국은 강우가 불규칙하여 홍수, 토양 염류화, 메뚜기로 인한 황해蝗害, 가뭄 등이 자주 발생했고, 이런 재해 중 하나라도 생기면 그해 수확량은 줄어들 수 있었다. 기근은 일상적으로 존재하는 위협이었다.

한편 남중국의 농촌 지역에서는 식량 작물로서 벼가 재배되고 상업 작물로서 여러 종류의 기름, 차, 그리고 비단 등이 생산되었다. 북중국에서와 마찬가지로 농지 규모는 매우 작았고 집약적으로 이용되었으나, 토지 소유는 농지를 소작 농민에게 빌려주는 대가문에 집중되어 있었다. 개별 소작 농민 가구는 빈곤하게 생활하였으나, 지역 전체 수량은 풍부하였고 기근은 드물었다.

연간 강우량의 약 70퍼센트가 8월에 집중될 정도로 북중국에서는 주로 늦여름에 비가 내리므로, 작물이 한창 자라는 기간 동안 황하는 낮은 수위를 유지한다. 이는 중국 역사 대부분 시기에 황하 강물이 관개용수로는 거의 이용될 수 없었음을 의미한다. 국가가 주관하는 관개 시스템은 위수渭水나 분수汾水와 같은 황하의 주요 지류 혹은 사천四川 중앙부의 도강언都江堰에 한정되어 있었다(지도 2). 통일제국이 성립된 초기부터 황하 주변 농민들은 7~10미터 깊이로 판 우물에 용수 공급을 의존하였다. 이러한 우물은 농민 대여섯 명이 함께 파고 부유한

문헌들은 수수, 귀리, 보리 등을 언급하고 있다. Hsu, *Han Agriculture*, pp. 81–91.

가구가 사적으로 소유하였다. 관개가 어렵고 강우량이 적은 북중국에서는 물의 보존과 절약이 매우 중요한 일이었다.

그러나 역시 황하 유역에서 가장 위험한 것은 홍수였다. 황하의 색깔은 황토 고원에서 바다로 향해 흘러가면서 그 강물이 운반하는 엄청난 양의 토사土砂가 원인이다. 황하가 마지막 지류를 통과하면 흐름이 느려지고 토사가 강바닥에 쌓인다. 그 결과 황하 수위가 제방을 넘어버려 더 높은 제방이 필요해진다. 그러나 제방을 아무리 높게 만들어도 토사는 계속 쌓이므로, 범람의 위험은 반복되고 오히려 갈수록 더 커진다. 남아 있는 기록에 의하면 황하는 1,593차례 제방을 무너뜨리고 범람하였다. 토사 침적과 이에 대비한 제방 축조가 반복된 결과, 많은 지역에서 황하 수위는 주변 지역 지표보다 높아지고 말았다. 현재 황하는 하남성에서는 주변 지표보다 10미터 이상 높은 상태로 이 지역을 가로지르고 있다. 이러한 거대 제방은 제국만이 유지할 수 있다. 정부가 건설한 제방에 의지하는 대규모 수리 사업과 개별 가구가 만든 우물에 의존하는 소규모 관개, 이 두 형태의 조합은 북중국 정치 구조의 중요한 일면을 드러낸다. 즉 소규모 농민 경제의 토대 위에 중앙집권 제국의 통치 기구가 성립한 것이다.

8월 집중호우로 지하수 수위가 올라가 토양 염분 함유가 높아지기도 했는데, 이는 수확량이 줄거나 아예 수확을 불가능하게 만들 만큼 심각한 문제였다. 중화인민공화국이 성립한 이래 이 문제에 대해 충분한 자료가 수집되어 있는데, 대체로 북중국 평야 지대의 10퍼센트 정도가 매년 이렇게 토양의 염류화 때문에 피해를 입었다. 가장 심한 지역은 메뚜기가 번식하는 습지로 변하는데, 메뚜기 떼로 인한 황재는 이 지역을 괴롭히는 세 번째 자연재해였다.

이러한 자연재해에도 불구하고 일부 자료에 의하면 한대 초기 농민들은 4년마다 5회 꼴로 수확한 듯하다. 대부분 해에 1회 수확하고 풍년인 해에 2회 수확하는 방식이다. 백여 년 뒤인 기원전 1세기 말 황하 유역에서 사용된 선진 기술을 설명하는 문헌들은, 가끔 더 많은 수확도 가능했음을 시사한다. 농민들은 일반적으로 봄 작물인 조나 수수 그리고 겨울 작물인 밀을 재배했다. 겨울 밀을 수확하는 6월은 조를 심기에는 너무 늦으므로, 보통 밀 다음에는 대두 같은 여름 파종 작물을 재배했다.[6] 가장 좋은 환경에서는 이 방식으로 2년에 3회 수확할 수 있었다. 이는 4년에 5회뿐 아니라 6회도 수확할 수 있음을 의미한다. 서리가 내리지 않는 기간이 1년에 6~7개월이므로 농부는 봄 작물을 수확한 다음 서리가 내리기 전 6주 안에 겨울 밀을 심어야 했다.

하천 범람과 이로 인한 침수라는 이중의 위협이 북중국의 촌락 형태를 결정지었다. 진한 제국 성립 초기에 촌락 주민들은 지대가 높은 곳에 군집 형태로 가옥을 짓는 구석기 시대 유형을 따랐다. 이는 양자강 수계에 속한 성도成都 평원과 대조적이다. 성도 평원에서는 기원전 2세기 도강언 수리 사업 덕분에 범람 위험이 사라져서 가옥을 넓게 흩어진 형태로 지을 수 있었다. 북중국의 촌락은 가옥이 촌락 중심부를 바라보고 밀집해 있어서 남중국의 촌락보다 내부 결속력이 높다. 반면 시장 네트워크나 보다 넓은 지역경제 내에서 이웃 촌락과의 통합력

---

6) Hsu, *Han Agriculture*, pp. 111~112.

은 떨어진다.

하천 범람과 침수가 수확을 위협하지 않을 때는 가뭄이 북중국 농민의 걱정거리였다. 북중국 평야 지대의 연간 강우량은 매년 큰 폭의 차이를 보인다. 가문 해에는 비가 많은 해의 12~14퍼센트 정도밖에 비가 안 오기도 한다. 비가 적당히 내린 해라도 10~15퍼센트만이 조 농사에 가장 중요한 봄에 내린다. 진한의 초기 통일제국부터 청 초기에 이르는 1,800여 년 동안 북중국은 기록된 것만도 1,078번이나 되는 가뭄 피해를 입었다. 중화인민공화국의 첫 28년 동안에는 7차례 큰 가뭄이 있었다. 인구 증가, 새로운 산업 공정, 가정에 설치된 수세식 변기와 세탁기, 육류 소비 수요에 따른 가축용 건초 생산 증가 등의 요인 때문에 최근 물 수요는 급격하게 증가하였다. 지하수는 이제 지표로부터 30미터 넘는 깊이로 흐르기 때문에 우물 대부분은 더 이상 사용할 수 없다.

낮고 평평한 북중국 평야와 대조적으로 양자강 이남의 풍경은 산과 구릉이 지배한다. 남중국은 양자강 유역의 남부 지역, 복건성福建省과 대략 일치하는 동남 연해 지역, 운남성雲南省과 귀주성貴州省을 포함하는 서남 지역, 셋으로 나눌 수 있다. 동남 연해 지역은 산이 매우 많지만 하천 연변을 따라서는 생산성이 매우 높다. 이 지역은 한 왕조 붕괴 후에 남중국으로의 이주가 시작되면서 처음으로 중국의 영향력 아래 들어왔다. 그러나 당 왕조 때까지도 본격적인 정착은 이뤄지지 않았고 8세기까지도 조정에서 제대로 된 지방 행정단위로 파악하지 않았다. 이 지역은 자연 항구가 많아서 중국 다른 어떤 지역보다도 어업과 국제 교역에 의존하였는데, 특히 국제 교역 의존도는 10세기 이후에 더욱 커졌다. 동남 연해 지역은 결국 대만, 일본, 동남아시아와 밀접한 관계로 발전해갔고, 따라서 외부세계와의 교역에서 중심 역할을 맡게 되었다. 서남의 변경 지역은 18~19세기가 되어서야 비로소 중국인이 정착하였으므로, 남북조 시대 역사에서는 그다지 중요하게 등장하지 않는다. 이 지역은 산이 많고 저지대는 밀림으로 덮여 있으며 아직까지도 서로 다른 수십 개의 부족들이 거주하고 있는 곳이다.

남중국은 양자강과 그 지류인 한수漢水, 감강贛江, 상강湘江 유역으로 이루어졌다. 이 지역은 양자강 중류, 양자강 하류, 사천의 세 개 광역권으로 나뉜다. 남중국은 강우량이 일정하고 호수, 강, 개울이 많은 혜택을 누린다. 그러나 지형이 고르지 않아 대규모 농업은 하천 연변, 양자강 하류 삼각주, 양자강 중류 큰 호수 주변의 습지에서만 가능했다. 아메리카 대륙에서 들여온 옥수수와 감자를 낮은 구릉지에서 재배하였지만 이것은 후대의 일이다. 구릉 비탈에 계단식 경작지를 만드는 일도 명청 시대가 되어서야 비로소 중요해졌다.

황하 상류인 관중 지역과 하류인 관동 지역 사이의 경쟁 구도가 한 대 역사를 만들어냈듯이, 양자강 중류 광역권과 하류 광역권 사이의 경쟁이 동진東晉·남조南朝 정치사를 규정하였다. 양자강 중류 광역권은 동정호洞庭湖와 파양호鄱陽湖라는 두 커다란 호수와 더불어 봄여름 지나치게 많이 내린 빗물을 받아들이는 작은 호수들 및 습지를 아우른다. 양자강의 큰 세 지류로부터 이 호수들로 물이 흘러 들어간다. 첫째는 북서쪽에서 흘러 들어가는 한수이다. 한수는 남방으로의 이주 경로 중 하나이기도 했다. 둘째는 오늘날 호남성湖南省에서 빠지는 물이 모여들어 남쪽에서 흘러 들어가는 상강이다. 셋째는 역시 남쪽이기는 하지만 보다 동쪽으로부터 흘러들며 오늘날 강서성江西省에서 빠지는 물이 흘러드는 감강이다. 일단 감강을 지나 하류로 들어서면 양자강에는 다른 주요 지류가 없다. 그 흐름은 느려지고 건너편 강변이 보이지 않을 정도로 폭이 넓어진다. 바다에 가까워지면서 쌓아놓는 퇴적물은 100년에 대략 2킬로미터씩 확대되는 거대한 삼각주를 만들었다.[7]

사천 민강岷江 유역은 양자강 유역의 세 번째 광역권을 형성한다. 대규모 관개 사업 덕분에 이 지역 저지대는 진한 제국 시기 대규모 농업 생산지가 되었으나, 주위를 둘러싼 산들 때문에 이 지역 전체는 중국 다른 지역으로부터 고립되어 있었다.[8] 양자강은 유명한 삼협三峽을 통과하며 사천을 빠져나가는데, 이 수상 교통로는 위험이 뒤따랐다. 삼국 시대 촉나라 창업군주의 은신처였고 8세기 중엽 안록산의 반란이 일어났을 때는 당 황제의 피난처였지만, 이처럼 접근성이 떨어진 탓에 사천이 보다 큰 국가를 위한 근거지가 되는 일은 거의 없었다. 후한 붕괴 후 사천의 고립성 덕분에 도교 역사에서 중요한 역할을 하는 신정일치 독립국가가 이 지역에 세워지기도 했다.

남중국에서 주요한 환경의 위협은 북중국에서처럼 홍수나 가뭄이 아니라 과도한 강우량이었다. 비가 많이 내리면 저지대는 너무 질퍽

---

7) Van Slyke, *Yangtze*, pp. 19-24.

8) Sage, *Ancient Sichuan*.

해져서 경작할 수가 없고 말라리아가 창궐하기 좋은 환경이 되었다. 한부터 당에 이르는 시기, 즉 기원전 200년부터 기원후 900년 무렵까지의 문헌에서 남중국은 늪과 정글, 질병과 독초, 야생동물과 야만스러운 문신투성이 부족민의 땅으로 등장한다. 그곳은 조정에서 실각한 관료가 한번 가면 다시는 돌아오지 못하던 유배의 땅이었다.[9] 이 지역 원주민은 황하 유역 사람이 이해할 수 없는 언어를 사용하였다. 아마이 언어는 오늘날 타이어, 베트남어, 크메르어와 같은 어족에 속했던 듯하다. 선사 시대 양자강 이남에 살던 사람들은 내륙으로나 해양으로나 동남아시아 문화권에 속하였다.[10]

보다 많은 중국인이 수 세기에 걸쳐 남쪽으로 이주하면서 크고 작은 배수 사업을 벌인 덕에, 넓게 펼쳐진 호수, 연못, 습지가 농경지로 변모하였다. 국가가 아니라 대지주들이 배수와 관개 작업을 책임졌고 소규모 농민들은 그 후원에 의존하였다. 정부는 수리에 대해 조언을 하거나 습지 근처에 정착하려는 사람에겐 세금을 면제해주기도 했다. 그러나 이런 정책은 조정에 영향력 있는 가문의 경제활동을 보조하는 데 그치는 경우가 많았다. 토지 개간과 농경에서 핵심 역할을 맡은 남방 지주들은 북방 대가문들보다 더 큰 규모의 장원을 건설하고 더 강력하게 향촌 사회를 지배하였다. 이러한 지역 간 차이는 중국에서 황제 지배가 막을 내릴 때까지 계속되었다.

중국 인구가 남쪽으로 몰리면서 쌀은 가장 중요한 곡식이 되었다.

---

9) Schafer, *Vermilion Bird*.

10) Holcombe, *Genesis of East Asia*, pp. 13, 18–21.

벼는 밭이나 북중국에서도 경작은 가능했지만 물이 많은 남중국의 논에서 단연 잘 자랐다. 어린 벼는 주로 논물을 통해 영양을 공급받으므로, 경작에서는 토양의 질보다 어떻게 물의 양과 질을 조절할 것인가 그리고 언제 논에 물을 댈 것인가가 중요한 문제였다. 따라서 비가 많이 오는 지역이라도 향촌 사회가 빈번한 관리와 대규모 조직이 필요한 정교한 관개 시설을 갖추었는지가 관건이었다. 물 관리가 남중국 유력 가문의 기본 역할 중 하나였다.

물 공급은 논농사의 한 단계에 지나지 않았다. 다른 모든 작업에서는 농민의 노력이 최종 수확을 결정지었다. 논을 채운 물 높이가 일정한지 세심하게 살피는 일, 논을 준비하기 위해 거듭 쟁기질하는 일, 물을 가두어놓는 논두렁을 관리하는 일, 이 모든 일에 끊임없는 노동이 필요했다. 가장 수고스러운 일은 모내기였다. 모내기는 정확한 시기에 그리고 일주일 이내에 완료해야 했다. 모를 정확한 간격으로 심는 일이 수확을 결정짓는 요인이었는데, 이는 논의 토질을 정확히 알아야만 가능했다. 따라서 농민 한 사람의 노력과 기술이 쌀 생산에 매우 중대한 요소였고, 훌륭한 농민은 양질의 노동만으로도 수확량을 몇 배나 늘릴 수 있었다. 현존하는 증거로 볼 때 모내기는 늦어도 후한 말기에는 시작되었으며, 모내기 기술 확산이야말로 남중국이 주요 양곡 생산 지역으로 성장한 핵심 요인이었다.[11]

생산성 높고 수리에 유리한 지형 덕분에 남중국은 북중국 평원보다

---

11) Twitchett, "Monasteries and China's Economy," pp. 532–533. 지역에 따라 다르게 나타나는 수리관개의 다양한 양상에 대해서는 Needham and Bray, *Science and Civilisation*: Vol. 6, Part II: *Agriculture*, pp. 109–113.

농업의 상업화, 도시화, 대규모 원거리 교역, 지역적 특화로 인한 혜택을 더 많이 누렸다. 수많은 호수와 강 그리고 이를 보완하는 수백만 킬로미터에 달하는 운하망을 통해 남중국은 결국 산업혁명 이전 세계에서 가장 고도로 발달한 수상 교통 체계를 갖추었다(20세기 중엽 상해 삼각주에만도 25만여 킬로미터에 이르는 운하망이 존재하였다). 하지만 이러한 발전이 최고조에 이른 것은 남북조 시대를 한참 지난 후였다.

산지와 이민

 산길을 통하고 물길을 따르는 경로 덕분에 사람들은 황하 유역에서 양자강 유역으로 보다 수월하게 이동했다. 주요 이주 경로가 셋 있었는데 각각 양자강의 세 권역을 향했다. 황하 하류 평야 지대에서 출발하여 동남쪽으로 나아가 중국 중부 회수淮水 유역과 황하 하류 사이 거의 눈에 띄지 않는 분수계分水界를 통과하는 경로가 가장 쉬운 경로였다. 회수 유역 수많은 습지를 제외하면 이동하기 어려운 지형은 없었다. 회수는 형태가 정해지지 않아 선명한 수로가 없으나 강우량에 따라 그때그때 크기가 변하는 몇몇 커다란 습지와 호수로 흘러들거나 이리저리 방향을 바꾸면서 바다로 향했다. 회수는 어떤 때는 양자강으로 흘러 들어가기도 했다.

 양자강에 가까워지면서 이 경로는 시옷 자 형태로 갈라진다. 동쪽으로는 양자강 하구로 나아가 항주杭州로 들어가고 서쪽으로는 양자강을 따라 올라가 파양호鄱陽湖로 들어간다. 파양호에서 감강을 따라 내려가 매령관梅嶺關을 넘어 북강北江으로 가서 지금의 광동으로 갈 수도 있었다. 이 동남쪽 이주 경로를 따라 가는 이주민들은 양자강 하류 지역으로 몰리는 경향이 있었다. 남방의 수도 건강建康(옛 이름은 건업建業으로 오늘날 남경南京) 주변 이 지역에서 이주민들은 장원 노동력과 군대 병력을 제공하였다.[12]

두 번째 이주 경로는 한의 옛 수도인 장안이나 낙양에서 시작하였다. 장안에서 시작하는 경로는 무관武關을 통해 진령秦嶺 산맥을 가로지르는데, 절벽을 따라 판자를 연결하여 만든 잔도棧道를 지나 해발 고도 2,000미터를 넘어야 하는 힘든 길이다. 그다음에는 한수를 따라 강이 만나는 도시인 양양襄陽으로 내려간다. 이곳에서 낙양을 출발하여 복우伏牛 산맥을 가로지른 경로와 합류한다. 하나가 된 경로는 한수를 따라 남하하여 동정호洞庭湖 지역에 이른다.[13] 한의 옛 수도에서 출발한 피난민들은 이 경로로 양자강 중류 지역에 모였고, 서부西府 군단을 위한 병력을 충원해주었다. 일부는 감강을 따라 광동까지 더 남쪽으로 이동하거나 혹은 남서쪽으로 상강을 따라 장사長沙로 이동했다가 오늘날 베트남 지역까지 더 내려가기도 하였다.

세 번째이자 가장 서쪽 경로는 제일 힘든 길이었고 따라서 역사적 중요성은 미미하였다. 이 길은 장안에서 서쪽의 보계寶雞로 갔다가 다

---

12) de Crespigny, *Generals*, pp. 46-58, 311-312, 316-317, 319-323, 377-378, 383. 강을 따라 남쪽으로 세력을 확장하는 양상에 대해서 pp. 373-375 참조.

13) 같은 책, pp. 18-29, 213, 227, 237, 241-244, 251-258, 267-269, 289-293, 353-407.

시 구불구불한 산길을 따라 서남쪽으로 나아가 사천성四川省 심장부에 있는 민강岷江 유역에 이르렀다. 이 430여 킬로미터 여정 중 삼분의 일이 절벽 벽면에 만들어놓은 잔도였다. 당대 시인 이백李白의 유명한 시는 이 험난한 길을 따라가는 지난한 어려움을 노래하고 있다.

> 아아! 험하고도 높구나!
> 촉으로 가는 길 어려워
> 하늘에 오르기보다 어렵구나.
> ……
> 위로는 날아오르는 해도 되돌려 보낸 높은 봉우리들
> 아래로는 꺾여서 되돌아가는 거센 물결
> 황학黃鶴도 날아 넘지 못하고
> 원숭이는 봉우리를 넘으려 힘겹게 기어오른다.
> 청니靑泥 고개는 어찌나 구불구불한지
> 백 걸음에 아홉 걸음은 바위 절벽을 꺾어 돈다.
> 나그네는 별을 만지고 숨을 고르며
> 손으로 가슴을 쓸어내리며 주저앉아 탄식한다.
> 묻건대, 서쪽으로 갔다가 언제 돌아오시려는가?
> 위태로운 길 날카로운 절벽은 오를 수 없다네.
> 보이나니 서글픈 새들이 고목 사이에서 구슬피 울 뿐.
> ……
> 촉으로 가는 길 어려워

하늘에 오르기보다 어렵구나.

사람들이 이 말을 들으면 붉은 낯빛이 창백해진다.

이어진 봉우리는 하늘과의 거리가 한 척도 되지 않고

말라 죽은 소나무가 절벽에 거꾸로 매달려 있다.

급류 흐르는 소리는 계곡에 울려 퍼지고

협곡에 떨어지는 바위 소리 우레와도 같다

이렇게 험난하거늘

아아! 먼 길을 온 나그네여,

어찌하여 왔는가?[14]

저지대와 고지대 간 대비는 중국 농촌 역사에서 선명하게 나타나는 현상이다. 북중국 저지대는 전국 시대와 진한 제국 훨씬 이전에 이미 정착이 이루어졌으나, 산간 지역은 나무의 벌채나 광산 혹은 염정鹽井 말고는 거의 이용하는 일이 없었다. 남중국으로 이주한 초기 이주민은 원주민을 고지대로 밀어내고 남방에서도 이 양상을 유지했다. 그러나 도교와 불교가 등장하면서 도시 외부 산지에 도관과 사찰을 건설하고, 식량 조달을 위해 이전에는 내버려두었던 구릉지와 산비탈을

14) Van Slyke, *Yangtze*, pp. 54-56; Tregear, *Geography*, pp. 58-61; 『李白集』, p. 199. 이보다 더 일찍 조조가 촉으로 가는 길의 어려움에 대해 시를 쓴 적이 있다. Balazs, "Two Songs," pp. 183-184 참조. 촉 침공의 어려움에 대해서 de Crespigny, *Generals*, pp. 361-363, 369, 372, 376-377, 390-391, 482-483, 487.

개간하였다. 고지대는 사찰과 도관의 핵심 자산이 되었다. [15]

고지대에 사찰과 도관의 경제 기반을 두면, 기존 지주들과 충돌을 피할 수 있는 점 외에도 몇 가지 다른 장점이 있었다. 첫째, 불교승려는 도사와 마찬가지로 종교 활동을 산과 연관 짓는 중국 전통을 따랐다. 산은 종교적 은둔지인 동시에 경배 대상인 신령이 거처하는 곳이었다. 둘째, 고지대 같은 주변부 토지를 개간하려면 자본과 조직된 노동력이 필요했는데, 국가나 부유한 가문은 이를 제공하는 데 관심이 없던 반면 사찰과 도관은 이 두 요소를 공급할 수 있었다. 셋째, 사찰과 도관은 물레방아나 착유기처럼 산업 생산의 새로운 형태를 개척해가는 주체가 되었다. 물레방아나 착유기에는 빠르게 흐르는 물이 필요했고, 산지 비탈이나 강 상류는 그러한 조건에 잘 부합하였다. [16]

호수와 강을 낀 산이 많은 남쪽에서 이러한 발전이 매우 두드러지게 나타나는 동안 북쪽에서도 마찬가지 양상이 나타났다. 중국 문명의 중심이 남쪽으로 옮아가는 장기적 변화가 시작된 때, 동시에 전국 구릉과 산지에 대한 개척도 시작되었던 것이다.

---

15) Gernet, *Buddhism in Chinese Society*, pp. 116–141; Twitchett, "Monasteries and China's Economy," pp. 535–541; Zürcher, *Buddhist Conquest*, pp. 207–208; Ch'en, *Chinese Transformation*, pp. 125–132 등이 이러한 현상의 예를 보여준다.

16) Gernet, *Buddhism*, pp. 142–152; Twitchett, "Monasteries and China's Economy," pp. 533–535; Ch'en, *Chinese Transformation*, pp. 131, 138, 151–158.

주변부에 대한 글쓰기

남쪽으로 그리고 구릉지로 인구가 이동함에 따라 전원, 산수山水, 그리고 변경 모두가 문학 저술의 대상이 되었다. 문사文士들의 이러한 새로운 관심은 진한 제국 시기에 조정에 편향되어 있던 고급문화와 매우 대조를 이룬다. 진한 제국은 여러 국가로 이루어져 있던 이전 세계를 통일하고 대체하면서, 이전 세계가 지니고 있던 지역 특수성을 없애기 위해 부단히 노력하였다.[17] 지역문화를 부정하거나 수도의 부속물로 폄하하는 세계관이 만연하면서 한대 문사들은 주변부를 멀리하고 수도에만 관심을 집중하였다.

예를 들면 구주九州/구궁九宮(혹은 연관된 마방진)과 오복五服 관념으로 보면 세계는 기하학적 격자 혹은 일련의 구역으로 이루어져 있는데, 이러한 구조에서는 수도에서 멀어질수록 문명화 정도가 낮아졌다. 한대 문헌에 보이는 또 다른 방식은 해당 지역 부족이나 왕국이 제국 중심부에 조공으로 바치는 이국적 물품의 종류에 따라 주변부의 각 지역을 특징짓는 것이었다. 수도로부터 멀어질수록 문화 다양성은 보다 뚜렷해졌다. 그리고 점점 뚜렷해지는 이국적 특징은 문명의 중심을 명확히 드러내고 규정해주는 야만성의 공간적 지표 역할을 하였다. 그리하여 한대 문헌들은 북방 유목민을 말 위에서 생활하고 가축떼와 이동하며 도시를 형성하지 않는 사람들로 묘사하고, 남방 월족越族을 몸에 문신을 하고 두발을 풀어헤친 사람들로 이야기하며, 서남방

---

17) Lewis, *Construction of Space*, ch. 3–5; Lewis, *Writing and Authority*, ch. 8.

사람들은 모자간에 동침하며 장남을 잡아먹는 사람들로 전한다.

　지역문화를 부정한 초기 세계관과 마찬가지 경향이 지리 행정에도 나타난다. 전국 시대 행정 이론으로는 정해진 가구 수가 모여 1단계 행정단위를 구성하고, 1단계 행정단위가 일정 수 이상 모여 2단계 행정단위를 구성하는 방식으로 국가 단계에까지 이르렀다. 이 구조는 순전히 형식적이었다. 한대 행정은 이렇게 일정 숫자를 반복하는 특징을 보이지는 않으나, 정책상 촌락이나 지역과 같이 자연적으로 형성된 지방 사회 단위와는 동떨어져 있었다. 『한서漢書』「지리지地理志」에 의하면 한이라는 국가는 정부 관청이 자리한 도시들이 위계적으로 이어진 연결망에 의해 이루어져 있었다. 인구 대다수가 실제로 사는 촌락은 이들 행정 중심보다 하위에 속했으나 별도의 용어로 구분되지는 않았다. 공식적으로 보면 이들 촌락은 숨은 존재였던 것이다. 그리고 이들 '자연적' 촌락과 마찬가지로 '자연적' 지역은 한대 행정 지리상으로는 존재하지 않았다. '자연적' 지역은 예전 전국 시대 각 국가와 일치하였고, 따라서 이러한 범주는 통일제국에 위협으로 간주되었다.

　진한대의 세계 모식과 행정체계처럼 당시 문학 또한 사회학적으로 보나 다루는 주제로 보나 조정의 산물이었다. 당대 가장 중시된 문학 장르는 부賦였다. 전국 시대에는 각국 왕에게, 통일제국이 등장한 후에는 황제에게, 관료 임용을 바라는 도구로서 부는 발달해왔다. 부의 주된 내용은 군주가 자신을 발탁하지 않음을 에둘러 비판하거나 황제의 사냥과 수도의 영광을 칭송하는 것이었다. 부에서 수도는 우주의 복제이자 문명의 정의 그 자체로 다루어졌고, 지역 중심 도시들은 수도의 불완전한 형태로 격하되었다. 사마상여司馬相如의 「상림부上林賦」가 그 대표적인 예다. 한대에 쓰인 역사서 내용 또한 황제와 그 조정에 집중되었다. 게다가 한 조정은 유가 경전의 내용을 확정할 권위를 독점하였는데, 유가 경전은 모든 글쓰기의 모범을 제시한다고 여겨지는 문헌이었다. 공식으로 확정한 경전에 체현된 글쓰기는 수도에 위치한 태학太學의 교과과정에 포함되었다.[18]

한대 지식인들이 점차 환관과 황제 외척이 지배하는 조정으로부터 소외됨에 따라, 수도가 누려왔던 중심적인 위상 그리고 지역문화의 가치를 부정하는 태도가 약해지기 시작하였다. 사제관계(문생門生) 혹은 개인적 후원관계(고리故吏)에 기반을 둔 새로운 지방 네트워크가 중심부를 대신하여 지역사회의 관심사를 명확히 표현하였다. 비문碑文, 사당을 장식한 예술작품, 특정 지역 인재들의 전기 모음 등의 자료는 새로운 지역 의식이 당시 지식인과 예술가의 정체성을 형성했음을 보여준다. 태학에서 거부된 경전 주석이 지역 중심지에서 존중되고 더욱 다듬어졌다. 지역문화에 대한 강조는 한 제국이 위·촉·오 삼국으로 분열된 후에 더욱 강해졌다. 경전에 규정된 예법 또한 지역에 따라 다르게 나타났는데, 위진남북조 시대 유력 가문 대다수는 이처럼 지역차를 보이는 예법 지식을 가문 내에서만 계승하려고 노력했다. 이러한 지식은 출신이 한미寒微한 야심가나 수도에 자리한 무인武人 출신

---

18) Ebrey, "Economic and Social History," pp. 626–648, 특히 pp. 643 이하; Lewis, *Construction of Space*, pp. 212–234.

황실로부터 자신들 귀족을 구별해주는 것이었다.[19]

　문학에서 일어난 혁신─서정시의 본격적인 발달─이 한 제국의 몰락을 잘 보여주었다. 북중국을 제패한 조씨曹氏 가문과 그 휘하의 사람들이 중국 역사에서 처음으로 작자가 분명한 서정시를 지었던 것이다.[20] 군주를 비판하거나 설득하거나 찬양하는 데 쓰였던 한대의 부와 달리, 새로운 서정시는 시인의 경험과 감정을 드러내었다. 특정 장소나 상황에서 생겨나는 개인의 감정을 제한적이고 단편적으로 표현한 것이다.[21] 서정시의 소재는 이제 황제의 금원禁苑, 수도, 의례 같은 것이 아니라 동료들과의 연회, 작별의 순간, 해질녘에 보이는 산의 경치 같은 것들이었다.

　삼국의 위 왕조 첫 황제였던 조비曹丕(187~226)가 오질吳質에게 보낸 편지에는 새로운 서정시의 친밀한 세계가 잘 묘사되어 있다. 마음이 통하는 몇몇 친구들 사이에서 오가는 사교적 대화가 중심 내용이다. 시인 친구 몇 명을 전염병으로 잃고 나서 조비는 이렇게 쓰고 있다. "지나간 시절 우리는 여행할 때면 나란히 수레를 몰았고, 수레를 멈추면 방석을 붙여 앉았지. 우리가 언제 떨어진 적이 있었나? 음악과 함께 술

---

19) Pearce, "Form and Matter," 특히 pp. 173-177; Makeham, *Transmitters and Creators*, ch. 1-5, 특히 pp. 156-167. 加賀榮治, 『中國古典解釋史』는 이 시기 고전 주석에 대한 유일한 단행본 연구서이다.

20) Lin, "Decline and Revival," pp. 135-145; Miao, *Early Medieval Chinese Poetry*; Connery, "Jian'an." 작자가 알려진 후한대 시에 대해서는 Holzman, "Premiers vers pentasyllabiques datés" 참조.

21) Xiao, *Wen xuan*, vol. 1, p. 339. Zhi Yu, "Discourse on the Development of Literary Genres"(摯虞의 「文章流別論」) in Wang, *Early Chinese Literary Criticism*, pp. 63-64도 참조.

잔이 자리를 돌 때면 고개 들어 시를 읊었지. 그때는 우리가 얼마나 즐거웠는지 스스로도 몰랐다네."[22] 이 구절에는 친구들과 함께하는 유람, 연회, 술, 그리고 음악이 거론되는데, 이는 위진남북조 시대는 물론 그 이후 시대까지 문사들의 사교 생활을 정의하는 주요 요소들이다.[23]

서정시의 사교적 세계에는 어두운 일면도 있었다. 유의경劉義慶의 『세설신어世說新語』(130년경)는 조비曹丕와 조식曹植 형제간의 매우 적대적인 관계에 대한 이야기를 전한다. 조식은 조비에게 정치적 도전자이자 시의 경쟁자였다.

한번은 위魏 문제文帝(조비)가 동아왕東阿王(조식)에게 일곱 걸음 걷는 시간 동안 시를 한 수 짓되 그렇지 못하면 극형에 처하겠다고 명하였다. 문제의 말이 끝나자마자 조식은 시를 완성했다.

콩을 끓여 국을 만들고
콩을 짜서 즙을 낸다.
콩 줄기가 솥 아래서 타고 있네
콩이 솥 안에서 눈물을 흘리는 동안.
본래는 한 뿌리에서 나왔는데

---

22) Xiao, *Wen xuan*, ch. 42, p. 925, Spiro, *Contemplating*, pp. 74–75에서 재인용. 오질에게 보낸 이전 편지는 Xiao, *Wen xuan*, ch. 42, p. 924. 문학이론에 대한 조비의 글에 대해서는 Owen, *Readings*, pp. 57–72: Cutter, "To the Manner Born?" pp. 53–71.

23) Spiro, *Contemplating*, ch. 6.

왜 다른 한쪽을 서둘러 태우는가?

황제는 매우 부끄러워하는 모습이었다.[24]

이야기 중에 인용된 시와 마찬가지로 이 이야기는 허구이다. 정치, 연애, 예술에 걸친 형제의 경쟁이라는 신화적 이야기인 것이다. 조씨 형제의 삶과 시는 수 세기에 걸쳐 이러한 신화를 통해 이해되었다.[25] 그러나 수많은 지어낸 이야기가 훗날 고전이 되듯이, 이 이야기는 과장된 모습 속에서 이 시기의 근본적 진실을 극적으로 표현하고 있다. 새로운 양식의 시는 사교를 위한 것이었는데, 거기에는 조정에서 시를 짓는 일도 포함되어 있었다. 조정에서의 시 짓기란 보통 생사의 문제까지는 아니더라도, 작자의 자존감이나 사회에서의 역할 혹은 성공적인 경력을 위해 그가 품었을지 모르는 희망에 결정적 영향을 줄 수가 있었다. 이 시기 유명한 시인 중 상당수는 정치적 실수를 이유로 처형되기도 하였다.

시 짓는 행위가 정치권력과 밀접한 관련을 띠는 양상은 왕부王府에 연계된 시 모임을 통해 지배층 인사에게로 퍼져나갔다. 유력 가문의 유명인사를 중심으로 이루어진 다른 시 모임들은 직접적으로 정치에 연루되지 않으려 하였다. 정사正史의 열전列傳에는 사씨謝氏, 왕씨王氏,

---

24) Mather, tr., *New Account*, p. 126. Paul Rouzer, *Articulated Ladies*의 한 장인 "Competitive Community"는 이 이야기로 시작되고 있다. pp. 73~74.

25) Cai, *Matrix*, pp. 95~103; Cutter, "Cao Zhi (192~232)," pp. 1~4.

그리고 다른 유명 가문들이 소유한 도시 내 저택들(예를 들어 건강建康의 유명한 오의항烏衣巷을 따라 늘어선 주택들)과 지방 별장에서 열렸던 문학 모임이 묘사되어 있다. 이러한 모임에 관한 일화는 강남 지배층의 청담淸談을 모아놓은 『세설신어』에도 수록되어 있다. 일화들은 강남 명사들의 사교적 교류를 생생히 전한다. 이러한 사교적 교류 속에서 강남의 명사들은 스스로 자의식 강한 지배층을 형성하였다.

시와 다른 문학 장르는 청담에서 중요한 역할을 하였다.[26] 위대한 서예가인 왕희지王羲之와 왕헌지王獻之 부자가 중심이던 유명한 난정蘭亭의 모임에서도 볼 수 있듯이, 시는 음악과 서예와 더불어 주요 가문 인사들 간의 의사소통에서 일종의 공용어나 마찬가지였다.[27] 이러한 예술적이고 사교적인 행위를 통해 그들은 자신이 당시 선망의 표식이던 '풍류風流'를 갖춘 고상한 존재임을 드러내었다. 또한 풍류의 모범으로서 단순히 경제력이나 군사력만을 가진 사람들 위에 스스로를 자리매김하였다. 권위에 대한 이러한 심미적 규정은 매우 영향력을 발휘하여, 420년 이후에 남중국을 지배한 군인 황제들조차 조정 신료들이 갖춘 소양에 상응하기 위하여 예술적이고 문학적인 목표를 추구하는 일에 헌신할 정도였다.

---

26) Mather, tr., *New Account*. 이러한 사례들은 pp. 34, 43, 50, 59, 64, 70, 72, 73, 82, 117, 141-142, 143, 144, 160, 173, 194-195, 202, 217, 218, 232, 239, 242-243, 264, 270-271, 302, 306-307, 332, 333, 360, 368, 373, 382, 387, 388, 389, 395, 397, 398, 402-403, 403-406, 414, 415 (2), 418, 424-425, 434-435, 437 (2), 439, 452.

27) 난정의 모임에 대해 다소 색다르지만 완성도 높은 영어 번역으로는 Bischoff, *Songs of the Orchid Tower* 참조.

남중국의 풍경과 그 다양한 식생은 시의 주제뿐 아니라 학문적 연구의 대상이 되었다. 강남의 전원에 관한 책 중 가장 잘 알려진 것으로는 산수시로 유명한 시인 사령운謝靈運이 풍경 수려한 산지에 대한 지리 정보를 상세히 담아낸『거명산지居名山志』(443년 이전에 집필)와 유명한 승려 혜원慧遠(334~416)이 자신의 산행을 기록한 책 등이 있다. 남중국의 이국적 식생에 대한 본격적 저술로는 혜함嵇含의『남방초목장南方草木狀』(304), 만진萬震의『남주이물지南州異物志』, 심영沈瑩의『임해수토이물지臨海水土異物志』(275년경) 등이 있다. 이러한 문헌들과 밀접하게 관련된 것이 장화張華의『박물지博物志』(300년 이전에 완성)처럼 기이하거나 신비로운 현상을 모아 기록한 지괴志怪였다.[28] 이들 중 일부에는 지역의 동식물 서식에 관한 서술과 신비로운 이야기가 혼합되어 있다.

또한 이 시기에는 방지方志 장르에 속하는 최초 사례가 나타났다. 이 문헌들은 제대로 전하지 않고 거의 제목만 남아 있는 정도이다.[29] 하지만 백과사전적 장르인 유서類書에 수록되어 단편적으로 전하는 문헌 및 상거常璩의『화양국지華陽國志』(355년 이전에는 완성)나 역도원酈道元의『수경주水經注』(527년 이전에는 완성) 등의 예를 보면, 이들 유형의 문헌들은 특정 지역의 지리, 신앙, 풍속에 대해 편찬된 비교적 상세한 저

---

28) Needham, Lu, and Huang, *Science and Civilisation*, Vol. 6, Part I: *Botany*, pp. 111, 114, 359, 381, 385, 445-459, 488, 520, 531, 541-542; Campany, *Strange Writing*, pp. 49-52; Greatrex, *Bowu zhi*.

29) 周一良,『魏晉南北朝史論集』, pp. 390-391 및 呂謙擧,「兩晉六朝的史學」, pp. 351-352.

작이었던 듯하다.[30] 한대에 작성된 추상적 행정 지리 및 공물 목록과는 대조적으로, 이 저술들은 주변부에 속한 지역과 전원에 대하여 전면적인 재평가가 이루어졌음을 보여준다. 각 지방이 지닌 다양성과 특이성은 이전에는 아예 무시되거나 야만성의 증거로 지목되었는데, 이제는 탐구의 대상이자 해당 지역이 지니는 일종의 정체성이 되었다.

화가, 은자 그리고 성소

지방에 대한 새로운 관심은 시각 예술에도 반영되어 나타났다. 풍경이 회화의 주제로 등장한 것은 고개지顧愷之와 매우 관련이 깊다. 고개지는 4세기의 유명한 인물화가일 뿐 아니라 중국에서 처음으로 이름이 알려진 풍경화가이기도 하다. 또한 그는 청담에 활발하게 참여하여 익살과 재치로 유명한 인물이기도 하고, 유명한 혜강嵇康에 스스로를 견주던 야심만만한 시인이기도 하다.[31] 회화에 대한 초기 저작 가

---

30) Kleeman, *Great Perfection*, pp. 108–112; Sage, *Ancient Sichuan*, pp. 10–14, 30, 39–43, 51–55, 76, 127, 138, 143, 171, 200. 『水經注』에 대해서는 Strassberg, *Inscribed Landscapes*, pp. 77–90; Harley and Woodward, eds., *History of Cartography*, Vol. 2, Book 2, pp. 92–95; Needham and Wang, *Science and Civilisation*, Vol. 3, pp. 514, 609, 615, 620; Campany, *Strange Writing*, pp. 31, 44, 187–198.

31) Chen, *Biography of Ku K'ai-chih*. 고개지와 산수화에 대해서는 Sullivan, *Arts of China*, pp. 90–95. 청담가, 재담가, 시인로서의 고개지에 대해서는 Mather, tr., *New Account*, p. 542. 혜강의 시구를 그림에 넣은 것에 대해서는 p. 368. 고개지가 끼친 영향과 그에 대한 후대의 신화화에 대해서는 McCausland, *First Masterpiece*; Sullivan, *Birth of Landscape Painting*.

운데 일부가 그의 글이라고도 간주되는데, 그중 가장 긴 글에서 도사인 장도릉張道陵은 제자들에게 산수 경관을 어떻게 묘사할지 다음과 같이 가르치고 있다.

중앙 부분의 동쪽 면에는 단사丹砂로 된 가파른 절벽이 그늘에 닿은 채로 어둠 속에서 우뚝 솟아 있으며, 그 꼭대기에는 고송孤松 한 그루가 심어져 있어야 한다. 이 절벽은 천사天師 옆의 절벽과 마주보게 배치되어 협곡을 이룬다. 협곡은 매우 좁아야 한다. 협곡을 좁게 하는 것은 두 절벽 (사이의 공간을) 외지고 청정한 곳으로 만들려는 것이다. 그러면 그 공간은 틀림없이 신명이 거주하는 곳이 될 수 있다. …… 서쪽으로는 바위가 많은 급류가 나타난다. 그러나 그 물은 가파른 경사로 인해 능선을 따라 흘러내려 지하수가 되고 잠시·후에는 동쪽으로 솟아오를 것이다. 물은 골짜기를 흘러내려 자갈투성이 개울이 되었다가 깊은 연못으로 스며든다. 물이 서쪽으로 갔다가 동쪽으로 갔다가 하는 것은 그림이 자연스럽게 보이도록 하기 위해서이다.[32]

위 인용한 부분은 단편적으로 전하는 다른 문장들과 마찬가지로 산

---

32) 회화에 대한 고개지의 언급에 대해서 Bush and Shih, eds., *Early Chinese Texts*, pp. 28–29, 32–36, 39. 그의 종교적 신앙과 회화와의 관계에 대해서 Spiro, "New Light"; Delahaye, *Les Premières peintures*, pp. 6–73. (이 인용문에 대해서는 원저자가 잘못 이해하고 있다. 이 문장은 고개지가 쓴 『畫雲臺山記』가 나중에 『歷代名畫記』에 인용된 것으로, 장도릉이 제자들을 가르치는 내용이 아니라 장도릉과 제자들을 그리는 방법에 대한 고개지의 설명이라고 보아야 할 것이다.-역주)

의 경관 그 자체를 매혹의 대상으로 다루고 있다. 인간이 활동할 수 있는 공간이면서, 산에 있는 사람의 고상함을 표현해주는 동시에, 시냇물 마시는 하얀 호랑이나 계곡 위 춤추는 상서로운 봉황과 같은 야생의 신비한 존재들의 서식지로서 산은 매혹의 대상으로 그려지고 있는 것이다. 한대 예술에서 봉황은 도시의 문이나 지배층 저택의 지붕과 벽에 서 있는 모습으로 나타났기에, 봉황이 산수화에 등장한다는 사실은 의미심장하다. 가장 고급스러운 주거 형태에 부속되어 있던 주술적 장식이 이제는 산으로 옮겨진 것이다. 『세설신어』가 전하는 일화에 의하면 고개지도 인물 특성을 묘사하기 위하여 해당 인물을 산의 풍경에 어떻게 배치할지 논하였다고 한다.[33]

전원으로 소풍을 나가 산수화를 그리고 시를 짓는 풍조가 성행하게 된 것은 심미적 은거의 등장과 관련이 있다. 심미적 은거는 도시와 전원의 관계를 재정의하였고 독특한 지방색을 분명하게 표현할 수단을 제공하였다. 진대 이전부터 시작하여 한대까지도 세상으로부터 물러나 은자로 지내는 일은 윤리적 혹은 정치적 행위였다. 세상이 타락하였기 때문에 혹은 관직에 있는 것이 근본적으로 자기 자신을 망치고 부패하게 만들기 때문에 취하는 행위였던 것이다. 한대에는 이처럼 정직성의 모범이 되는 개인에 대해서만 정형화된 기록이 가끔 작성되곤 하였다. 이와는 대조적으로 남북조 시대에는 예술적이고 종교적인 목적으로 은거하는 독특한 개인들에 대한 상세한 기록이 다수 출현했다. 학자들은 이러한 기록을 수집하고 이에 대한 소개를 썼으며, 이

---

33) Mather, tr., *New Account*, p. 368.

것이 점차 은일문화에 대한 상세한 담론으로 발전했다.[34] 정치적 원칙 때문에 세상을 등지는 것은 많은 종류의 은거 중 하나에 불과했다. 그 많은 종류의 한쪽 끝에는 산속 동굴에 동물들과 함께 사는 형태가 있었다. 그리고 그 반대쪽 끝에는 '조은朝隱', 즉 조정 안의 은자로 산다고 주장하며 산에 대한 시를 짓고 고상한 척 세간의 일을 무시하며 지내는 형태가 있었다.

동진·남조의 지배층은 모두 어느 정도 심미적 은거라고 할 만한 인생을 살았다. 문학적 지리의 중심으로서 원림園林, 촌락, 산이 황제의 금원禁苑과 수도를 대체함에 따라 문학작품 속에서나 현실 생활 속에서나 전원이 도시 안으로 들어왔다. 아울러 지배층이라면 지방 풍경과 지역 특성에 대해 알아야 했다. 특히 원림은 심미적 은거의 필수 조건으로 간주되었다. 남부의 수도인 건강 내부, 그 교외, 그리고 회계會稽(현재의 소흥紹興)의 구릉 지대 등에 자리한 장원에 많은 원림이 조영되었다. 몇몇 산수화가는 원림 설계 전문가가 되었다. 산의 경치를 음미하고 묘사하는 중에 발달된 미적 감각이 원림 설계에도 영향을 주었던 것 같다. 도심 혹은 교외 원림을 혼자서 혹은 동행과 더불어 산책하는 일은 일부 사람들에게는 자연 속으로 칩거하는 것과 마찬가지로 간주되었다.[35]

---

34) Vervoorn, *Men of the Cliffs and Caves*; Berkowitz, *Patterns of Disengagement*.

35) 위진남북조 시대의 원림園林에 대해서는 영어로 된 연구가 없다. 동양 언어로 된 연구로는 大室幹雄, 『園林都市』; 魏嘉瓚 編, 『蘇州歷代園林錄』, pp. 18~49; 吳功正, 『六朝園林』; 侯迺慧, 『詩情與幽境』, pp. 15~36. 그 이후 시대의 원림에 대해서는 Yang, *Metamorphosis of the Private Sphere*; 侯迺慧,

불교 은둔자(승려뿐 아니라 재가신도도 포함)와 도사 대부분은 심미적 이유가 아니라 종교적 이유로 사회로부터 물러났다. 산에 은거한 종교적 인물 중 최고 본보기는 유명한 도사 도홍경이다. 492년에 그는 건강에서 멀지않은 모산茅山으로 들어갔다. 그곳에서 단약을 제조하면서 양무제梁武帝의 상담자이자 조언자 역할을 하였다. 그러한 노력 덕분에 '산중재상山中宰相'이라 불렸고 자신의 학문과 연단술 연구를 계속할 수 있도록 조정으로부터 정기적 재정 지원도 받았다.[36] 종교적인 은거를 수시로 수행하기 위한 장소를 만든 사람들 중 가장 유명한 이는 혜원이었다. 그는 여산廬山에 재가신도 공동체를 설립하였고 몇몇 명사가 이곳을 자주 방문하였다. 혜원은 다른 산에 있는 암자로 가는 도중 이곳을 발견하였다. 따라서 4세기 말까지는 중국 남부 산들에 일종의 불교 네트워크가 형성되어 있었던 것으로 보인다.[37]

시간이 흐르면서 불교와 도교는 새로운 종교적 지리를 형성하였다. 이 새로운 종교적 지리는 소풍, 교외 원림, 산지 장원이 만들어낸 문학적·정치적 지리와 병존하며 이를 강화했다.[38] 위진남북조 시기 동안

『唐宋時期的公園文化』; 侯迺慧, 『詩情與幽境』. 후대 문인 문화 속의 원림에 대해서는 Clunas, *Fruitful Sites*; Xiao, *Chinese Garden as Lyric Enclave*.

36) Robinet, *Taoism*, pp. 115–119, 150–151, 189, 196; Strickmann, "Alchemy of T'ao Hung-ching"; Strickmann, "Mao Shan Revelations," pp. 3–6, 15–40; Strickmann, *Taoïsme du Mao chan*, pp. 21–57, 115–117.

37) 혜원과 여산에 대해 Ch'en, *Buddhism*, pp. 103–112; Zürcher, *Buddhist Conquest*, pp. 204–253, 258–263; Tsukamoto, *History of Early Chinese Buddhism*, pp. 759–898; Strassberg, *Inscribed Landscapes*, pp. 67–71.

38) 도교와 불교에 의해 산이 종교적 변화를 겪었다는 점에 대해서는 Kleeman, "Mountain Deities in China." 산속에 은거한 승려들에 대해서는 宮川尚志,

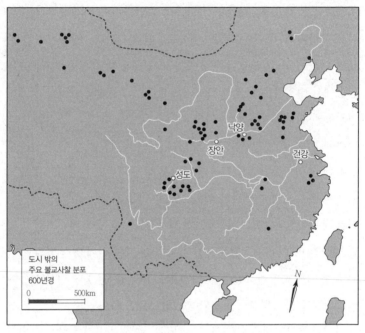

지도3

산은 귀족들이 시를 짓고 여유로운 상류층 생활을 영위하기 위해 모이

는 은일의 공간일 뿐 아니라 지배층 가문과 황제가 종교적 권위를 얻

는 성스러운 장소가 되었다. 새로운 경전, 특히 강남 토착 가문들로부

터 나타난 상청上淸과 영보靈寶 경전들이 이러한 장소와 밀접한 관련이

있었다.[39] 지방이라는 주변부보다 도시라는 중심부를 선호했던 오래

『六朝史硏究-政治社會篇』, pp. 279-288; Berkowitz, *Patterns*, pp. 141-144,
207-217, 238-241; von Glahn, *The Sinister Way*, pp. 87-97. 성스러운
장소로서의 산에 대한 시에 관해서는 Kroll, "Verses from on High."

39) Strickmann, "Mao Shan Revelations"; Strickmann, *Taoïsme du Mao chan*.

된 위계질서는 이제 역전되었다. 신성한 경전은 은둔자들 혹은 조정 밖 사람들에게서 비롯되었고 조정은 우주론적 힘의 근원을 지방에 자리한 종교 권위에 의존하였던 것이다.

더욱 근본적인 지리적 변화는 인도를 신성시한 불교로 인해 발생하였다. 인도는 멀고 낯선 땅이었는데 399년에서 414년까지 인도에 구법 여행한 법현法顯 같은 사람은 세계의 중심에 있는 나라라는 의미로 인도를 '중국中國'이라고 불렀다. 그런데 불교가 사찰이나 암자를 통해 지역 성소聖所를 끊임없이 늘려감에 따라 수 세기가 지나면 우리가 아는 중국 그 자체도 불국토佛國土로 변모할 상황이었다.[40] 국가는 불교 경전 간행을 후원하고 낙양이나 건강에 대규모 사원을 건축하여, 불교를 황제 지배체제 하에 두려 하였다. 그러나 산간 지역에 흩어진 불교 시설에서 발산되는 새로운 종교적 권위를 통제할 수는 없었다(지도 3). 마찬가지 방식으로 시詩는 국가의 통제를 넘어서는 새로운 문화적 경관을 만들어냈다.[41] 시나 이야기를 통해 특정 장소가 기려지면 그 장소는 스스로 문화적 생명력을 얻었다. 후대 시인들은 직접 방문하여 그 생명력을 되살리거나 그러한 작품을 선례이자 개인적 경험의 본보기로 인용하였다.

북중국에서도 어느 정도 이러한 발전의 추세가 나타났으나, 북중국

---

40) 법현에 대해서는 Ch'en, *Buddhism*, pp. 89–91. Boulton, "Early Chinese Buddhist Travel Records," pp. 44–79; Legge, tr., *Record of Buddhistic Kingdoms*. 세계의 중심에 있는 나라라는 의미로 '중국中國'이라 불리게 된 북인도에 대해서는 p. 28. 중국을 불교의 땅으로 만드는 것에 대해서는 Sen, *Buddhism, Diplomacy, and Trade*, pp. 1–101.

41) Owen, *Remembrances*, ch. 2.

에는 그만의 고유한 지리적 특징이 있었다. 바로 삭막한 풍경, 잔혹한 기후, 그리고 낯선 풍습을 가진 변경 유목 지대였다. 가장 유명한 변새시邊塞詩 장르의 작품들이 전투 경험에 기반을 두고 당대唐代에 쓰이기는 했지만, 변새시의 전통 그 자체는 한과 당 사이 북중국을 지배한 왕조들 치하에서 이미 만들어지고 있었다.[42]

지역 우월의식의 탄생

후한 제국이 붕괴한 뒤 수 세기 동안 많은 변화가 발생했다. 문화적 우월과 정치적 권위가 이상으로 자리 잡았고, 촌락·전원·산지가 재평가되었으며, 새로운 종교적 지리가 형성되었고, 문헌적 권위의 새로운 원천이 등장했다. 이러한 변하에 호응하여 문학에도 새로운 풍조와 장르가 등장했다. 이렇게 누적된 변화를 통해 제국의 수도가 일방적으로 누리던 권위를 대신하여 지역과 지방의 전통이 인정받았다. 이러한 변화는 남중국의 강남 지역에서 가장 전형적으로 나타났다. 강남의 유력 가문들은 이러한 변화상에 의해 규정되는 사람들이었다.

남중국의 수도 자체도 이렇게 변화된 정치적 지형도 안으로 끌려들어갔다. 삼국 시대에 잠시 오나라 수도이긴 했지만 건강은 기본적으로 변방 도시였다. 중국 정통의 역사적 수도는 주周와 한이 도읍했던

---

42) Owen, *Great Age*, pp. 147-182; Owen, ed. and trans., *Anthology*, pp. 459-460. 변방에서 생활해야 했던 여성들에 대해서 Rouzer, *Articulated Ladies*, pp. 175-200; Frankel "Cai Yan"; Marney, *Chiang Yen*, pp. 132-134.

장안과 낙양이었다. 중화세계의 먼 변방에 위치한 새로운 수도를 정당화하기 위하여 동진 조정이 내세운 논거는 두 가지였다. 첫째는 삼국 시대의 유명한 지략가인 제갈량의 말인데, 그가 건강을 방문했을 때 땅의 지세가 '용이 몸을 감고 호랑이가 웅크리고 있는(龍蟠虎踞)' 형상이라 수도에 적합하다고 했다는 것이다. 둘째는 진시황제의 일화이다. 진시황제가 전국을 순행하다 건강에 이르렀을 때 점술가가 건강의 땅에는 제도帝都의 기氣가 서려있다고 하는 말을 들었다는 이야기로, 점술가는 오백년 후 그곳에서 황제가 나올 것이라 예언했다고 한다.[43]

이들 이야기가 시사하듯, 건강은 북중국에 있는 수도가 지니던 고전적 권위를 결여한 탓에 풍수지리나 망기望氣 같은 방술에 의존하였고, 수도로서의 신성한 권위를 주변 지세로부터 얻어야만 했다. 진시황제 이야기에서조차도 미래에 건강이 수도가 될 것이라 예견한 인물은 이 지방의 점술가와 촌로였고, 이들은 이 지역의 전통에 따라 건강의 입지를 정당화했던 것이다. 같은 이야기의 다른 전승에서는 건강의 미래를 예언하고 사라진 이가 산에 은거하는 도교의 신선이었다고 전해진다.

물론 고전적 한대 문화에 대한 존경과 북중국에 대한 그리움이 동진·남조에서 아주 사라진 것은 아니었다. 동진 초에 주의周顗와 그의 지인들이 신정新亭으로 놀러 나갔다가 강북의 잃어버린 산천을 그리워

---

43) Lewis, *Construction of Space*, p. 387 주 197); 『太平御覽』 卷 156, pp. 3a~b에 인용된 『吳錄』의 내용; Graham, 'Lament for the South,' pp. 83, 139.

하며 눈물을 흘렸을 때, 승상 왕도王導는 중국의 신성한 강역을 되찾겠다고 맹세한 일이 있었다. 한 세대 뒤에는 탁월한 무장 환온桓溫이 북중국을 수복하겠다는 포부를 밝혔으나 결국 남중국 자연의 아름다움에 만족하고 있던 손작孫綽 등 다른 사람들의 반대에 부딪힐 뿐이었다. 북중국을 탈환한다는 꿈은 환온이나 유유劉裕와 같은 무장에게는 포기할 수 없는 야망으로 남았으며, 북벌北伐 시도는 황제 자리를 차지하기 위해 거쳐야 하는 단계였다.

북중국을 수복하겠다는 열망과 그 열망을 실행에 옮긴 북벌은 무장과 강남의 전형적 문화 엘리트 사이에 긴장 국면을 형성했다. 문예와 종교가 복잡하게 어우러져 강남의 독특한 엘리트 문화를 만들어낸 풍토는 북중국의 고전적인 문화에서는 존재할 수 없는 지역 전통 및 권력과 맞물린 것이었다. 무장과 문화 엘리트 사이의 긴장관계는 동진·남조의 군사적 약세를 이해하는 단서이기도 하다. 동진·남조에서는 조정의 권력이라는 것이 군사적 능력의 함양보다는 시문詩文이나 원림 설계 능력의 발휘에서 비롯되었던 것이다. 결국 강남에서 개창된 남중국의 새로운 문화는 북중국의 군사화한 문명에 대하여 스스로를 지켜낼 수 없었고, 당 초기에 이르면 이 지역 가문들은 부차적 위치로 내려앉고 만다.

하지만 문사文士의 이상을 배양하거나, 시 모임을 만들거나, 지방의 역사나 시를 씀으로써 자기 지역의 전통을 확인하거나, 황제 지배체제에 전혀 영향을 안 받은 것은 아니지만 상대적으로 독립적인 종교적·문학적 지리 관념을 문화적으로 형성하는 일 등, 이 모든 전통은 동진

남조가 지배하는 강남 지방에서 선구적으로 이루어진 일들이었고 후
대 역사에서도 지역 우월의식의 고전적 형태로 남았다.

2

| 유력 가문의 대두 |

한의 붕괴는 중국사에서 흔히 귀족의 시대라고 묘사되는 시기로 이어졌다. 이 시기에는 소수 유력 가문이 사회와 정치를 장악하고 있었다. 귀족의 시대라는 표현이 전적으로 정확하지는 않지만 이 시기 동안 황제 권력이 상대적으로 약한 덕분에 일부 가문이 조정과 지방에서 과도한 영향력을 발휘한 것은 사실이다. 이들 중 어떤 가문도 몇 세대 이상 조정을 지배할 수는 없었지만, 일부 가문은 수 세기 동안 상당한 영향력을 유지하였고 사회지배층으로 인정받았다. 그러나 그들 자신의 운명보다 중요한 것은, 이들 가문이 중국에서의 높은 지위에 대한 개념을 바꾸었고, 그리하여 사회지배층과 조정 간의 관계를 영원히 바꾸어 놓았다는 점이다.[1]

---

1) 저자는 위진남북조 시대의 지배층을 이루는 가문들을 지칭하여 'great families'라는 표현을 사용하였고, 옮긴이는 이를 '유력 가문'으로 번역하였다. 저자는 이 시대의 지배층이 유럽 중세 '귀족aristocrats'과는 많이 다르기

유력 가문 사이의 지위 추구

2세기 중엽이 되면 한 왕조의 상류계층을 이루고 있던 것은 기본적으로 유교적 가치관과 학문을 옹호하며 스스로를 군자라고 생각하는 대지주 가문들이었다. 학문 혹은 문학 소양을 갖춘 개인은 그가 속한 고장에서 명망을 얻고 교사 혹은 관료로서 수입을 얻을 수 있었다. 어떤 경우에는 수도의 태학에 들어갈 수도 있었다. 그러나 이런 경력을 지향하는 사람들 앞에는 몇 가지 장애가 놓여 있었다.

첫째, 관직 진출은 추천에 기반을 둔 결과 개인 능력보다는 가문의 부와 명망이 작용하는 경향이 있었다. 1세기 말에 왕충王充은 사람들이 도덕적 혹은 지적 성취보다는 재산과 관직을 중시한다고 비판하였다. 아울러 그는 가난한 학자는 무시당하는 반면 부유한 가문은 서로를 추천하며 몇 세대에 걸쳐 관직을 장악하고 있다고도 한탄하였다. 정사에 남은 수백 개 전기들을 검토해보면, 중요한 가문들은 고위관직에 6~7세대에 걸쳐 진출할 수 있었던 반면 신분의 상향 이동은 극히 드물었음을 확인할 수 있다. 학문적 성취에 따르는 위세가 점차 커지고 제한된 수의 관직을 차지하려는 학자 후보자 간 경쟁이 점점 심

때문에 유럽 중세 귀족을 연상시키는 '귀족aristocrats'이라는 표현을 사용하면 위진남북조 시대의 지배층에 대한 오해를 낳을 것이라 보고 'great families'라는 표현을 사용한 듯하다. 한국 학계에서는 위진남북조 시대의 지배층을 대체로 '귀족'이라는 용어로 설명하고 있으므로 저자가 사용하는 용어인 'great families'를 '귀족'으로 옮길 수도 있기는 하다. 그러나 저자가 'aristocrats'라는 용어를 거부하였고, 아울러 한대의 지배층까지 포괄하여 보다 넓은 의미로 'great families'라는 용어를 사용하고 있으므로, 저자의 의도를 따르는 취지에서 'great families'를 '유력 가문'으로 옮겼다.-역주

해지자, 가문의 도움 없는 개인에게 주어지는 기회는 더 줄어들었다.[2]

높은 관직에의 진출을 막는 또 다른 요소는 조정 그 자체의 성격의 변화였다. 제국의 지배 체제는 모든 권위의 원천이자 반신적半神的 군주인 황제를 중심으로 구축되어 있었다. 그 결과, 한 조정의 권력은 공식 관료기구로부터 황제 개인을 직접 둘러싼 측근에게로 지속해서 이동하였다. 이 측근이란 황제가 보고 듣는 것을 가까이에서 통제하고 황제의 이름을 빌어 말할 수 있는 사람들이었다. 한무제漢武帝는 정기적으로 승상을 교체함으로써 승상의 권한을 약화시킨 한편으로, 사적 공간에서 자신을 보좌하는 비서들에게 조정의 실제 업무를 맡겼다. 이들 비서는 관품 자체는 낮았지만, 내조內朝를 형성하여 주된 정책 입안자였던 공식 각료기구를 대체해버렸다. 무제는 또한 외조外朝의 최고 군사 담당관인 태위太尉를 폐지하고 내조에 새로운 최고 지휘관인 대사마大司馬를 두었다. 87년에 무제가 죽자 대사마 곽광霍光이 어린 황제인 소제昭帝의 섭정이 되어 다른 유력한 관리들을 물리치고 조정을 장악하였다.

내조는 궁극적으로는 환관과 황제의 외척이 지배하게 되었다. 전한의 마지막 몇십 년 동안 환관 몇 명이 조정 대부분을 통제하는 한편으로, 왕씨王氏 가문이 몇 대에 걸쳐 황제와의 혼인을 통해 권력을 얻었다. 이러한 양상은 후한에서도 계속되었다. 후한의 첫 세 황제는 성년으로 즉위하여 실제로 권력을 가진 군주였다. 그러나 그 후로 조정을 지배한 것은 늘 외척과 환관으로, 이들은 유혈 분쟁을 통해 번갈아 대

---

2) Ebrey, "Economic and Social History," pp. 630–637; Dien, "Introduction."

사마 자리를 차지하고 수도의 군대를 지휘하여 조정을 장악하였다.

여인과 환관이 조정을 지배하자 학자 및 지주계층의 가치관은 부정당하게 되었고, 그러한 조정이 관료기구를 무력화함으로써 학자 및 지주계층의 권력은 위협받게 되었다. 150년 이후 환관, 외척 그리고 당파 세력이라는 세 집단 간에는 일련의 권력 투쟁이 벌어졌고, 이 투쟁은 결국 환관의 승리로 끝났다. 당파 세력은 중앙 고위관료와 지방 지주계층의 통합된 주장을 대변하며 점차 조직화한 것이었는데, 환관에 패배한 외척은 이러한 당파 세력과 연합할 수밖에 없는 상황이 되었다. 이 새로운 연합은 사제관계와 개인적 후원관계에 기반을 둔 연계망을 통해 정치적 행동을 취하였다. 스승과 제자, 관직 진출에 있어서의 추천인과 피추천인, 유력 가문을 위해 일한 적 있던 교사와 속관屬官 들이 이 연계망을 형성하였다. 상대편으로부터 '당인黨人'이라고 비난받았던 이들 연계망은 환관과 그 연합 세력에 대해 유례없이 맹렬한 비판을 가했다. 그리고 자신들의 비판을 '청의淸議'라 일컬었다.[3]

조정 권력자들에 대하여 사회지배층이 처음으로 전국적이고도 조직적인 저항을 보였다는 점에서 청의 운동은 그 의미가 컸다. 게다가 환관과 황제의 인격을 공공연하게 비판함으로써 청의 운동은 인물에 대한 평가를 정치의 중심 요소로 만들어놓았다. 이러한 인물 평가는 한 왕조가 붕괴한 이후에 특별히 중요해졌다. 이전에 고위관료들은

---

3) Chen, *Hsün Yüeh*, pp. 19-23. 이에 대한 전통적인 중국의 서술에 대해서는 『자치통감』 중 이 시기 부분에 대한 영어 번역인 de Crespigny, tr., *Emperor Huan and Emperor Ling*을 참조. '청의'에 대해서는 Holcombe, *In the Shadow*, pp. 74, 77-78; Tang, "Voices of Wei-Jin Scholars," pp. 118-131.

단순한 지역 문제보다 보편적인 가치를 옹호하면서 스스로 우월하다고 주장해왔었는데, 이제 청의 운동은 고위관료들이 영향력 있는 지주 가문의 지역적 이해관계에 공명하도록 만들었다. 후한 말에 나타난 이러한 모든 변화상은 위진남북조 시대 동안 통용될 지배층에 대한 정의를 형성하는 데 있어 결정적 영향을 미쳤다.

하지만 단기적으로 볼 때 청의 운동은 166년 환관 일파가 조정에서 승리를 거두었을 때 재난에 직면하였다. 167년 환제桓帝가 죽자 반反환관파가 섭정 자리를 장악하며 일시적으로 다시 부상하였으나, 168년 환관들이 쿠데타를 일으켜 섭정을 처형하고 반환관파를 대거 투옥하였다. 이들 중 100명 이상이 감옥에서 죽었다. 반환관파가 관직에 진출하는 것을 금지하였던 '당고黨錮' 조치는 184년 황건의 반란이 일어날 때까지 지속되었다.

그들이 재야로 밀려나 있었던 기간은 대체로 환관과 손잡았던 영제靈帝의 재위기간(168~189)에 해당한다. 그럼에도 불구하고 이 시기 동안 무력해진 관료기구와 영향력 있는 지주 가문의 연합이 강화되었다. 지방에서 새로운 유형의 사회조직이 번성하였고 점차로 자의식을 지닌 지배층이 부패한 조정과 우매한 황제에 대항하여 스스로를 '청류淸流'이자 유교 문화의 수호자로 묘사하기 시작하였다. 이런 식으로 황제에 대해서조차 자신들이 보다 우월하다고 주장함으로써 후한 말 지배층 가문들은 점차 권위를 재산이나 관직으로부터 분리시켰다. 그리하여 훗날 위진남북조 시대 유력 가문들이 스스로 권위를 주장하는 근

거가 마련되었다.[4]

사회지배층들이 뚜렷하게 구분되는 집단으로서 갖춘 이러한 새로운 자의식은 여러 형태로 나타났다. 우선 그 구성원들은 사회 구성원을 칭송하고 비난할 권리를 자신들 멋대로 독점하였다. 이는 이론상으로는 군주의 독점적 특권이었다. 제국 중앙정부까지 진출하지도 않은 현縣의 말단 관리들이 모여, 그 지방 인재의 학문적 성취나 도덕적 행위를 기리는 비석을 세웠다. 이러한 비석은 지방의 지배층 인사들이 유가적 군자의 이상을 어떻게 자신들의 이미지로 내재화하였는지를 보여준다.[5] 조상을 위해 지은 사당 또한 중요했다. 이는 무량사武梁祠의 예를 통해서도 잘 드러난다. 유가의 주요 덕목인 효는 후한대 들어 지극히 중요한 요소로 자리 잡았다. 따라서 고인을 위해 호화롭게 장례를 치르고 지속해서 제사를 지내도록 화려한 사당을 세우는 일이 스스로 군자의 자격을 갖추었음을 동시대인에게 확인시키는 주요한 기제가 되었다. 대규모 화상석 벽화는 상고의 성인과 과거 위대한 군주, 효나 다른 윤리적 행위의 모범, 죽은 자의 영혼이 도착할 천국 등을 묘사하고 있다. 이들 한말의 사당은 우주의 축소판으로, 그 가장 중요한 위치에는 고인의 가치관과 이상화한 자화상이 배치되어 있었

---

4) 정치적 배경에 대해 Chen, *Hsün Yüeh*, ch. 2–3 참조. 황제보다 우월하다는 주장에 대해서는 Chen, "Confucian Magnate's Idea of Political Violence"; Yu, "Individualism," pp. 122–124. 후한 지배층에서 후대 유력 가문으로의 변화에 대해서는 Yang, "Great Families," 특히 pp. 125–133.

5) Ebrey, "Economic and Social History," pp. 637–648; Ebrey, "Toward a Better Understanding." Mao, "Evolution"도 참조.

다.[6]

중국 각 지역 인재의 전기를 모아 사적으로 편찬한 책들이 나타난 것도 지주계층의 새로운 자의식을 보여주는 또 다른 표지였다. 이러한 책들은 그 지역 인물의 장단점을 평가하고 학식과 덕성 면에서 다른 지역 인물과 비교하였다. 전기를 쓴 저자들이 비교를 통한 평가에 들인 공은 당시 사람들이 인간의 재능과 개성을 평가하는 일에 관심이 커지고 있음을 보여주는데, 이러한 관심은 후한이 망한 뒤 이어지는 수 세기 동안의 정치적 혼란기에 더욱 증대되었다.[7]

한의 멸망과 삼국의 등장

후한 제국은 몇 가지 이유로 인해 붕괴하였다. 지방에서는 인구가 늘어나고 대지주에 의한 토지 겸병이 심화된 결과, 빈곤의 만연, 공동체의 붕괴, 도적의 횡행 등의 현상이 나타나고 있었다. 수도에 주둔한 군대는 부유한 가문의 자제를 위한 한직이 된 지 오래라, 군사적으로 힘을 쓸 수 없는 집단이었다. 그뿐 아니라 이 군대는 애초부터 질서 유지를 맡기에는 수가 너무 적었고 거리상으로도 너무 멀리 떨어져 있었다. 변경에 주둔하던 상비군은 징병제가 폐지된 후에 장군들의 사병 집단으로 변해버렸다. 장군이 병사를 모집하고, 모인 병사는 영구히

---

6) Wu, *Wu Liang Shrine*; Liu, Nylan, and Barbieri-Low, *Recarving China's Past*.

7) Ebrey, "Economic and Social History," pp. 645–646.

장군에게 예속되어 지휘를 받았던 것이다. 변경 지방의 긴장 상태는 후한의 이이제이以夷制夷 정책 때문에 더욱 악화되었다. 후한은 자신과 적대관계에 있는 이민족과 싸우게 할 목적으로 연맹관계라고 간주한 유목 부족을 중국 내지에 정착시켰고, 그 부족들은 정착한 중국 내지에서 한족 촌락을 지속하여 약탈하고 있었던 것이다.

유랑하는 농민 도적과 유목 세력 때문에 지방이 점점 더 무질서와 폭력에 시달릴 때, 조정은 평화를 유지할 지방 유력 가문들과의 연계도 없고 강제로 질서를 회복할 군사력도 상실한 상태였다. 스스로를 보호해야 했던 지방 향촌 공동체는 국가의 군대와는 별개로 독자적인 무장 집단을 형성하였다. 후진적인 지역에서는 촌락 형성의 기초인 혈연적 유대에 의지하여 방어망을 조직하였다. 경제 선진 지역에서는 지주의 지휘 아래 소작인이나 예속민으로 이루어진 수비군이 등장하였다. 그리고 산동과 사천 같은 일부 지역에서는 명망 있는 인물이 농민을 이끌고 군대화한 종교 집단을 형성하기도 하였다. 이들 종교 집단은 기근으로부터의 구제와 질병 치료를 약속하였고, 아울러 한 왕조의 개혁 혹은 왕조 전복을 의미하는 '태평太平'의 새 시대를 기치로 내걸었다.

이러한 움직임 중 하나였던 184년의 황건의 반란과 그 뒤를 이어 지방에서 일어난 일련의 봉기가 후한 왕조를 무너뜨린 직접적 원인은 아니었다. 그러나 이러한 반란은 후한 왕조가 이미 파탄에 이르렀다는 사실을 드러냈다.[8] 봉기가 임박했다는 제보가 있었을 때, 해당 지역 관

---

8) Hendrischke, "Early Daoist Movements," pp. 135-139, 147-157; Michaud,

리들은 그러한 움직임에 대해 알고 있었으나 공개하지 않았다는 사실도 밝혀졌다. 황건의 추종자가 심지어 궁전을 지키는 군대와 환관 중에서도 발견되었다. 마침내 수도의 남쪽, 동쪽, 동북쪽에 위치한 16개 군郡에서 반란이 일어났을 때, 후한 제국의 군대는 반란군을 진압하려다 오히려 패배하고 황실의 왕 몇 명이 살해당하거나 사로잡혔다. 결국 반환관파 당인들을 지지하는 사람들이 주로 유력 가문에 예속된 농민을 병사로 차출하여 군대를 조직하고 지휘해서 황건의 반란을 진압하였다.[9]

낙양 동쪽 교외에서 황건군에 대하여 결정적 승리를 이끌어낸 장군들은 영제가 새로 재편성한 수도 군단의 지휘를 맡았던 환관들에 의해 즉시 해임되었다. 그러나 186년 5월 15일 영제가 죽고 새로운 섭정이 임명되었는데(대장군 하진何進을 가리킨다.—역주), 그는 서북 변경의 장군인 동탁董卓을 비밀리에 수도로 소환하는 한편, 반환관 당인 세력의 정치적 동향을 살폈다. 환관들은 이러한 은밀한 움직임을 알아차리고 섭정을 살해하였다. 이는 다시 새로운 수도 군단의 젊은 장교들을 자극하였고, 원소袁紹와 원술袁術을 비롯한 젊은 장교들은 낙양을 점령하고 환관들을 학살하였다.

그러나 이 승리는 오래가지 않았다. 20여 년 동안이나 소외되어 있다가 조정을 장악한 반환관파 인사들은 이제 정치권력의 근거가 관직이 아니라 군사력임을 알게 되었다. 동탁은 수도에 도착하자 군사 독

"Yellow Turbans"; Stein, "Remarques."

9) 중국의 전통적 설명은 de Crespigny, tr., *To Establish Peace*.

재자로 군림하였고, 환관 세력을 제거한 장교들은 이를 피해 동쪽으로 피신하여 자신들의 근거지에서 새로 군대를 모집하였다. 이로 인한 위협을 걱정한 동탁은 소년 황제인 헌제獻帝와 그 조정을 자신의 본거지인 장안으로 이동시켰고, 군사를 시켜 낙양에 불을 질러 폐허로 만들었다.[10]

220년까지 후한의 마지막 황제가 정식으로 폐위되지는 않았지만, 190년에 수도가 불타고 조정이 강제로 옮겨지자 실질적으로 후한 왕조는 끝난 것이었다. 280년 진晉이 일시적으로 재통일하기까지, 수십 년에 걸쳐 군벌이 할거하던 시기는 삼국 시대로 알려져 있다(지도 4). 위·오·촉을 지배한 것은 무인들이었고, 정도는 덜하지만 장원에 기반을 둔 유력 가문들도 지배에 참여하였다. 어떤 경우에는 이 두 집단이 겹치기도 하였으나 양자 간에는 결정적 차이가 있었다. 후자는 단순히 국지적 영향력만을 행사하는 세력이었고, 전자는 보다 큰 지역 혹은 전국 수준으로 활동할 수 있는 세력이었다. 이 시기 혼란 속에서 후자는 활동 범위가 제한되었고 군사적 약탈에 무방비였던 데 비해 전자는 패배한 반란군, 이민족 군인들, 군도群盗 등의 실질적 병력을 흡수하여 군사력을 축적함으로써 정치권력을 행사하였다.[11] 이처럼 사회적 권위로부터 군사력이 분리된 일은 위진남북조 시대 정치사를 규정하는 중요한 모습이다.

후한 최후의 20~30년 동안의 군벌 중 가장 중요한 인물은 조조曹操

---

10) Chen, *Hsün Yüeh*, pp. 40~47.

11) 같은 책, pp. 47~58, 특히 pp. 49, 57.

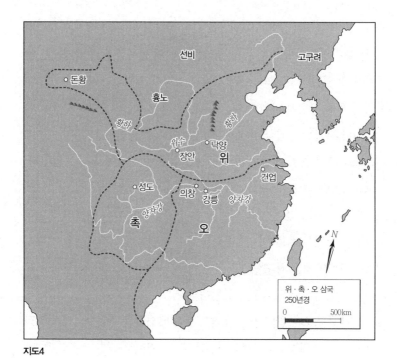

지도4

였다. 그는 탁월한 무장이자 시인이며 제도 개혁가로, 그의 정책은 그의 사후에도 오랫동안 영향력을 유지하였다.[12] 환관의 양손자인 그는 환관 세력을 분쇄하고 그 후 동탁에 대항하여 거병한 장교들 중 한 사

---

12) 구미에서 조조를 본격적으로 다룬 연구는 아직 없다. 그의 흥기에 대해서는 Leban, "Ts'ao Ts'ao." Kroll, "Portraits"가 아직까지는 가장 훌륭한 연구이다. 조조의 시에 대해서는 Chang, "Generic Transformation," ch. 1; von den Steinen, "Poems of Ts'ao Ts'ao." 중국의 연구로는 王仲犖, 『曹操』; 郭沫若 等著, 『曹操論集』. 일본의 연구는 竹田晃, 『曹操』.

람으로서 유명해졌다. 193년 5월 22일 동탁이 여포呂布에게 암살당하자, 젊은 황제와 조정은 동탁 부하들 사이의 반목을 틈타 낙양으로 돌아올 수 있었다. 조조의 보다 강력한 경쟁자인 원소가 새로운 허수아비 황제를 세우려 하였을 때, 조조는 헌제를 자신의 근거지인 허許에 데려다 사실상의 연금 상태에 두었다. 이 극적인 한 수를 두기 이전에 조조는 화북 평원에 있는 여러 군사 모험가 중 하나에 지나지 않았다. 그러나 상징적 존재로서의 황제를 끼고 후한 부흥을 기치로 내걸면서 그는 재능 있는 젊은이들을 대거 휘하에 끌어들였다. 이들의 조언과 행정적 지원으로 조조는 군대를 키우고 차례차례 경쟁자들을 패배시켰다. 205년에는 최대 경쟁자였던 원소를 제거하고 중국 인구와 경제의 중심인 황하 유역 평원을 통일하였다.

초기에 조조는 한의 지방 유력자 층을 배제하는 권위주의적 정책과 무력에 크게 의존하였다. 그러나 한의 수호자를 자처한 그는 순욱荀彧 등의 조언을 따라 한의 충신이자 윤리적 모범으로 보일 수 있게 처신하였다. 그러나 205년에 원소를 격파한 후 입지가 보다 공고해지자 그는 더한 권위주의 정책으로 되돌아가기 시작했다. 208년에 양자강 중류 형주의 북부를 정복한 후부터 그는 자신에 반대하여 간언하는 사람을 심하게 처벌하는 경향을 보였다. 형주의 중심지로서 한수 중류에 위치한 양양을 점령한 후, 그는 경쟁 군벌이던 유표劉表가 모아놓은 많은 인재들을 자신의 조정으로 데려왔다. 이들은 북중국의 정치적 위험을 피하여 남쪽으로 피난했었는데, 이제 이들로 인해 조조 주변에

는 정치적 혹은 윤리적 비판을 삼가는 인재들이 가득하게 되었다.[13]

208년 양양 점령은 조조의 군사 활동이 최고조에 달했음을 보여주는 표시였다. 그는 남진하여 양자강 변의 강릉江陵에서 대규모 선단을 조직했다. 강을 따라 하류로 진출하여 중국 전체에 대한 정복 사업을 완수하려는 계획이었다. 그러나 그의 함선들은 양자강 하류 지역을 통제하던 군벌 손권孫權의 군대에 의해 적벽에서 파괴되었다. 또 다른 군사 모험가인 유비劉備가 형주에서 패배하고 남쪽으로 이끌고 온 군대도 손권을 도왔다. 중국 정치사에 있어서 전환점이 된 적벽 전투의 세부 사항은 초기의 편파적 기록과 후대의 신화에 의해 철저하게 가려졌다.[14] 실제로 무슨 일이 일어났건 간에 적벽 전투는 북중국의 군대가 남중국을 정복하려 할 때 직면하는 어려움을 처음으로 보여주었다. 그중에서도 북중국 군대에게 특히 곤란한 문제는 장거리를 이동해야 한다는 점과 육지가 아닌 수상에서 싸워야 한다는 점이었다. 조조가 북으로 후퇴하면서 중국의 조속한 재통일에 대한 희망이 사라졌다.

207년 오환烏丸에 승리를 거두고 4년 후 분수汾水 유역과 한의 옛 수도 장안 지역을 장악한 군벌에 승리를 거두자 화북에서 조조의 위치는 더욱 확고해졌다. 한편 적벽 전투의 승자들은 양자강 중류를 차지하기 위한 싸움으로 분열하였다. 유비가 초기 이 지역에서 우세를 점하였고, 이어 사천 지방 유력자의 협력을 얻어 사천 남부로도 세력을 확

---

13) Chen, *Hsün Yüeh*, p. 58-65; Goodman, *Ts'ao P'i*, pp. 4-13; de Crespigny, *Generals*, pp. 241-250.

14) de Crespigny, *Generals*, ch. 4. 북방인들이 수전에 약했다는 점에 대해서는 pp. 434-437.

장시켰다. 손권은 회수 이남을 점령한 조조의 군대를 막느라 처음에
는 유비의 기세를 누를 수 없었으나 215년에는 유비의 장수들을 격파
하고 형주로 퇴각시켰다. 이는 같은 해에 조조가 한중漢中(사천 북부)에
있던 장로張魯의 도교 국가와 싸워 이긴 데 힘입은 바가 컸다. 그러나
손권의 승리는 세력 판도를 바꾸거나 옛 한 제국의 영토가 셋으로 분
열되는 흐름을 막지 못했다.[15]

　219년 사천 북부에서 조조 군대에 대하여 결정적 승리를 거두고 지
역 전체를 자신의 지배하에 두면서 유비의 부상은 다시 시작되었다.
이곳을 기반으로 그는 공세를 취했다. 그는 한수 유역에 있던 그의 장
군 관우關羽를 시켜 양양에 있는 조조 세력을 공격하였으나 관우는 오
히려 참패하였다. 유비의 부상에 놀라기도 하고 형주를 빼앗긴 일로
분개하고 있던 손권은 이전의 동지를 버렸다. 유비를 물리치고 관우
를 죽이기 위해 조조와 동맹을 맺은 것이다. 각 세력 간 적대 행위는
220년 조조의 사망으로 잠시 멈추었다. 조조의 아들 조비는 공식적으
로 한 왕조의 역사에 종지부를 찍으며 새로운 위 왕조의 이름으로 황
제를 자칭하였다. 유비는 자신의 나라인 촉을 기반으로 황제를 칭하
며 대항하였다. 그는 222년에 손권의 배신에 대한 복수를 도모하였으
나 출정은 실패로 끝났고 결국 형주도 빼앗기고 말았다. 사천의 근거
지 안에 갇혀버린 채 유비는 그 이듬해에 사망하였다.[16] 손권은 229년

---

15) 같은 책, ch. 5-6. 사천의 도교 국가에 대한 개관, 조조에의 패배, 위 내정에서의
　　역할에 대해서는 Kleeman, *Great Perfection*, pp. 65-81; Goodman, *Ts'ao P'i*,
　　ch. 4.

16) de Crespigny, *Generals*, ch. 7.

까지는 황제를 자칭하지 않았으나, 223년에 이미 중국은 정식으로 세 개 국가로 분열되었다.

삼국에 대한 기록 대부분은 위나라에 초점이 맞추어져 있다. 위에 서는 사마씨司馬氏가 249년에 쿠데타로 실권을 장악한 뒤 조씨 가문의 세력을 점차 제거하고 265년에는 정식으로 그들 자신의 진晉 왕조를 세웠다. 중국의 역사가들에 따르면 조씨 가문은 후한 말에 등장한 명 문가의 연계망 바깥에 존재하였고, 조조는 새로운 인재를 등용함으로 써 이들 유력 가문 인사들을 자신의 정부에서 배제하는 정책을 시행하 였다. 조비는 유력 가문들에 대해 계속 의심하였으며 이에 더해 자신 의 형제들까지도 의심하였다. 조비는 오나라를 정복하려고 두 번 시 도하였다 실패하였고 결국 226년에 젊은 나이로 사망하였다. 그의 후 계자인 조예曹叡는 가문의 전통인 강박관념과 이로 인한 고립 상태를 지속해갔다.

이러한 견해에 따르면 자기 파괴적 행태를 보인 조씨 가문과 대조적 으로 사마씨 가문은 혼인을 통해 주요 가문과 유대를 맺고 정치적 연 맹관계를 구축하였으며 탁월한 무장들을 양성하였다. 이렇게 함으로 써 사마씨는 권위적이고 고립된 조씨에 대항하여 폭넓은 사회지배층 의 지도자로서 스스로를 자리매김할 수 있었다는 것이다. 중화인민공 화국에서 발달한 마르크스주의적 분석에서는 이러한 해석이 다른 용 어로 표현된다. 조씨는 소규모 지주, 즉 소위 '서족庶族' 지주의 이해를 대변하고 사마씨는 대지주 가문을 대표하였다는 것이다. 이 해석에 따르면 사마씨가 쿠데타로 승리하고 섭정인 조상曹爽의 가문과 연합

세력을 몰살한 것은, 조씨의 전략적 혹은 윤리적 결점이 초래한 결과이거나 혹은 그들이 당시 계급 구조를 정확하게 분석하지 못한 결과이다.[17]

이 시대의 토지 소유와 계급 구조에 기반을 둔 설명은 증거가 부족한 탓에 설득력이 떨어진다. 반면 조조가 권력을 안정시키기 위하여 도입한 정책들을 살펴본다면 조조와 다른 주요 가문들 간의 관계를 대체로 파악할 수 있다. 그런데 무엇보다 먼저 주의해야 할 점이 있다. 조씨 가문이 직면한 어려움과 운명은 특별한 것이 아니며 그들의 특정한 인격적 결함이나 전략적 결점으로 인해 나타난 것이 아니라는 점이다. 조씨 가문의 어려움과 운명은 군사적 토대 위에 정치적 지배체제를 수립하는 데 내재하는 모순 때문에 발생한 것이고, 이들 문제는 같은 시기의 두 나라인 촉과 오에서도 차이만 약간 있을 뿐 비슷하게 나타났다.

후한 말 수십 년간과 삼국 시대 초기의 정치사는 광역 혹은 전국 범위로 활동하는 무장들과 지방의 유력 지주 가문들 사이의 분열로 규정된다. 무장들 중에는 대규모 군대를 모집한 유력 가문의 후예도 있었고, 가문의 배경이 없는 모험가도 있었다. 그러나 지역 수준 이상으로 성장하여 국가 수준의 정권을 확립한 사람들은 대부분 군사력에 의존하였다. 따라서 220년대에 국가를 수립한 이들 군벌의 후계자들이

---

17) 잘 정리된 요약으로는 Holzman, *Poetry and Politics*, ch. 1, 특히 pp. 7-18 참조. 보다 자세한 분석은 Goodman, *Ts'ao P'i*, pp. 45-55.

권위를 유지할 수 없었던 것은 놀라운 일이 아니다.[18] 이들 군벌은 자신의 힘으로 영토를 개척하고 후대 소설에서 영웅으로 등장하는 카리스마적 독재자였다. 이들처럼 군사적 성공으로 명망을 얻지 못한 상태에서 그 후계자들이 지위를 안전하게 지키는 방법은 세 가지뿐이었다. 그들의 권력을 확고하게 만들어준 군대를 통해 국정을 운용하거나, 문인 관료기구를 구축하거나, 혹은 각 지방의 유력 가문에 의지하여 해당 지방에 질서를 부여하는 것밖에 없었다.

국가 성격이 처음부터 군사적이었다는 점에서 조씨 위나라의 실패는 이미 내정되어 있었고, 이 점은 마찬가지 발전을 보인 오나라의 경우에서도 잘 드러난다.[19] 손씨 가문은 새로이 북쪽에서 이주해 온 사람들과 한대에 이미 현지 기반을 다져놓은 가문들의 연합 속에서 양자강 하류의 지배자로 등장하였다. 북쪽에서 이주해 온 사람들은 군사 모험가들로 모두 기껏해야 한 차례가량 병사를 모집할 정도의 힘만 가진 가문 출신들이었다. 250년대가 되면 남쪽 현지의 가문들만이 권력을 유지하고 있었다. 따라서 오나라의 발전은 사실 무장들이 지배하던 정부로부터 현지에 기반을 둔 기존 유력 가문들이 지배하는 정부로의 이행이었던 것이다. 유비가 사천에 세운 나라도 비슷한 길을 밟았다.

삼국 모두에서 왕조 개창을 이끌어낸 군사력과 명망은 창업군주와 함께 사라졌다. 영속하는 국가를 확립하기 위한 노력에도 불구하고, 결국 권력은 지방 유력 가문들에게로 넘어갔다. 조정의 힘이 강할 때

---

18) de Crespigny, *Generals*, pp. 482–485.

19) 唐長孺, 『魏晉南北朝史論叢』, pp. 3–29; de Crespigny, *Generals*, pp. 493–513.

는 지방 유력자와 타협을 이룰 수 있었으나, 조정의 힘이 약해지면 유력 가문들은 중앙으로부터의 자립을 주장하였다. 무인 황제와 지방 유력 가문 사이의 이러한 주도권 다툼이 위진남북조 시대 정치사의 가장 중요한 특징이다.

인물평가와 관리 임용

　삼국과 진에서 관료를 선발한 방법을 살펴보면 군사력만으로 성립한 정권에서 안정적인 지배체제를 만들어내는 일이 얼마나 어려웠는지 짐작할 수 있다. 이 과정에서 핵심적인 역할을 한 것이 흔히 구품중정제九品中正制 혹은 구품관인법九品官人法이라 불리는 제도로, 이 제도는 세습적으로 관직에 나아갈 수 있는 권리를 마련해주었다.[20] 이 제도가 정식으로 확립된 것은 위 왕조 초기인 220년이었으나, 실제로는 208년 무렵부터 조조가 군사 독재자에서 제국의 행정 통치자로 변모하기 위해 시행하였다.

　조조는 자신의 정부에 필요한 재능 있는 사람을 채용해야 했다. 그러나 그는 후한 지배층의 윤리적 허세와 가식을 경멸하였고 그들이 관직을 독점할 수 있게 해준 추천제도 또한 경멸하였다. 그는 야망에 찬

---

20) 宮崎市定, 『九品官人法の硏究』; 宮川尚志, 『六朝史硏究 - 政治社會篇』,
　　pp. 263-338; 唐長孺, 『魏晉南北朝史論叢』 중의 「九品中正」; Holzman, "Les
　　débuts"; Grafflin, "Reinventing China"; Declercq, *Writing Against the State*,
　　p. 134-151; 그리고 Holcombe, *In the Shadow*, pp. 78-84.

지방 실력자의 저항이나 반란을 방지하기 위해 수하로 채용하는 한편 후한에 충성을 다하는 인물도 제거해야만 했다. 이렇게 채용된 새로운 인사는 원래부터 조조를 따랐던 인사 및 조조를 위해 남아 일하는 후한의 유능한 관료와 융합되어야 했다. 이에 더하여 당시 엘리트와 농민층을 포함한 상당수 인구가 원래 거주지로부터 유리되었기 때문에 후한대에 시행되었던 지역 추천제는 유명무실하게 되었다. 조조는 이러한 상황에서 새로운 정책을 추진해야 했기에 구품중정제를 내놓은 것이었다.

이 새로운 제도에서 관료기구는 가장 높은 1품부터 가장 낮은 9품까지 아홉 단계로 나뉘었다. 조정의 신뢰할 수 있는 인물이 공정한 심사관이라는 의미를 지니는 '중정中正'으로 임명되어 관료를 임용하기 위해 자신의 출신 군郡으로 파견되어 품을 부여한다. 중정은 출신 군 태수의 추천을 받아 사도司徒가 선발하였다. 중정은 현지인으로부터 인사 서류와 추천서를 받고 후보자와의 간략한 면접 후에 향품鄕品 9품 중 하나를 부여하였다. 향품은 조정의 관품官品과는 다르지만 양자는 서로 체계적으로 연결되어 있어서, 특정한 향품은 곧 조정에서 특정한 수준의 관직 임명으로 이어졌다. 중정은 자신이 파견된 지역에 익숙하지만 조정의 관리로서 편파적 판단을 자제하게 되어 있었으므로, 상서성尙書省 이부吏部는 각 후보가 처음으로 임명받는 관직(처음 관리가 되는 것을 보통 기가起家라고 하고 이때 받는 관직을 기가관起家官이라 한다.-역주)의 관품을 정할 때 중정이 부여한 향품에 근거하였다.

조조는 효성이나 청렴함, 강직함과 같은 윤리 덕목이 아니라 오로

지 재능만이 높은 관품으로 승진하는 근거가 되어야 한다고 공표했
다. 조조 스스로도 분명히 했듯 이는 환관과 조정에 저항한 후한 말 엘
리트들이 자임한 윤리적 권위에 대한 의도적 공격이었다.

> 나를 도와 비뚤어지고 천한 자를 찾아내어 발탁하라. 재능이 있다
> 면 천거되어야 한다. 나는 그러한 자를 찾아내어 쓸 것이다. 덕행이 있
> 는 자가 반드시 관직에 나아가야 하는 것이 아니고, 관직에 있는 자가
> 반드시 덕행이 있어야 하는 것도 아니다. …… 사소한 단점이 있다고
> 해서 어찌 내쳐져야 하는가? 이제 천하는 민간에 있는 사람 중 덕의 유
> 무와 관계없이 용맹하고 과감하게 뒤돌아보지 않고 적과 싸울 사람을
> 얻어야 한다. …… 치욕스러운 평판의 사람, 조롱거리가 된 사람, 혹
> 불인불효不仁不孝한 사람이라고 하더라도 치국용병의 기술을 지닌 사
> 람이 있다면, 이들 중 이름이 알려진 자는 추천하되 빠뜨리는 사람이
> 없게 하라.[21]

그러나 재능을 어떻게 정의하고 평가하느냐는 간단한 문제가 아니
었다. 조조가 인재를 찾기 전부터도 그러한 판단 기준은 수십 년 동안
연구와 논쟁의 대상이었다. 후한 말의 인물 전기는 인재에 대한 평가
를 주된 주제로 다루었고, 이러한 흐름 속에서 인물의 능력과 인성에

---

21) Qian, *Spirit and Self*, pp. 29~36; Kroll, "Portraits," pp. 17~24. 여기에는 위
   인용문이 포함된 「求賢令」이 영어로 번역되어 있다. (저자가 인용하고 있는
   「求賢令」이라는 것은 단일한 하나의 포고령이 아니라 조조가 각기 210, 214,
   217년에 내린 세 편의 포고령을 묶은 것이고, 위 인용문의 내용도 서로 다른 세
   편의 포고령에서 발췌한 것이 섞여 있다.-역주)

대한 평가만을 다루는 장르가 등장하였다. 환관을 반대한 청의 운동에 주도적으로 참여한 인사들이 처음으로 이러한 저술을 내놓기 시작하였다.[22] 그중 유일하게 지금까지 전하는 유소劉邵의『인물지人物志』(240~250년경)는, 인간 품성과 능력의 본질 그리고 이를 파악하는 방법을 논하고 있다. 유소의 몇 가지 주장은 인간에게 어떠한 재능이 있는지, 이러한 재능을 어떻게 인식할지, 그리고 이를 인재 채용에 어떻게 활용할지에 대한 관념의 전형이 되었다.

첫 번째 주장은 인간의 재능과 성향은 내면에 숨어 있고, 특별한 안목을 갖춘 사람만이 이를 알아볼 수 있다는 것이다. "사람이 타고난 성정性情의 이치는 미묘하고 신비롭다. 성현과 같은 통찰력 없이 누가 이를 완전히 꿰뚫어 볼 수 있겠는가?"[23] 이는 인물 평가라는 행위가 평가되는 사람만큼 평가하는 사람에 관한 일이며, 후한 말부터 타인에 대한 판단 능력이 어떠한가에 따라 사람이 칭송받거나 평가받았음을 의미한다.[24] 이러한 재능은 세대를 이어가며 생명력을 유지하였던 지배층이 스스로를 충원하는 방식의 근거가 되기도 하였다.

두 번째 주장은 인성은 내면에 숨어 있다고 하더라도 얼굴이나 목소리처럼 외적 징후를 통해 표출될 수밖에 없다는 것이다. "강함, 부드러움, 명석함, 활력, 맑음, 굳셈의 징후는 몸의 형체와 얼굴 표정에 드러

22) Tang, "Voices," pp. 116-132.

23) Shyrock, tr., *Study of Human Abilities*, pp. 95, 98, 99, 120, 132. Qian, *Spirit and Self*, pp. 34, 67-68, 113-117, 155-156; Spiro, *Contemplating*, pp. 71-74; 牟宗三,『才性與玄理』, pp. 43-66.

24) Qian, *Spirit and Self*, pp. 20-24, 44-47.

나고, 목소리와 안색에 표출되며, 감정과 취향에 나타난다."

세 번째로는, 재능과 인성은 근본적으로 타고나는 것이며 따라서 물려받는다는 것이다. "능력은 타고난 자질로부터 나오며, 타고난 자질의 그릇은 사람마다 다르다. 자질과 능력이 다르므로 정사에서 맡는 바도 다르다. 따라서 스스로 모든 책임을 질 수 있는 능력은 맑고 절제된 자질로부터 나온다. 그러한 사람은 조정에서 재상의 일을 맡으며 그 나라는 잘못을 바로잡는 정치를 한다." 교육은 타고난 성향이나 재능을 강화할 수는 있지만 이를 뒤바꾸거나 근본적으로 고칠 수는 없다는 주장이다.

네 번째는 숨어 있는 인성과 기질은 변화의 순간에 피할 수 없이 드러나고야 만다는 주장이다. "감정을 느끼고 변하는 순간을 관찰하여 그 사람의 한결같은 기준을 파악한다는 것은 무슨 뜻인가? 사람은 얼굴이 두껍고 감정이 깊이 감추어져 있다. 이를 찾아내려면 반드시 그 사람이 하는 말의 참된 뜻을 세밀히 살피고 그 사람이 반응하여 칭찬하는 바를 자세히 보아야 한다. 말의 참된 뜻을 세밀히 살피는 일은 음악의 아름다움이나 추함을 듣는 것과 같다. 반응하여 칭찬하는 바를 자세히 보는 일은 그의 지혜로 할 수 있는 일과 할 수 없는 일을 보는 것과 같다. 그러므로 말을 살피고 반응을 보면 충분히 사람을 파악할 수 있다." 여기서 유소는 사물의 시초에 어떠한 변화상이 내재되어 있는지 읽어내고자 하는 고대 중국의 사상을 원용하고 있다. 이러한 사상은 『역경易經』이나 병법서 같은 지적 전통 속에서 발전해왔고, 유소

는 이를 인성을 파악함에 있어 핵심적인 부분으로 만들었다. [25]

유소의『인물지』는 조조의 인재 채용 계획이 수십 년이 지난 뒤 어떻게 역행하게 될지를 암시한다. 고위관직을 지낸 조상을 둔 사람들은 단순히 대를 물려가며 관직에 진출할 것만을 주장하는 것뿐 아니라, 그러한 조상으로부터 물려받은 선천적 능력을 근거로 관직을 유지할 권리도 주장하게 된 것이다. 조조의 아들 조비가 위 왕조를 세우고 구품중정제를 공식 시행할 즈음에는 이미 관리 채용이 유능한 무장과 행정관을 찾으려는 조조의 계획에서 멀어져 있었다. 그 대신 위의 첫 황제 조비는 탁월함에 대해 심미적 이상을 신봉했고, 이는 이후 수 세기 동안 유력 가문이 주장하는 세습적 권리를 뒷받침하였다.

조비는 사인士人의 품성에 관해『사조士操』라는 책을 썼지만 지금은 전하지 않는다. 그러나 조비의 다른 글을 통해서, 그가 인성은 문장에 드러난다고 여겼음을 알 수 있다. 그러므로 조비가 시 짓는 능력을 관료 채용에 있어 기준으로 삼은 것도 당연해 보인다. 동생인 조식은 인물 평가에 있어서의 미적 근거에 대해서는 글을 쓰지 않았다. 그러나 다른 사람이 자신의 우월한 개성을 인정하게 하려고 모든 재능을 드러내던 조식의 모습을 전하는 일화가 있다. 그가 보인 재능이란 것은 춤, 곡예, 검술, 웃기는 이야기, 우주의 기원에 대한 담론, 고금의 인물들을 재능에 따라 분류하고 품평하기, 시 짓고 비평하기를 포함하는 온갖 종류의 것들이었다. 맨 마지막으로 그는 심지어 정치적 사안과 병

---

25) 유소는 다소 기술적인 용어인 '기機'를 사용하기도 하였다. *Human Abilities*, pp. 130, 136-137. 더 이른 시기의 문헌에 보이는 '기'의 개념에 대해서는 Lewis, *Sanctioned Violence*, pp. 117, 119-121 및 p. 291의 주 82) 참조.

법에 관한 논의까지도 덧붙이고 있다.[26]

조비와 조식은 시단詩壇의 중심인물이었고, 조비는 중국 문학비평
이론의 아버지로 평가받는다. 그가 시를 판단하는 기준은 인성을 판
단하고 청담을 평가하는 데 적용하는 기준과 동일한 것이었다.[27] 위나
라의 두 번째 황제 조예는 인재 채용에 관해 조칙을 내리면서 관료로
선발된 사람은 "지혜, 문학적 재능 …… 청아함, 교양, 세련됨, 그리고
조용함"을 지녀야 한다고 명시하였다.[28] 여기 등장하는 모든 용어의
정확한 의미는 분명하지 않다. 그러나 문학적 재능, 청아함, 교양, 세
련됨 등은 후한 말기에 요구되었던 학식과 도덕, 그리고 조조가 유일
하게 요구하였던 유능함을 넘어서는 것들이다. 언어를 능숙하게 다루
는 능력은 시를 짓고 청담을 행하는 것과 관련이 있었으므로, 이 능력
은 결국 위 왕조가 세워지고 채 10년이 지나지 않아 사람의 재능을 판
단하는 기준이 되었고 관직에 나아가는 열쇠가 되었다.[29] 군사 혹은 행
정 방면에 능력이 있어도 기존 유력 가문의 후손이 갖춘 문화적 소양
을 갖추지 못했다면, 그러한 외부인에게 출세할 기회란 없었다.

26) Qian, *Spirit and Self*, pp. 34-35.

27) 이 책 1장의 주 21), 22) 참조.

28)『三國志』, Spiro, *Contemplating*, pp. 73-74에서 재인용. 상주문과 조예의
    조칙의 영어 번역은 Fang, *Chronicle of the Three Kingdoms*, pp. 314-316,
    533-538, 562; Tang, "Voices," pp. 140-145. 이 자료들은 조예가 피상적이고
    화려함('부화浮華')에 대해 적대적인 태도를 지니고 있었음을 보여준다. 이러한
    분위기는 당시의 붕당과 관련되어 있었다. 唐長孺,『魏晉南北朝史論叢』,
    pp. 94-99.

29) Holcombe, *In the Shadow*, pp. 4-5, 79-80.

　249년 사마씨가 실권을 장악하고 다시 대지주 가문의 권력을 확고
히 하자 이러한 추세는 더욱 강화되었다. 사마씨가 쿠데타를 일으키
고 진 왕조를 세우기까지의 17년 동안, 조씨 세력이 기도했다고 알려
진 몇 차례 반란이 발생하였고 사마씨는 이에 대하여 보복성 학살을
행하였다. 사마씨는 거의 1년 가까이 지속된 반란을 포함하여 도합 네
건의 반란을 진압해야 했을 뿐 아니라 이들 반란이 미처 다 진압되기
도 전인 260년에 조씨 가문의 소년 황제를 살해해야 했다.[30] 3년 후, 사
천의 촉한을 정복하자마자 이 전쟁에서 승리한 장군 종회鍾會는 사마
씨에 대하여 반기를 들었고, 사마씨는 이 봉기를 진압하였다. 그런데
종회는 사마씨에 충성을 다하던 인물이었다. 따라서 인성, 그중에서
도 특히 파악하기 어려운 충성심을 가늠하는 능력은 존망에 관계된 중
요한 문제가 되었다.

　협력자에게 포상은 해야 하지만 너무 많은 권력을 부여해서도 안 되
는 딜레마에 처한 상태에서 사마씨는 구품중정제를 개정하였고 다른
사람도 점차 개정할 수 있도록 만들어놓았다. 그 결과, 장기적으로 볼
때 유력 가문이 자신들의 이익을 위하여 구품중정제를 이용할 수 있게
되었으나, 단기적으로는 사마씨 자신에게도 유리하게 이 제도를 이용
할 수 있게 되었다. 이러한 변화의 첫 단계는 240년 사마의司馬懿가 주
州에 대중정大中正을 새로 설치한 뒤에 시작되었다. 대중정은 지방관
의 추천과 무관하게 중앙정부의 사도司徒가 직접 임명하였고, 이들이

---

30) Declercq, *Writing*, pp. 120, 123–124, 175–178; Tang, "Voices," pp. 173–174;
　　Holzman, *Poetry and Politics*, pp. 9–25, 34, 48, 51–53, 61, 88; Holzman, *La vie*
　　et la pensée, pp. 28–30, 39–40, 42–43, 46–51.

군郡으로 파견되는 중정을 임명하였다. 이는 관료 후보자를 선발하는 과정에서 지방관의 역할을 배제하는 것이었고, 처음부터 중앙정부의 입지를 강화할 의도에서 비롯된 것 같다. 그런데 군의 태수는 상서尙書가 임명하였으므로 이러한 재편은 관리 선발 과정에서 조정의 최고위 관료들을 배제하는 것이기도 하였다. 그리고 중정이 되려면 이제 향품 2품(종실 혹은 제후의 자제가 아닌 사람에게 주어지는 최고품)을 받아야 했으므로, 사실상 지역사회의 최고계층에 속한 사람들이 그들 지역의 중정 후보자군을 이루게 되었다.

구품중정제의 변화에 있어서 두 번째 단계는 사마씨에 의한 세습 봉작의 부활이었다. 이러한 봉작을 받는 사람들은 사마씨에 협력한 유력 가문들로 서진의 창업에 공을 인정받아 '개국開國'의 작위를 받은 사람들과 왕으로 봉해진 종실인사들이었다. 세습 봉작은 종실인사들에게 3품 혹은 4품으로 중앙 관료기구에서 정원 외 산관散官으로 기가할 수 있는 권리를 부여했다. 반면 '개국' 공신들은 향품 1품을 받았더라도 첫 관직을 5품 이상으로 받지는 못하였다. 세습 봉작은 장남에게만 계승되었다. 그러므로 이러한 가문의 후손은 세습 관품을 얻을 수 있었고, 특히 높은 관품을 가진 가문은 관직에 나아갈 세습적 권리를 얻게 되었다.

하지만 이러한 예외적 세습 봉작보다 중요한 것은 기가관의 관품을 오로지 부친의 당시 관직에 근거하여 정하는 관행이었다. 초기에는 후보자의 인사 서류에 기재된 가문 배경과 개인의 재능 양쪽 모두 고려되었다. 그러나 서진이 중국을 재통일한 280년 무렵에는 20세가 된 후보자가 처음 관직에 나아갈 때 그 부친의 당시 관품만이 후보자의 향품을 정하는 유일한 기준이 되어 있었던 것으로 보인다. 이 원칙은 심지어 세습 봉작보다도 중시되었다. 즉 '개국' 공신 가문의 장남이 받는 기가관의 관품을 정하는 것은 그 부친의 작위가 아니라 부친의 관품이었던 것이다.

이러한 변화의 귀결은 관직 채용에 있어서 조건부 세습 원칙이 확립된 것이었다. 실제로는 종실 출신만이 세습 원리로 관품을 보장받았고, 이러한 관품은 대체로 명예직인 산관이었다. 다른 모든 사람의 경우에 구품관제로 이루어진 관료기구에 세습 원리로 진출하는 것은 오직 후보가 관직 생활을 시작할 나이가 된 시점까지 그 부친이 관품 5품 이상이 될 때뿐이었다. 서진에서는 여전히 사람들이 조정의 소수 가문이 세습적 독점권을 지닌 사실에 대하여 비판하는 글이나 상주문을 썼다. 그러나 기가관 관품이 세습되는 원칙이 보다 확고하게 자리 잡은 후대 왕조에서는 그러한 불평은 사라졌다.[31]

가문 배경이 없으나 우수한 인재가 관직에 진출할 수 있도록 하는 특별 조치도 취해졌다. 지방 행정관청은 한대부터 있었던 '효렴孝廉'과 '수재秀才'라는 과목을 통해 지속적으로 매년 인재를 천거하였다. 아울러 진 조정은 때때로 인재를 추천하라는 조詔를 내리기도 하였다. 추천받은 사람들은 수도에서 시험을 치른 후 취임을 기다리는 8품 낭관郞官으로 예비 관직을 받거나 혹은 특별한 경우에 바로 6품 관직을 받

31) 唐長孺, 『魏晉南北朝史論叢』, pp. 118-126. Declercq, *Writing*, ch. 4는 290년 이후에 쓰인 비판적인 글 한 편의 번역과 이 글에 대한 논평을 제시하고 있다.

기도 하였다. 비교적 한미한 가문 출신자가 관직에 나아가는 또 다른 길은 종종 문장의 견본을 제시하거나 대화에 뛰어난 점을 입증함으로써 고위관료의 속관이 되는 것이었다. 태수, 자사, 혹은 중앙정부의 고위관료는 속관을 두는 일이 허용되었고, 따라서 야심이 있는 유능한 인물은 고위관료의 후원을 얻어 그 속관으로서 관직에 나아갈 수도 있었다. 최고위관료의 속관에게는 관품 7품이 주어졌고, 그보다 낮은 관료의 속관은 상응하는 보다 낮은 관품이 주어졌다.[32]

이전 시대 관리 선발 방식의 이러한 유풍이 남아 있었다고는 하지만, 3세기 말에는 세습 원리가 기가관 관품을 결정할 뿐 아니라 정부 구조 자체를 바꾸어놓았다는 점을 부정할 수는 없다. 관직에 나아가는 일과 관직의 위계구조는 점점 더 지위의 문제이자 사회적 등급의 증명이 되었고, 실제 권력의 지표는 아니게 되었다. 여기에는 몇 가지 이유가 있다.

첫째, 세습이 아닌 방식으로 관직에 진출할 경우는 관직 위계구조의 최하층으로만 들어갈 수 있었다. 가장 낮은 관품으로 시작한 사람은 평생 열심히 일하고 훌륭한 업적을 쌓아도 겨우 4~5품까지밖에 승진할 수 없었다. 경험이나 기술이 아니라 훌륭한 가문 덕에 관직에 나아갈 자격을 얻은 사람이 관직을 처음 시작할 경우와 동일한 수준의 관품이다. 추천과 시험을 통해 관직에 들어서면 승진 전망이 너무 제한되었기에, 관직을 얻을 수 있는 다른 가능성이 조금이라도 있다면 이러한 경로는 택하지 않았다. 서진 말기가 되면 추천과 시험을 통해

---

32) Declercq, *Writing*, pp. 148-151, 172-174.

관리가 되는 일은 경력상의 오점, 즉 좋은 출생배경만 지녔다면 무슨 수를 써서라도 피하려는 경로가 되었다. 한대에 관리가 되는 왕도였던 것, 즉 재능과 인성의 평가는 한미한 가문 출신의 절박한 사람들을 별 볼 일 없는 속관에 채용하기 위한 방법이 되어버렸다.[33]

둘째, 관직 전체가 점차 '청淸'하고 따라서 태생이 좋은 사람에게 적합한 관직과 '탁濁'한 관직 두 종류로 나뉘었다. 나아가 어떤 관직은 실질적 책임이 따르는 것이지만, 그 외 다른 관직은 중요하지 않은 것이었다.[34] 황제나 태자 가까이 근무하는 관직이나 이부吏部 소속의 관직 등 일부 관직은 '청'하고도 실질적이었다. 다른 관직, 예를 들어 비서성 秘書省 소속 관직은 '청'하지만 중요하지는 않았다. 어사御史 관직은 업무 성격은 '탁'이지만 매우 실질적인 자리였다. 마지막으로 어떤 관직은 '탁'하면서도 중요하지 않았다. 자신들 인성과 대화(청담淸談)에 있어서 '청'을 지표로 삼았던 기존 유력 가문에게는 청관淸官만이 의미가 있었다. 그런 청관이 실질적 권위가 있는 자리인지 아닌지는 부차적인 문제였다.

그러므로 오래된 가문은 그들 지위의 표지로서 명목상 고위직 관직 대부분을 장악하고 있었으나 그중 어떤 가문도 조정에서 몇 세대 이상 진정한 권력을 유지하지는 못했다. 핵심적 실무를 수행하는 관직은 독립적 권력 기반이 없는 신흥 세력이 차지할 수도 있었다. 이들은

---

33) 같은 책, pp. 171-174, 178, 220-224. 이 책의 저자는 시험을 거부하였던 황보밀皇甫謐과 가문 배경으로 관직에 진출하였으나 승진하지 못하였고 시험을 쳤다가 결국에는 향품에서 강등된 하후담夏侯湛의 사례를 다루고 있다.

34) Grafflin, "Reinventing China," pp. 150-154.

군주에게 의지하였고 따라서 더욱 군주의 명령을 따르는 경향이 있었다. 좋은 가문 출신들은 관직에 따르는 지위에만 관심을 쏟으면서 오히려 자신들의 정치권력을 키울 수 있는 경력을 멀리하기에 이를 정도였다. 이러한 경향은 진정으로 귀족이라 불릴 만한 존재가 성장하지 못하게 만들었다. 여기에는 세습적 권리가 기가관 관품에만 적용되었다는 점, 따라서 지위가 올라가기 위해서는 성과를 내야했다는 점, 오로지 최고위층 후손만이 인생에서 좋은 출발선을 보장받았다는 점도 함께 작용하였다. 다시 말하자면, 귀족이란 정치권력을 장악하거나 완전히 독점하는 세습적 계급인데, 이러한 세력의 성장은 보이지 않았던 것이다.

청담과 은일문화

그들의 실질적 정치권력이 제약되어 있기는 했지만 일부 가문은 기가에 대한 세습적 권리를 통해 지위를 확보하였다. 그러나 새로 등장한 지배층의 야심은 정치 영역에 국한되지 않았다. 이는 아마도 한과 당 사이 몇 세기에 걸친 위진남북조 시대에 일어났던 가장 중요한 변화이고, 이 변화는 도시, 전원, 가족, 종교 그리고 지적 영역 등 삶의 모든 면에서 나타났다. 위진남북조 시대에는 새로운 사회 공간과 이를 무대로 하는 집단의 번성이 두드러졌다. 즉 가문과 국가 사이에 존재한 '중간적' 조직과 활동이 활기를 띤 것이다. 이러한 양상이 유력 가문이나 보다 폭넓은 의미에서의 지배층에만 국한된 것은 아니었지만, 이들은 새로운 역할을 익힐 시간과 자신감이 있었으므로 이러한 양상이 전개되는 과정에서 주된 역할을 하였다. 따라서 보수적 경향이 아니라 새로운 활동이 지배층을 규정하게 된 것이다. 모순으로 들릴 수도 있지만, 지배층 지위는 관료가 될 수 있는 세습적 권리에 의해 규정되었고, 또한 동시에 관료기구 바깥에서의 삶을 개발하기 위하여 그러한 관직을 거부함에 의해 정의되었다.

이는 아직까지도 상당 정도 학계에 통용되는 서구식 고정관념과 상충한다. 그 고정관념이란 중국의 국가는 "시민사회를 삼켜버렸기" 때문에 관직을 지내는 것만이 유일하게 존경받는 경력이었다는 헤겔식 관념이다. 중국 근세(여기서 근세라 함은 11세기 송 왕조 건립 이후를 말한다)에 몇 가지 형태의 시민사회가 발전하였다고 보는 시각이 최근 점차 대두되고는 있지만, 그 이전 시기 중국에서는 국가가 모든 것을 포괄하였다는 식의 틀에 박힌 이해를 부정하려는 시도가 없었다. 근세에 대한 연구에서도 이러한 틀에 박힌 이해가 노골적으로 명시되지 않은 채 많은 주장 속에 스며들어 있다.[35] 따라서 중국과 서양의 연구자들 모두는 흔히 중국에서 제한적이나마 비非국가적 '공공' 영역이 등장한 것을 긍정적이거나 심지어 흥미로운 발전으로 보기보다는 타락이나

---

35) 예를 들어 "그러나 중국 사회의 역동성을 이해하는 데 있어 관료 채용 제도보다 중요한 것은 없다. 그 이유는 분명하다. 영국이나 프랑스에서 한 개인이 법, 의학, 상업, 교회, 군 같은 직종의 경력을 통해 높은 사회적 지위에 오를 수 있었던 것과 달리, 중국에서 중요한 직업은 관직에서 일하는 것 하나뿐이었다. 자신의 사회적 지위를 제고하기를 바라는 사람에게 다른 대안은 없었다." Johnson, *The Medieval Chinese Oligarchy*, p. 19.

부패의 증거로 간주한다. 이러한 경향이 가장 극단적으로 나타날 경우 3세기 중국의 지성사는 '허무주의적 반항'과 '지적 현실도피' 사이의 분열로 설명되기도 하지만, 그 외에도 퇴폐, 현실도피, 지배층의 불성실 등 부정적 표현은 얼마든지 있다.[36]

이 책 곳곳에서 비국가적 영역이 계속 등장하겠지만, 우선 여기서는 새로운 지배층을 규정하는 가장 중요한 두 가지인 청담淸談과 은일 隱逸 풍조에 대해 살펴보기로 하겠다. 구품중정제의 위계구조는 조정에서의 승진이 몇몇 주요 가문의 영향력 아래 통합된 지역사회에서의 지위와 연결되어 있었고, 이 둘 사이의 고리가 청담이었다.[37] 구품중정제에서 청담이 결정적으로 중요하였던 이유는 유소의 『인물지』가 보여주듯 대화가 인성을 판단하는 수단으로 활용되었기 때문이다. 『인물지』의 앞부분 「재리材理」 편은 인간 재능의 종류를 분류하고 각 재능이 대화와 논쟁에서 표출되는 모습을 보여주고 있다. 뒷부분 「접식接識」 편에서는 "한 사람의 일면을 알아보기에는 아침 한나절로 족하다.

36) Balazs, "Nihilistic Revolt or Mystical Escapism," Wu, *The Poetics of Decadence*, ch. 1–2; Xu, *Balanced Discourses*, p. xvii; Holcombe, *In the Shadow*, pp. 34–42, 87–93, 127–129; Tang, "Voices," p. 11도 참조. 宮崎市定의 관점은 그의 책, 『九品官人法の硏究』, pp. 140–145에 정리되어 있는데, 당시 지배층의 행태가 경박하고 퇴폐적인 것이라는 관념이 3세기에 존재하고 있었음을 보여준다. 余英時가 '개인의 발견'이라고 묘사한 것처럼 긍정적으로 이해하는 경우조차도 이를 개인적인 관심 혹은 도덕적인 개성의 문제로 다루고 있다. Ying-shih Yü, "Individualism" 참조. 이 시기의 '개인주의(individualism)'가 기존의 문학적 수사를 사용하여 만들어졌다는 점은 Rouzer, *Articulated Ladies*, ch. 3, 특히 pp. 78–85; Diény, "Lecture de Wang Can (177–217)."

37) Holcombe, *In the Shadow*, pp. 42–56; Tanigawa, *Medieval Chinese Society*, pp. 87–126; Johnson, *Medieval Chinese Oligarchy*, pp. 114–116.

그러나 모든 면을 완전하게 검토하려면 사흘이 필요할 것이다. 왜 사흘인가? 나라에 필수적 존재가 될 사람에게는 세 가지 타고난 재능이 있다. 그러므로 사흘에 걸친 대화 없이는 그 사람을 완전하게 알아볼 수가 없다. 하루는 윤리에 관해 이야기하고, 하루는 법에 관해 이야기하고, 하루는 정책과 전략에 대해 이야기할 것이다. 이렇게 하고 나서야 비로소 그 사람의 재능을 전부 알 수 있고 주저 없이 그를 추천할 수 있을 것이다."[38] 하후혜夏侯惠가 유소를 관직에 추천하면서 "나는 그의 청담을 들었고 따라서 그의 진실한 의견을 알게 되었다"라고 말했듯이, 유소가 대화를 추천과 연계한 것은 그가 살았던 시대(190년경~248년)에 실제로 행해지던 일이었다.

'청담'이라는 용어는 후한 말의 지배층과 관계가 있다. 이들은 환관이 장악한 조정에 대항하기 위한 정치 투쟁 속에서 스스로의 정체성을 의식하며 등장하였다. 이 집단의 정치 담론은 '청의淸議'라 불렸는데, 대화를 통한 인물평가를 중심으로 하였다. 그 지도자들, 특히 곽태郭泰 같은 사람은 이 분야의 능력으로 유명하였다. 후한 말 지배층은 이미 대화, 인물평가, 그리고 관리가 될 자격을 합쳐놓았던 것이다. 후한의 마지막 몇 년과 위나라 초기 몇 년 동안 '청의'와 '청담'은 서로 바꾸어 쓸 수 있는 용어였으며, 심지어 이후 수 세기에 걸쳐 '청담'이라는 용어의 외연이 확장되었어도 이 용어는 여전히 인물평가라는 원래의 좁은

---

38) Shyrock, tr., *Human Abilities*, pp. 113-116, 126-127. 『人物志』와 구품중정제의 관련성에 대해서 湯用彤, 「讀『人物志』」, 『魏晉玄學論稿』, pp. 3-22; Tang Yiming, "Voices," pp. 154-156; Spiro, *Contemplating*, pp. 70-74; Qian, *Spirit and Self*, pp. 33-36.

의미를 내포하고 있었다.[39] 그러므로 이론과 용례 모두에서 드러나는 바는 중국 지배층에서 정치적 행동과 관료 채용의 새로운 유형과 맞물려 대화를 중시하는 현상이 나타났다는 것이다.

그런데 대화는 처음부터 정치적으로 중요하게 쓰였던 만큼 지배층의 사교적 담론에서도 중요한 것이 되었다. 이를 가장 분명하게 보여주는 것은 『세설신어』이다. 남조 유송劉宋 황실의 왕자인 유의경이 5세기 전기에 편찬한 책으로, 후한 말 청의의 주요 인물들부터 시인인 사령운謝靈運(?~433)에 이르기까지 대부분 역사 기록에서 확인되는 626명의 인물에 관한 일화를 담았다. 이 책은 소설화된 역사라고 부르는 것이 가장 적절할 터인데, 대체로 연회·소풍·별장이라는 공간에서 오고가는 인물평가와 청담에 관한 일화들로 채워져 있다. 이들 영역은 지배층 자격과 사회적 등급을 규정하는 데 있어서 조정만큼이나 중요한 지역사회의 새로운 사회적 영역이었던 것이다.

『세설신어』의 일화들은 후한 이후 지배층 가문들에 대하여 몇 가지 기본적 사항을 알려준다. 첫째, 문학적 품격과 개인적 거동은 지배층 구성원이 되는 데 있어 중요한 부분이었다. 많은 일화 속에서 동음이의어를 이용한 재담이나 난해한 암시를 토대로 한 짧은 재담 혹은 기지 넘치는 논평을 내놓는 사람은 재기 있는 사람으로 명성을 얻고 있다. 몇 글자 되지 않는 한 마디 말로 관직이나 사회적 명성을 얻는 경우도 있다. 둘째, 이 책의 주제가 인물평가이고, 다른 사람의 인성을 평

---

39) 唐長孺,『魏晉南北朝史論叢』, pp. 289~297. 청의와 청담 사이의 관련에 대해 논한 영어권 연구로는 Balazs, "Nihilistic Revolt," pp. 227~232; Tang, "Voices," pp. 116~140; Qian, *Spirit and Self*, pp. 20~42.

가하는 능력은 그 자신의 인성의 중요한 일면으로 인식되었다는 점이다. 후한 말에 주로 정치적 성격을 띠던 평가는 인간 본성에 대한 광범위한 분석으로 발전하였고, 그러한 분석에서는 지배층의 삶 모든 부분이 사교적 대화와 토론이라는 틀로 포괄되었다.[40]

셋째, 이 점이 가장 중요한데, 『세설신어』에 보이는 인물평가는 기본적으로 경쟁의 한 형태라는 것이다. 가장 단순한 수준에서는, 많은 일화가 둘 혹은 그 이상의 개인을 비교하고 어느 한 사람이 우월하다고 결론짓는다. 실제로 책의 각 편은 감상하고 칭찬하거나(「상예賞譽」편), 탁월함에 따라 품급을 매기는(「품조品藻」편) 내용이다. 그런데 어떤 일화는 경쟁을 짧은 대화의 형태로 극적으로 묘사한다. "환온桓溫이 젊었을 때 은호殷浩와 명성을 나란히 하여 늘 경쟁하는 마음을 지녔다. 어느 날 환온이 은호에게 물었다. '당신은 나와 비교하면 어떻소?' 은호가 대답하기를 '나는 나 자신만을 더불어 지낸 지가 오래요. 차라리 그냥 나로 있겠소.'"[41] 이런 일화들은 위진 시대 지배층들이 어떻게 부단한 자기 동일화와 차별화 과정을 통해 스스로를 만들어갔는지 보여준다. 이러한 과정에서 잠재적으로 비슷하거나 혹은 같은 위치인 사람들끼리 경쟁적인 비교를 통해 스스로를 차별화하였다. 다른 일화에서 엘리트 사회의 구성원들은 정해진 주제에 대한 토론이나 경쟁적 논박의 장을 연출하고 가장 설득력 있는 달변의 화자를 승자로 선언하고

---

40) Qian, *Spirit and Self*, pp. 3-8.

41) Mather, tr., *New Account*, p. 258.

있다.[42)]

때로 이런 사교상의 경쟁은 야만스러운 모습으로 변하기도 하였다.

석숭石崇은 매번 연회를 열 때마다 아름다운 여인들에게 술을 따르
도록 하였다. 만약 손님이 술잔에 찬 술을 다 마시지 못하면 석숭은 하
인을 시켜 그 손님을 시중들던 여인의 목을 베도록 하였다. 하루는 승
상 왕도와 대장군 왕돈이 석숭을 방문하였다. 승상 왕도는 원래 술을
많이 마시지 못하였으나 매번 억지로 술잔을 비워 결국에는 만취하기
에 이르렀다. 그러나 대장군 왕돈은 제 차례에 술잔 비우기를 거절하
며 무슨 일이 벌어지는지 보려 하였다. 여인 셋의 목이 잘리고 난 후에
도 그는 낯빛이 변하지 않고 여전히 술 마시기를 거부하였다. 승상 왕
도가 그를 꾸짖자 왕돈이 대답하였다. "저 사람이 자기 집 사람 죽이겠
다는데 그것이 승상과 무슨 상관입니까?"[43)]

이 섬뜩한 연회는 의지력을 시험하는 장이다. 두 사람은 누가 진실로
궁극적 덕목인 '아량雅量'을 지녔는지 보여주려 다투고 있다. '아량'은
세련된 인내심, 즉 도발을 받아도 우아하게 초연하고 침착할 수 있음
을 의미한다. 그러나 여기서는 인간사회에 위협이 될 만큼 극단적으

42) Qian, *Spirit and Self*, pp. 3~4, 44~60. '경쟁적인 공동체'로서의 위진대
   지배층에 대해서는 Rouzer, *Articulated Ladies*, ch. 3. 시 낭송에 있어서의 경쟁
   사례가 Spiro, *Contemplating*, p. 109에 소개되어 있다.

43) Mather, tr., *New Account*, p. 458.

로 아량을 시험하고 있다.[44]

가장 높은 수준에서는, 『세설신어』 전체가 영광과 우위를 차지하기 위한 상대와의 경쟁으로 읽힐 수 있다. 이러한 경쟁 구도는 『세설신어』에서 영웅적으로 묘사되는 사안謝安이 무인 성향이 강한 상대인 환온桓溫에 대하여 승리를 거두는 데서 절정에 달한다. 사안은 여러 일화에서 뛰어난 '아량'의 소유자이자, 뛰어난 시인 겸 철학자이자, 궁극적으로는 숙적을 제압할 카리스마 넘치는 정신력을 지닌 사람으로 거듭 칭송받고 있다.

환온이 무장한 병사들을 숨겨놓고 연회를 열었다. 그는 널리 조정 인사들을 초대하였는데 이 기회에 사안과 왕탄지王坦之를 죽일 의도였다. 왕탄지는 두려워서 사안에게 물었다. "어떻게 해야 할까요?" 사안은 낯빛도 변하지 않은 채 왕탄지에게 말하였다. "진 왕조의 존망은 우리가 이번에 어떻게 하느냐에 달렸소." 두 사람은 함께 연회 장소에 들어갔다. 왕탄지는 두려워하는 모습이 점점 더 표정에 드러난 반면, 사안은 세련되고 침착한 모습이 더욱 겉으로 드러났다. 사안은 계단을 올려다보고 자리를 찾아가서 낙양에서 유행하던 식으로 혜강의 시를 읊기 시작했다. "도도히 흐르는 저 물이여!" 환온은 그의 침착하고 냉정한 태도에 두려움을 느꼈고 급히 병사들을 해산하였다. 이전까지

---

44) '아량'에 대해서는 Mather, tr., *New Account*, pp. 179-195; Rouzer, *Articulated Ladies*, pp. 101-110. 다른 일화는 여인이 보는 데서 옷을 갈아입어야 할 때도 침착함을 유지할 수 있는 능력은 그가 성공적인 반란 지도자가 될 것임을 보여주는 것이라고 이야기한다. Mather, tr., *New Account*, p. 459.

사안과 왕탄지는 이름을 나란히 하였다. 그들 사이 우열이 갈라지게
된 것은 이 사건 이후부터였다.[45]

이 이야기는『세설신어』의 영웅 사안이 그의 주된 경쟁자 환온에 대해
거둔 승리를 극적으로 묘사하면서 동시에 그가 친구인 왕탄지보다 뛰
어난 인물이었다는 것도 보여주고 있다. 청담은 위진 시기 지배층의
교제 방식을 특징지었으나, 쌍방이 대등할 수 있다는 가능성을 부정
하는 형태의 사회적 교류였다. 국가와 마찬가지로 지배층은 대담을
다른 무엇보다도 서열 매기기에 사용한 것이다.

위 왕조는 249년 사마씨의 쿠데타로 막을 내리는데, 그 직전 십여
년 사이에 청담을 통해 지배층 인사들의 한 집단이 만들어진 첫 사례
가 나타난다. 당시 실권을 쥐고 있던 조상曹爽은 청담에 뛰어난 우수한
사람들을 조정에 모아놓았다. 이 사람들이 집중적으로 논한 것은 '현
학玄學', 즉 『도덕경道德經』, 『장자莊子』, 『역경易經』을 재발굴하여 정치
·사회 사상에 우주론적 근거를 부여하는 작업이었다. 이들에는 하안
何晏, 왕필王弼, 하후현夏侯玄, 순찬荀粲, 배해裴楷, 종회鍾會가 포함되어
있으며, 이중 몇 명은 중국사상사에 큰 자취를 남겼다. 남아 있는 기
록이 사마씨에 우호적으로 편향되었기 때문에, 그들의 개성과 활동이
심하게 왜곡되어 묘사되기는 했다. 그러나 분명한 것은 그들이 재능
있는 청담가로서 조정에서 높은 지위를 확보하고 있었고, 조상과 그

---

45) Mather, tr., *New Account*, p. 190. 사안과 환온 사이의 경쟁 구도가
『世說新語』에서 차지하는 중요성에 대해서는 Spiro, *Contemplating*, pp. 104-114.
Diény, *Portrait anecdotique* 도 참조.

의 동맹세력뿐 아니라 사마씨 가문의 구성원도 포함한 사교계의 중심
이 되었다는 점이다.[46]

249년 쿠데타가 일어나고 조씨 가문 지지자에 대한 숙청이 몇 차례
있은 후 청담과 현학은 일시적으로 침체기에 들어섰다. 이어서 새로
운 형태의 은일隱逸 풍조가 등장하였다. 조정이 위험한 곳이 되자 많은
사람이 정계 밖의 삶이 가능하거나 심지어 낫다고 주장하였다. 그러
나 은둔의 장소는 이제 한대의 은자들처럼 절벽과 동굴('암혈巖穴')이 아
니라 저택, 별장 혹은 원림이었다. 사람들은 관직을 거부하고 자신의
장원에 거주하거나, 관직을 받으면 바로 사직하거나, 관직에 남아 있
으면서도 세상일로부터 초연한 태도를 지키는 등의 방식으로 사회적
명망을 얻었다.[47] 이러한 은일 풍조가 유행하면서 경력을 쌓아가는 유
형, 타인과의 교제 방식, 정치 활동, 글쓰기 양상이 모두 변화하였다.
물론 관직을 거부하는 것을 주제로 하는 새로운 문학 장르도 발전하였
다.[48]

무엇보다 중요한 것은 사회질서를 재규정하는 데 은일 풍조가 미친
영향이었다. 전국 시대 말부터 한대까지도 중국의 학계와 정계 인물
들은 벼슬하는 사람, 즉 '사士'의 진로 선택은 관직에 종사하는 것 아니

---

46) 이들에 대한 문헌기록이 편향적이라 액면 그대로 받아들일 수 없다는 점에
대해서는 Holzman, *Poetry and Politics*, pp. 13-14. 대표적 인물들에 대한
설명으로는 Tang, "Voices," pp. 144-159.

47) Berkowitz, *Patterns*, ch. 4, 특히 pp. 128-130.

48) 이 장르는 한대에 등장하였으나 현재 전하는 대부분의 예는 후대의 것이다.
Declercq, *Writing Against the State*.

면 공적 영역에서 물러나는 것 둘 중의 하나라고 여겼다. 그러나 4~5세기의 은일 풍조 속에서 당시 지배층은 관직 바깥에서 영위하는 공적인 삶의 새로운 형태를 인정하고 심지어 칭송하였다. 유력 가문에 속하는 사람은 관직에 나아가는 것을 하찮게 여기거나 심지어 거부하는 태도를 찬양하였고, 아울러 자신들은 존귀한 혈통이므로 조정으로부터 독립적 태도를 취해도 좋다고 생각하였다.

사마씨의 쿠데타 이후 은일 풍조의 출현은 혜강嵇康, 완적阮籍, 상수向秀, 유령劉伶, 산도山濤, 완함阮咸, 왕융王戎 등 소위 죽림칠현의 등장과 동일시된다.[49] 이들 중 혜강과 완적은 유명한 시인이었으나 나머지 사람에 대해서는 별로 알려진 것이 없다. 이 일곱 명이 생전에 하나의 모임을 이루고 있었던 것은 아니다. 그러나 그들은 사후 얼마 지나지 않아 사회에서 벗어나 관습을 따르지 않는 삶의 표상이 되었을 뿐 아니라 시가 모임의 신화적 원형이 되었다. 그들은 도시생활의 제약이나 도시의 일반적 윤리로부터 벗어난 삶, 그리고 친교, 시, 음악, 술, 약물을 만끽하는 삶을 지향한 것으로 묘사되었다. 그리하여 그들은 지배층 가문뿐 아니라 황실 일족들까지도 모방하려는, 지배층 은일 풍조의 표본이 되었다(그림 1).

265년에 조씨의 위 왕조가 무너지고 280년 진 왕조가 중국을 재통일하자 정치적 위험은 줄어들었다. 20~30년에 걸쳐 상대적인 평화가 유지되고 유력 가문들이 진 왕조 통치 아래 점차 안정을 누리자 청

---

49) Spiro, *Contemplating the Ancients*, 특히 pp. 75–86; Tang, "Voices,"
   pp. 160–173; Holzman, *Poetry and Politics*; Holzman, *La vie et la pensée*;
   Holzman, "Les Sept Sages."

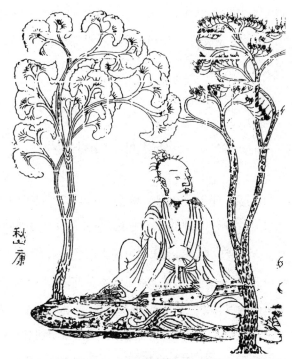

그림 1. 숲속에 앉아 금琴을 연주하는 혜강
남경 서선교西善橋에서 발견된 무덤 벽화의 죽림칠현 중 일부. 4세기 말~5세기 초

담이 부활하고 현학이 재등장할 수 있게 되었다. 비록 290년에 정신
이 박약한 황태자가 황제로 즉위하면서 새로운 황제의 외가와 황후 가
문 사이에 유혈 충돌이 일어나기는 하였지만 291년에 후자가 결정적
승리를 거두면서 정치질서는 회복되었다. 당연하게도 황후 가문의 수
장인 가밀賈謐이 이십사우二十四友라 알려진 문학 집단의 중심이 되었

다.[50] 좌사左思, 반악潘岳, 육기陸機, 육운陸運 및 초창기 문학비평가인 지우摯虞를 포함한 이들 이십사우는 시가의 중흥기가 도래하였음을 알렸다.

유력 가문의 황금기

평화로운 시대는 300년에 팔왕八王의 난이라 불리는 사건으로 갑작스럽게 끝났다. 한때 황후의 동맹자였던 종실의 왕 한 사람이 궁성 수비대 지휘관의 위치를 이용하여 황후 일가를 몰살하고 조정을 장악하였다. 이는 종실 다른 왕들의 반대를 불러일으켰다. 원래 서진에서는 사마씨 종실의 입지를 안정시키기 위해 종실 왕들을 각 지역에 군사권을 가진 도독都督으로 임명했는데, 이들이 중앙에서 벌어지는 사태에 반기를 든 것이다. 그후 10년 동안 종실 왕 가운데 한 사람이 주도권을 장악하였다가 경쟁자들이 연합하여 그를 무너뜨리고, 다른 사람이 주도권을 장악하였다가 또다시 다른 왕들이 그를 무너뜨리는 일이 반복되었다.[51] 이 과정에서 조정은 권위를 상실하고 군벌이 할거하였으며, 진 왕조의 지배를 유지하기 위한 군사 기반이 파괴되었다.

---

50) 문사들과 명문가들에 대한 진 왕조의 정책이 변화하는 과정에 대해서는 Declercq, *Writing*, pp. 123-132. 청담과 현학의 부흥에 대해서는 Tang, "Voices," pp. 174-192 및 Declercq, *Writing*, pp. 261-262, 277, 299-306. 이 시기의 시에 대해서는 Lai Chiu-mi, "River and Ocean."

51) Graff, *Medieval Chinese Warfare*, pp. 44-47; Declercq, *Writing Against the State*, pp. 129-131.

평화가 끝나자 이 시기 역사 무대에 일군의 새로운 등장인물들이 나타났다. 바로 후한대부터 중국에 정착해 있던 유목민이다. 내전을 벌이던 진 황실의 왕들은 점점 더 동맹을 맺은 유목 부족 수장들과의 관계를 이용하였는데, 이들 수장은 이내 자신만의 야망을 키워나갔다.(그림 2) 한화된 흉노 수장인 유연劉淵은 유목 부족의 연합체를 형성하였다. 그는 자신이 한 황실의 후예라고 주장하였고 304년에는 한왕漢王을 자처하였다. 그는 311년에 동쪽 수도 낙양을 약탈하였고 316년이 되자 북중국 평원을 장악하였다. 317년에는 서쪽 수도 장안을 점령하였다. 진 조정은 남쪽으로 피난하여 건강에 새로운 수도를 정하면서 수 세기에 걸친 남북 분단의 서막을 열었다. 581년까지 황하 유역을 지배한 중국 군주는 출현하지 않았고, 589년까지 중국은 재통일되지 못했다.

진 조정의 남도南渡로 유력 가문의 전성기가 시작되었다. 그러나 이들은 이전과 같은 가문들이 아니었다. 백만 이상의 인구가 진 조정과 함께 남쪽으로 피난하였다. 고씨顧氏, 육씨陸氏, 주씨朱氏, 장씨張氏와 같이 이전에 남쪽으로 이주하여 오나라 치하에서 부와 권력을 축적한 가문들은 새로 이주해 온 사람들에게 적대적이었으나 두 세력 사이의 타협이 이루어졌다. 새로 북쪽에서 이주해 온 사람들은 왕도王導의 주도 아래 건강에 사마씨의 조정을 세우고 남쪽 사람들에게 명예와 관직을 선물하며 내실 없는 동맹관계로 끌어들였다. 북쪽에서 온 가문들은 그들이 누리던 특권을 회복하였고 이전에 북중국에서 소유했던 토지 대신 남중국에서 새로 획득한 장원에 대하여 조정으로부터 소유권

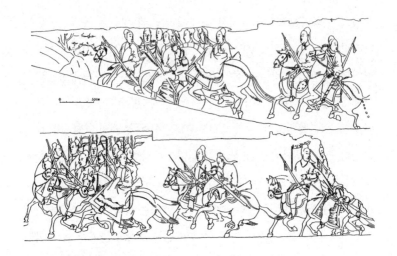

그림 2. 안마출행도鞍馬出行圖에 묘사된 기마병사
산서성 태원太原 루예妻睿 묘 벽화. 570년.

을 인정받았다. [52] 일부는 남중국의 오래된 가문과 통혼관계를 맺음으로써 사회적 지위를 다지기도 하였다.

남쪽에 새로 자리 잡은 동진 왕조는 황제권이 약하였고, 거의 한 세기 동안 실질적으로 왕조를 장악하고 있던 것은 건강 지역에 농노가 경작하는 부유한 장원을 개발하여 새롭게 성장한 몇몇 가문들이었다. 경쟁관계에 있는 고위관료들은 그들 자신의 가문과 동맹 가문의 지원 하에 조정에서의 영향력을 장악하기 위하여 서로 싸웠고, 그렇게 함으로써 조정만이 줄 수 있는 후원과 위세를 장악하였다. 그들은 늘 상

52) Mao, "Evolution," pp. 90–93; Graff, *Medieval Chinese Warfare*, pp. 76–79.
문벌 가문에 대한 상세한 연구로 Miscevic, "A Study of the Great Clans" 및
Bielenstein, "The Six Dynasties: Vols. 1 and 2."

대의 허를 찌르고 정치권력, 혹 심지어 제위 그 자체를 얻기 위해 책략
을 사용하였다. 유일하게 그들의 권세를 위협한 것은 양자강 중류 지
역에 정착하여 난민들로 구성된 강한 군대를 양성한, 군사적 성향이
강한 신흥 가문들이었다.

앞서 설명한 것처럼 심미적 기준을 통해 사회적·정치적 지위를 규
정하는 전통이 삼국 시대 위 왕조 시기에 발달하었는데, 이제 조정 고
위직에 따르는 재부와 권세를 얻기 위해 치열하게 경쟁하는 상황이 되
자 이러한 전통은 새로운 중요성을 띠게 되었다. 새롭게 남도한 이주
민 가문은 기존 남중국 가문 및 신흥 군부 세력과 경쟁하는 와중에 진
정한 고귀함을 정의하는 기준으로 청담, 시, 음악을 내세웠다. 그들은
철학적 사색, 명목상의 은일, 문학 소양이라는 세련된 품격으로 스스
로를 포장함으로써 단순히 돈이나 무력만을 지닌 비속한 존재로부터
자신들을 구별 지었다. 품격에 기반을 둔 이와 같은 엘리트주의는 문
학적 품위, 언어의 기술, 철학적 균형, 가장된 자연회귀 등을 기준으로
사람들을 비교하고 평가하는 일을 중시하였으며, 『세설신어』의 일화
들을 채우고 있는 것도 바로 이러한 태도이다.

남중국에서 유력 가문들이 조정의 위세와 후원을 얻기 위해 다투는
동안, 북중국에서는 다른 형태의 지배층이 존속하였다. 관중 지역과
북중국 평원 지대는 4세기 내내 어지러울 만큼 빠른 속도로 명멸한 이
민족 국가 간에 벌어진 전쟁으로 피폐해졌다. 저족氏族 출신 군주인 부
견苻堅이 황하 유역을 잠시 통일하기는 했지만 383년 그의 남중국 정
복 시도가 처참한 실패로 끝나면서 다시 분열기가 이어졌다. 이 분열

은 60여 년 후에 탁발부拓跋部의 북위北魏가 재통일을 완수할 때까지 지속되었다.

이 시기 북중국 유력 가문은 남중국 유력 가문과 매우 달랐다. 그들은 이민족 수장들이 가득한 조정에서 배제된 채 자신들 향리의 지도자로 남아 있었다. 그들은 북중국에서 필수적이었던 공동체의 자위조직을 지휘하는 한편으로 유교 가치관과 문학 전통을 유지하였다. 그렇게 함으로써 남중국 지배층에 비하여 보다 강한 가문의 결속과 도덕적 성실을 유지하였다. 그러나 그들에게는 조정에 참여하는 삶, 시 모임, 그리고 동진을 따라 남쪽으로 이주한 사람들이 지녔던 세련된 태도 등이 결여되어 있었다. 5세기 초 북위가 북중국을 재통일하고 나서야 비로소 북중국 유력 가문은 조정의 관직에 나아가고 수도에서 세련된 문학적 인생을 추구할 기회를 얻었다.[53]

---

53) 북중국 최고위지배층을 북위 조정과 관련하여 논한 것으로는 Dien, "Elite Lineages."

3

| 군사 왕조 |

4세기는 중국 역사상 황제 권력이 가장 약한 시기였다. 북중국에서는 이민족 왕조들이 일부 지역에서 제한된 권위를 행사하는 동안 무장을 갖춘 촌락과 유력 가문이 자신들의 근거지를 고수하고 있었다. 남중국에서는 수도 주변이나 양자강 중류에 장원을 보유한 유력 가문들이 무력한 조정에서 권력과 명예를 다투었다. 로마 제국이 무너진 후의 유럽에서와 달리 중국에서는 단명한 이민족 왕조들이 붕괴한 후에도 봉건제 하의 무장한 지방 세력들이 할거하는 것과 같은 총체적 무질서가 발생하지는 않았다.

이 차이에는 적어도 두 가지 이유가 있다. 첫째, 최고 유력 가문들은 제국을 유지하고자 했다. 제국의 존재는 흉포한 군인, 탐욕스러운 상인, 조야한 지방 지주로부터 그들을 구별 짓는 부와 지위의 원천이었기 때문이다. 둘째, 5세기 초는 전환기로, 실질적이고 독자적인 군사력을 행사하는 자들이 남과 북 양쪽 모두에 왕조를 세우는 시기였다. 지방호족을 제압할 수 있는 군대를 장악함으로써, 군인 황제들은 황제 권력을 되살려내고 지방세력의 무장을 해제하여 유력 가문들을 상당 정도 약화시켰다. 남쪽과 북쪽의 왕조들은 군대를 안정된 정권을 위한 기반으로 바꿔내지는 못했지만 중앙권력이 해체되는 추세를 역전시킬 수는 있었다. 그리고 이들 중 최후의 승자는 무력을 통해 6세기 말에 중국을 재통일할 수 있었다.

군사 왕조의 기원

184년에 발생한 황건의 반란과 조조의 패권 장악까지 20여 년에 걸쳐 진쟁이 지속된 탓에 농민들 대부분이 피난히는 상황이 발생히였다. 그 결과 비옥한 황하 유역의 평야 지대와 관중 지역의 토지 상당 부분이 버려졌고 많은 농민이 난민이 되었다. 자신의 사적인 세력 기반을 넘어서려던 조조는 패배한 황건 잔당과 농기구 및 방기된 토지를 손에 넣고 이를 그의 군대와 유랑 농민에게 나누어 주었다. 토지를 받은 사람들은 수확의 일정 비율을 조세로 내고 경우에 따라서는 군역을 제공하기도 하였다. 이러한 새로운 정착 농경지인 둔전屯田은 조세수입을 제공할 뿐 아니라 조조와 경쟁관계였던 군벌들로부터 농민을 지켜주었다.[1]

---

1) Crowell, "Government Land Policies and Systems," ch. 4; Tang, "Clients,"

첫 둔전은 196년 조조의 본거지 근처에 포로가 된 황건을 정착시켜 만들었다. 한대에 변경에 설치한 둔전의 형태를 따른 것이기는 했지만, 이 둔전들은 황하 하류 유역에 퍼져 있었다. 한대 지방관들이 국유지를 사용하여 행정 비용을 마련하였던 것을 선례로 삼은 것이기도 했다. 둔전은 군둔軍屯과 민둔民屯으로 나뉘었는데, 전자에서는 군역과 군량 일부를 확보하였고 후자에서는 세금만을 얻었다. 농민이 경작에 필요한 소를 국가에서 빌리는가 아니면 스스로 소를 마련하는가에 따라 둔전의 세율은 40퍼센트에서 60퍼센트로 다양하였다.

두 종류 둔전의 주민들은 모두 일반 호구와 다른 별도의 호적에 기재되었고 법적으로 거주 지역에 묶여 있었다. 군인이라면 평생 복무해야 했고 병적兵籍에 기재된 다른 가문과만 혼인을 맺을 수 있었으며 그들의 아들이나 혹 친척 중 누군가가 그 지위를 계승해야 했다.[2] 결과적으로 위의 병사 대부분을 이루던 군둔의 주민들은 아들이 아버지를 계승하는 세습 군역 집단이 되었다. 이렇듯 세습 군인으로 이루어진 군대로 변화하는 경향이 점점 더 강화된 데에는 후한 말의 지배적 사고방식도 크게 작용하였다. 즉 재능과 인성은 태어날 때부터 정해져 있고 따라서 한 사람의 역할을 정하는 데 결정적 요인이라는 것이다. 세습 군대는 점점 더 세습이 심해지는 정치 엘리트의 대척점에 존재하고 있었다.

---

pp. 114-115; 唐長孺, 『魏晉南北朝史論叢』, pp. 37-43; 王仲犖, 『魏晉南北朝史』, pp. 41-43, 123-130; de Crespigny, *Generals*, pp. 287, 313-318, 322, 325, 327, 335, 339, 389, 473-475.

2) Graff, *Medieval Chinese Warfare*, p. 39.

세습 소작인과 세습 군인으로 채워진 둔전을 설치할 때 조조는 유력 가문들의 선례를 따랐다. 유력 가문이 장원을 보유하듯이 위 황실은 국유의 둔전을 소유하였고, 장원의 생산자로 예속 농민이 있듯이 둔전에는 소작인과 군인이 있었다. 즉 위 황실은 최대 지주가 되었던 셈이다. 이렇게 위 왕조는 세습 군인으로 충원된 군대, 그리고 지대를 조세로 바치는 소작민이 경작하는 국유 토지를 보유하였고, 이러한 개혁 조치가 이후 위진남북조 시대 군사 왕조들을 지탱하는 기둥이 되었다. 무장을 갖춘 지방호족에 대하여 자신만의 무력 기반을 유지해야 했으므로, 이 시대 이후 정권들은 모두 이와 유사한 제도에 의지하였던 것이다.

후한이 붕괴한 후 지방 공동체 다수는 대체로 그 지방 주요 가문의 주도 아래 구릉이나 황무지로 물러나 오보塢堡 또는 오벽塢壁이라 불리는 요새를 건설하여 야탈자로부터 스스로를 방어하였다. 일부 공동체는 3~4세기에 남쪽으로 이동하여 양자강 인근 구릉 지대에 요새를 구축하기도 하였다.[3] 이들 무장 집단은 그 스스로는 광역 규모나 제국 규모로 활동할 수는 없었으나 지역 군벌이나 왕조 권력의 행동에 영향을 미쳤다. 이들은 조정이 지방을 통제하는 데 걸림돌이었으므로, 어떠한 왕조라도 수도 인근 지역을 벗어나 지방으로 세력을 확장하려면

---

3) 陳寅恪, 「『桃花源記』旁證」; 王仲犖, 『魏晉南北朝史』, pp. 38-39, 320-321, 326, 331, 462-463; Holcombe, *In the Shadow*, pp. 42-49, 56-57; Tanigawa, *Medieval Chinese Society*, pp. 102-110; Kwong, *Tao Qian*, ch. 3; Graff, *Medieval Chinese Warfare*, pp. 55-56, 58, 61, 63, 66, 81, 85; 川勝義雄, 『六朝貴族制社會の研究』, pp. 120-127; 宮川尚志, 『六朝史研究 - 政治社會篇』, pp. 437-471.

이들을 공격할 수밖에 없었던 것이다. 다른 한편으로 이러한 무장 집단은 국가의 군대로 모집할 만한 숙련된 병사를 보유하고 있었다. 아울러 오보의 수장들이 몸에 익힌 군사기술은 조정 휘하 군대의 장교나 지휘관으로서도 손색이 없었다. 의욕적이고 활동적인 군주 입장에서 보자면 이러한 오보는 거저 얻을 수 있는 군둔이었던 셈이다.

조씨의 위 왕조가 북쪽에서 황제권을 복원하기 위해 군둔을 이용했다면, 양자강 하류의 오 왕조는 군사 왕조의 다른 형태를 개척해내었다. 후한에서는 장군을 상설직으로 임명하여 지휘관이 병사와 서로 강한 예속관계를 형성하였다. 오 왕조를 세운 것은 이러한 종류의 군사 모험가들이었다. 그 휘하 병사들은 북중국에서처럼 농노에 가까운 복종관계로 자기 장군에게 속박된 세습 신분이었고, 마찬가지 방식으로 장군들은 최고사령관인 손권에 대해 충성을 바치는 존재였다. 일단 건강에 수도를 두고 창업되자 오 왕조는 양자강 유역의 무력을 갖춘 가문들을 편입시켜 나갔고 각 가문의 사병은 국가의 군대로 인정하였다. 각 가문의 수장은 조정의 문무 관직을 받았고, 북쪽에서와는 달리 장군의 아들은 아버지 사후에 그 병사를 물려받았다.

북중국에서 이주해 온 장군들은 봉토를 받아 그 특정 지역에서 세금을 거둬들였으므로, 그 지역의 실질적 지배자가 되었다. 그들의 병사는 삼림을 개간하고 습지를 메우는 등 남방 미개척지를 농경지로 만들기 위해 필요한 모든 작업에 노동력으로 활용되었다. 이렇게 군대가 개간한 토지는 곧 북쪽에서와 같이 군둔으로 전환되었고, 평화 상태에서 병사는 농업 생산을 통해 자급자족하였다. 노동력과 병력의 보충은 이들 새로운 세력이 정복하여 징발한 원주민인 '산월山越'로 이루어졌다.[4] 북중국에서 수많은 농민이 유력 가문의 통제를 받지 않으며 작은 농지를 유지하였던 것과 달리, 유력 가문이 군둔을 조성하고 농경지를 개척하기 시작한 양자강 하류 유역에서는 북중국에서보다 훨씬 소수의 손에 토지가 집중되는 양상이 나타났다. 양자강 유역에는 대규모 장원만이 존재하게 된 것이다.

249년 사마씨의 쿠데타 이후 북중국에서 군둔은 쇠퇴했다. 그리고 조씨 정권에게 위협받았던 기존 유력 가문의 지지를 얻기 위하여 새로운 진 왕조의 군주들은 그들 동맹자들이 민둔을 해체하고 그 토지와 노동력을 사유화하는 것을 허가했다. "위나라는 관료에게 품급에 따라 차등을 두어 소를 빌려 쓰는 '객호客戶'를 수여하였다. 그 후로 나라에서 시키는 노역을 꺼리던 농민들은 관료에게 수여되는 것을 반겼다. 귀하고 세력 있는 가문은 일꾼을 수백 명씩 쓸 수 있었다."[5]

국가에 노역을 바치는 대신 조세/지대를 납부했던 이들 둔전의 객호는 이제 국가의 노역으로부터 면제된 특권을 유지하면서 조세/지대를 국가가 아닌 유력 가문에 납부하였다. 국력을 강화하기 위하여 만든 제도가 유력 가문에 의해 전용된 것이다. 그러나 이는 단순한 사유화는 아니었다. 관작을 받음으로써 국가권력과 관계를 맺은 유력 가문들이 이제는 새로운 주인인 그들에게만 독점적으로 노역과 조세를

---

4) 唐長孺, 『魏晉南北朝史論叢』, pp. 3-29; 王仲犖, 『魏晉南北朝史』, pp. 99-109; de Crespigny, *Generals*, pp. 463-524; 川勝義雄, 『六朝貴族制社會の研究』, pp. 157-164.

5) 唐長孺, 『魏晉南北朝史論叢』, p. 41에 인용된 『晉書』의 내용.

바치는 소작인을 합법적으로 얻은 셈이었다. 264년에는 조칙이 내려 군둔과 민둔은 폐지되었으나 특권을 가진 유력 가문들에 소작인을 주는 관행은 존속되었고, 이후에는 토지를 주는 관행도 유지되었다.

남쪽에서도 비슷한 상황이 전개되었다. 조조가 군둔과 민둔을 설치한 직후, 오나라 역시 비슷한 조치를 취했다. 얼마 지나지 않아 오 역시 의무를 면제받은 소작인들('복객復客')을 공신에게 수여하였다. 심지어 그 이전에도 지휘관 가문 내에서 상속된 병사들이 전쟁이 없을 때는 지휘관의 예속 소작인으로 일하였던 것으로 보인다. 오 정권 초기에 손권은 다음과 같은 조를 내렸다. "전 장군인 주유周瑜와 정보程普에게는 객客이 있다. 어떠한 경우에도 그들을 조사해서는 안 된다." 이는 국유지나 다른 지주로부터 도망쳐 왔을지도 모르는 이들 소작인들의 출신을 아무도 조사하지 않았으며, 국가도 노역이나 조세를 거두기 위한 인구 조사를 실시하지 않았음을 시사한다.

그 직후 여몽呂蒙은 심양尋陽에 있는 오의 군둔에서 600호를 수여받았다. 여몽 사후에 그 아들은 여몽의 묘를 관리하도록 50경頃(당시도 여전히 한대 도량형을 쓰고 있었다면 약 2.4평방킬로미터)의 토지와 300호의 호구를 받았다. 그 외에도 유명한 장수들에게 국가에서 객호를 하사한 기록이 많다. 갈홍葛洪의 『포박자抱朴子』(343년 이전 완성) 중 오나라의 문제점을 논한 「오실편吳失篇」에서는 "동복僮僕들이 매우 많았다"라고 할 정도였다.[6] 그러므로 남과 북 양쪽에서 국가는 국유지에 예속 소작

---

6) 唐長孺, 『魏晉南北朝史論叢』, p. 25에 인용된 『三國志』 「吳志」 및 『抱朴子』 「外篇」의 내용. Tang, "Clients," pp. 114~117도 참조할 것.

인을 두고 둔전을 만들어 우위를 점하려고 했으나 결국에는 토지와 소작인 모두를 고위관료들에게 농노로 나누어주고 말았다. 이는 이러한 시도 및 그 실패 모두가 삼국 시기 등장한 국가들의 성격에 내재된 것이었음을 보여준다.

아직 보편적으로 인정되었던 것은 아니나 소작인의 법적인 예속성이 진행되었음은 분명하다. 이 과정은 '부곡部曲'이라는 용어의 발전을 통해 추적할 수 있다.[7] 이 용어는 군대 편성에 있어서 두 층위의 단위에 대한 명칭들이 합쳐진 복합어로서, 한대에 등장하여 군대 혹은 부대를 의미하게 되었다. 후한에서 장군이나 호족豪族이 휘하 병사들과 긴밀한 유대관계를 형성하게 되자 '부곡'은 사병私兵을 의미하게 되었다. 군둔에 소속된 호구와 고위관료에게 하사된 호구(이들은 농업에도 종사하였다)에 적용되면서 이 용어는 보다 일반적으로 예속민 혹은 객호를 의미하게 되었다. 부곡은 당대에 이르면 양민良民과 천민賤民 사이 중간 위치인 예속민을 의미하는 법적 범주가 되었다.

예속민을 농업과 전쟁 양쪽 모두에 쓰려다보면 농업 생산으로 재부를 증대해야 할 필요성과 군대를 양성하여 군사력을 증강해야 할 필요성 사이에 긴장관계가 형성된다. 만약 국가와 지주가 수입을 극대화하고자 하면 군사훈련을 줄여야 했다. 반면 숙련된 군대를 유지하고자 하면 농지에서 일할 다른 사람을 찾아야 했다. 그리고 농민을 병사로 쓰는 일은 후한대에 발전한 직업군인 제도로부터 멀어지는 것이었다. 이러한 긴장관계는 지방 유력 가문 사이에서 특히 심하게 나타났

---

7) Yang, "Evolution of the Status of 'Dependents,'" pp. 143-155.

다. 그들은 분열이 지속된 수 세기 동안 비상시의 자위 수준을 넘어서
는 군사 역량을 키우지 못했거나 혹은 한때 그러한 역량이 있었다 하
더라도 점차 이를 잃어갔다. 이와 달리 국가는 이민족과 유랑민에서
군인을 모집할 새로운 원천을 찾아내었다. 이처럼 군인을 모집하고
훈련하는 일에서 지방 유력 가문과 국가 사이에서 차이가 나타난 것이
황세 권력의 재부상을 촉진했다.

이렇게 황제 권력을 키워 중국을 재통일하려는 첫 시도는 서진西晉
이 265년에서 성립하여 4세기 초에 붕괴하기까지 수십 년 사이에 나타
났다. 위와 오는 모두 예속적 성격을 지니는 객客을 고위관료에게 수
여하기 시작하였으나, 지방에서 유랑민과 도망자를 객으로 적극 끌어
들이는 행위는 금지했다. 조조 지배 하에서 사마씨 출신의 어느 장군
은 한 지역 호족으로 하여금 그의 예속 농민 한 명이 군대에 들어가는
것을 허가하도록 강요한 바 있다. 그 호족이 임의로 농민에게 피신처
를 제공하여 예속민으로 받아들일 권리가 없다는 이유였다. 269년에
는 진무제晉武帝 사마염司馬炎이 남중국 재정복을 준비하기 위해 군량
을 축적하려는 의도로 "지방의 힘 있는 호족들은 고립되고 약한 자를
침탈하여 사역하고 사적으로 그들을 자신의 호적에 등재할 수 없다"
고 선포하였다. 270년대 중반의 관리들은 여전히 사적으로 객을 모으
는 일을 금지하는 법을 집행하였고, 280년에 진이 중국을 재통일한
후에는 공식적인 객의 숫자를 낮은 수준으로 고정하기 위하여 호구조
사를 실시하였다.[8] 진은 공신에게 상으로 사적인 객을 수여하였으나,

---

8) Tang, "Clients," pp. 117–118.

진 왕조 자체의 병력을 증가시키기 위해서 그 숫자는 제한하고자 하였다.

진의 병력은 구성원이 다양하였다. 위 시기에 만들어진 둔전은 폐지되었어도 진은 병호兵戶를 계속 별도로 등록하여 세습 병사 제도를 유지하였다. 그런데 이보다 중요한 것은 삼국과 진에서 지속적으로 이민족 군대를 활용하였다는 점이다. 예를 들어 조조는 207년에 오환 세력을 격파하여 중국 내지에 정착시켰고 그들을 중국에서 가장 훌륭한 기병의 중핵으로 만들었다.[9] 조조는 그 외에도 다른 이민족 군대도 모집하였고, 진 역시 투항한 유목민들을 내지에 정착시켜 병사로 활용하는 정책을 유지하였다.

기병은 이전에는 척후, 추격, 궁병 등으로 활용되었으나, 4세기 초에 보편화된 혁신 기술로 인해 기병부대는 강력한 기동타격부대로 변모하였다. 한대의 기병은 정방형 철이나 가죽을 연결해 몸통 앞뒤를 가리는 간단한 비늘 갑옷을 입었다. 이와는 대조적으로 4세기의 그림은 철갑으로 몸을 거의 완전히 둘러싼 기수와 말을 보여준다.(그림 3, 4, 5) 문헌자료도 전투 한 차례에서 철갑을 두른 말 수천 마리를 사로잡는 상황을 언급하고 있다.[10]

등자와 함께 사용하게 된 새로운 형태의 안장 덕분에 기수는 말 위에서 훨씬 안정된 자세를 유지할 수 있게 되었다. 진시황 병마용에서

---

9) De Crespigny, *Northern Frontier*, pp. 407~416.

10) Dien, "Study of Early Chinese Armor," pp. 37~38; Dien, *Six Dynasties Civilization*, ch. 6; Graff, *Medieval Chinese Warfare*, p. 41~42.

그림 3. 북위의 중갑기병重甲騎兵
마면갑馬面甲을 포함한 마갑을 씌운 말을 타고 있다. 녕하성寧夏省 고원固原에서 출토된 도용.

출토된 기병은 끈으로 고정된 작은 가죽 깔개 같은 것 위에 앉아 있고, 한대 문헌에는 '가죽 깔개(안鞍)'에 올라탄다고 표현한 예가 보인다. 삼국 시대에는 기수의 엉덩이와 허벅지 부분에 들어맞는 형태로 군용 안장이 만들어졌던 증거가 있다. 아마도 기수가 창이나 검으로 타격을 가하면서도 안장에 앉아 있을 수 있게 하기 위한 것인 듯하다.[11] 실물 등자로 연도가 분명한 가장 이른 사례가 415년에 만든 한 무덤에서 발

---

11) Goodrich, "Riding Astride," pp. 288, 293–294, 295, 297, 299–300, 304, 도판 3, 8–10. 명확하게 안장이 장착된 사례는 186–219년의 것이다.

그림 4. 군마의 모습
탁본. 마부가 딸려 있고 한 마리는 마갑을 두르고 있다. 하남성河南省 등주鄧州 출토. 5세기 말~6세기 초.

그림 5. 수송용 견마牽馬와 마부 탁본. 하남성 등주 출토. 5세기 말~6세기 초.

견되었으나, 322년에 만든 조소에는 등자 두 개가 갖추어져 있다. 정확한 연도는 알 수 없으나 4세기 것으로 추정되는 무덤에서도 실물 등자가 발견되었다. 전투하는 동안 갑주를 착용한 기수가 말 위에 안정되게 앉아 있을 수 있도록 등자가 도입되었을 것임을 생각하면 중갑기병은 등자보다 훨씬 이전에 이미 등장했으리라고 생각된다.[12]

한 제국이 시배한 400년 동안 표준적 패용佩用 부기로서 도刀가 도입되어 갑주를 입은 병사의 전투력 또한 크게 증대되었다. 도는 기병용 칼 세이버saber처럼 살짝 휜 몸체에 한쪽에만 날이 있는 강한 무기이다. 베는 동작으로 보병이나 기병을 향해 세게 휘두를 수 있으므로 얇고 직선 형태의 몸통 양쪽에 모두 날이 있는 검劍보다 위력적이다. 결국 도는 검을 대체하였다. 극戟은 날이 여럿 달려 있어서 갈고리처럼 걸어서 당기거나 찌르는 방식으로 쓰이는 무기였다. 이 시기에 극은 창으로 교체되었다. 수평으로 들거나 세게 찌를 수 있는 창은 보다 단순하고 강한 무기였다(그림 6).[13] 이러한 기술 혁신이 축적된 결과로 3~4세기의 기병은 한대 기병들보다 훨씬 강력해졌다.

세습 병사와 이민족 기병으로 충원된 진의 군대는 중앙군(중군中軍)과 지방군(외군外軍)으로 구성되었다. 중앙군은 10만여 명으로 수도인 낙양에 근거를 두고 조정의 통제를 받았다. 지방군은 상대적으로 큰 규모로 각 지방 군사 장관인 도독都督의 지휘를 받았다. 그 외에 추가로 각 주의 장관인 자사刺史가 소규모로 지역의 민병을 양성하였으나

---

12) Dien, "Stirrup," pp. 33–35, 37; Graff, *Medieval Chinese Warfare*, pp. 42–43.

13) Graff, *Medieval Chinese Warfare*, pp. 41–42.

그림 6. 중갑기병, 군마, 도, 창, 방패가 보이는 전투 장면 돈황 지역의 묘실 벽화.

이들은 282년 중국이 통일된 후에는 대부분 해체되었다. 진의 가장 중요한 군사 정책은 종실의 왕들 휘하에 무장 병력을 배치하는 것이었다. 자신들이 일으켰던 것과 같은 쿠데타의 발생을 방지하기 위하여, 진의 창업주인 무제 사마염은 한 제국 초기의 정책을 모방하여 265년에 27명의 황족을 왕으로 봉하였다. 각각의 봉국은 크지 않아서 5천에서 2만 호 정도 규모였고 그들이 양성하도록 허가받은 사병의 규모는 5천 명을 넘지 않았다. 그러나 290년이 되면 6명의 강력한 왕들이 가장 인구가 많은 주의 중심지에 도독으로 임명되어 수만에 이르는 군대를 지휘하게 되었다. 290년 이후에는 도독이 주의 자사를 겸직할 수 있게 되었다. 이는 군정과 민정의 권한을 통합함으로써 실질적으로는 작은 왕국을 만든 셈이었다.[14]

이 정책은 대재앙을 불러일으켰다. 왕들 사이에 내전이 벌어져 진의 군사 자원은 고갈되었고 진의 지배 아래 있던 이민족 세력이 자신들 왕조를 세울 수 있게 된 것이다. 진은 국가 권위를 위임받은 대리인들에게 군사 자원의 대부분을 내주었으나 그들을 통제해야 하는 문제는 해결하지 못했다. 기가에 대한 세습적 권리가 대두되자 황제가 관료들을 통제할 수 있는 역량이 감소되었고, 그렇게 임용된 관료들을 대체하기 위해 종실 인사들에 의존하려던 시도 역시 명백히 실패했던 것이다.

---

14) 같은 책, pp. 43-44.

남중국의 군사 왕조

북중국에서 벌어졌던 중앙정부와 지방세력 사이의 군사적 갈등은 진 조정이 남쪽으로 피난하면서 남중국에서 되풀이되었다. 다만 북중국에서는 국가의 우월한 군사력이 유목민 병사들을 근간으로 한 데 반해 남중국에서 국가의 군사력은 피난민에 바탕을 두었다는 차이가 있다. 그러나 두 경우 모두 정치권력은 결국 그러한 병사들을 지휘하는 부족장이나 장군들 손에 흘러 들어갔다.

피난민이 힘의 궁극적 원천이 됨에 따라 남중국에서의 정치적 경쟁은 피난민 대다수가 유입된 두 광역권 사이의 갈등으로 나타났다. 두 광역권은 수도인 건강 주변의 양자강 하류 유역과 한수가 합류하는 양자강 중류 유역이었다. 동진 왕조가 건립된 직후부터 정부는 양자강 하류를 확보하려 하였다. 317년에 사마예司馬睿가 스스로 제위에 올랐을 때, 그는 객으로 구성된 사병 집단과 피난에 동참한 가난한 동향 출신 주민들을 거느린 북중국 출신 이주 가문 연합으로부터 지지를 받았다. 남중국에 뿌리내리고 있던 기존 남중국 가문들이 이들에 보인 첫 반응은 적대적이었다. 팔왕의 난이 북중국을 휩쓸었을 때, 양자강 하류 지역에서도 몇 차례 큰 반란이 발생하였다. 이 중에는 진의 장수가 독립 국가를 세우려 한 두 차례의 사건도 있었다. 기존 남중국 가문들은 이러한 위협들을 제압하기 위하여 사병을 동원하였고, 그들에게 새로운 동진의 황제는 지배자로 군림하려는 또 다른 북중국 출신의 찬탈자로 보였다.

그러나 북쪽에서 이주해 온 왕도王導가 이끄는 일단의 무리가 가장 영향력 있는 가문들을 설득하여 새 정권에 대한 지지를 이끌어냈고 나머지 남중국의 지배층은 이를 따랐다. 이러한 결정이 내려진 것은 아마도 북방인이 우월한 문화적 품격을 지녔다는 점, 황제의 조정으로부터 관작을 받게 될 것이라는 기대, 혼란에 빠진 이 지역에 질서를 회복하는 데 필요한 도움을 약속하였다는 점, 그리고 중간 규모 지주들이 이끄는 반#독립적인 이주민 무리에 대한 안위를 얻을 수 있다는 점 등이 복합적으로 작용한 결과일 것이다.[15]

몇 년이 지난 후, 중앙과 지방세력 사이에 나타난 첫 갈등은 양자강 하류 지역과 중류 지역 사이의 전투로 비화하였다. 321년 동진을 건립한 황제는 조정에서 인정하는 객의 규모에 제한을 두었던 이전 정책을 되살리기에 앞서 우선 남방으로 피신한 사람들을 호구에 등재하라는 칙령을 내렸다. 조정은 이주민 가문을 위해 군인으로 싸웠던 천민도 대규모로 해방하였고, 이들로 조정 직속부대를 편성하였다. 왕도의 사촌인 왕돈王敦은 319년에 양자강 중류를 점령하기 위해 파견되었는데, 그는 조정의 이러한 군비 확장을 위협으로 인식하였다. 322년 그는 군대를 이끌고 양자강을 내려와 수도에 입성하여, 객의 숫자를 제한하고 조정의 군대를 양성하는 일에 관련된 사람들을 숙청하였다. 왕돈은 실질적으로 동진 조정을 장악하였고, 그가 324년 병사하고 나

---

15) 같은 책, pp. 79–80; Holcombe, *In the Shadow,* pp. 25–29; 王仲荦,
『魏晉南北朝史』, pp. 318–330; 川勝義雄, 『六朝貴族制社會の硏究』, pp. 22–28.

서야 사마씨 가문은 원래의 위치를 회복할 수 있었다.[16]

그러나 동진 왕조의 상황은 개선되지 않았다. 왕돈의 적 가운데 소준蘇峻이라는 오보의 수장이 있었는데, 그는 회수 연변 방어선의 사령관으로 임명되었다. 그는 지방의 군사력을 경계하던 조정 고위관료들과 알력을 빚었고, 327년에는 결국 반란을 일으켜 수도를 점령하였다. 조정은 왕돈의 후계자인 도간陶侃에게 도움을 청하고서야 위기에서 벗어날 수 있었다. 보잘것없는 배경의 남중국 토착민인 (그리고 유명한 시인 도잠陶潛의 증조부이기도 한) 도간은 양자강 중류에 반독립적인 국가를 세웠다.

두 지역 사이 긴장과 군사력의 중요성은 345년에 환온桓溫이 양자강 중류를 장악하면서 더욱 증대되었다. 경쟁자인 사안謝安과 마찬가지로 환온은 진 왕조가 남방으로 옮겨 온 이후에 권력과 영향력을 키우며 부상한 하급 무장 가문 출신이었다.[17] 그는 형주荊州를 장악하자마자 사천을 점령하기 위해 양자강을 거슬러 올라가는 원정을 감행했다. 그는 수송 행렬을 강가에 남겨둔 채 사천의 수도인 성도로 빠르게 진군하여 도교 국가 성한成漢의 군대를 격파하였다. 이 승리로 그는 유례없는 명망을 얻었고 이후 25년여 동안 남중국 정계를 지배하였다.

진 조정과 화북의 유력 가문들이 남쪽으로 옮겨온 직후에 그들은 자신들의 처지를 유배와 마찬가지라고 생각하여, 311년에의 일화에서처럼 북방으로 돌아갈 일을 이야기하곤 하였다. "날씨가 좋을 때면 양

---

16) Tang, "Clients," p. 119; Graff, *Medieval Chinese Warfare*, pp. 80-81.

17) Grafflin, "Great Family," pp. 71-73; Spiro, *Contemplating*, pp. 110-121.

자강을 건넌 여러 사람들은 건강 교외의 신정新亭에 모여 풀밭에 앉아 연회를 열었다. 일행 중 주의周顗가 탄식하기를 '풍경이 나쁘지는 않지만 강산이 다르구나!' 하였다. 모두가 서로를 보며 눈물을 흘렸다. 오로지 왕도만이 정색을 하고 낯빛을 마꾸며 말하기를 '황실을 위해 힘을 모아 중원을 수복해야 하건만 어찌 초나라 죄수들처럼 주저앉아 서로만 바라보고 있단 말인가!'라고 하였다."[18] 이러한 정서를 보인 왕도였으나 정작 10년 뒤 한미한 집안 출신의 무장이 북중국을 수복하기 위해 원정군을 일으켰을 때 왕도는 그 무장을 제지하여 조정이 그 병력과 물자를 왕돈과의 전투에 사용할 수 있도록 하였다.

환온의 부상과 더불어 북벌北伐은 더욱 논란거리가 되었다. 이주민 가문들은 이제 회계會稽의 장원에 편안하게 정착하였고 조정의 한직을 차지하고 있었다. 이주 2세대는 남중국에서 성장하였고 그 기후와 풍습에 익숙한 상태였다. 그들에게 잃어버린 북중국은 낯선 땅이었다. 보다 중요한 것은 황하 유역을 수복하였다는 명망 덕분에 개선장군들이 황제 자리를 넘보게 될지 모른다는 점이었다. 이후 수십 년 동안 야망에 찬 군인과 이를 불안해하는 조정 사이에 긴장은 더욱 고조되어갔다. 전자는 북벌을 성공시켜 이를 자신의 왕조를 개창하기 위한 서막으로 삼으려 하였다. 반면 후자에게 재통일은 이제 재앙을 의미하였다.[19]

---

18) Mather, tr., *New Account*, p. 45.

19) Graff, *Medieval Chinese Warfare*, pp. 86, 122–128. 아울러 王仲犖, 『魏晉南北朝史』, pp. 332–338도 참조.

환온은 사천에서의 승전 직후 북벌을 제안했으나 양자강 중류로부터의 반복되는 위협에 질려 있던 조정은 여러 이유를 대며 북벌을 미루었다. 그러나 황하 유역 핵심 지역을 차지하던 전조前趙가 분열되자 북벌을 감행해야 한다는 압력이 강해졌다. 349년 황제의 외척인 저포褚裒가 수도 지역의 군대를 이끌고 북으로 파견되었다. 그는 초반에 일시적 승리를 거두었으나 결국 패전하여 점령했던 영토를 버리고 돌아왔다. 조정은 353년에 환온의 위협에 대한 대응으로 유명한 은자이자 청담가인 은호殷浩의 통솔 아래 또 다른 북벌군을 출정시켰다. 그러나 이 원정은 동맹을 맺었던 강족羌族의 배신으로 실패하였고, 당황한 은호가 피신하는 동안 1만 명 이상이 죽임을 당했다. 환온의 강력한 주장으로 은호는 관직에서 파면되었고 죽을 때까지 불경을 연구하며 은거 상태로 지냈다.

유명한 서예가이자 왕도의 조카인 왕희지王羲之는 조정을 대변하여 다음과 같이 적었다.

패전 소식을 접하자, 조정 내외 사람들은 한탄하고 슬퍼하여 일순도 근심을 떨칠 수가 없었습니다. 작은 강남 땅에서 이번과 같은 규모로 (병력과 물자를) 모았으니 천하의 인심이 싸늘하게 식은 지 실로 오래되었는데, 이에 더하여 패전하기까지 하였으니 이 문제는 깊이 생각해야 할 일입니다. …… 밖으로 군대는 격파되고 안으로 물자는 다하여 회수淮水를 지키려는 의지조차 다시 다질 수 없게 되었으니, 가장 좋은 방책은 물러나 양자강을 지키고 도독과 장수를 원래 주둔지로

돌려보내며 양자강 바깥으로는 '기미羈縻'하는 것뿐입니다.[20]

'기미'는 이민족의 자치를 허용한다는 의미이므로 이 문장은 황하 유역을 아예 이민족이 사는 불필요한 땅이라고 일축하는 것이다.

조정이 실패한 덕분에 환온에게 기회가 돌아왔다. 354년 환온은 관중 지역을 공격하여 장안의 성문 앞끼지 진격했으나 적의 초토화 작전으로 식량을 구할 수 없던 탓에 퇴각할 수밖에 없었다. 그러나 356년에는 낙양을 점령하였고 이제 조정이 옛 후한의 수도인 낙양으로 옮겨와야 한다고 주장하였으나, 이 제안은 총체적 반대에 부딪혔다. 359년에 조정은 사안의 동생 사만謝萬에게 지휘를 맡겨 또 한 번 북벌을 감행하였으나, 수도 지역에서 시도한 이전 북벌과 마찬가지로 처참한 패배로 끝났고 선비鮮卑 모용부慕容部가 세운 국가에 북중국 영토 대부분을 상실하였다. 365년 낙양은 또다시 동진의 영토에서 떨어져 나갔다.

이 기간 동안 환온은 차츰 동진 조정의 최고위 관직을 장악해나갔다. 363년 대사마도독중외제군사大司馬都督中外諸軍事로 군사 총책임자가 되고 이듬해에는 수도 지역인 양주揚州의 자사가 됨으로써 동진의 모든 전략 요충지의 지휘권을 통합해 장악하였다. 동진은 실질적으로 스스로의 왕조 개창을 눈앞에 둔 군사 독재자에 의해 통치되고 있었던 것이다. 369년 환온은 회수와 그 지류를 따라 군사 5만 명을 보내 최대 규모 북벌을 시도하였다. 이에 필요한 군량을 수송하기 위해 남북으로 운하를 개착하기까지 하였다. 이 북벌은 제위를 찬탈하기 위한 마

---

20) 王仲犖, 『魏晉南北朝史』, p.342, 주 13에 인용된 『晉書』「王羲之傳」.

지막 단계가 시작되었음을 의미했다. 그러나 불행히 그해는 건조하였고 수위가 낮아 운하를 통한 수송이 불가능하였다. 환온은 모든 위험을 무릅쓰고 과감하게 전진하였으나 모용부의 군대가 그의 진군을 막았고, 결국 그는 군량이 다 떨어지는 상황에 처했다. 어쩔 수 없이 선박과 보급품을 불태운 뒤 걸어서 남쪽으로 퇴각하였으나 뒤를 쫓아 온 모용부 기병의 공격을 받아 처참하게 패하였다. 그러나 이 패전은 그의 정치적 입지에 거의 영향을 미치지 않았던 듯하고, 그는 심지어 이 북벌을 기념하는 시를 짓고 낭송하는 모임을 열도록 후원했다.[21]

환온이 실권을 장악하고 있는 동안 일어난 큰 변화는 군사 직책을 맡은 가문의 숫자가 최초로 크게 감소한 일이었다. 남중국 지배층의 비무장화는 환온을 사안과 대비시키는 『세설신어』를 통해 엿볼 수 있다. 교양 있는 지배층 인사의 윤리적이고 심미적인 덕목을 체현한 인물인 사안이 무인인 환온과 대비되고 있다. 자주 인용되는 아래 일화는 환온의 군인적 성향을 비판하고 있다.

사천을 점령한 후에 환온은 이세李勢의 궁전에 막료들을 모아 주연을 베풀었다. 사천의 지배층 인사들도 빠짐없이 참석하였다. 환온은

---

21) Mather, tr., *New Account*, p. 139. "환온의 명망과 위세를 보면 그가 위업을 이룰 것처럼 보이지만, 내가 보기에는 공을 이루지 못할 것이다. 왜인가? 진의 황실은 쇠약하고 환온이 국정을 장악하고 있는데, 조정의 대신들은 반드시 환온과 같은 마음을 품고 있는 것은 아니다. 그러므로 환온이 뜻한 바를 이루는 것은 많은 사람들이 원하는 바가 아니다. 그들은 그의 뜻을 어기고 그를 방해하여 그의 일을 망칠 것이다." 王仲犖, 『魏晉南北朝史』, p. 338. (여기 인용된 문장은 환온의 실패를 예상한 전연前燕 측의 관측이다.-역주)

평소 굳센 태도와 호방한 기상을 지니고 있었다. 이날따라 그는 웅장하게 울리는 목소리로 고금의 성패가 사람에게서 비롯되며 존망이 재능에 매여 있음을 이야기하였다. 그 모습이 호방하고 굳세어 좌중이 모두 탄복하여 칭찬하였다. 자리가 파한 후 모든 사람이 그의 말의 여운을 음미하고 있자, 이때 심양尋陽의 주복周馥이 말하기를 "당신들 중 아무도 대장군 왕돈을 보지 못한 것이 유감이다"라고 하였다.[22]

환온이 첫 승리를 거둔 순간, 그의 영웅적이고 상무적인 개성에 대하여 칭송하는 분위기는 결국 그가 훗날 제위를 찬탈하려 할 것이라는 예언으로 마무리되고 있다. 다른 일화에서 환온은 당시의 지배층을 규정하는 청담과 은일문화를 비판하고 그 대신 자신의 군사적 업적을 기리는 시를 후원하는 편이 낫다고 하였다.[23] 그럼에도 불구하고, 사안을 존경하였다는 점, 경전에 대한 학문적 설명을 잘 이해하고 존중하였다는 점, 동시대 인물들과 교류를 지속하였다는 점을 보면 환온은 무武뿐 아니라 문文을 애호하는 인물이었다.[24] 그와 대조적으로 그의 아들 환현桓玄은 아버지의 야망을 실현하고자 군대를 이끌기는 했으나 전적으로 예술에 헌신한 인물로 묘사될 뿐, 호방하거나 강건한 인

---

22) Mao, "The Evolution in the Nature of the Medieval Genteel Families," pp. 92–95; Holcombe, *In the Shadow*, pp. 56–58; Mather, tr., *New Account*, p. 304.

23) Mather, tr., *New Account*, pp. 57, 58, 304, 410–411.

24) Mather, tr., *New Account* 의 Chapter 2 마지막 부분의 일화 외에도 그가 사안을 존경하였다는 것은 같은 책, pp. 237, 261에도 보인다. 그가 예학을 존중하였던 것은 p. 61 참조.

물로 그려져 있지 않다. 심지어 환온 자신의 가문조차도 지배층의 비무장화 경향에서 벗어나 있지 않았던 것이다.[25]

환온은 유력 가문과의 관계에 있어서 국가의 힘을 강화하고자 하였다. 첫째로 무장봉기의 가능성을 줄이기 위해 사적인 객의 숫자를 제한하려고 하였다.[26] 그는 북중국 이주민의 호적인 백적白籍과 기존 남중국인의 호적인 황적黃籍을 구분하는 것을 반대하였다. 아울러 피난민들이 원래 거주하던 북중국의 주州와 군郡 명칭을 그대로 가져다 쓰는, 소위 교주僑州나 교군僑郡 등의 지방 행정단위를 두는 것도 반대하였다. 조정은 사실 남중국에 머물고 싶어 했지만 이러한 행정체계의 존재는 북중국으로 돌아가는 것이 목표였음을 확인시켜 주는 것으로 보인다. 이주민에게 유예를 주고 호적에 자발적으로 등록하도록 권장하기 위하여 조정은 백적에 기재된 사람에 대해서는 조세와 요역을 경감해주었다. 이러한 상황 속에서 거주지를 확정한다는 의미의 '토단土斷'이라는 조치가 여러 차례 행해졌다. 이 조치는 실제로 거주하고 있는 남중국의 행정단위에 피난민을 등록시키기 위한 것이었다. 364년 환온은 역대 사례 중 가장 철저하고 광범위한 토단을 시행하였다. 그 결과 국가 재정은 매우 충실해졌고 그의 정책에 반대하던 주요 가문의 힘은 의심할 여지없이 약화되었다.[27] 이 사건은 흔히 상대적으로 한미한 집안 출신이 많았던 군인들의 이해관계가 국가와 밀접하게 연결되

---

25) Spiro, *Contemplating*, pp. 117–119.

26) Tang, "Clients," pp. 120–122.

27) Crowell, "Northern Emigres". 환온의 토단에 대해서는 pp. 191–193.

어 있음을 보여준다. 그리고 이들 양자가 유력 이주민 가문을 상대하는 데 있어 마찬가지 어려움을 겪었다는 점 또한 보여준다.

환온이 토단을 통해 호구 등록을 일원화한 결과, 남중국에서 군사왕조가 등장하기 위한 다음 단계로의 길이 열렸다. 바로 북부병北府兵의 창설이었다. 376년 조정을 장악한 사안은 조카인 사현에게 수도의 북쪽을 방어할 책임을 맡겼다. 이 임무를 위한 새로운 군단의 병력을 충원하기 위하여 사현은 무장을 갖춘 그 지역 이주민 집단의 지도자들을 모집하였다. 이들은 아마도 부견苻堅이 이끄는 전진前秦이 새로운 위협으로 등장하자 이에 대응하려 모집에 응하였을 것이다. 그들은 자신의 부하와 세습 병사를 거느리고 온 중급장교로서 군단에 합류하였다.[28] 10만에 가까운 이 군단은 상당한 훈련을 받아 동진 군대의 정예를 이루었고, 383년에 부견의 침입을 저지함으로써 그 존재 의의를 증명해내었다.

북부병의 등장은 남중국 역사에서 이전부터 전개되어온 현상의 연속이자 동시에 하나의 전환점이었다. 군대의 중층부, 심지어 상층부까지도 한미한 출신의 인물로 채워지면서 유력 가문은 더욱 급속도로 군대와 관련된 일에서 물러났다. 군에 몸을 담는 것은 좋은 가문 출신의 교육 받은 사람에게는 어울리지 않는 일로 여겨지게 되었고, 점차 낮은 지위와 동일시되었다. 남조에서 이러한 경향은 점차 심해져서 6세기에 안지추顔之推가 다음과 같이 묘사할 정도가 되었다.

---

28) Graff, *Medieval Chinese Warfare*, pp. 84-85; 王仲犖, 『魏晉南北朝史』, pp. 279, 356-357.

문사文士들을 보면 그들은 모두 적지 않은 병서兵書를 읽었지만 군
사적 경략의 경험은 거의 없는 사람들이다. …… 전시에는 반란을 선
동하며 다른 사람을 설득하고 속여서 끌어들인다. 누가 살아남을지
누가 망할지도 모르면서 억지로 서로 돕는다. 이는 자신을 망치고 가
문을 멸족에 이르게 하는 근본이다. 경계할지어다! 경계할지어다! 온
갖 무기 쓰는 법을 익히고 말 타는 것에 능숙해져야 비로소 무부武夫
라 할 수 있다. 요즘 사대부는 단지 책을 읽지 않으면 무부라고 자칭하
니, 이들은 사실 쌀자루나 술항아리일 뿐이다.[29]

환씨와 마찬가지로 사씨는 쌀자루나 술항아리가 아니었다. 그들은 문
화 분야와 더불어 폭넓게 군사 활동에도 종사하였다. 상무적 영웅주
의를 경계하는 『세설신어』는 사안의 군 경력을 드러내고 있지 않지만,
『신서晉書』에 있는 사안의 전기는 그가 상당한 군공을 세웠던 사실을
기록하고 있다. 사만, 사현과 같은 다른 사씨 가문 인물들 역시 군의
지휘관으로 활약하고 있었다.[30]

세습 병사들이 그 지휘관과 더불어 북부병에 들어가기는 했지만,
북부병의 중핵을 이룬 것은 피난민이나 오보 등에서 자원한 사람들이
었고, 그 외 보조적인 구성원은 부랑자, 죄수, 혹은 군역으로 내몰린

---

29) Yen, *Family Instructions*, pp. 129-130. 동진 남조의 유력 가문들이 군에
근무하는 것을 멸시하였던 점에 대해서는 王仲犖, 『魏晉南北朝史』, p. 405.

30) 王仲犖, 『魏晉南北朝史』, p. 277. 川勝義雄, 『六朝貴族制社會の硏究』,
pp. 327-347은 『세설신어』의 반군사적 성향의 원인에 대한 흥미로운 추측을
제시하고 있다.

토착 원주민들이었다.[31] 이러한 인적 구성은 후한대에 농민들에게 군
역을 부과하는 대신 직업적 상비군을 조직했을 때의 인적 구성과 동일
하였다. 북부병 역시 일종의 직업군인화를 드러냈던 것이다.

399년 조정 고위관료들은 북부병은 신뢰할 수 없다고 판단하여 다
시 한 번 유력 가문의 노예나 예속민이었다가 해방된 사람들로 군대를
조직하려 하였다. 그런데 같은 해 정부는 남중국의 오래된 가문 출신
의 도교 지도자 한 사람을 처형하였고, 그 조카 손은孫恩은 반란을 일
으켰다. 이 반란은 농민들에게 신선들이 산다는 섬으로 피신함으로써
징병을 피할 기회를 제공한 셈이었다. 북중국에서 온 이주민 가문의
장원 대부분이 자리 잡고 있던 회계 일대부터 남중국의 오래된 가문들
이 거주하던 태호太湖 일대에 이르는 광범위한 지역이 이 반란에 휘말
렸다. 북부병은 대규모 해전을 포함하여 일진일퇴를 거듭하는 전투를
3년이나 계속한 후에야 반란을 진압할 수 있었다.[32]

주요 관료 가문의 경제적 기반을 황폐화한 이 치명적인 반란은 직업
군인으로 이루어진 새로운 군대에 정부가 얼마나 의존하는지를 선명
하게 드러내었다. 이는 또한 미천한 출신의 유뢰지劉牢之가 처음으로
지휘한 주요 군사작전이기도 했다. 그는 1년 전에 유서 깊은 가문 출
신으로는 마지막으로 북부병을 이끌었던 왕공王恭을 제거하기 위하여
조정과 공모하였던 인물이다. 아울러 하급장교에서부터 승진하여 유

---

31) Graff, *Medieval Chinese Warfare*, pp. 82-83.

32) 같은 책, pp. 86-87; 王仲犖, 『魏晉南北朝史』, pp. 360-364. 이 반란의 종교적
  배경에 대해서는 Miyakawa, "Local Cults around Mount Lu." 참조.

뢰지의 오른팔이 된 유유劉裕가 역사 무대에 등장한 것도 이때였다.

아버지 환온에게 양자강 중류 지역의 통제권을 물려받은 환현은 402년에 동쪽의 정치적 혼란을 이용하여 양자강 하류로의 양곡 수송을 봉쇄하고 수도로 진군하였다. 유뢰지는 환현으로부터 뇌물을 받고 환현 측에 가담하여 건강을 무방비 상태로 방치하였다. 그러나 일단 수도를 점령하고 나자 환현은 북부병 지휘관들을 숙청하였다. 환현 스스로 황제가 되기 위한 작업을 시작한 것이다. 그런데 이 시점에 남중국의 정치적·사회적 권력 균형을 바꾸는 사건이 발생하였다. 자신의 지위를 보존하기 위하여 환현에게 협력하는 척하고 있던 유유 휘하의 북부병 장교들이 쿠데타를 일으켜 환현을 수도에서 몰아내고 그의 군대를 양자강 중류 지역에서 격파한 것이다. 유유는 동진 왕조를 소생시켰으나 이제 그 자신이 국가의 실질적 지도자가 되었다. 409년에 한 차례 북벌을 시도하고, 손은의 후계자 노순盧循이 다시 일으킨 도교 반란을 진압하고, 417년에 낙양과 장안을 수복한 후, 유유는 420년에 황제로 즉위하였다.

420년 유송劉宋 왕조의 건립은 동진·남조의 역사 그리고 중국의 역사에 있어서 중요한 순간이었다. 한 제국이 무너진 이후 황제의 조정은 2세기 동안 몰락해왔다. 자신들의 특권과 위세를 유지하기 위해 조정을 필요로 했던 유력 가문들이 지탱해오기는 했으나, 중앙권력은 남중국에서는 유력 가문들에 의해, 북중국에서는 단명한 이민족 국가들에 의해 파편화되면서 이미 쇠퇴한 상태였다. 그런데 징집된 사람, 피난민 중 자원한 사람, 유력 가문의 힘을 키우기 위한 세습 병사 등이 모인 직업군인의 군대가 403년의 쿠데타로 권력을 장악한 것이다. 평민인 유유가 420년에 황제가 되자 황실과 유력 가문들 사이의 힘의 균형에 근본적 변화가 발생하였다. 이후 두 세기 동안 유송, 제齊, 양梁, 진陳의 남조는 한미한 출신의 군인들이 다스렸고, 이들은 점차 유력 가문들을 제치고 권위를 행사하였다. 그러나 이들 군인 황제는 지방에서는 현지 유력 가문들의 세력과 권위를 부정하지 못했고 기가에 내한 그들의 세습적 권리를 계속 인정하였다. 조정은 심지어 그들의 언행과 예술 활동을 모방하기까지 하였는데, 이는 그들이 유력 가문의 사회적 우위를 인정하였음을 의미한다. 그러나 군인 황제들은 유력 가문들로부터 권력의 토대가 되는 세 가지, 즉 군사력, 행정권한, 재부를 박탈하였다.

남조의 황제들은 전국 주요 지역에 군대를 배치하고 각 지역 지휘권을 황실 종친들에게 맡김으로써 권력을 유지하였다. 최대의 단일 병권은 수도의 황제에게 있었으나 그의 형제와 조카들이 양자강 중류, 사천 혹은 더 남쪽의 군사 주둔지에서 황제보다는 작은 규모의 군대를 거느리고 있었다. 3~4세기에는 지주가 사적으로 통솔하는 군대들이 연합하여 해당 지역을 장악하는 것이 일반적인 형태였는데, 이제는 황실 종친들이 통솔하는 지방의 군대가 이를 대신하게 된 것이다. 군사령관들로는 지배층이 아닌 가문의 출신자가 계속 발탁되었고, 이제 군대는 야심 있는 평민이 권력에 다가갈 수 있는 가장 주요한 통로가 되었다.[33]

---

33) Graff, *Medieval Chinese Warfare*, pp. 87-88, 90-92; 王仲犖, 『魏晉南北朝史』,

또한 남조 황제들은 지배층 가문들이 장악하고 있던 고위관직으로부터 실질적 권한을 박탈하는 한편, 의사결정과 행정권력을 평민 출신들로 채워진 하위관직으로 이동시켰다. 한대 황제들의 개인적인 비서들이 공식 관료기구를 대체한 것처럼, 정책을 입안하고 조직의 초안을 작성하는 권한은 공식 관료기구로부터 중서성中書省으로 옮겨졌고 통사사인通事舍人이나 중서사인中書舍人이 중요한 관직이 되었다. 중서성 그 자체의 최고위관직 역시 한직으로 변하였고 실질적 권한은 한미한 출신으로 황제에게 전적으로 의존하는 사람들 손에 주어졌다. 지방에서는 군대를 지휘하는 종실 제왕들이 권력을 쥐고 있었다. 그러나 이들이 조정에 위협이 되는 일이 없도록 남조 황제들은 하급 문서행정관을 뽑아 종실 제왕들을 옆에서 감시하고 황제에게 보고할 임무를 맡겼다. 이들은 지방행정을 실질적으로 지배하였고 종실 제왕을 항상 감시하였다. 한 황자皇子가 모후에게 이렇게 불평할 정도였다. "저는 허가 없이는 다섯 걸음도 걸을 수가 없습니다. 죄수와 무엇이 다르단 말입니까?"[34]

중앙정부나 지방 행정단위에서 새롭게 영향력을 얻은 평민들 중 기록에 남아 있는 대부분의 사람들은 양자강 지역 경제가 급속도로 발전하는 와중에 부를 축적한 상인들이었다. 그들은 도시생활의 과시적

---

pp. 391–395, 404–410.; 王仲犖, 『魏晉南北朝史』, pp. 405–407에는 미천한 가문 출신인 무장들이 나열되어 있다. 宮川尙志, 『六朝史硏究-政治社會篇』, pp. 394–395.

34) Spiro, *Contemplating*, pp. 124–126; Graff, *Medieval Chinese Warfare*, p. 88; 王仲犖, 『魏晉南北朝史』, pp. 404–418; 唐長孺, 『魏晉南北朝史論叢續編』, pp. 93–123; 宮川尙志, 『六朝史硏究-政治社會篇』, pp. 384–398.

요소들을 조정에도 들여왔다. 그러한 요소들 중 대표적인 것이 주요 도시의 유흥가에서 유행했고 이후 제와 양의 시단詩壇을 풍미한 관능적인 시가詩歌였다.[35] 조정에 진출한 이들 야심찬 평민들은 새롭게 얻은 정치권력을 재빠르게 경제적 영향력으로 전환시켰다. 종실 제왕들을 통제하기 위해 감찰로 파견된 상인 출신 관리들은 조정과의 관계를 통해 얻은 상업적 특권과 인간관계를 활용하여 거대한 부를 축적하였다. 그 부는 지방의 토지를 사들이거나 지방에서의 정치적 영향력을 얻는 데 쓰였다. 문서행정관이나 감찰관들은 이러한 합법적 기회를 통해서만이 아니라 자신들의 도움을 얻고자 하는 사람들로부터 뇌물과 선물을 받아 부를 증대하였다.[36]

5세기에 상업이 번창하자 수도 주변 지역을 중심으로 하는 화폐 기반 경제도 부활하였다. 이에 따라 근대 초기 유럽에서 토지를 지닌 귀족에게 일어난 일과 유사한 상황이 벌어졌다. 이 시기 오래된 가문들은 세금을 내기 위해서만이 아니라 지배층의 생활방식을 유지하기 위해서도 현금이 필요하였는데, 이들이 기존의 토지 기반 재산에서 현금 수입을 만들어내는 일은 쉽지 않았다. 결과적으로 그들은 조정이나 지역사회에서 위신을 유지하기 위해서 조금씩 장원을 저당 잡히거나 팔아야 했다. 5세기 말과 6세기 초에 경제가 급속도로 발전하고 상인들의 부가 조정으로 계속 유입되면서 과시적 소비 열풍이 수도를 휩

---

35) 이에 관한 영어권 연구는 없다. 川勝義雄, 『六朝貴族制社會の硏究』, pp. 349~405. 韓國磐, 『南北朝經濟試探』, pp. 154~179은 이러한 교역의 규모와 형태에 대한 좋은 논의이다.

36) 王仲犖, 『魏晉南北朝史』, pp. 410~411.

쓸었고, 부유한 평민, 명문의 자제, 황실 인사들은 경쟁적으로 사치스러운 건물을 짓고 연회를 열었으며 사실상의 국교가 된 불교 교단에 기부를 하였다. 결국 역사가 오래된 상당수 지방 장원들은 경제적 압박 아래 하나둘씩 쪼개져 나갔다.[37]

군인 황제들은 유력 가문들을 약화하는 데 성공하였으나, 조정은 안정적 정치질서를 유지하는 데 실패하였다. 종실 제왕들이 군대를 독점함으로써 지방의 경쟁자들은 약화되었으나 왕들끼리의 긴장관계가 형성되고 내전이 발생하기에 이른 것이다. 이러한 현상이 처음 나타난 것은 유송 왕조가 성립하고 30여 년 동안 평화로운 시기가 이어진 뒤였다. 453년에 폐위하려던 태자에게 황제가 살해되는 사건이 일어났다. 이 사건으로 종실 제왕들 간의 무력 충돌이 일어났고, 최종 승리한 유준劉駿이 효무제로 즉위하여 10년 동안 재위하였다. 그러나 그는 권력을 유지하기 위하여 형제 여럿을 죽였고 그 자신의 죽음은 숙부들과 조카들 사이 벌어진 전쟁의 발단이 되었다. 그의 후계자가 472년에 죽자 양자강 중류에서 종실의 왕이 일으킨 또 다른 반란이 일어났다. 이 반란은 진압되었으나 진압군 사령관이었던 소도성蕭道成은 조정을 장악하고 479년에는 제 왕조를 세웠다. 유송의 정책을 지속하던 제는 음모와 갈등으로 점철된 22년을 지속했을 뿐이었고, 결국 종실 제왕 중 한 사람인 소연蕭衍이 반란을 일으켜 502년에 양 왕조를 세

---

37) 이에 대해서도 영어권 연구는 없다. 川勝義雄, 『六朝貴族制社會の研究』,
pp. 407-435; 川勝義雄, 『中國の歷史 3』, pp. 236-242. 같은 저자의 "La Decadence de l'aristocratie" 및 王仲犖, 『魏晉南北朝史』, pp. 479-480, 487-496도 참조.

웠다.

이 시기 동안 반복된 내전의 기저에 있는 역학관계는 늘 같은 것이 었다. 야심 많은 장군이나 평민들은 자신들이 섬기는 왕이 제위에 오르거나 조정을 장악하면 부와 권력을 얻을 것이므로 왕의 실력 행사를 부추겼고, 이들에게 자극받은 종실 제왕은 스스로 제위를 계승하기 위해서 혹은 자신이 조종할 수 있는 어린 황제를 즉위시키기 위하여 싸웠다. 종실 제왕은 보다 많은 병사를 모집하였고 이에 응하여 야심 많은 사람들은 왕을 섬기려는 무리 수백 명, 심지어 수천 명을 모아 사병을 조직하였다. 국가가 거듭 조세를 현금으로 거두어들인 데다 인플레이션이 지속되면서 파산하는 농민이 대량으로 발생하였던 당시 상황으로 인해 이러한 사병을 모으기는 어렵지 않았다.

그러나 중세 말기와 근대 초기 유럽 군대에 있던 용병 집단과 마찬가지로 이들 무장 집단은 원래의 지휘관 휘하에서 독립성을 유지하고 있었고, 그 지휘관들은 세력 균형에 변화가 생기면 편을 바꾸곤 하였다. 이러한 무장 집단의 군인들은 국가가 소유한 토지에 농민으로 정착하지 않은 채 국가의 허용 아래 농민들을 약탈한 물자로 생활하며 도적떼처럼 지방을 떠돌았다. 이에 대해 6세기 말에 역사가 하지원何之元은 다음과 같이 썼다. "후량後梁은 한대의 군郡 하나보다도 작았다. 그럼에도 주민의 반 이상은 사병(부곡部曲)으로, 밭 갈지 않으면서 먹고 누에를 키우지 않으면서 옷을 입었다. 어떤 자는 왕후王侯를 섬기고 어떤 자는 자기 장수를 섬긴다. 그들은 처자식을 데리고 동으로 서로 이동한다. 그들은 번진의 통솔 하에 노략질하고 지방관을 도와 도둑

떼처럼 행동한다." 이 내용은 극단적이기는 하지만 종실 제왕의 군대가 농민을 약탈하였던 사실은 다른 역사 기록에서도 확인된다. 종실 제왕들 사이의 충돌이 격화됨에 따라 이러한 유랑군대는 점차 규모가 커졌고 그 행동은 통제를 벗어났다. 무장을 갖추고 요새를 구축하여 그 스스로 지방의 폭력 집단으로 변모한 가문들의 장원을 제외하면, 지방의 장원들도 이들 유랑군대의 먹잇감이 되어버렸다.[38]

종실 제왕과 지방 사회의 군사 무장 현상은 547년 북중국에서 망명한 장군 후경侯景이 수천 명 병력으로 수도를 포위했을 때 절정에 달했다. 종실 제왕 일부는 이 사태에 간여하지 않으면서 자신이 제위를 차지할 수 있도록 황제가 몰락하기를 기다렸다. 다른 일부는 군대를 보냈으나 이들 독립적인 부대들은 목숨을 걸고 포위를 뚫기보다 수도 지역을 약탈하는 것이 이익이라고 여겼다. 당시 수도에 남은 것은 낭비벽이 있고 유행에 민감하며 멋 부리는 일에나 신경 쓰는 사람들이었고, 따라서 수도 그 자체에는 방어할 힘이 없다는 사실이 드러났다. 장기간에 걸친 봉쇄와 공격으로 수도는 함락되어 황제는 궁전 안에서 죽었고 양 왕조는 종실 제왕들 사이의 내전으로 무너졌다.[39]

---

38) Graff, *Medieval Chinese Warfare*, pp. 87-89; 王仲犖, 『魏晉南北朝史』, pp. 391-398, 441-457. 군대의 변화에 관한 영어권 연구는 없다. 川勝義雄, 『中國の歷史 3』, pp. 239-240; 川勝義雄, 『六朝貴族制社會の研究』, pp. 354-357, 380-395, 425; 宮川尚志, 『六朝史研究-政治社會篇』, pp. 555-584. 인용문은 이 책 p. 582. 유력 가문의 지파가 군사화한 현상에 대해서는 王仲犖, 『魏晉南北朝史』, pp. 461-464.

39) Pearce, "Who, and What, was Hou Jing?"; Graff, *Medieval Chinese Warfare*, p. 89; Wallacker, "Studies in Medieval Chinese Siegecraft." 전체적인 흐름은 王仲犖, 『魏晉南北朝史』, pp. 446-457 참조. 사회적 경제적 배경에 대해서는

이러한 군사 충돌로 인해 수도 지역은 황폐화되었고 권력 중심이 양자강 중류와 하류 지역을 벗어나 새롭게 개척된 먼 남쪽 지역(현재의 복건, 강서, 광동, 광서)으로 이동하였다. 여기서 도적떼와 별반 다르지 않은 군사 집단의 수장들은 보다 폭력적인 형태의 새로운 군인 천하에서 사적인 기반을 확보해갔다. 557년에 내전에서 최종 승리한 것은 당시 천여 명으로 구성된 무장 집단의 지휘관이었던 진패선陳覇先으로, 그는 멀리 남쪽에서 일어난 농민 봉기를 진압하며 득세한 인물이었다. 그러나 그가 세운 진陳 왕조는 결국 단명하였다. 이때 진 왕조는 내전으로 인한 황폐화로부터도 회복하지 못하였고, 사천 지역, 한수 유역, 회수 이북 지역도 모두 상실한 채 되찾지 못했다. 30여 년 후 진은 북중국 군대에게 멸망당하였다.[40]

북중국의 군사 왕조

과도하게 단순화하여 말하자면 4세기 남중국에는 군대 없는 왕조가 존재하였고 북중국에는 왕조 없는 군대가 있었다고 할 수 있다. '십육국十六國'이라 불리는 북중국 각지의 이민족 국가들은 부족연합을 토대로 성립하였는데, 부족연합에서는 최고 수장이 전투에 승리하여 추

川勝義雄, 『六朝貴族制社會の硏究』, pp. 349~405, 421~427 참조.

40) Graff, *Medieval Chinese Warfare*, pp. 89, 121~122, 125, 132~135. 전체적인 흐름은 王仲犖, 『魏晉南北朝史』, pp. 458~461, 464~467 참조. 川勝義雄, 『六朝貴族制社會の硏究』, pp. 427~432도 참조.

종자들에게 전리품을 분배함으로써 권위를 행사하였다. 다양한 부족과 씨족에 속한 유목민들은 군사적 성공을 거두는 사람을 따르게 마련이었고, 따라서 군주의 종족 집단이 국가 정체성을 결정하더라도, 실제로 그 국가는 이질적인 여러 집단으로 이루어져 있었다.[41]

이들 이민족 국가들은 최고 수장의 군사적 성공에 기초하여 성립한 것이므로 심한 패전은 곧 국가 붕괴로 이어졌다. 수장 개인의 죽음 또한 함께 국가를 세운 군주와 부하 사이의 인간적 유대를 분해시켰기 때문에, 이 국가들은 군주 지위가 계승될 때마다 위기에 처했다. 게다가 옛 수도 장안과 낙양 지역을 점거하고 북중국을 재통일하려던 십육국 초기 국가의 주체가 중국 내지에 정착하여 성장하고 진 조정을 섬기거나 진 군대에 징집된 적 있던 유목민들이라는 점은 이러한 불안정성을 더욱 증폭시켰다. 이전의 흉노 제국이나 이후의 다른 부족연합과 달리 십육국은 중국 바깥에 기반을 두거나 고유의 정치적 전통을 지니지 않았다. 본질적으로 전사들의 일시적 집합체에서 크게 벗어나지 않았던 것이다.

황하 유역 중부와 서부 지역에서 흥기한 군사 국가들과 중국 동북 지역의 국가들 사이에는 차이점이 있었다. 전자는 근본적으로 약탈을 통해 생존한 유목 군대였고, 이에 비해 후자인 동북 지역의 선비 모용

---

41) 중국인들에게 알려진 최초의 유목 세력에 대해서는 Di Cosmo, *Ancient China and Its Enemies*, pp. 167~190. 후대의 사례에 대해서는 Millward, "Qing Inner Asian Empire," pp. 95~96. 16국 시기에 대해서는 Barfield, *Perilous Frontier*, pp. 97~118; Graff, *Medieval Chinese Warfare*, pp. 54~69. 비서구권 언어로 된 연구로는 王仲犖, 『魏晉南北朝史』, pp. 234~317; 唐長孺, 『魏晉南北朝史論叢』, pp. 127~192; 谷川道雄, 『隋唐帝國形成史論』, pp. 25~67.

부는 반정주민半定住民으로 이들의 생활 형태에는 삼림 촌락, 농업 촌락, 유목 야영의 방식이 혼합되어 있었다. 이들은 상대적으로 안정된 지리적 기반을 가지고 있다는 이점을 누렸고, 복합적 성격을 띤 경제 활동과 중국과의 정기적 교역관계 덕분에 유목 군대와 중국식 행정을 능숙하게 혼합해낼 수 있었다(그림 7). 이렇게 이 시기의 혼란스러운 역사 속에서 동북 지역(현재의 만주 남부와 하북 북부)은 연燕이라는 이름을 공유하는 선비족의 네 국가(전연前燕, 후연後燕, 남연南燕, 북연北燕)가 연속하며 통치하는 다른 세계로 남아 있었다.[42] 멀리 서북쪽의 감숙 회랑 지역에서도 마찬가지로 명칭에 일관성이 있는 국가들이 등장했으나 정치적으로는 큰 의미가 없었다. 이 지역은 원래 진의 한 주州로 남아 있었는데 이후 이곳에 모두 양涼이라는 이름을 쓰는 한족과 이민족의 혼성국가가 다섯 개 등장한 것이다(전량前涼, 후량後涼, 남량南涼, 서량西涼, 북량北涼).

이들 국가는 서쪽과 동쪽에 멀리 있어 지리적으로 고립된 덕분에 일정 정도 안정성을 누렸으나 중앙에 있는 국가들은 그와 대조적인 양상을 보였다. 이들은 지도자가 승리를 거두면 규모가 크게 확대되었다가도 전쟁에 패하거나 사망하거나 혹은 검증되지 않은 후계자에게 자리를 넘겼을 때는 해체되어버리는 무장 집단을 크게 벗어나지 못했다. 게다가 패배시킨 상대 부족장이나 장수를 그 군대와 함께 그대로 받아들임으로써 이들 국가의 혼란은 더욱 악화되었다. 이렇게 복속한

---

42) Schreiber, "History of the Former Yen"; Klein, "Contributions of the Fourth Century Xianbei States."

그림 7. 선비족 병사 동위東魏 북제北齊 시기의 묘에서 발견된 도용陶俑

지휘관은 군주가 패배하자마자, 충성을 바치는 대상을 또다시 바꾸곤 했다.[43)]

북중국에서 급속도로 흥기했다 몰락하는 국가들이 연이어 등장한 현상은 이미 진 왕조가 남쪽으로 피난하기도 전에 시작되었다(지도 5). 진을 북중국에서 내몬 흉노의 한漢에서는 태자가 310년에, 그리고 318년에도 살해당했다. 두 번째 살해는 지배 가문 대부분이 몰살당하는 사태로 이어졌다. 이 사태는 생존자인 유요劉曜가 수도를 장안으로 옮기고 국가 명칭을 한에서 조趙로 바꾸었을 때 겨우 마무리되었다. 이 사건을 통해 도적 출신으로 장군이 된 석륵石勒은 유씨 가문과 관계를 끊고 흔히 후조後趙로 알려진 그 자신의 조나라를 세웠다(지도 6). 석륵은 328년에 유요를 격파하고 북중국 상당 부분을 재통합하였으나 333년에 그가 사망하자 태자였던 아들이 사촌인 석호石虎에게 살해당했다. 폭력과 공포로 국가를 지배한 석호는 심지어 자신의 태자와 그 아내, 그 아이들 26명을 죽였다. 그럼에도 불구하고, 349년에 그가 사망하자 1년도 안 되는 사이에 세 명의 계승자가 살해당하고 교체되면서 국가는 붕괴되어갔다. 이 사태는 석호의 양자인 염민冉閔이 권력을 장악하면서 막을 내렸다. 한족 출신이던 염민은 350년에 수도 지역에 있던 이민족에 대해 대량학살을 명했다.[44)]

염민이 시도한 한족 국가 부흥은 352년 모용부의 국가로 인해 중단되었다. 모용부의 국가는 동북의 근거지로부터 세력을 확장하여 염민

---

43) Graff, *Medieval Chinese Warfare*, pp. 64-66.

44) Honey, "Sinification and Legitimation."

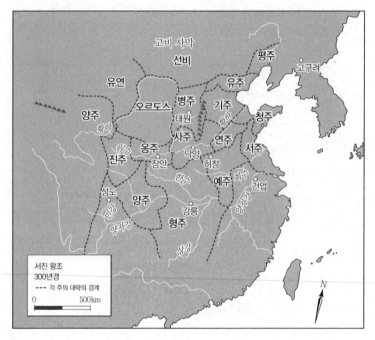

지도 5

을 격파하고 황하 범람원을 점령하였다. 그러나 저氐와 강羌이 중심이 되어 351년 관중 지역에 세운 국가가 다시 모용부를 격파하였다. 이 지역으로부터 성장해나갔던 옛 제국을 떠올리게 하는 전진前秦이라는 명칭의 이 국가는 부견苻堅의 지배 아래 357년에서 381년까지 북중국 전체를 재통일하고 전성기를 구가했다(지도 7). 383년 부견은 남중국을 침략하기 위해 대규모 군대를 일으켰으나 회수의 지류인 비수淝水에서 벌어진 전투에서 북부병에게 패하였다. 패전 직후 서둘러 이루

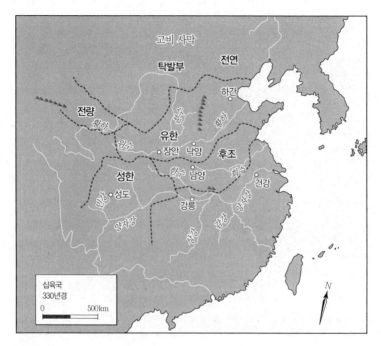

지도 6

어진 퇴각은 곧 전진의 붕괴로 이어졌다.[45]

---

45) Rogers, *The Chronicle of Fu Chien*, 이 저서는 『晉書』에 실려 있는 부견의
전기인 「苻堅載記」에 대해 주석을 곁들여 영어로 번역하고 아울러 비판적인
연구를 제시하였지만 그 내용이 정확하지만은 않다. 저자는 「苻堅載記」의
기사가 정치적 이유로 윤색되었을 가능성을 고려하고 있다. 그런데 저자는
비수의 전투가 실제로는 일어나지도 않았고, 부견의 제국 내부에 처음부터
존재하던 내부적 갈등을 제외하면 그의 제국이 급속하게 붕괴한 이유는
의문으로 남는다고까지 주장하고 있다. 나아가 저자는 이 기록 중에는
7세기에 집필된 당대의 추가 부분이 있을 것이라 추정하고 있다. 그러나 그가
이야기하는 당대의 추가 부분이라는 것 거의 대부분이 단편적으로 전하는
『十六國春秋』에 나타나고 있다. 『十六國春秋』는 당 이전에 집필된 것이므로
당대에 추가된 부분이라는 것은 존재하지 않는다.

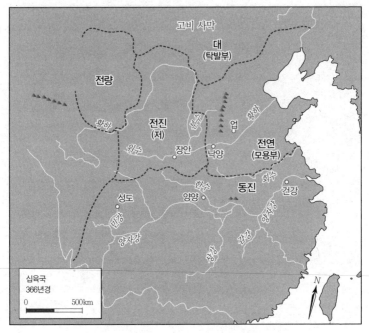

지도 7

    이들 이민족 국가가 구조적으로 불안정하였다는 점 외에도 이 시기 혼란스러운 정치사에서 중요한 점 몇 가지가 확인된다.[46) 첫째, 한족과 이민족의 경계가 모호하였음에도 불구하고 북중국 국가들은 행정적으로 한족과 이민족을 구분했다.[47) 군사력을 이루는 유목 전사들은 자

---

46) Graff, *Medieval Chinese Warfare*, pp. 55-61.

47) 이 시대에 민족 정체성을 확인하기 어렵다는 점은 근래의 연구에서 강조되어오고 있다. Pearce, Spiro, and Ebrey, "Introduction," pp. 14-20; Spiro, "Hybrid Vigor"; Pearce, "Form and Matter," pp. 151-156, 177; Wong, "Ethnicity and Identity." 王仲犖, 『魏晉南北朝史』, pp. 468-475도 참조. 王仲犖은 마찬가지 문제가 남중국에도 있었음을 지적하고 있다.

신들의 군주의 통제를 받았다. 그리고 이들은 곡식과 노역을 제공하는 한족과 구별하기 위하여, 동포를 의미하는 '국인國人'와 같은 특수한 호칭으로 불렀다. 이러한 구분은 수적으로 소수인 유목민이 다수의 피지배 민족에게 파묻히는 것을 막으려던 의도였는데, 나아가 유목 민족과 한족이 혼합된 국가들의 특징인 이원적 행정체계의 기초를 이루었다.

둘째, 조조 시기에도 일어났던 상황과 마찬가지로, 북중국의 인구 감소는 광활한 토지가 방치되어 있으며 노동력 부족으로 농업 생산이 제약받고 있음을 의미하였다. 따라서 북중국 국가들은 영토 점유보다는 인구 확보를 목표로 삼았다. 북중국 거의 모든 이민족 국가가 포획한 수만 혹은 수십 만 인구를 새로 건립한 수도 주변 지역으로 강제 이주시켜 그 노동력을 이용하였다. 유총劉聰은 316년에 관중 지역을 정복하였을 때 장안에서 평양平陽으로 8만 명을 이주시켰다고 전하며, 석륵은 329년에 관중 지역으로부터 하북의 수도로 저족과 강족 인구 15만 명을 이주시켰다고 한다. 351년 이후 전진이 흥기했을 때는 반대 현상이 일어났다. 그러나 국가가 성립하면 곧 강제 이주가 이루어지는 일은 이 시기를 일관하여 변함없이 나타나는 양상이었다.

셋째, 이민족 국가의 군대는 오보塢堡가 곳곳에 자리 잡은 지역에서 활동하고 있었다. 이들 오보는 지방 유력 가문의 지휘 아래 무장을 갖춘 촌락 공동체가 방어 가능한 지형으로 피신하여 구축한 것이었다. 식량이 저장된 방어시설과 나름의 법률을 갖춘 이들 촌락 공동체는 서진이 붕괴한 상황에서 4세기 내내 북중국 전체와 남중국 많은 지방에서 질서의 기초를 제공하였다. 종종 이러한 오보 여럿이 연합하여 지역 전체에 힘을 발휘하는 경우도 있었다. 유목민 정복자들은 이들과 싸우거나 혹은 정부 차원에서 그들의 지위를 인정하고 관직을 수여함으로써 그들을 이용하고자 했다.

동북 지역의 모용부가 세운 연나라와 같은 일부 국가들이 중국적 통치술을 받아들임으로써 지속된 것과 달리, 4세기 말 탁발(타브가츠) 부족만은 부족장에 대한 충성을 왕조에 대한 충성으로 전환할 수 있었다. 383년 부견의 전진이 붕괴한 뒤에 탁발부는 모용부의 서쪽에서 주목할 만한 세력으로 등장했다. 탁발부의 국가는 이전 376년에 부견에 의해 정복되었으나 386년에 탁발규拓跋珪에 의해 부활하였다. 모용부에 비하면 탁발부는 상대적으로 후진적으로 보였다. 그러나 초원 지역과의 접촉을 통해 대량의 군마 및 동맹세력을 얻을 수 있었으므로, 그 후진성은 오히려 축복임이 드러났다. 396년 때마침 모용부 군주가 죽고 모용부의 군대가 급속도로 약해지면서 상황은 탁발규에게 유리하게 전개되었다. 2년 만에 탁발부는 모용부의 영토를 병합하였고 탁발규는 황하 만곡부 이동의 북중국을 지배하게 되었다(지도 8).[48]

탁발규는 자신의 왕조가 오랫동안 북중국의 통일을 유지할 수 있게 해줄 개혁에 착수했다.[49] 그중에서도 중요한 것은 반半독립적인 부족

---

[48] 탁발부의 승리에 대해서는 Graff, *Medieval Chinese Warfare*, pp. 69-73.

[49] 이에 대한 체계적인 영어권 연구가 없다. 간략한 논의는 Barfield, *Perilous Frontier*, pp. 118-119; Eberhard, *A History of China*, pp. 137-138. 동양 언어로 된 연구는 王仲犖, 『魏晉南北朝史』, pp. 512-516; 唐長孺, 『魏晉南北朝史論叢』, pp. 203-227; 谷川道雄, 『隋唐帝國形成史論』, pp. 123-129; 川勝義雄, 『中國の歷史 3』, pp. 304-309.

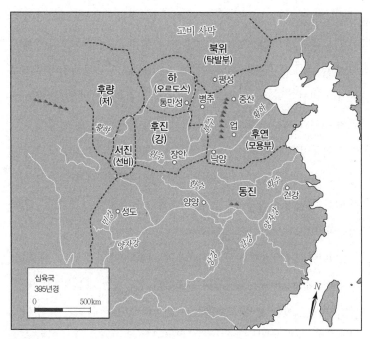

지도 8

들을 해체하는 일이었다. 앞서 출현한 다른 이민족 국가의 경우에는
이러한 부족들이 국가를 구성하는 기본 단위로 남아 있었다. 398년 중
국화가 많이 진행된 모용부의 후연後燕을 정복하고 난 뒤에 탁발규는
그 수도 업鄴에 자극받아서 그 자신도 평성平城(현재의 대동 부근)에 중
국식 수도를 건설하기로 하였다. 그는 기존 부족민을 인위적으로 여
덟 부족으로 재조직한 뒤 새로운 수도 주변의 정해진 구역에 정착시켰
다. 군사 단위로서 만들어진 인위적인 부족은 재정착한 목축민과 농
민으로부터 양식을 공급받았다. 새로 조직한 부족으로부터 전통적인

부족 수령을 분리시킨 뒤 부족민들이 유목생활을 포기하고 국가에 수입을 의존하게 만듦으로써, 탁발규는 유목 부족 군대를 국가에 종속된 세습 병사 계층으로 전환하였다. 그러므로 그는 부족민이 충성을 바치는 대상을 부족 수령 개인에서 왕조로 전이시켰고, 그렇게 함으로써 북위가 대를 이어가며 지속될 수 있도록 만들었다. 이렇게 등장한 직업적이고 세습적인 중앙군은 북위 내에서 단일한 최대 규모의 군단이 되었고 북위 국가의 주력군이 되었다. 황제와 그 최측근의 지휘를 받는 북위의 중앙군은 어떠한 적대세력에 대해서도 그들의 우위를 입증하였다(그림 8).

400년에서 440년에 이르는 사이 북위는 황하 유역 전체를 정복하였고 450년에는 양자강 북변까지 진출했다(지도 9). 이때 탁발부는 북중국에 대해 순전히 군사적 통제만을 행하고 있었다. 북위는 토착 한족 지배층과 유내관계가 없었으므로 전국에 퍼져 있는 군사 주둔지를 통해 지배하였다. 이들 군사 주둔지는 새로운 행정구역의 중심 역할을 하는 성읍 내에 자리 잡고 있었다. 각 행정구역 내에는 다시 군사 단위들이 보다 작은 규모로 분산 배치되어 있었다. 5세기 대부분 동안 이러한 방식으로 지방에 주둔하던 군대와 그 지휘관들은 탁발부 연합의 일원이었다. 한족은 군사 직책에서 배제되어 있었는데, 이들 군사 직책은 동시에 제국의 행정체계를 구성하는 것이기도 했다.[50]

---

50) 이에 대한 체계적인 영어권 연구가 없다. 동양 언어로 된 연구는 川勝義雄,
『中國の歷史 3』, pp. 309-312; 谷川道雄, 『隋唐帝國形成史論』, pp. 129-134,
188-212; 嚴耕望, 『中國地方行政制度史』 下冊, pp. 691-797; 周一良,
『魏晉南北朝史論集』, pp. 215-238.

그림 8. 도와 방패 혹은 활과 화살을 들고 있는 보병 탁본. 5세기 말~6세기 초, 하남성 등주.

493년 효문제孝文帝는 북위를 전형적인 중국식 국가로 바꾸려 하였다. 그는 수도를 낙양으로 옮기고 조정에서 중국식 복장과 언어를 쓰게 하였으며, 선비족 지배층과 한족 지배층 사이에 공통된 품급을 적용하고 통혼을 장려하였다.[51] 군사 지배가 이루어지던 행정구역 중 한족 주민이 거주하는 곳은 대부분 한족 지방관이 관장하는 민정 행정구역으로 바뀌었다. 한족 민병대가 지방 치안 유지를 위해 순번제로 복무하기 시작하였고, 지방에 주둔하던 탁발부 군사들은 낙양의 새로운 중앙군으로 편입되거나 북방 변경의 주둔지로 이동되거나 혹은 지역

51) 영어로 된 간략한 논의는 Barfield, *Dangerous Frontier*, pp. 124–125; Graff, *Medieval Chinese Warfare*, pp. 97–99. 선비족 명문가와 한족과의 연계에 대해서는 Dien, "Elite Lineages" 및 "Introduction", pp. 22–23. 동양 언어로 된 연구는 王仲犖, 『魏晉南北朝史』, pp. 536–556; 唐長孺, 『魏晉南北朝史論叢續編』, pp. 132–154; 谷川道雄, 『隋唐帝國形成史論』, pp. 138–160.

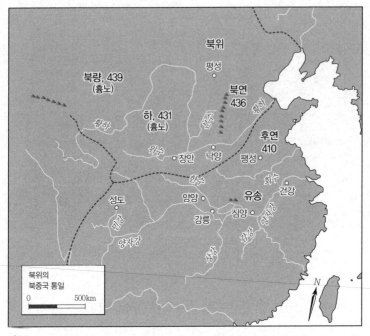

지도 9

주민으로 흡수되었다.

그러나 초기 탁발 국가의 군사 지배로부터 보다 전통적인 중국식 지배 방식으로의 변화는 처참한 실패로 끝났다. 조정이 한화漢化됨에 따라 탁발부 선조의 가치관, 언어, 복식을 보존하고 있던 변경 군진 군인들의 지위가 계속 하락하였다. 아울러 이 상황은 형벌을 유예 받은 죄수들로 변경 군진 병력을 충원하는 정책 때문에 더욱 악화되었다. 6세기 초, 조정에서 파견한 관리들은 병사들에게 지급해야 할 식량, 군마, 심지어 무기까지 팔아 개인적인 이익을 취하면서 군진 병사들을 위한 비용을 착복하였다. 524년에는 어느 자사가 기아에 시달리는 군진에 식량 배급을 거부하자 무장봉기가 발생하였고, 이 봉기는 변경 지역을 따라 확산되었다(지도 10). 군진 병사들을 달래기 위해 조정은 식량을 조달할 수 있는 남쪽 지역으로 병력 상당수를 이동시켰으나 반란이 재발하였고 1년도 지나지 않아 황하 이북 지방 대부분이 반란군 수중에 들어갔다.

조정은 산서 지역을 지배하던 인도—유럽계(아마도 이란계) 출신 동맹 부족 집단의 도움을 얻어서야 반란군을 격퇴할 수 있었다. 계契 혹은 계호契胡라 알려진 이 집단은 움푹 꺼진 눈, 높은 코, 짙은 턱수염 등을 외형상 특징으로 하는데, 349년 후조가 무너지면서 계호도 대량학살의 대상이 되었을 때 이러한 외형적 특징으로 이들을 가려내기도 했다.[52] 이들은 전통적인 수장의 지휘 아래 탁발부 영토 안에 동맹세력으로서 정착한 부족 집단들 중 하나였다. 그 수장인 이주영爾朱榮은 528년에 낙양으로 진군하여 조정 관료 대부분을 학살하고 반란군을 패주시켰다. 그는 꼭두각시 북위 황제를 세웠으나 이 황제는 치밀하게 매복을 준비하여 이주영을 자신의 손으로 죽였다.

이주영은 죽었어도 북위 왕조는 다시 살아나지 못했다. 이주영의 후계자가 낙양을 다시 점령하고 새로운 황제를 즉위시켰으나, 이주씨 가문은 군진의 반란군을 이끌던 중간급 장수들에게 패배하였다. 이들 중 두각을 드러낸 자가 선비인 사이에서 자란 한족 출신의 고환高歡이

---

52) Jenner, *Memories of Loyang*, p. 86; 唐長孺, 『魏晉南北朝史論叢』, pp. 414-426.

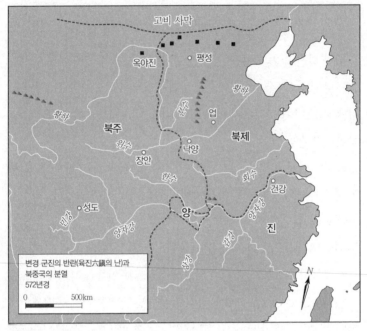

지도 10

었다. 그가 황하 범람원을 정복하였을 때 관중 지역은 흉노의 후예인 우문태宇文泰의 지휘를 받는 병력이 장악하였다. 534년 북위 황제와 조정은 낙양을 탈출하여 우문태가 있는 장안으로 피신하였다. 이로 인해 북중국은 동위東魏와 서위西魏라는 두 국가로 분열되었다. 고환의 후계자가 동쪽에 북제北齊를 세우는 550년까지 두 나라는 명목상으로는 각각의 북위 황실에서 나온 황제가 통치하며 서로 싸웠다. 7년 후에는 우문씨 정권이 관중 지역에 북주北周 왕조를 개창했다.[53]

---

53) Graff, *Medieval Chinese Warfare*, pp. 98-106; Jenner, *Memories*, pp. 38-102;

북주와 북제 두 나라는 모두 군사 왕조의 전형을 보여준다. 군주는 무장으로 출세하였고, 중앙군을 자신의 권력 기반으로 삼았다. 중앙군은 군진 병사 출신이나 북위 중앙군 출신이 주력을 이루고 지방 호족豪族의 병력이 보조하는 형태였다. 대체로 군진이나 이민족 출신이었던 장교들이 그들 자신의 부대를 개인적으로 보유한 것이 아니라 국가가 동원하여 군주의 통제하에 둔 병력의 지휘만 맡았다는 점에서도 북주와 북제는 북위의 선례를 따르고 있었다.[54]

서쪽의 북주는 이용할 수 있는 부족민과 군마의 규모 측면에서 볼 때 초기에 상당히 불리한 상황에 처해 있었으므로 관중의 현지 세력으로부터 병력을 모집할 수밖에 없었다. 북주는 현지 호족이 거느린 향병鄕兵을 받아들여 이를 모아 조정에서 임명한 자가 지휘하도록 만들었다. 현지 호족은 군사적 직함과 함께 선비족의 성姓을 받았다.[55] 모집된 사람의 숫자는 아마 몇천 명 정도로 그다지 많지 않았으나 이 제도 개혁은 북주 조정과 현지의 지역사회 사이에 강한 연결고리를 만들어주었다.

북주의 실력과 중국의 재통일에 보다 중요한 역할을 한 것은 24군

王仲犖, 『魏晉南北朝史』, pp. 563-591; 谷川道雄, 『隋唐帝國形成史論』, pp. 177-217. 우문씨 정권과 그 군사력에 대해서는 Pearce, "The Yuwen Regime" 참조. 동위 북제에 대해서는 이에 비견할 연구가 없다.

54) Dien, "Role of the Military."

55) Graff, *Medieval Chinese Warfare*, p. 108. 그라프의 논의는 谷川道雄, 『隋唐帝國形成史論』, pp. 219-257에 요약된 일본의 연구 성과에 기반을 두고 있다. Dien, "The Bestowal of Surnames"는 한족과 다른 비非선비 이민족을 통합하기 위하여 이들에게 선비의 성姓을 사여한 것을 다루고 있다.

제도였다. 북위의 병사, 관중의 부족민, 그리고 군사 역량을 갖춘 한족이 모여 24개 사단으로 편성되었다. 대부분 병사는 지휘관이나 지방호족 통솔 아래 편입된 것이 아니라 개별적으로 모집되었다. 일부 문헌은 병사들이 직접 농경에 종사하였음을 암시하기도 하는 반면, 어떤 문헌은 국가에서 제공하는 토지와 노동력을 이용하여 생활하였으며 세금과 요역을 면제받았음을 시사하고 있다. 농업에 종사하는 한족 농민 병사와 예속민이 경작하는 토지를 수여받아 본인은 성읍 안에 거주하는 이민족 병사가 혼합되어 있었을 수도 있다.[56]

농업노동의 부담으로부터 해방되어 전문적으로 군사훈련만 받을 수 있었으므로, 한족과 이민족을 모두 포함한 관중의 지배층으로 이루어진 북주의 정예부대는 당시 최강의 전투력을 갖춘 군대였다. 북주는 지역의 가용한 모든 자원을 총동원하였고, 한족 실력자들을 초치하여 행정을 맡겼으며, 이전 모든 중국 제국들의 근거지였던 관중 지역에 안전하게 자리 잡고 있었다. 577년, 반세기에 걸친 전쟁 끝에 북주는 경쟁국인 북제를 정복하고 북중국을 통일하였다. 4년 뒤인 581년에 북주의 장군 양견楊堅은 제위를 찬탈하고 수隋 왕조를 세웠고, 8년 뒤인 589년에는 수의 군대가 남조의 진을 제압하여 거의 4세기 만에 처음으로 전 중국이 한 사람의 군주 치하에 통합되었다.

하지만 중국을 통일하였다는 사실이 곧 진秦 제국의 영속을 보장하기에 충분한 것이 아니었듯이, 북주 군사제도의 성공이 수를 안정된

---

56) 중국과 일본의 연구 성과는 Graff, *Medieval Chinese Warfare*, pp. 108~111에 요약되어 있다. 王仲犖, 『魏晉南北朝史』, pp. 612~622도 참조.

제국으로 만들어주기에 충분한 것은 아니었다. 5세기와 6세기의 반복된 실패가 보여주듯이 중국을 다스리기 위해서는 무력을 장악하는 것이 필수적이었으나 그것만으로는 충분하지 않았다. 한 제국이 통일된 중국을 통치하였던 이후로 크게 달라진 세상에서 제국의 경제적·사회적·지적 토대를 확보하기 위해서는 많은 제도적 변화가 필요했던 것이다.

4

| 도시의 변화 |

수도라는 공간에 대한 관념은 전국 시대에서 한대에 걸쳐 차츰 진화해왔다. 처음에는 조상의 사당이 있는 도시였다가 이후 궁전과 누각이 있는 도시로, 그리고 다시 『주례周禮』에 명시된 이상에 따라 건설한 의례 중심이자 유가 경전의 내용에 근거한 건물들이 자리한 도시가 되었다. 이는 중국의 국가가 조상 숭배에 기반을 두고 귀족들이 다스렸던 고대 제정일치 국가에서 절대군주에게 권력이 집중된 영토 국가로, 그리고 다시 문자화된 법전에 근거한 세계제국으로 진화한 것을 반영한다.

도시는 남북조 시대 동안에 세 가지 주요한 발전을 이루며 계속 변화하였다. 첫째, 중국이 분열되고 남쪽으로 양자강 유역까지 확장되자 각기 다른 현지의 지리 및 문화와 결합된 지역 수도들이 등장하였다. 특히 남중국의 경우에 지리환경이나 문화는 북중국과 확연하게 달랐다. 둘째, 지배층을 규정하는 새로운 문학적·문화적 양식이 출현하면서 이러한 활동을 위해 도시 내에 새로운 물리적 공간이 필요하게 되었다. 가장 두드러지는 것은 북중국의 도시뿐 아니라 특히 남중국의 도시에서 전원의 별장과 더불어 출현한 준準공공 장소인 원림園林이었다. 셋째, 불교와 같은 교단 종교가 번성함으로써 새로운 공공장소의 성격을 지니는 사찰과 같은 새로운 형태의 건축물과 도시 설계가 등장하였다.

지방 도시와 풍속

도시에 대한 한대의 주요한 작품은 황제의 조정이 중심이 된 부賦로, 수도를 찬양하는 내용을 담고 있었다. 그런데 후한 말이 되자 일부 시에서 도시 환경에 대한 새로운 태도가 등장하였다. 도시를 개인적 경험이 담긴 공간으로 다루기 시작한 것이다. 어느 한 가족, 어떤 길거리 풍경, 혹은 도시 성문 바로 밖에 있는 전원생활의 모습 등, 도시 심지어 수도를 다양한 요소들로 잡다하게 표현하고 있다는 점에서 이들 서정시는 한대의 부와 달랐다. 어떤 시는 일반인이나 심지어 빈곤하고 불행한 사람의 눈으로 보는 도시를 묘사하였다.

실연에 관한 어떤 시에서 인용한 아래 구절이 그 전형적 사례이다.

　　　그대에게 다른 사람이 생겼다고 들어서

그래서 작별하러 왔어요.

평생을 성 안에서 함께했는데

언제 술로 잔치했던가요?

오늘 술로 잔치하지만

다음 아침이면 나는 수로 변에 나가 있겠지요.

터벅터벅 수로 위를 걸어가고

물은 동쪽으로 서쪽으로 흘러가겠지요.

성곽 동쪽에도 나무꾼이 있고

성곽 서쪽에도 나무꾼이 있어요.

두 사람 서로 나를 재촉하는데

가족이 없으면 누구를 자랑하나요?[1]

시인은 여인의 절망을 이야기하기 위해 도시생활의 요소들을 활용하고 있다. 주연酒宴은 도시생활을 묘사한 시들에 전형적으로 나타나는 요소로, 이 시에서는 작별을 나타내고 있다. 그러나 여기서 떠나는 사람은 여행자가 아니라 버려진 연인이다. 여인이 수로를 따라 걷는 것은 자살 가능성과 아울러 그녀의 우유부단을 암시한다. 성벽은 질서가 유지되는 세계의 경계를 나타낸다. 이러한 시에서 성문 밖으로 나가는 일은 흔히 절망과 죽음의 장면으로 이어진다. 그러나 성문 밖에서 장작을 줍는 사람들은 인간세계 주변부의 가장 가난한 사람들이

---

1) Birrell, *Popular Songs and Ballads*, p. 154. 도시를 거론하고 있는 다른 시들에 대해서는 pp. 132, 134, 136-137, 142, 157, 159-160, 162-163, 166-167, 168.

지만 적어도 가족이 있으므로 버려진 여인보다는 행복한 사람으로 묘사되고 있다.

실연과 인생의 무상함이라는 주제는 유명한 「고시십구수古詩十九首」에 선명하게 드러나 있다. 일반적으로 후한 말의 작품이라 알려진 이들 옛 시들은 이별과 인생의 덧없음에 침잠하고 있다.[2] 이 주제 자체에 특별히 도시적인 면이 있지는 않지만, 평범한 사람의 이러한 경험 속에 도시적 요소가 등장함으로써 시적 효과는 더욱 커진다. 「고시십구수」의 두 번째 시는 한 여인이 자신이 과거에 창가녀倡家女, 즉 술집에서 노래하는 여자였다고 이야기하는데, 이 직업은 흔히 도시 유흥가의 매춘부와 다르지 않은 것으로 간주된다.[3] 슬픔에 잠긴 여인의 노래는 다섯 번째 시에도 나타난다. 이 시는 "구름과 나란히 있는" 정도로 높은, 정교한 격자무늬 창이 달린 누각에 대한 묘사로 시작하는데, 이러한 건물은 중국 도시에서 흔히 보이는 종류이다. 열두 번째 시는 "동쪽 성벽이 높고도 길어 구불구불 서로 이어져 있네"라고 시작하여 시간과 계절이 빠르게 흘러간다고 한탄한 뒤에 다음과 같이 노래한다.

> 연나라 조나라는 미인이 많아
> 아름다운 사람은 얼굴이 옥과 같네.
> 몸에 걸친 옷가지는 비단 치마저고리

---

2) Waley, *Translations from the Chinese*, pp. 37-48; Watson, *Chinese Lyricism*, pp. 15-32 (십구수 중 여섯 수를 생략). 이에 대한 연구로 Cai, Matrix, ch. 3; Diény, *Les dix-neufs poèmes anciens*, pp. 161-187.

3) Owen, *Mi-lou*, pp. 19-24 참조.

문가에서 청아한 노랫소리 다듬는데

곡조는 어찌 그리 슬픈가?

줄이 팽팽하니 기러기발 높였음을 알겠네.

달려가는 마음 허리띠로 조이고

낮은 소리로 잠시 망설이네.

"쌍쌍이 나는 제비 되어

진흙을 물어다 그대 집 처마에 둥지 짓고 싶구나!"[4]

이 시 전체를 일관하여 인생의 슬픔은, 마치 미모를 드러내며 문가에서 노래하는 여성의 모습처럼 뚜렷하게 도시적인 분위기를 띠고 있다. 그녀의 "치닫는" 감정이 이 고시들에서 반복적으로 나타나는 심상과 공명하고 있는 것이다. 마치 한 무리 말들이 도시를 질주하는 듯한 느낌이다. 열세 번째 시에서는 (그리고 그 연속이거나 짝을 이루는 것으로 보이는 열네 번째 시에서도) 화자는 시내의 상동문上東門으로 수레를 몰고 달려 나가지만 결국 마주치는 것은 외곽의 공동묘지다. 이는 피할 수 없는 죽음을 깨우쳐주고 있다. 이와 같은 수레와 죽음의 연상은 세 번째 시에서도 나타난다.

푸르고 푸른 언덕 위 측백나무

층층이 쌓인 개울가 돌무더기

---

4) Diény, *Les dix-neufs poèmes*, pp. 30–31.

인생은 천지간에

멀리 가야 하는 나그네처럼 서두르도다.

말술로 서로 즐기니

잠시라도 실컷 마셔 박하게 하지 않는다.

둔한 말 채찍질하여 수레 몰아

남양南陽과 낙양洛陽을 오가며 노니네.

낙양은 어찌 그리 번잡한가?

벼슬아치들 서로 찾아다니는구나.

큰 거리에 줄지은 좁은 골목들

왕후의 저택들이 많구나.

남북의 두 궁전은 아득히 마주 보는데

궁궐의 높이가 백 척이 넘는구나.

성대한 잔치 벌여 마음껏 즐기는데

어찌 근심과 걱정에 억눌리는가? 5)

그다음 네 번째 시는 인생의 덧없음을 반복하여 일깨우며 독자로 하여금 "높이 치닫는 말에 채찍질하여" "먼저 권력을 차지하기 위한 길을 차지"하라고 재촉하고 있다. 한대의 부가 칭송하던 제국의 수도는 이제 외부인 눈에는 좋게 말하면 재미있는 구경거리로 가득 찬 공간이고, 나쁘게 말하면 그들 외부인이 가지지 못한 것이 어지럽게 펼쳐진 곳, 그리고 세속적 쾌락과 영광의 무상함을 상징하는 이미지로 보

---

5) Watson, *Chinese Lyricism*, pp. 24-25.

이는 것이다. 쾌락이나 권력을 추구하는 장치로 등장하는 수레조차도 짧은 인생의 덧없음과 여행자의 고생을 상징한다.[6] 결국 문인들이 쓴 이러한 시에서 도시는 슬픔의 세계로 그려지고 있다. 상심한 여인과 얻을 수 없는 권력을 묘사하여 예민한 독자에게 비탄과 고독의 감정을 불러일으키는 것이다.

도시를 이상화되고 의례화된 수도로 묘사하지 않는 현상은 서정시뿐만 아니라 좌사左思의 「삼도부三都賦」에서도 드러난다. 이 작품은 서진西晉 치하의 짧은 재통일 기간인 280년에서 300년 사이에, 각 지역의 수도에 대하여 쓴 세 편의 부이다.[7] 좌사는 후한대에 등장한 이상적 수도의 개념을 규정한 반고班固의 「양도부兩都賦」 및 장형張衡의 「양경부兩京賦」 후반부를 본받아 「삼도부」를 썼다. 그러나 그는 수도 혹은 도시의 본질에 대한 새로운 관념을 도입하였다. 첫째로 삼국 시대 수도들을 묘사하면서 자기 시대의 수도인 낙양은 누락시킴으로써, 좌사의 「삼도부」는 이전 작품들의 근간을 이루었던 주제를 묵살했다. 그 주제라는 것은 통일제국의 유일한 수도에서 제국의 의례가 발전되고 완성되는 모습이었다. 결과적으로 그는 수도가 없이 수도에 대한 부를 쓴셈이다. 둘째로 사천·강남·황하 유역의 풍경, 사회, 풍속에 대한 묘사를 통해 장소와 지방문화에 대한 극적 감각을 창조함으로써 「삼도부」는 통일제국 시절의 옛 시가들보다는 지역문화를 노래한 작품들과 풍

---

6) Cai, *Matrix*, pp. 62–72.

7) Lewis, *Construction of Space*, pp. 240–243. 서로 다른 지역의 도시들에 대한 고고학 발굴 성과에 대해서는 Dien, *Six Dynasties Civilization*, ch. 2. 참조.

속지를 더 닮은 작품이었다.

좌사는 바다, 강, 바람, 구름, 나무 같은 대상에 대한 영물부詠物賦 그리고 긴 여행을 하거나 높은 곳에 오르는 이야기를 다루는 산천 유람의 부에서 자신의 작품을 위한 수사 표현과 기준을 끌어왔다. 그러면서 그는 시의 새로운 이상을 주장했다. 시는 시인이 직접 본 것, 즉 실제 경험의 묘사여야 한다는 것이었다.[8] 그가 의도한 독자는 시를 써서 주고받고 청담을 나누는 새로운 세계에 사는 교양 있는 지배층, 특히 지역적 풍습과 특성을 간직한 특정 장소에 대하여 공통된 소속감을 지닌 사람들이었다. 그의 작품 속 도시들은 이러한 사람들이 실제로 살고 있는 세계였다. 이러한 새로운 독자들, 그리고 새로운 미학은 왜 좌사가 지역 수도에 대한 부를 쓰기로 했는지를 설명해줄 뿐 아니라 아울러 왜 그가 지방의 풍경과 풍습을 정확하게 옮겨 담음으로써 자신이 이전 문인들보다 우월하다고 주장했는지 또한 설명해준다.

서문에서 좌사는 한대의 부에 있어서 가장 큰 결점은 현실을 무시한 것이라고 주장하였다. 이해하기 힘든 언어와 극적 효과에 매료되어 한대의 시인들은 실체와 진실이 결여된 부를 지었다. 좌사는 이렇게 주장하였다. "시를 통해 스스로를 표현하는 사람은 자신의 진실한 감정을 노래해야 한다. 높은 곳에 올라 부를 짓는 사람은 그가 본 것을 칭송해야 한다. 사물을 찬미하는 사람은 가장 먼저 그 사물의 참된 근본을 생각하고, 행위를 기리는 사람은 사실에 바탕을 두어야 한다. 근본

---

8) Chang, "Description of Landscape"; Chang, *Six Dynasties Poetry*, ch. 2–3; Holzman, *Landscape Appreciation*, 특히 ch. 4–5 참조; Owen, *Readings*, pp. 277–286.

도 없고 사실도 없다면 읽는 사람이 무엇을 믿을 수 있겠는가?" 좌사 스스로가 그렇게 했다고 공언했듯이, 시인은 자신의 시가 정확한지 검증하기 위해 지방의 지도와 기록을 조사해야 한다고도 주장하였다.

「삼도부」 중 사천 성도成都를 묘사한 그의 「촉도부蜀都賦」는 산에 대한 설명으로 시작한다. 그런데 한대의 부처럼 산들의 구불구불한 형상에 대해 포괄적 어구로 설명하는 것이 아니라, 구체적 명칭과 위치 그리고 실제 봉우리들의 형태를 제시하고 있다. 좌사는 성도의 문헌 기록으로부터 지역의 특색을 추려내었고 그가 묘사한 시장에는 『사기史記』에 기재된 지역 생산품 목록과 조정에 보낸 사천의 공물 기록에 나오는 물품들이 가득하다. 이 시는 또한 지역의 유명한 가문과 이 지방 출신으로 유명한 문인들도 거론하고 있다. 그중 한대의 부 작가로 유명한 사마상여司馬相如와 양웅楊雄이 포함된 것이 역설적이기는 하다. 한대의 부에 있어서 중심 테마였던 황제의 수렵을 묘사하기보다 좌사는 성도 지역의 지배층들에 의한 원정을 이야기한다.

「삼도부」 중 건강建康에 대한 「오도부吳都賦」는 관례를 따라 첫 번째 시 「촉도부」의 화자(서촉공자西蜀公子)를 조롱하는 것으로 시작된다. 비판자, 즉 오나라 허구의 왕자(동오왕손東吳王孫)는 첫 번째 시의 편협하고 지역적인 시야에 비판을 집중한다. 옛 성현의 포괄적인 학문을 묘사한 후 왕자는 이렇게 말한다.

> (옛날부터 전해오는) 옥첩玉牒과 석기石記에서
> 촉 땅 민산岷山의 순행을 위한 관사와 궁전에 관해 도대체 무엇을

들어보았는가?

그런데 당신은 촉의 부를 이야기하고

숲과 연못이 아름답다며 그 작은 지역을 찬미한다.

당신은 촉 땅이 지리적으로 막혀 있다고 자랑하며

그것이 천험의 요새라고 생각한다.

당신은 토란 밭의 비옥함을 자랑하며

그것이 재해가 있을 때 촉을 구해줄 것이라 생각한다.

쩨쩨하게 그런 것들을 늘어놓아 봐야

시골에서 학자인 체하는 사람이나 찬탄할 만한 일이다.

지방 수도를 그렇게 거창하게 이야기하는 것은

대인大人의 큰 시각이 아니다.[9]

오의 왕자가 지역주의에 대해 맹렬히 비난하고 있긴 하지만, 「오도부」도 단지 중앙 조정에 공물로 바쳐진 특산물의 목록을 『산해경山海經』과 같은 오지에 관한 기록들에서 인용하여 더욱 길게 늘어놓았을 뿐이다. 「촉도부」와 마찬가지로 「오도부」도 건강 지역 명문가들을 칭송하고 있으나, 또 한편으로는 몸에 문신을 하는 등의 기이한 풍속, 특이한 음악과 춤을 간직한 이국적 토착민을 묘사하기도 한다. 이러한 기이한 것들이 노골적으로 중원의 것들과 대비되고 있다.[10] 그러므로

9) Xiao, *Wen xuan*, vol. 1, pp. 373–375. 위의 번역은 Knechtges, *Wen Xuan*, vol. 1, pp. 373–374에 기초하였다.

10) Xiao, *Wen xuan*, vol. 1, pp. 385, 387, 389, 393, 395, 397, 399~401, 403, 405~421, 423, 425.

비록 변방에 대한 중앙의 우월함이라는 상투적 수사로 시작하고는 있
지만「오도부」역시 지방의 역사, 자연, 풍습을 기리고 있는 것이다.

　마지막 부분인「위도부魏都賦」는 편협한 지방 중심이라는 취지로 이
전 도시들을 비판하는 행태를 반복하고는 위나라의 수도, 즉 현재의
하북성에 자리한 업鄴을 제국의 수도로 찬양한다. 그럼에도 불구하고
역시 한대 사례들과는 근본적인 차이를 보여준다. 반고와 장형의 시
에서 황제의 의례가 역사의 정점이자 시에서 극적 절정을 이루면서 한
제국의 수도를 규정하였던 반면, 좌사의 작품에는 이러한 요소가 거
의 등장하지 않는다.「위도부」에서 의례가 등장하는 부분은 위나라에
복속한 이민족을 위해 베풀어진 연회 장면뿐이다. 그 뒤에는 다른 의
례들의 목록과 진에 선양한 위의 겸손함에 대한 찬사가 이어진다.[11] 이
민족의 복속에 집중한 결과 이전「촉도부」와「오도부」를 이민족 풍속을
찬양한 것으로 만들어버리면서 중앙 대 변방이라는 구도를 드러낸다.
그러나 중앙에 대한 찬미는 이러한 의례에 대한 이야기가 이 작품의
절정 부분이 아니라는 사실에 의해 상쇄된다. 이야기는 수도 지역의
희귀한 산물과 이 지역 역사상 유명한 인재들에 대한 자세한 내용으로
이어진다.[12] 이리하여「위도부」는 지역 특산물, 풍속, 명문가에 대한 설
명 부분에서 절정에 이르고, 의례는 미래의 진 왕조를 지목하기 위해
서만 등장할 뿐이다.[13]

---

11) 같은 책, pp. 429~433, 456~465. 촉과 오의 수도가 지니는 편벽되고
　　야만스러움은 pp. 471~475에서 다시 거론되고 있다.

12) 같은 책, pp. 467~469.

13) 이 문단에서 원 저자는 삼국의 조위曹魏를 계속 'Northern Wei', 즉 북위北魏로

좌사의 작품이 각각의 풍속에 따라 규정되는 도시를 가장 상세하게 묘사한 것에 반해, 후대의 글들은 이 주제에 대해 간략하게만 언급하는 정도였다. 5세기가 되어 남북 분열이 더욱 고착되자 이제는 '오랑캐'의 땅이 된 중국 문화의 북쪽 심장부와 진정한 '중국인' 정권이 피신한 남방의 땅을 구분해주는 요소에 대해 논하는 일화나 대화가 많아진다. 이러한 글들은 종종 두 영역에 속한 도시들의 고유한 문화를 언급하곤 하였다.

남북간 도시의 뚜렷한 대비 중 하나는 여성의 서로 다른 역할에 관해 안지추顔之推(531~591)가 남긴 기록에서 나타난다. 안지추는 특히 업에 거주하는 여성들의 행태에 주목하였다. 지금의 하남성 안양安陽 근처 지방 도시였던 업은 조조가 이곳을 수도로 삼으면서 유명해졌다. 그 후 업은 서진 종실의 왕 몇 사람의 도읍이었고, 석씨石氏의 후조後趙 수도였다가 마지막으로는 530년대 북위를 분열시킨 내전으로 등장한 동위東魏·북제北齊의 수도가 되었다.[14] 그러므로 안지추가 업으로 피신하여 결국 북제의 관료가 되었을 때 이 도시는 북방에 있던 두 개의 수도 중 하나였다.

안지추는 다음과 같이 기록하였다.

> 양자강 동쪽(즉 강남)의 여성들은 사회적 왕래가 거의 없다. 편지나 선물을 통해 안부를 전하는 것을 제외하면 통혼한 가문끼리도 아무런

적고 있으나 명백한 오류이므로 수정하여 번역하였다.-역주

14) Balazs, Le *Traité économique*, p. 267; Xiao, *Wen xuan*, pp. 429~431. 보다 자세한 내용은 宮川尚志, 『六朝史研究-政治社會篇』, pp. 537~546.

접촉 없이 십수 년을 보내기도 한다. 그러나 업에서는 가문의 지위를 유지하고, 법적 분쟁을 다루고, 공식 방문을 행하고, 권세 있는 사람을 영접하는 등의 일은 관습상 전적으로 여성의 책임이다. 여성들이 탄 수레가 거리를 메우고 그녀들의 좋은 비단 옷이 정부 부처 건물 안을 채운다. 아들을 위하여 관직을 구하고 남편이 당한 부당함을 호소하는 것이다.[15]

여기서 업의 공적 영역에서는 실질적으로 여성의 존재가 두드러진다. 대조적으로 남쪽 여성들은 공적 영역은 물론 심지어 사교라는 준準공적 영역에서도 거의 배제되어 있었다. 안지추는 이러한 차이가 북위와 그 후계 국가 지배층의 발원이자 남성과 여성이 상대적으로 평등하였던 비한족적 유목 사회에서 기인한다고 보았다. 『북사北史』에 실린 한 이야기에서는 업 여성들의 유행이 도시의 운명을 결정하였다고도 전한다. 북제 조정에서 여성의 새로운 머리 모양이 등장하여 전국으로 확산되었는데, 이것이 사실은 왕조의 몰락을 예고하는 전조였다는 것이다.[16]

낙양, 건강, 장안과 같은 동일 시대 다른 수도의 경우 반복된 점령과 재건 때문에 고고학 발굴을 통해 알 수 있는 사실이 제한된 반면, 3세기에서 6세기까지 존재하였던 업은 오히려 보다 잘 보존되고 연구되

15) Yen, tr., *Family Instructions*, pp. 18-19. 북제의 업에 대해서는 Zhu, "The Capital City Ye," pp. 111-114 참조.

16) 『北史』 卷 8, p. 302.

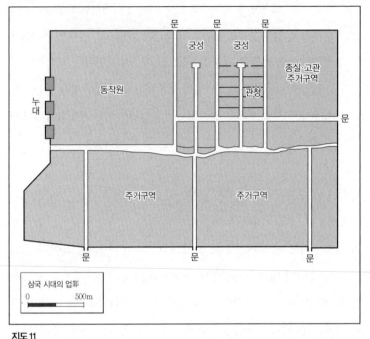

지도 11

어 왔다(지도 11).[17] 이 시기 업은 동서로 난 간선도로에 의해 양분되어 있는 직사각형 모양이었다. 이 도로의 북쪽은 황궁, 고관들의 주택, 금 원禁苑을 포함하였다. 남쪽은 바둑판처럼 구획된 주거구역이었다. 도 시 북반부 중앙에 있는 황궁은 남북의 중심축에 맞추어져 있었고 남쪽 중앙의 문에서 이어지는 간선도로를 통해 접근할 수 있었다. 동쪽 단

---

17) Thorp and Vinograd, *Chinese Art and Culture*, pp. 152~154; Steinhardt, *Chinese Imperial City Planning*, pp. 80~82; Jenner, *Memories*, pp. 40~42.

지는 황족과 고위관료 주거지를 비롯하여 주요 정부 관사를 포함하고 있었다. 북쪽 구역의 서쪽은 황제의 금원인 동작원銅雀園으로, 무기고와 기타 시설을 포함하고 있었다. 이 도시계획은 한반도 국가들, 발해, 일본 나라奈良 등 초기 수도뿐 아니라 이후 수당 왕조 수도의 직접적인 모델이 되었다.

도시의 풍경, 별장, 원림

문화적 권력을 만들어내는 행위가 이루어지는 장으로서 새로운 준공공 공간이 이 시기에 등장하였다는 점은 남쪽의 수도 건강을 통해 확인된다. 그중 도시의 정원인 원림과 전원의 장원이 출현한 점이 가장 주목할 만하다. 원림이나 장원처럼 자연을 인공적으로 복제함으로써, 이제 새로이 중요해진 산지 풍경이 도시로 옮겨졌고 거꾸로 인간 문명의 영역이 산이나 구릉으로 확장되었다. 이러한 공간은 당시 사회를 지배하던 유력 가문들의 전유물이었으므로, 남에게 보여주기 위한 새로운 경쟁의 장이 되기도 하였다. 누각, 담장, 관청이 한대 사회적 위계질서를 공간적으로 그려낸 것과 동일한 방식으로, 원림과 장원은 사회적 지위를 알리는 도시의 지표로 기능하였다. 중요한 것은 이러한 공간이 시를 짓고 교류하는 장소이기도 하였다는 점이다. 시와 청담이 지배층의 지표가 되자 원림과 장원은 권력의 새로운 지형을 규정하였다.

남중국의 원림과 별장은 북중국에서 온 이주민이 양자강 유역의 식생과 지형을 접하면서 생겨났다. 풍부한 강우량에 산릉이 많은 남방의 지형은 북방 평원과 근본적으로 달랐다. 이미 상당 부분 삼림이 벌채되었던 북방과 달리, 남방의 수많은 산릉은 사람 손을 타지 않은 채 고유한 식생을 간직하고 있었다. 피난민들이 남쪽으로 이동함에 따라 황하 유역에 산재한 상록수와 낙엽수 온대림은 점차 눈앞에서 사라지고, 양자강 유역 산릉 지대를 따라 펼쳐진 아열대 활엽상록 식물군이 나타났다. 유력 가문들이 도시 건설을 위해 나무를 베어내고 장원을 만들려고 토지를 개간함에 따라 남방 저지에서 점차 삼림이 사라지기 시작했다. 그러나 353년 『난정집蘭亭集』의 서문이나 여기 수록된 시들을 통해 알 수 있듯이 산릉들은 아직 나무나 다른 토종식물로 뒤덮여 있었다.[18] 식물로 뒤덮인 이들 산릉은 동물과 신령으로 가득 찬 별세계였는데, 이제 별장과 원림을 만드는 데 참고할 모델이 되었고 이렇게 연계된 세 종류의 공간들이 양자강 지역의 문화적 지리를 규정하게 되었다.[19] 이제 이러한 공간들이 중국 문화적 지리에서 중심 주제가 되어 황제의 사냥터나 수도를 대체하였다. 공간에 있어서 권력의 역전 현상은 문학 속에서나 현실의 장에서나 전원을 도시로 끌어들였다. 이

---

18) Needham and Menzies, *Science and Civilisation*, Vol. 6, Part III: *Agro-Industries and Forestry*, pp. 549-565. 수십년 뒤에 사령운은 회계의 산에 있는 숲에 대해 이야기하고 있다. Westbrook, "Landscape Description," p. 302 참조. 나무 종류의 목록은 pp. 257-258.

19) 산림, 별장, 원림이 상호 연계하여 발전하였다는 것이 大室幹雄, 『園林都市』와 그 자매편인 『桃源の夢想』의 주제이다. 이 주제에 대한 영어권의 연구는 아직 없다.

로 인해 지배층은 지위와 권력을 유지하기 위해서 지방 풍경에 대한 지식을 반드시 갖추어야만 했다.

한대 이전부터 산이라는 공간은 인간세계가 아닌 곳, 야만성과 성스러운 해방감 두 가지가 공존하는 영역이라고 생각되어 왔다. 산중생활의 이러한 성격 모두를 문화적으로 체현한 남방의 은자가 바로 곽문郭文(?~334)이었다. 그는 죽은 채 발견된 동물 가죽으로 옷을 만들어 입고 야생 호랑이를 길들여 동무로 삼았으며 직접 키운 작물이나 숲에서 딴 과일만 먹었다. 은거의 어리석음을 설명하기 위하여 공자는 "날짐승과 들짐승과 한 무리처럼 살 수는 없다"고 하였다. 곽문은 문명세계를 멀리하고 사람을 피하면서 오히려 정확하게 이러한 상태를 실현하였다.[20] 그런데 그는 살아 있는 동안 칭송받았고 사후에는 도교에서 신으로 받들어졌다.

그러나 곽문은 왕도의 초청을 받아들여 왕도의 서원西園으로 거처를 옮겼다. 서원은 건강에 있는 왕도의 저택에 새로 조영한 원림이었는데, 난초, 기암괴석, 새들 및 야생동물들까지 산속에 있는 곽문의 주거를 인위적으로 재현해놓았다. 이는 수도에 만들어진 대형 원림 중 가장 초기 사례에 속한다. 이들 대형 원림은 전원의 장원에 상응하는 도시의 건조물이었고, 역시 남방 산수풍경을 모방하여 만들어졌다. 여기서 곽문은 유명인사들이 그를 구경하러 찾아와도 모른 체했고 건

---

20) Berkowitz, *Patterns*, pp. 238-241. 전통적인 은자와 원시인의 조건이 닮았다는 점은 자신의 작품 「산거부(山居賦)」에 대한 사령운 스스로의 주석에도 보인다. Westbrook, "Landscape Description," p. 197 및 Lewis, *Sanctioned Violence*, pp. 167-174 참조. 공자의 발언에 대해서는 Analects, p. 91. 반려로서의 동물에 대해 Mather, tr., *New Account*, p. 60도 참조할 것.

강에 사는 7년 동안 한 번도 이 원림을 떠나지 않았다. 수도에 살았지만 은자로 남았던 것이다. 결국 그는 산속으로 다시 돌아가려다가 잡히자 죽을 때까지 단식을 결심하였고, 자신이 죽을 날을 정확하게 예고하였다.

덜 과격한 은거의 형태는 산에 머물지만 편안한 주택에 사는 것이었다. 산수시의 시조로 알려진 사령운謝靈運(385~433)이 대표적 사례이다. 산에 살겠다는 그의 계획은 작품「산거부山居賦」의 주제이기도 하다.[21] 그러나 그가 서문에서 밝히듯 자연 속에 사는 방법에는 여러 가지가 있었다. "오래된 동굴이나 둥지에 사는 것을 '암서巖棲'라 한다. 산속에서 대들보나 지붕 아래 사는 것을 '산거山居'라 한다. 나무가 우거진 벌판에 사는 것을 '구원丘園'이라 한다. 도시 성곽 밖에 사는 것을 '성방城傍'이라 한다"[22] 첫 번째 범주는 곽문이나 그 이전 시기의 고전적이고 정치적인 은거에 해당한다. 두 번째 범주는 사령운이 시에서 찬미한 자신의 은거 유형을 가리킨다. 세 번째는 전원 별장에 거주하는 것이고, 네 번째는 도시 내 원림에 거주하는 것을 말한다. 서문은 또한 이 시 자체를 수도, 궁전, 누각, 황제의 사냥을 다룬 옛 시들과 대비시키고 있다.

사령운은 거처를 둘러싼 산수에 대해 이야기한 후, 원림, 난초, 대나

---

21) 이 작품의 지적인 배경, 주석을 더한 영어 완역은 Westbrook, "Landscape Description," ch. 3-4.

22) Westbrook, "Landscape Description," p. 186. 또한 사령운은 '구원' 보다 '산거'가 우월하다고 언급하였다. Westbrook, pp. 196-198, 278. 『세설신어』 중의 한 편은 사회적 활동의 한 형태로서 산중에 거처하는 것을 다루고 있다. Mather, pp. 331-339 및 pp. 115, 288.

무 숲을 포함하는 자신의 집 자체를 묘사한다. 주변 언덕을 어떻게 조영하였는지, 일꾼들이 산의 자연물을 어떻게 이용하였는지도 설명한다.[23) 인간사회에서 벗어난 은거를 주장하였음에도 그는 또한 자신의 거처가 승려나 도사가 연구와 저술에 종사하는 회합의 장소가 되었음을 이야기한 바도 있다.[24) 종교계에 있어서 그러한 활동은 속세에서 사회지배층을 규정하던 시 모임과 마찬가지라 할 수 있었다. 따라서 산속의 은거처, 전원 별장, 원림 딸린 도시의 저택 등을 분명하게 구별하였음에도 불구하고, 사령운은 동시대 사람 대부분이 그랬듯 실생활에서나 글에서나 다양한 유형의 '자연'적 환경을 혼합하였다.

남중국 기존 가문들의 장원은 건강 동남쪽, 태호太湖 주변 지역에 위치하고 있었다. 동진 창업세력과 함께 북쪽에서 이주해 온 사람들은 수도 동쪽의 회계會稽 지역에 장원을 개발하였다. 이들 시골 별장은 문학 활동을 위한 장으로서뿐 아니라 시와 산수화의 주제로서도 기능했다. 이러한 점은 무엇보다도 고개지의 작품을 통해 확인할 수 있다. 후한 말 중장통仲長統은 이상적인 장원에 대하여 글을 썼는데, 전원의 장원에 대한 문학적 관념을 묘사한 최초의 작품이었다. 그가 생각한 주거는 산과 물, 난초와 대나무밭, 원림, 텃마당으로 둘러싸인 것이었는데, 사령운은 이를 전형적 '산거'의 본보기로 인용하였다.[25) 3세기 말에

23) Westbrook, "Landscape Description," pp. 239–244, 270, 307–309. 산릉과 계곡을 꾸미는 일에 대해서는 pp. 253–255, 287–297 참조.

24) 같은 글, pp. 270–286, 304, 312–316 및 Mather, "Landscape Buddhism." 참조.

25) 중장통의 글의 영어 번역은 Ebrey, "Economic and Social History," p. 624; Balazs, "Political Philosophy and Social Crisis," pp. 215–216; and Hightower, "Fu

이르면 큰 장원들은 지배층이 문학적·사회적 활동을 위해 관례적으로 모이는 장소가 되었다(그림 9).

지방 장원에 대해 분명하게 묘사한 최초의 사례는 석숭石崇의 별장을 묘사한 어느 시집의 서문에서 찾을 수 있다. 석숭의 별장은 그가 자사刺史로 있던 주州의 치소로부터 수 킬로미터 정도 떨어져 있었다. 그는 수도로 돌아가는 친구를 송별하기 위해 이 별장에서 음악과 시 짓기를 곁들인 주연을 베풀었다. 송별연에서 지어진 시는 시집 한 권으로 취합되었고, 그 서문에 석숭의 장원과 그 사회적 용도가 이렇게 묘사되어 있다.

> 높은 곳에나 낮은 곳에나 맑은 샘, 울창한 숲, 과일, 대나무, 소나무가 있다. 약초가 있고 농토10경頃이 있고, 양200마리, 그리고 닭, 돼지, 거위, 오리가 있다. 또 물레방아, 물고기 잡는 연못, 동굴이 있다. 눈을 즐겁게 하고 마음을 만족시키는 모든 것들이 다 있다. …… 밤낮으로 우리는 함께 유람하고 잔치하며 계속 장소를 바꾸었다. 어느 때는 높은 곳에 올라 아래를 내려다보고, 어느 때는 물가에 나란히 앉기도 하였다. 때때로 수레를 타고 가며 금琴, 슬瑟, 생笙, 축筑 등의 악기를 함께 연주하였다. 합주가 끝나면 북과 나팔로 대신하게 하였다. 그러면 각자 시를 지어 자신의 마음속 감정을 표현하였다.

---

of T'ao Ch'ien," pp. 217–218 참조. 중장통에 대한 사령운의 논의에 대해서는 Westbrook, "Landscape Description," pp. 199–200.

그림 9. 지방 장원의 내부 모습
부조의 탁본. 부분. 6세기. 보스턴 미술관 소장.

353년에 쓰여지고 왕희지의 글씨로 더욱 유명해진 『난정집』의 본보기가 된 것이 이 시집과 서문이었다.[26]

　문학작품을 낳고 사교 모임을 만드는 기능에 더하여 장원은 정치적 경력 또한 만들어주었다. 야심 있는 사람은 사회적 출세를 도모하거나 문인으로서의 명성을 쌓기 위해 관례적으로 관직에 나아가는 것을 거부하거나 관직에서 물러났다. 『세설신어』의 문화 영웅, 즉 4세기 말에 동진 조정을 지배하였던 사안의 사례가 이를 가장 잘 보여준다. 젊은 시절 사안은 관직에 나아가는 것을 거부하고 회계의 구릉 지대에 있는 자기 집안 장원에 살았다. 청담가이자 시인이며 서예가였던 그는 왕희지나 지둔支遁 같은 사람들과 어울리며 조정과 회계 지역사회를 장악한 파벌을 형성하였다. 그는 자신의 가문 내 재능 있는 젊은이들을 육성하였고 주변 불교사원을 방문하였다. 그는 형이 죽고 나서야 조정에 출사하였고 383년에는 부견의 군대를 격퇴함으로써 유례없는 명성을 누리게 되었다.[27] 이러한 그의 행태가 이 시기에 널리 유행하면서 한편으로는 위선적 은거에 대한 많은 비판을 야기하기도 하였다.

---

26) Wilhelm, "Shih Ch'ung and his Chin-ku-yuan." 이 서문의 번역은 이 논문 p. 326 및 Mather, tr., *New Account*, pp. 264–265. 석숭에 대한 『세설신어』의 묘사에 대해서는 Rouzer, *Articulated Ladies*, pp. 105–110. 「난정집서」와의 관계 및 「난정집서」의 번역은 Mather, tr., *New Account*, pp. 321–322. 「난정집서」의 내용 및 다양한 판본과 서로 다른 번역들에 대한 논의는 Bischoff, *Songs of the Orchis Tower*, pp. 25–50.

27) Spiro, *Contemplating*, pp. 104–119; Berkowitz, *Patterns*, p. 143; Tang, "Voices," pp. 238–248, 252–256; Diény, *Portrait anecdotique d'un gentilhomme chinois, Xie An*.

왕도의 서원西園은 동진 수도와 그 교외, 산지의 장원들 안에 있는
수많은 원림 중 하나에 불과했다(그림 10). 그중 가장 중요한 것이 삼국
시대 오에서 이미 황제의 원림으로 건강 동북쪽에 만들어졌던 화림원
華林園이었다.[28] 심약沈約, 위암韋黯을 포함해 많은 사람이 동전東田에
원림을 만들었다. 정사에 수록된 서면徐勉의 전기는 그가 원림을 가꾸
기 위해 20여 년 동안 얼마나 공들였는지를 전한다. 소자량蕭子良은 건
강 서북쪽 계롱산雞籠山의 서저西邸에 유명한 시인들을 불러 모으고 정
치적 파벌을 만들었는데, 이 서저에는 매우 잘 만들어진 원림이 있었
다. 이 원림에 있는 인공으로 만든 산이 그 지역 자연의 산보다 낫다는
이야기도 있었다.[29] 이처럼 서저의 원림은 화림원과 함께 황궁의 양쪽
에서 인위적인 산수풍경을 자랑하였다.

원림은 남중국 문인의 삶에서 너무도 중요하였으므로 사령운, 심
약, 유신 등은 원림 비평의 심미적이고 우주론적인 원칙에 기반하여
원림 감상에 관한 시를 지었다. 원림 감상은 유명한 문인들의 일화에
도 자주 등장한다. "왕헌지王獻之가 회계군에서 돌아오는 길에 오군吳

28) 화림원에 대한 설명은 Mather, tr., *New Account*, pp. 60, 194. 『세설신어』에
언급된 다른 원림이나 저택 주변에 조성된 숲에 대해서는 pp. 205, 235, 388,
398, 426, 455, 456.

29) Jansen, *Höfische Öffentlichkeit*, pp. 25-26, 56-58, 66-70, 78-83. 심약의 교외
별장에 대해서는 Mather, *The Poet Shen Yueh* (441-513), ch. 8. 사조謝朓의
「유후원부遊後園賦」에 대해서 Chang, *Six Dynasties Poetry*, pp. 113-115.
유신庾信의 시에 대해서는 Watson, *Chinese Rhyme-Prose*, pp. 103-109. 이들
원림 외에도 문헌기록에는 제齊 시기에 건설된 황실 소유의 낙유원樂遊苑,
방림원芳林園, 현포원玄圃園, 신림원新林園 및 양梁 시기에 여러 도시들에
조성된 십여 곳의 다른 원림의 존재가 기재되어 있다.

그림 10. 채순蔡順의 효행 이야기를 묘사한 그림
탁본. 산림에 거처하는 '산거'를 배경으로 하였다. 낙양 지역. 북위 시대 작품.

郡를 지날 때 고벽강顧辟疆이 훌륭한 원림을 소유하고 있다는 이야기를 들었다. 고벽강과 원래 면식이 없었음에도 불구하고 왕헌지는 곧바로 그의 집을 찾아갔다. 그때 고벽강은 마침 원림에서 손님을 모아 주연을 열고 있었으나 왕헌지는 마음대로 원림을 돌아다니고는 마음에 드는 바와 들지 않는 바를 지적하였는데 마치 주변에 아무도 없는 듯이 하였다."[30] 왕헌지가 단지 원림을 보기 위해 멀리 우회를 마다하지 않았고, 주변의 다른 그 무엇도 인지하지 못할 만큼 원림의 모습에 몰입하였다는 점은 4세기에 등장한 원림의 아름다움에 대한 매료가 어떠했을지 시사한다.

원림 감상의 원칙이 점차 진화하면서 원림 설계의 전문가도 등장하게 되었다. 446년 송문제宋文帝는 저명한 화가, 서예가이자 문장가인 장영張永에게 화림원을 재건축할 책임을 맡겼다. 또 다른 화가인 장소유蔣少游는 493년에서 495년 사이 북위 황제의 원림을 재조성하였다. 대옹戴顒은 은자이자 불교신자이며, 그 아버지 대규戴逵와 마찬가지로 화가이자 불상 제작자였는데, 송문제는 대옹이 원림에 대한 조예가 깊다고 칭송하였다. 대옹이 죽자 문제는 당시 한참 공사 중인 화림원을 대옹에게 보여줄 기회가 없게 되었다고 탄식하였다.[31] 문제는 또한 동시대 인물로 『화산수서畵山水序』의 저자인 종병宗炳도 칭찬하였다. 종병은 유명한 승려 혜원의 제자로, 산수를 좋아하였고 여산廬山과 같

---

30) Mather, tr., *New Account*, p. 398.

31) 대규와 대옹의 예술과 불교와의 관계 및 죽림칠현의 묘사에 대해서 Rhie, *Early Buddhist Art*, Vol. 2, pp. 94-98, 203-206.

이 먼 곳으로 떠나는 유람을 즐겼다. 전기에 따르면 그는 은거하기로 결정하고 스스로 형산衡山에 오두막을 지었으나 병이 들어 강릉江陵으로 돌아갔다고 한다. 그는 자신이 찾았던 산의 그림을 벽에 그려놓고 금琴을 연주하곤 하였는데, 그 소리가 매우 커서 그림 속의 산이 바람 소리를 내며 반향할 정도였다고 한다.[32]

원림은 도시와 교외를 '산수화' 같은 풍경으로 변모시키고 문학 모임을 위한 편리한 장소를 제공했을 뿐 아니라 시를 위한 심상이 가득 찬 장소로 기능하기도 했다. 양梁 왕조의 황자인 소강蕭綱과 소역蕭繹이 후원한 궁체시宮體詩는 여성의 아름다움에 대한 묘사가 특징인데, 여기에는 희귀한 화초의 명칭과 속성에 관련된 심상이 넘쳐난다. 이들 공유된 심상은 즐거움을 누리는 밀폐된 공간으로서 원림과 규방 사이의 닮은 모습을 암시한다.

원림과 산경은 수노 선강의 특징을 규정하였는데, 건강에 원래 도시를 둘러싼 성벽이 없었던 데에서 그 부분적 원인을 찾을 수 있다. 삼국 시대 오의 군주들과 동진 초기 황제들은 '용이 몸을 감고 호랑이가 웅크리고 있는[龍蟠虎踞]' 지형에 의한 자연적 방어에 만족하였다. 나중에 대나무 방책으로 방어를 강화하긴 하였으나 이는 수도 건강과 자연 환경 사이의 연계를 더욱 강조하는 것이었다. 332년에 대나무 방책이 확장되었을 때 방책 바로 바깥쪽에는 감귤나무를 심었고, 480년까지도 성벽은 없었다. 건강의 경우, 도회지 수도와 주변 전야가 명확하게

---

32) Bush and Shih, *Early Chinese Texts*, pp. 21-22, 36-38, 337-338; Delahaye, *Les premières peintures*, pp. 76-84.

구분되지 않고 양자의 경계가 애매하였던 것이다. 이 상황에 일조한 것이 수도와 인근 지역 곳곳에 만들어진 원림이었다. 계룡산의 원림들과 화림원은 성벽 바로 옆에 자리하고 있었고 그 너머의 산들로 인해 이들 원림에서는 수도와 주변 경관 사이의 단절을 눈으로 볼 수 없었다.

물리적으로 경계가 없는 상황은 문인들이 전원으로 나가 음주, 시, 서예를 위한 연회를 즐김으로써 사회적으로도 재현되었다. 이는 주요 인사들이 조정에서 근교의 저택으로, 구릉의 원림으로, 산지의 장원으로, 그리고 다시 조정으로 되돌아오는 움직임에서도 볼 수 있다. 남조의 사회지배층으로 존재한다는 것은 도시와 자연 사이를 움직인다는 것, 즉 수도가 지닌 중요성과 권력을 장원, 시, 회화라는 형태로서 전원으로 가져가고, 마찬가지로 원림을 만들어 '조은朝隱' 정신, 즉 조정에서 은자로 지내는 정신을 배양함으로써 자연을 도시로 가져오는 것을 의미하였다.

원림 문화의 어떤 특성들이 남중국의 독특한 것이기는 했으나 원림은 북중국에서도 도시의 주요한 특징이 되었다. 547년 양현지楊衒之가 쓴 『낙양가람기洛陽伽藍記』는 북위 효문제孝文帝가 수도를 낙양으로 옮긴 493년과 낙양이 불타버린 534년 사이 낙양에 지어진 많은 불교사찰들에 있는 원림을 묘사하고 있다. 이 원림들은 황실, 부유한 평민, 혹 이름이 명시되지 않은 불교신자가 만든 것이다. 이들 중 일부는 돈황 석굴의 벽화에 그려진 것과 같은 불교 이상세계가 묘사하는 원림의

모습을 지상에 구현하기 위해 희귀한 수목과 인공 산을 이용하였다.[33]

『낙양가람기』는 원림 감상에 있어 전형적인 주제들을 사용하여 가장 아름다운 원림들을 묘사하고 있다. "경림사景林寺 서쪽에는 원림이 있는데 희귀한 과일나무가 많다. 봄에는 새소리가 들리고 가을에는 매미소리가 들리는데 소리가 끊이지 않고 이어진다. 원림에는 선방이 하나 있고 그 안에는 기원정사祇洹精舍가 있다. 규모는 비록 크지 않으나 정교하게 지어졌다. 선방은 조용하고 정사의 방은 고요하다. 아름다운 나무들이 창문이 되고 향기로운 진달래가 계단을 둘러싸고 있다. 비록 도시 안에 있다지만 산속에 있는 느낌을 준다."[34] 이 짧은 단락이 보여주듯이 원림은 단지 보기 위한 것만이 아니라 희귀한 과일을 생산하여 경제적 기능을 하기도 하였다. 또한 원림은 산속 경치를 재현하였으며 나무들 사이로 창문처럼 보이도록 의도한 전망을 통해 그 안에 들어선 사람의 시야와 사고를 안내하였다. 마지막으로 원림은 고요한 명상을 도울 수 있었는데, 경림사의 경우는 그 명상은 선정禪定이었다.

『낙양가람기』는 스무 곳 이상의 원림을 상세히 묘사하고 그 외의 원림은 간략히 언급하고 있다. 왕공들 저택이 있는 수구리壽丘里 일대에서는 왕공뿐 아니라 그 부인들, 공주들, 그 외 황실 인사들이 경쟁적으로 보다 더 훌륭한 원림을 만들었다고 전한다.[35] 그중 사농司農 장륜張

---

33) Wang, *Shaping the Lotus Sutra*, pp. 77, 407 주 24) 참조.

34) Jenner, *Memories*, p. 173; Yang, *Record*, pp. 58–59.

35) Han, *External Forms and Internal Visions*, pp. 76–80은 관련된 문헌기록을 수집하여 영어로 번역해 놓았다. 수구리에 왕공들 및 황실 종친 인사들이

倫의 저택에 있는 원림이 특히 유명했다. "그의 원림, 숲, 산, 연못의 아름다움은 여러 왕의 것 가운데 이에 이르는 것이 없을 정도였다. 장륜은 경양산景陽山을 만들어 놓았는데 마치 자연의 산과 같았다. 그 안에는 높은 절벽과 봉우리들이 연이어 있었고 깊은 계곡과 동굴이 서로 이어져 있었다. 높게 자란 숲과 큰 나무는 해와 달을 가렸고 늘어진 덩굴과 드리워진 담쟁이는 바람과 연기를 흘려보냈다. 바위 사이로 난 길은 막힌 것처럼 보이다가도 뚫려 있었고 가파른 계곡 사이 개울은 구불구불 흐르다가 다시 똑바로 흘렀다. 산과 들을 좋아하는 사람들은 그 안에서 노닐며 돌아갈 일을 잊곤 했다."36) 남쪽의 문인 원림 건축가들처럼 장륜은 그의 원림을 노래하는 부를 지었다.

개인 원림은 부부의 즐거움을 묘사한 장면의 배경으로서 6세기 초 이래 낙양 지역의 묘장 예술에서도 나타난다.37) 이처럼 북중국의 수도 낙양 역시 건강이나 남중국의 주요 도시와 더불어 원림의 도시였던 것이다. 지배층으로 존재한다는 것은 이러한 산수풍경이나 이상향을 도시에 재현한 장소에 늘 드나드는 것을 의미하였다.

경쟁적으로 원림을 조성한 것에 대해서는 Jenner, *Memories*, pp. 241–244; Yang, *Record*, pp. 191–196.

36) Jenner, *Memories*, p. 189; Yang, *Record*, p. 92.

37) Ho, "Portraying the Family," pp. 478–479, 490, 492–493.

준공공 공간으로서의 불교사원

원림에 대하여 풍부한 기록을 포함하고 있지만 『낙양가람기』의 주제는 물론 가람, 즉 불교사찰이다. 원림이나 선방 외에도 불교사찰은 비구나 비구니의 숙소, 불상과 불화가 안치되고 승려와 신도가 설법을 듣거나 명상을 수행하는 불당 등의 시설을 포함하였다. 이러한 건물들은 중국 모든 도시에 세워졌고 시골에 흩어져 존재하기도 하였다. 많은 사원에는 대중에게 공개된 법당이 있었고, 따라서 중국 도시의 공간 구조에 있어서 주요한 혁신을 이루는 지표가 되었다.

공간 배치의 주요한 특징—직사각형 형태, 성벽의 존재, 도시 중앙부 북쪽의 황궁 구역, 격자형 도로망, 구획된 주거구역—의 측면에서 볼 때, 북위가 다시 건설한 수도 낙양은 한대의 전통을 이어나갔다(지도 12). 도시는 관료만 출입할 수 있는 정치적 구역과 국가에서 지정한 시장 및 개인 거주지로 구성된 주거지역으로 이루어져 있었다. 새 수도를 이전 수도와 다르게 만든 것은 많은 수의 불교사찰이었다. 이중 일부 사찰은 설법을 듣고 사찰의 장관을 구경하고 비교적 자유로운 신도 모임에 참여하려는 대중에게 열려 있었다. 이 밖에도 사찰은 군중이 자유롭게 뒤섞일 수 있는 대규모 축제의 장소이기도 했다. 사찰과 연계된 재가신도 모임은 새로운 형태의 자발적 모임이 되었다. 명청대가 되면 동업조합, 찻집, 극장 등이 이와 유사한 기능을 하게 된다. 그러나 이 시기의 불교사찰은 정치적 영역과 개별 가구 사이에 존재한

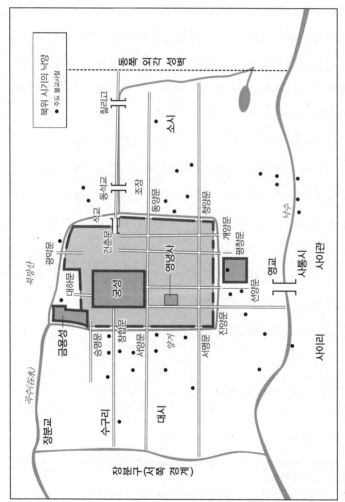

북위 시기의 낙양

● 주요 불교사찰

북망산

곡수(谷水)

금용성

장분교

궁성

대하문

광막문

서교

건춘문

동석교

청리교

동양문

조장

소시

동양문

청양문

개양문

평창문

영령사

선양문

영교

낙수

서이리 시이리 시이리

진양문

서명문

선양문

서양문

광양문

청명문

승명문

장구리 대시 수구리

앙거

장분구(지족 경계)

북쪽 외각 성곽

지도 12

준공공 공간의 주요 형태로는 최초의 것이었다.[38]

　불교 건축은 중국에서 점진적으로 발전하였다. 후한 말 낙양에 존재했던 것으로 알려진 불교사찰은 한 곳뿐이었고 3세기 말까지도 세 곳에 불과하였다. 그러나 316년에는 그 숫자가 42군데로 늘어났다. 서진이 멸망한 후에 석륵이 군사작전을 수행하는 동안 조언자로 동행하였던 승려 불도징佛圖澄은 그가 종군하는 동안 893개소의 사원을 보거나 창건했다고 기록하였다.[39]

　그럼에도 불구하고, 이 시기의 것으로 남아 있는 불상은 거의 없다. 일반 대중에게 예배할 수 있는 불상을 공개한 사원은 아직 드물었던 듯하다. 이는 부분적으로는 멀리서 볼 수 있는 대형 불상이 아직은 거의 없었던 때문이기도 하고, 다른 한편으로는 360년 무렵 도안道安, 그리고 나중에 그의 제자 혜원慧遠에 이르러서야 불상에 대한 경배를 강조하기 시작하였기 때문이기도 하다. 이 시기 북방에서 기적을 일으킨 불상에 관한 기록은 거의 없다. 반면 남방에서 대규모 봉불 법회가 열렸다는 언급이 기록에 보인다.[40] 북위 태무제太武帝가 439년에 양주

---

38) Ho, "Loyang. a.d. 495-534." 불교사찰의 존재를 강조하며 한에서 위에 이르는 시기의 도성 설계가 발전한 양상을 설명하며 불교사찰의 존재를 강조한 것은 Yang, "Changes in Urban Architecture," pp. 27-28 참조. 북위가 한대의 의례 구조를 낙양에 적용한 것에 대해서는 Xiong, "Ritual Architecture" 참조.

39) Tsukamoto, *History*, pp. 135, 180; Rhie, *Early Buddhist Art*, Vol. 1, p. 107. 불도징의 경력에 대해서는 Ch'en, *Buddhism*, pp. 79-80; Rhie, Vol. 2, pp. 245-253; Wright, "Fo-t'u-teng: A Biography." 참조. 그와 관련된 사찰에 대한 기록은 Rhie, Vol. 2, pp. 251-252 참조.

40) Rhie, Vol. 2, pp. 16, 18, 252-253, 304, 310, 363, 404. 남중국의 신기한 불상에 관해서는 Rhie, Vol. 2, pp. 41-59, 83-176; Shinohara, "Quanding's Biography of

凉州(현재의 돈황 지역)를 정복하고 나서야 비로소 상당수의 불상과 불상 제작자들이 중앙아시아에서 북중국으로 유입되었고 대중이 모이는 대규모 봉불이 유행하게 되었다.

이러한 추세를 알려주는 주요한 조짐은 460년 직후에 시작된 것으로 보이는 운강 석굴의 조영 사업에서 처음 나타났다.[41] 석굴사원 조각으로 현존하는 가장 초기 사례인 운강의 불상들은 불교예술사상 중요한 지표이다(그림 11). 그러나 운강 석굴은 수도로부터 상당히 떨어진 곳에 있었다. 불교예술과 건축은 여러 층으로 된 탑 양식이 도입되기 전까지는 도시생활의 특징적 면모를 이루지는 못했다(그림 12, 13). 현재 우리가 중국의 주요한 이미지로 떠올리는 이러한 건물 양식은『법화경法華經』에 보이는, 보석으로 이루어진 대형 7층탑에 관한 이야기에서 영감을 얻은 것이다. 이 경전은 5세기 초 구마라집鳩摩羅什이 번역하고서야 널리 알려졌는데, 그 결과 중앙아시아의 장인들이 현재의 산서성山西省에 위치한 북위의 초기 수도 평성平城에 탑을 세우기에 이르렀다.『법화경』에 보이는 탑을 묘사한 사례는 특히 운강에 풍부하게 남아 있다.

5층탑에 대한 언급이 하나 있기는 하지만, 남방에서 만들어진 이전 탑들과 마찬가지로 평성과 그 인근에 만들어진 초기 탑들은 대개 3층

Zhiyi," pp. 154–218. 도안과 혜원이 불상 경배와 관련된 점에 대해서는 Ch'en, *Buddhism*, pp. 100–101, 106–108; Zurcher, *Buddhist Conquest*, pp. 194–195, 212, 219–229; Tsukamoto, History, pp. 753–756, 844–869.

41) Caswell, *Written and Unwritten*, ch. 1; Soper, "Imperial Cave-Chapels of the Northern Dynasties"; Soper, *Literary Evidence*, pp. 123–139.

그림 11. 운강 석굴의 대불 5세기. 산서성 북부 대동 부근.

높이에 돌로 만들이진 깃들이었다. 남빙 군사원징에서 포로로 잡혀 온 장인들이 평성에 더 확실한 불교 기념물을 세울 수 있는 건축 방법을 전파했다. 467년에 세워진 첫 영녕사永寧寺가 그 대표적 사례였다. 이 사찰에는 세 개의 큰 법당과 7층탑이 있었는데, 이 탑은 이전에 만든 다른 불탑과 황궁을 내려다보는, 당시 중국에서 가장 높은 건축물이었다.[42] 전국 시대 이래로 누각이 수행하던 기능, 즉 황실의 위세와

---

42) 불교예술과 건축에 대한 『법화경』의 영향에 대해서는 Wang, *Shaping* 참조. 『법화경』 내용과 관련된 불상 및 불화에 대해서는 pp. 3–11. 남중국의 불탑에 대해서는 Rhie, Vol. 2, pp. 67–69; Soper, "South Chinese Influence." 북중국의 초기 불탑 및 첫 번째 영녕사에 대해서는 Caswell, *Written and Unwritten*, pp. 17, 19, 32, 33; Rhie, Vol. 1, pp. 61–64; Vol. 2, p. 301; Lai, "Society and the Sacred," pp. 240–242.

그림 12. 숭악사탑嵩岳寺塔 하남성 등봉현登封縣. 523년 건립.

그림 13. 숭악사탑 조감도

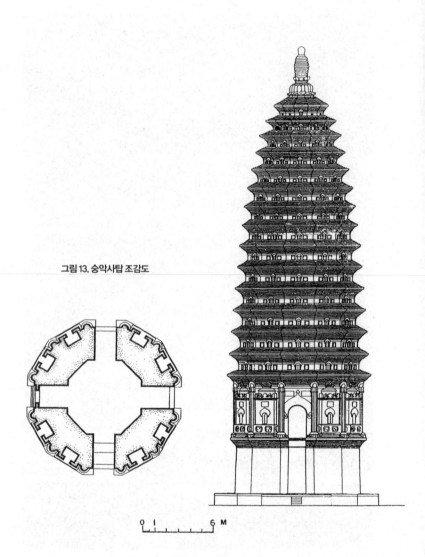

권력을 가시적으로 보여주는 역할을 이제는 불탑이 맡게 되었다.

평성은 원래 중국 변방에 위치한 천막 도시였고 훌륭한 황궁이 건설된 후에도 교역로에서 멀리 떨어져 있었으며 순례의 중심으로서도 거의 의미가 없는 곳이었다. 북위가 493년에 수도를 낙양으로 옮긴 후에야 불교사찰은 재가신도들의 신앙 중심으로서 그리고 지배층의 지위를 과시하는 곳으로서 기능하면서, 도시 경관의 지배적 특징을 이루게 되었다. 『위서魏書』의 비판적인 기록에 의하면, 불교사찰들이 북위 수도 낙양의 면적 중 삼분의 일을 차지하고 있었다고 한다. 북위의 낙양에서 성벽으로 둘러싸인 부분은 후한의 낙양과 비슷하지만 북위의 낙양은 성벽 밖 넓은 교외도 포함하였으므로 그 삼분의 일은 대단한 규모였음을 알 수 있다. 양현지는 낙양에 1,367개 사찰이 있었다고 전한다. 그의 『낙양가람기』는 가장 크고 화려했던 55개 불교사찰을 묘사하고 있다. 그의 설명을 통해 비로소 진정한 의미에서 중국 역사상 첫 불교 수도였던 낙양에 대하여 짐작해볼 수 있다.

북위가 천명을 받아 숭산嵩山과 낙수洛水 옆에 수도를 정하기에 이르자, 독실한 (불교) 신앙이 번성하고 (불교의) 교법이 흥성하게 되었다. 왕후와 대신들은 신발을 벗듯이 (쉽사리) 코끼리와 말을 버렸다. 일반 백성과 힘 있는 집안들은 발자국을 남기듯 (손쉽게) 그들의 재산을 버렸다. 이리하여 사원이 즐비하고 보탑이 늘어서게 되었다. 사람들은 앞다투어 (부처의) 천상의 아름다움을 묘사하고 (부처가) 산 속에 남긴 그림자를 본받았다. 사찰의 탑은 (옛 성왕의) 영대靈臺처럼 높고 불당은

(진시황의) 아방궁만큼 장대하다.

일설에는 중국 선종의 창시자인 보리달마가 낙양 최대의 사찰인 영녕 사는 부처 자신의 나라에 있는 사찰보다 웅장하다고 말했다고 전한 다.[43]

위에 인용한 내용은 북위 수도의 불교가 지닌 중요한 특징을 분명하 게 드러낸다. 우선 양현지가 묘사한 거의 모든 사찰은 재가신도들이 건립한 것이었다. 그가 기록한 55개 사찰 중 34개는 지배층이 후원하 여 세운 것이다. 이중 황실 종친이 세운 것이 20개, 관료가 세운 것이 8 개, 환관이 세운 것이 6개였다. 1개 사찰만이 승려의 지도 아래 건립되 었다. 이는 4세기에 불도징이 800개 이상의 사찰을 세웠다는 것과 대 비된다. 20여 개 사찰은 지배층을 본받아 부유한 평민이 후원하여 세 운 것이다.[44] 이처럼 사찰을 건립하는 일 혹은 개인 저택을 기부하여 종교 시설로 전환하는 일은 정치적 권력이나 사회적 위세에 내재된 필 수적인 속성이 되었다.

재가신도의 기부는 신도의 참여를 장려하고 승려의 개입을 경시하 는 형태의 불교적 신앙심, 즉 사찰과 불상에 대한 신앙심에 초점이 맞

---

43) Jenner, *Memories*, pp. 141–142; Yang, *Record*, pp. 5–6. 보리달마의 말에 대해서는 Jenner, p. 151; Yang, pp. 20–21. 낙양을 불국토로 묘사한 어느 외국인 승려에 대해서는 Jenner, p. 208. 중국 전체를 불국토로 변화시키는 것에 대해서는 Sen, *Buddhism, Diplomacy, and Trade*, ch. 2. 이 과정의 일부로서 인용된 외국인 승려의 말에 대해서는 pp. 79–86 참조.

44) Lai, "Society and the Sacred," pp. 243–246. 이 수치는 服部克彦의 연구 성과를 인용한 것이다.

추어져 있었다. 이렇듯 5~6세기 들어 재가신도의 신앙에 중점을 두는 현상은 중국 남북 양쪽에 모두 뚜렷이 나타나는데, 중국 불교사에 있어 일대 전환점을 의미한다.[45] 종교적 성격 때문이라기보다 거주자의 성별로 인해 특별한 방문자에게만 개방될 수 있었던 소수 비구니 사찰을 예외로 하면, 낙양의 사찰에는 일반 대중이 모여 불상에 예배드리는 법당이 있다. 따라서 부유한 사람이 이들 사찰을 건립하였지만, 이들 사찰의 후원자는 불교에 귀의하거나 부처에 기도하기 위하여 매일같이 모여드는 대중이었다. 이전 수도들과 마찬가지로 낙양에도 주거구역에 관한 규정이 있었고 대중의 모임에 대한 통제가 있긴 하였지만, 사찰은 불교 교의에 따라 사방 어디에서 온 사람에게나 열린 장소였고, 한족과 이민족, 남성과 여성, 부유한 자와 가난한 자, 승려와 재가신도 모두가 모일 수 있게 허가된 장소였다. 물론 황실 종친이나 부유한 가문들이 대중을 위한 축제나 불상 조성을 과시적으로 후원하며 서로 경쟁하였으므로 사찰이 크면 클수록 대중에게 개방해야 하는 부담은 더욱 컸다.[46]

불상에 대한 독실한 신앙이 재가신도 사이에 일반적 태도로 자리 잡자 남방과 북방 양쪽에서 모두 불상과 관련된 영험담이 등장하였다. 종종 인도의 영험담이 원형이 되기도 한 이들 영험담에는 눈물을 흘리거나 땀을 흘리거나 걷기도 하는 불상과 특이한 형태로 눈에 띄는 신비한 나무 등이 등장하였다. 양현지는 그러한 영험이 사찰에 모인 대

---

45) 같은 책, pp. 231-235, 262-264.

46) 같은 책, pp. 245-246.

규모 군중들 눈앞에서 벌어진 사례들을 기록하였다. 그중 뛰어난 경
관과 울창한 나무로도 유명한 평등사平等寺에서 벌어진 일을 아래에
소개한다.

사찰의 문 밖에 금으로 된 불상 한 구가 있는데 높이가 2장 8척이고
모습이 단정하며 위엄이 있었다. 이 불상은 늘 영험하여 나라에 길하
거나 흉한 일이 있으면 먼저 그 조짐을 보였다. 효창孝昌 3년(527) 12
월에 이 불상의 얼굴에 슬픈 표정이 나타났다. 두 눈에서 눈물을 떨어
뜨리고 몸 전체가 축축해졌다. 사람들은 '부처님의 땀'이라고 하였다.
수도의 남녀가 시장과 동네를 비우고 가서 보았다. 승려 한 사람이 깨
끗한 천으로 불상의 눈물을 닦았는데 순식간에 천이 다 젖었다. 승려
는 또 다른 천으로 바꾸었으나 그것도 금세 다 젖었다. 불상이 눈물과
땀 흘리기를 사흘 동인 계속하고시야 멈추었다. 이듬해 4월에 이주영
爾朱榮이 낙양에 들어와 백관들을 주륙하여 시체가 땅을 덮었다. ⋯⋯
영안永安 3년(530) 7월에 이 불상이 예전처럼 슬프게 울었다. 매번 그
영험함을 겪었으므로 조정 안팎으로 모두들 겁에 질렸고 사람들이 그
불상을 보거나 소리를 듣는 일을 금하였다.[47]

그 외에도 불상에 관한 신비한 이야기가 많다. 도둑이 불상을 훔쳐
가려 하자 불상 스스로 도움을 불렀다는 사례, 어떤 불상이 땅 속에 묻
힌 채 신비한 빛을 발산하여 제 위치를 알리고 그 자리가 사찰을 세울

터임을 알렸다는 사례도 있다. 심지어 어떤 신도가 불상을 금으로 덧씌우겠다는 서약을 어기자 불상이 그 신도의 아이를 죽였다는 이야기도 있다. 이러한 영험담은 남중국에도 공통된 것으로 동일한 주제들이 등장한다. 남중국의 영험담에도 불상이 신비하게 나타났다거나, 말하거나 우는 능력을 가졌다거나, 예언적 조짐을 발현하는 능력을 보인다거나 하는 등의 이야기가 나타난다.[48]

사찰은 민족과 직업을 가리지 않고 대규모 군중이 모여드는 정기적인 축제와 대중 공연의 중심이기도 하였다.

> (장추사長秋寺) 안에는 삼층탑이 하나 있는데 금으로 된 밑받침과 신령한 깃대가 도성 안을 비춘다. 여섯 개의 상아가 난 코끼리가 공중으로 석가불을 태우고 있다. 불상은 모두 금과 옥으로 장식되어 있고 그 정교함은 이루 말하기 어렵다. 4월 4일에 이 불상을 들고 나가는데 벽사辟邪와 사자가 길을 이끈다. 칼을 삼키고 불을 토하는 곡예꾼들이 행렬의 한끝에서 뛰어다닌다. 장대를 타고 오르는 사람도 있고 밧줄 타는 사람도 있고 온갖 기이한 곡예를 하는 사람들이 있다. 이들의 기이한 재주와 특이한 복장은 시내에서 으뜸이다. 어디든 불상이 잠시

---

48) Jenner, *Memories*, pp. 171, 240–241; Yang, *Record*, pp. 55–56, 189–190.
　　불상뿐 아니라 유령과 여우의 영에 관한 이야기를 포함하여 『낙양가람기』에
　　실려 있는 이런 종류의 이야기에 대한 설명은 Lai, "Society and the Sacred,"
　　pp. 246–261 참조. 기적을 일으킨 남중국의 불상과 탑에 관한 이야기 및 승려와
　　재가신도들의 불상 경배에 대해서는 Rhie, Vol. 2, pp. 26–54, 64–96, 112–115,
　　137–143, 147–153. 불상과 그 영향력에 대해서는 Kieschnick, *The Impact of Buddhism*, pp. 52–80 참조.

멈추는 곳에는 구경꾼이 몰려들어 서로 밟혀 죽는 사람이 늘 있다.[49]

부처 탄생일을 기념하는 행사는 7층탑과 웅장한 원림을 갖춘 경명사景明寺에서 열리는 것이 더 장관이었다. 도합 천 개가 넘는 도성 내 모든 불상이 황궁 앞에 운반되면 황제가 그 위로 꽃을 뿌렸다. 재가신도와 승려가 도로 양쪽을 가득 메운 채 꽃을 들고 인도 음악을 들으며 위 인용문에서 언급한 것과 같은 공연을 구경하였다.[50]

낙양 사찰 중 최대 규모였고 가장 선명하게 정치권력과 연계되어 있던 것은 영녕사였다. 이 거대 사찰은 영태후靈太后가 실권을 장악하고 나서 516년에 건립한 것이다. 사찰을 둘러싼 담장에는 각 방향으로 문이 나 있고, 문 안으로 들어오면 경내에는 쌍둥이 누각, 보석으로 장식된 불상을 안치한 불당, 강당, 도서관, 영녕사의 승려와 방문객이 숙박할 수 있는 여러 층으로 된 승방 등의 시설을 갖추고 있었다. 그러나 이런 시설보다도 영녕사 최대의 자랑거리는 믿을 수 없게도 900척 높이로 솟아 있었다는 9층탑이었다(그림 14). 꼭대기에는 금으로 된 100척 길이의 깃대가 세워져 있어서 수도로부터 멀리 떨어진 곳에서도 보일 정도였다고 한다. 이 깃대의 끝에는 이슬을 모으기 위한 황금 대야가 붙어 있었다.

그 외에도 금으로 된 큰 종이 각 층 모서리마다 달려 있었다. "탑의 북쪽에는 불당이 있는데 그 형태가 황궁의 (정전인) 태극전太極殿과 같

---

49) Jenner, *Memories*, p. 165; Yang, *Record*, pp. 45~46.

50) Jenner, *Memories*, p. 208; Yang, *Record*, pp. 126~127.

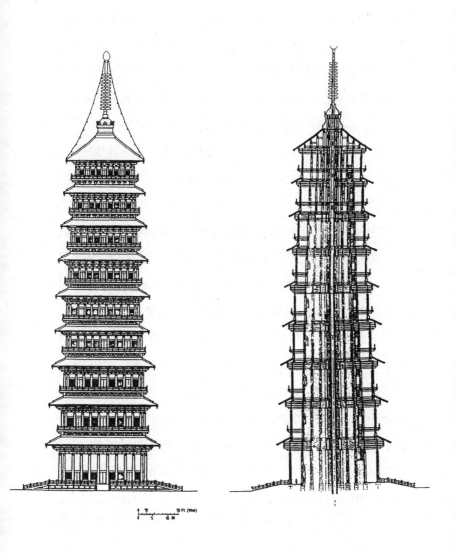

그림 14. 영녕사탑의 전면과 단면도

았다. 안에는 높이가 팔 장丈인 금불상이 한 구, 사람 크기의 금불상이 열 구, 보석 박힌 불상이 세 구, 금실로 만든 불상이 다섯 구, 옥으로 만든 불상이 두 구 있었다. 공예기술의 정교함이 당시 으뜸이었다." 양현지는 외국에서 보내 온 불경과 불상이 이 사찰에 보관되었다고 하였다. 이러한 선물은 조공품 중 최상의 형태였고 조공품은 황제의 권력에 있어 중대한 의미였다. 따라서 영녕사는 황제의 권위가 드러나는 유일한 중심지는 아니더라도 그러한 중심지 중 하나였음은 분명하다. 이 점은 영태후와 그 아들 효명제孝明帝의 이야기를 통해서 극적으로 드러난다. 이 탑이 완성되었을 때 영태후와 효명제가 그 꼭대기에 올라 황궁을 내려다보았는데, "황궁 안이 마치 손바닥과 같이 보이고" 수도는 "집 마당 같아 보였다"고 한다. 황궁보다 위로 치솟아 있는 이 거대 사찰은 황제 권력을 가장 가시적으로 구현한 것이었다.[51]

528년에 낙양을 점령하였을 때 이주영은 군대를 영녕사에 주둔시켰다. 이주씨를 몰아내려고 원호元顥가 모은 군대도 영녕사를 근거지로 삼았다. 꼭두각시 황제인 효장제孝莊帝도 530년에 처형되기 전에 이 사찰에 구금되어 있었다. 영녕사는 534년에 화재로 파괴되었고 1년 후 낙양은 버려진 도시가 되었다. 그러나 영녕사탑이 마지막으로 출현하는 이야기는 왕조의 수명을 뛰어넘어 지속되는 불법의 힘을 시사한다. 영녕사가 파괴된 후에 산동 지역에서 온 사람들이 영녕사탑

---

51) Jenner, *Memories*, pp. 147~151; Yang, *Record*, pp. 13~20. 『낙양가람기』에 주어진 수치대로라면 영녕사탑의 높이는 약 296미터로 파리의 에펠탑과 비슷하다. 다른 문헌에서 주어진 수치로는 145미터 혹은 118미터 정도인데 이쪽이 보다 현실성이 있다.

을 목격했다고 전하였는데, 탑이 바다 위에 떠오른 채 "밝고 찬란하게 빛났으며 마치 새 건물처럼 보였다"고 했다. 그러다 갑자기 탑은 안개 속으로 사라졌다는 것이다.[52]

사찰의 불당, 원림, 탑이 어떻게 중국의 도시 경관을 변모시켰는지 그리고 정기적인 불교 축제가 달력의 내용을 어떻게 바꾸었는지에 대해 『낙양가람기』가 잘 보여주고 있는 것은 사실이다. 그럼에도 『낙양가람기』는 실제로 종교가 그 신자들에게 무엇을 의미하는지에 대해서는 아무것도 말해주지 않는다.[53] 이런 문제에 대한 자료는 매우 드물다. 운강이나 용문의 불교 석굴이나 그 외 개별적인 비석에 있는 명문 정도이다. 이들 대부분은 황실과 국가를 위한 기원을 담은 것으로, 많은 경우 그 뒤에 죽은 가족이 좋은 곳에 환생하거나 살아 있는 사람이 안전하길 바라는 염원을 표현하고 있다.[54] 신기한 인과응보나 불교로의 개종 등 낙양에 퍼져 있던 기이한 이야기들을 전하는 일화집과 더불

---

52) Jenner, *Memories*, pp. 151–163; Yang, *Record*, pp. 21–41.

53) 부처의 탄생일과 불상을 씻기는 행사 외에 대규모 군중이 모이는 주요 불교 명절로는 음력 7월 15일에 치러지는 소위 귀절鬼節이 있다. Teiser, *The Ghost Festival in Medieval China* 참조. 특히 남북조 시대의 상황에 대해서는 pp. 48–58.

54) 운강 석굴과 명문에 대해 가장 자세한 설명은 Soper, *Literary Evidence*, pp. 123–139; Soper, "Imperial Cave-Chapels"; Caswell, *Written and Unwritten*. 참조. 낙양에서 가까운 용문 석굴에 대해서는 Caswell, pp. 33–38과 색인에 나열된 목록을 참조. 가족과 친척의 보다 나은 내생을 중시한 것은 『법화경』과 변문變文을 어떻게 이용할 것인지에 대한 사고방식에도 영향을 미쳤다. 이는 중세 중국의 고사나 시에도 잘 드러나 있다. Wang, *Shaping*, pp. xiv-xvi, xxi-xxii 참조. 비석에 보이는 관련 증거들에 대해서는 Wong, *Chinese Steles*, ch. 4–10. 대부분의 비석이 도시에서 제작되었다는 점에 대해서는 pp. 73, 91, 106–107, 135, 153. 비석의 공공적 성격 및 비석과 폭넓은 계층의 후원자의 관계에 대해서는 p. 178 등을 참조.

어, 이들 명문이 6세기 도시 대중의 불교에 참여하였던 사람들의 정신 세계에 대해 그나마 우리가 알고 있는 정보의 원천이다.

『낙양가람기』와 비교할 만한 남쪽의 문헌이 없으므로, 건강이나 다른 양자강 유역의 도시가 불교에 의해 어떻게 변모했는지 재구성해볼 수는 없다. 그러나 불교가 지배층의 삶에서 어떤 역할을 차지했는지 시사하는 일화들 속에서 개별적인 불교사찰이 언급되는 경우는 있다. 『세설신어』의 경우 지배층 인사들이 수도나 회계 지역의 사찰을 방문하여 불상의 신성한 모습을 목격하거나 교리 논쟁에 참여하거나 예불하거나 했던 일을 언급하고 있다. 부처의 탄생일에 강서성江西省 예장군豫章郡에 있는 사찰들과 한 지방관의 교류를 언급한 대목도 있다.[55]

남중국에 사찰이 많았던 사실 그리고 그 사찰들이 대중이 모이는 장소로 기능하였던 사실을 알려주는 중요한 단서는, 낙양에서와 마찬가지로 영험한 불상을 보러 대중이 운집한 일에 대한 언급들에서 얻을 수 있다. 이를 통해 황실과 명문가들이 수도와 회계에 주요 사찰을 다수 건립하였음을 알 수 있다. 『양서梁書』의 한 구절은 군중 수만 명이 모여들어 스스로 빛을 발하는 부처의 사리를 보고 그 사리를 모신 사찰에 막대한 금과 은을 기부하였던 일을 전한다. 다른 문헌들은 다음에 소개하는 혜교慧皎(497~554)의 『고승전高僧傳』에 실린 것처럼 기적을 일으키는 불상에 관한 이야기를 전한다. "사람들은 자기가 가진 것을 덜어내어 불상 만드는 일에 보탰다. 광배까지 더하면 높이가 1장 6척인 불상은 참으로 신령함이 드러났다. 매일 저녁 빛을 내뿜어 불당과

---

55) Mather, *New Account*, pp. 51, 55, 74, 108, 109, 112, 122, 410.

심지어 불상 뒤편까지를 두루 비추었다. 그러고는 불상 스스로 만산萬山까지 걸어갔다. 고을(양자강 중류의 양양襄陽) 전체가 그 불상을 경배하였다. 그러고는 불상은 다시 절로 돌아왔다."56) 6세기 전반에 양 왕조 전역에 2,816개의 사찰이 있었고 그중 건강에 700개 이상의 사찰이 있었다고 한다. 이 수치는 남중국 도시의 상황 또한 보다 자세히 기록되어 있는 북중국의 상황과 견줄 만하였음을 시사한다.

남중국에서도 도시에서의 불교신앙이 활발했음을 알려주는 마지막 단서는 양무제의 몇 가지 시도에서 찾아볼 수 있다. 양무제는 대중법회를 열고 서원誓願을 세워 스스로 보살이 되었다. 이를 통해 그는 황제 권력을 되살리고 불교 교단에 대한 자신의 권위를 세우려 하였다.57) 그리고 비정기적으로 수도에 있는 사찰에서 모든 사람에게 공개된 무차대회無遮大會를 열었다. 이 무차대회에서는 강론, 참회, 식사공양, 서원이 거행되었다. 여기에는 승려, 관료, 백성 등 모든 계층이 참여하였고 참가자의 좌석은 서원을 세운 날짜대로 배치되었다. 보살서원의 독특한 행사는 수도의 모든 계층의 사람이 모이는 대규모 법회를 통해 주기적으로 거듭났다. 이들 의례에 참가한 사람의 전체 숫자

---

56) 건강에서 수만 명이 불상을 경배하고 기부한 것에 대해서는 Rhie, Vol. 2, p. 71. 양양의 신비한 불상에 대해서는 p. 84. 남방의 다른 사찰, 불상, 대중의 숭배에 대해서는 pp. 23~29, 34~39, 41~46, 53~57, 61~84, 88~96, 98~111, 137~140, 143~144 및 Zürcher, *Buddhist Conquest*, pp. 104~105, 117, 129, 147~154, 187~195, 199~202. 『고승전』이라는 문헌과 『고승전』이 확립한 장르에 대해서는 Kieschnick, *The Eminent Monk* 참조.

57) Janousch, "The Emperor as Bodhisattva"; Janousch, "The Reform of Imperial Ritual during the Reign of Emperor Wu" 및 Tsukamoto, *History*, pp. 389~403.

는 기록되어 있지 않으나, 보통은 볼 수 없는 황제를 일반 백성이 직접
볼 수 있는 유례없는 행사였음이 분명하다. 이는 또한 불교사찰을 통
해 만들어진 새로운 중간 영역이 어떻게 중국 안에서 공간 간의 관계
를 변모시켰는지를 보여준다.

도시경제

새로운 문화 공간이 발전한 것에 더하여 위진남북조 시대 도시의 경
제적 역할 또한 변화하였다. 가장 중요한 변화는 북중국에서 도시와
교역이 쇠퇴한 것, 남중국에서 수상 교역 또는 연안 및 해상 무역에 기
반을 둔 활발한 도시 교역 네트워크가 출현한 것, 그리고 이용되지 않
았던 배후지가 개척된 것이었다.

북중국 도시들에 대한 정보가 그다지 없다는 사실은 끊이지 않는 전
쟁, 사회 불안, 안정적인 정부의 부재 등이 교역의 전반적인 쇠퇴, 화
폐 사용의 급격한 감소, 그리고 이에 따른 도시 인구의 감소로 이어졌
음을 시사한다.

일시적인 재통일로 상업, 특히 중앙아시아와의 장거리 교역이 간
헐적으로 되살아나기도 하였지만 그러한 기간은 매우 짧았다. 대부분
정권이 수도를 세우기는 했으나, 매우 짧은 기간 안에 새로 짓거나 옛
도시를 재건한 것들이었다. 전쟁으로 포획된 인구가 이러한 도시에
식량을 공급하기 위해 인근 지역으로 강제 이주되었다. 농업에 종사

하는 한족과 목축에 종사하는 유목민을 모두 포함한 이들이었다.

국가가 점령하거나 몰수하였다가 노예와 같은 이들 이주민에게 재분배한 토지가 국가 재정의 기반이 되었다. 이는 삼국 시기 조위曹魏와 오가 '둔전'에 의존했던 관행을 답습한 것으로, 한에서 송에 이르는 시기 중국 사회를 규정하는 특징이 되었다.[58] 그러나 국유지에 의존하는 것은 북쪽 왕조들의 권력이 강하다거나 그 정부의 행정력이 미치는 범위가 넓었음을 보이는 척도가 아니었다. 오히려 그들이 약하고 퇴축되었음을 보이는 것이었다. 북쪽 왕조들은 호구를 등록하고 지배층을 정치적으로 동원하는 능력이 없었으므로, 국가는 단지 무수히 많은 소지주 가운데 최대 지주로서 존재할 뿐이었다. 4세기 북중국 국가들이 가진 행정력은 수도 인근의 배후지를 약간 넘어서 미치는 정도로, 그 외의 지방은 무장한 지주 연합이 통제하고 있었던 것으로 보인다. 북위가 수도를 복제해 지방에 만든 군진軍鎮들에 지방행정을 의존한 것 역시 이러한 상황을 보여준다. 남중국에서도 상황은 마찬가지였다. 종실 제왕들이 통솔하는 군대가 지방행정을 관할하였고 조정은 급료 명목으로 지역 가문들에 자금을 보내는 역할을 하고 있었다.[59]

북위 수도인 평성과 낙양이 북방의 도시경제에 관해 가장 상세한 자료가 남아 있는 사례일 것이다.[60] 평성은 398년에 탁발규拓跋珪가 성 내

---

58) 한에서 당에 이르는 시기의 토지정책에 대한 유일한 체계적 영어권 연구는
Crowell, "Government Land Policies"인데, 일반적인 중국의 연구와 마찬가지로
서진에서 북위에 이르는 시기의 북중국은 생략하고 있다.

59) Grafflin, "Reinventing China," p. 163.

60) Jenner, *Memories*, pp. 19-37, 103-126. 평성의 불교 건축물에 대해서는

부와 그 주변으로 대량의 수공업자를 포함한 50만에 이르는 인구를 강제로 이주 정착시키면서 정식 수도로 건립되었다. 같은 해에 그는 5층탑, 강당, 선방 및 승방을 포함하는 대형 사찰을 짓기 시작했다. 평성을 방문한 남중국 사람들의 기록은 그곳이 거대한 황궁이 지배하는 도시였다고 전한다. 황궁의 공방에 속한 노예들이 의복, 술, 금속제품, 목공제품 및 도자기 등 정부에서 필요한 물자를 생산하였다고 한다. 예속민들은 군주의 가축을 키우는 일도 맡았고, 황궁은 거대한 곡식 창고이자 무기창고 역할을 하였다. 주거구역은 대체로 황궁과 사찰에 딸린 노예, 관리인, 시위병, 식객들이 거주하는 곳이었다. 평성에 거주하는 상인들도 마찬가지로 황궁에 예속되어 있었다. 정부는 낙양으로 수도를 옮길 때까지는 자체 통화를 발행하지 않았던 듯하다. 이러한 통제경제를 유지하는 일은 어려웠고 이 지역에서 반복하여 발생한 가뭄은 문제를 더욱 악화시켰다. 수도를 낙양으로 옮긴 두 가지 주요 이유가 바로 농토가 대규모로 방기되고 식량이 부족해진 탓이었다.

평성에 비해 경제적으로는 보다 다양성을 지녔지만 낙양도 결국 조정 및 조정과 관계있는 사찰들로 이루어진 인공적 창조물이었다. 평성으로부터 50만에 달하는 인구를 이주시켜 도시를 채웠으며, 주거구역, 담장, 도로 등은 황제의 지시 아래 재구성되었다. 성벽으로 둘러싸

Rhie, Vol. 2, pp. 300~302. 평성에 대해서는 일본어 연구서 前田正名, 『平城の歷史地理學的研究』가 있고, 이 연구는 중국어로도 번역되어 있다. 이 책의 마지막 세 개의 챕터는 평성의 경제적 성격에 대한 것이다. 韓國磐, 『南北朝經濟試探』下冊, 4장도 북위 수도들의 경제를 다루고 있다. 그리고 宮川尙志, 『六朝史硏究: 政治·社會篇』, 제8장은 이 시기의 수도들에 대한 개괄을 제시하고 있다.

인 내성은 황궁, 관청, 사찰로 이루어졌고 도시의 다른 지역은 담장으로 둘러싸인 방坊으로 구획되었다. 동쪽 교외는 주로 거주지로서 기본적 소비 수요를 위한 작은 시장이 붙어 있었다. 북쪽 교외는 군사 훈련장으로서 대체로 비어 있었다. 상공업 활동은 남쪽과 서쪽에 집중되었다(지도 12).

낙수洛水와 이수伊水 사이 도시 남쪽의 특별한 구역에는 대규모 외국인 공동체가 조성되었다. 네 곳의 숙사가 '사이四夷', 즉 천하 사방으로부터 오는 외국인 방문객과 이주민을 수용하였다. 4만에서 5만에 달하는 영구 거주 외국인들은 다른 네 개의 방坊에 거주하였다. 주로 상인으로 구성된 이들 공동체에는 사이시四夷市 혹은 영교시永橋市로 알려진 특별한 시장이 있었다. 이곳에는 조공품으로 보내진 희귀한 동물들도 수용되었다. 외국인들은 황제의 특별한 은전을 받아야만 낙수 북쪽의 도성 안으로 옮길 수 있었다. 이러한 은전은 대부분의 경우 유명한 불교승려와 남중국에서 망명한 귀족에게 주어졌다.

서쪽 구역은 대부분 황실과 그 종친의 저택 및 그들이 건립한 다수의 사찰이 차지하였다. 대시大市와 주 상업지구도 서쪽에 자리하였다. 이 구역의 방 다수에는 도축업자나 수공업자와 같은 상공업자가 거주하였다. 다른 방들은 악사에게 할당되었고, 방 두 곳은 양조업자, 다른 방 두 곳은 장의사를 위한 것이었다. 사치품이나 외국으로부터 수입한 이국적인 물품을 거래하는 수익성 높은 교역을 제외하면, 경제 활동은 대체로 생필품과 관련 서비스에 국한되어 낮은 수준에 머물렀다. 동전은 일반적으로 희귀했다. 북위는 485년까지는 동전을 발행하지 않았고 발행한 직후에는 동전의 가치가 떨어졌다.

북중국에 있었던 다른 수도처럼 북위의 낙양은 주로 그 배후지에서 식량을 공급받았고 집단 이주된 사람이 주민을 형성하였던 것으로 보인다. 낙양의 가장 큰 사찰들은 수도 주변으로 옮겨진 특수한 포로 가구에게서 식량을 공급받았고, 제국 정부도 이와 비슷한 제도에 의존하였던 것 같다. 유력 가문 다수는 그들의 토지에서 일하는 노예에 의존하였고, 이러한 상황으로 인해 "농사일에 대해 알고 싶으면 남자 노예에게 물어보아라. 베 짜기에 대해 알고 싶으면 여자 노예에게 물어보아라" 하는 속담이 생겨났다. 이 시대에 완성된 탁월한 농업 안내서 『제민요술齊民要術』은 노예와 고용노동자의 존재를 모두 언급하고 있고 어떤 경우에는 노예를 가치 단위로도 쓰고 있다. 문무 관료는 상으로 토지와 예속민을 하사받았고 군진은 할당된 토지로 자급자족했다. 이는 수도와 정부가 여전히 경제적으로 국유지에서 일하는 예속 농민들의 노동에 주로 의존하였고 세금 수입은 부차적인 자원이었음을 보여준다.

남중국의 경제 상황은 달랐다.[61] 북중국에 비해 상대적으로 전쟁이 적었고 강이 많은 덕분에, 남중국의 왕조들에서는 지역 내 그리고 각 지역 간 교역이 번성하였다. 그래서『수서隋書』는 건강의 주민 대부분이 상인이었다고 적고 있다. 건강은 방으로 구획되지 않았으므로, 시장은 여러 곳에 있었고 종종 사찰 옆에 생기기도 했다. 도시 상인들은

---

61) Liu, "Jiankang and the Commerical Empire." 이 논문은 저자 劉淑芬의 단행본,
  『六朝的城市與社會』를 토대로 한 논문이다. 유력 가문의 몰락에 대해서는
  川勝義雄, 『六朝貴族社會の硏究』의 3장 3절 참조.

유력 가문의 장원에서 생산된 곡물과 과일, 그리고 구릉 지대에서 생산된 목재 등 회계나 태호와 같은 인근 지역으로부터의 생산물을 도시로 들여왔다. 상인들은 연안 무역뿐 아니라 양자강을 따라 운반된 물품을 받기도 했다. 진한대의 도시처럼 건강에는 노름꾼, 강도, 절도범, 불량배들이 활동하는 어두운 세계가 존재했다. 관료 혹은 종실 인사와 이들 범죄자 사이의 유착도 드물지만은 않았다.

　건강은 주로 물품의 집산지로 기능했다. 이 지역 수로 체계를 통해 대량의 생필품을 효율적으로 운송할 수 있었으므로, 건강에서 소비하거나 다른 도시로 운송하기 위하여 장원은 그 잉여 생산물을 건강에 팔았다. 이 시기 일부 지역에서는 이미 쌀 이모작을 시행하고 있었으나 가장 중요한 상업 작물은 과일, 야채, 목재였다. 호수와 바다에서 잡은 어류는 건조한 후 원거리 운송 상품으로 팔았다. 도자기, 칠기, 동경銅鏡, 직물, 종이 등 대규모 수공업 생산이 번성하였다. 고고 발굴 성과는 이 시기 가마의 숫자가 급속히 증가하였음을 시사한다. 도기류의 판매시장은 점차 성장하였다. 동경은 주요 수출품으로 일본에까지 팔렸다. 그러나 불교가 중요해짐에 따라 구리는 점차 불상 제작 쪽에 투입되었다. 일본, 한국, 동남아시아와의 해상교역은 남중국 경제의 주요 특징으로까지 성장하였다.

　그 결과로 남중국에서는 화폐가 다시 제정되었다. 유송 왕조는 처음에 안정된 통화를 대량 발행하였으나 끊임없이 전쟁이 벌어진 유송 말기와 남제 시기에는 통화가치가 떨어졌고 결국에는 전반적 궁핍화 현상으로 이어졌다. 양을 건국한 양무제는 어렵게 통화가치를 회복하였고 523년에는 모든 관료의 급여를 전부 현금으로 지불하기까지 하였다. 남쪽 멀리 있는 광주廣州와 교주交州의 무역항에서 외국과의 교역으로 축적된 금과 은을 사용한 것을 제외하면, 후대의 기록은 이 시기 남중국의 도시화된 지역 대부분에서 현금통화가 사용되었음을 시사한다.

화폐경제의 등장은 전원의 장원만을 기반으로 재산을 유지하던 가문들에게 종종 파괴적인 영향을 미쳤다. 수도 건강에서 사람들 눈에 띄거나 사회적 역할을 맡으려면 사치품을 구입할 만큼 막대한 양의 현금이 필요하였다. 불교 교단에 기부하는 일도 점점 더 경쟁적 성격을 띠면서, 여기에도 현금이 필요하였다. 상대적으로 평화로운 시기에는 풍작이 곡물 가격을 떨어뜨렸고, 이는 필요한 자금을 만들기 위해서 토지를 팔거나 수도에서 멀리 떨어진 지방의 관직을 택할 수밖에 없음을 의미했다. 먼 지방의 관직은 뇌물과 송별 선물을 통해 큰 재산을 모을 수 있는 기회였으나 일반적으로 유배보다 별로 나을 것 없는 처지로 간주되었다. 반면 토지를 현금화하려는 시도는 종종 파멸을 초래하기도 하였다. 이전에 보잘것없던 가문의 자손들이 교역, 군대, 관직을 통해 상당한 부를 모았는데, 이들은 종종 황제의 대리인으로 임명되어 면세 혜택을 받기도 하였다. 따라서 이들은 파는 사람에게 불리한 조건으로 토지를 사들이기에 좋은 위치에 있었다. 한대 농민들이 그랬던 것처럼 유력 가문들은 완전히 파산해버릴 때까지 자신들의 장원을 계속 팔아치웠다. 종실을 포함해 많은 가문은 생존을 위해 상업과 고리대업 혹은 전당포 운영에 종사하였다. 급속히 성장한 남중국의 도시경제는 남중국을 중국 경제의 중심으로 변화시키기는 했으나 수 세기 동안 지방사회를 지배했던 가문들을 파괴하는 데에도 기여하였던 것이다.

5

| 농촌의 삶 |

위진남북조 시대 농촌 사회는 도시와 마찬가지로 한대의 주요 특징들을 계승하였으나 또한 중요한 변화를 겪기도 하였다. 첫째로 이 시대에는 중국 사회를 지탱한 작물과 기술에 있어서 몇 가지 혁신이 있었다(혹은 이전부터의 전통이 처음 기록된 것일 수도 있다). 전부는 아니더라도 이들 작물 대부분은 중국 문명이 남쪽으로 팽창한 사실, 그리고 그에 따라 남방 작물이 도입되고 더 많이 재배된 현상과 관련되어 있다.

둘째로 농촌 지역에서 새로운 형태의 사회조직이 나타났다. 한대에서와 마찬가지로 유력 가문이 지배하는 장원이 보편적이었으나 방치된 토지가 특히 북중국에서 국가의 직접적 소유와 관리 아래 놓이게 되었다. 국가는 이들 토지 및 토지에 딸린 농민들을 직접 경제 생산에 이용했을 뿐 아니라 고위관료와 점차 성장하는 불교 교단에 수여하기도 하였다. 북중국에서 질서가 붕괴되고 자위의 필요성이 커지자 새로운 형태의 향촌 사회가 형성되었고, 이는 지방 공동체와 국가 사이의 관계를 바꾸어놓았다. 반면 양자강 남쪽에서는 문인들이 전원으로 물러나서 전근대 최초로 전원과 농촌의 생활에 대한 글을 썼다.

새로운 작물과 농업 기술

한과 당 사이에 나타난 농업의 새로운 면모에 대해 우리가 아는 지식 대부분은 『제민요술』을 통해 얻은 것이다. 가사협賈思勰은 북위가 분열하고 아직 북제가 건국되기 전인 533년에서 534년 사이에 이 책을 썼다. 오늘날 산동성과 하북성의 경계 지역에 있던 고양군高陽郡의 태수를 지냈다는 것 외에 가사협 본인에 대해서는 별로 알려진 바가 없다. 그는 책에서 한때 양 200필을 소유했던 일 등 자신의 농업 경험에 대해 언급하기도 하였다. 문인 관료이기는 했지만 그는 책을 일관하여 단순하고 명료한 문장을 구사하며, 이전 안내서들을 꼼꼼하게 읽고 스스로 관찰하여 얻은 기술적 내용에 전념하고 있다.

이렇게 개인적 경험에 의존한 결과 『제민요술』에는 북중국식 농업에 치우친 나머지 서북 지역에서 중요하였던 목축과 관개를 상대적으로 소홀히 하는 경향이 나타난다. 그러나 가사협이 중국 전 지역으로부터 그리고 농업에 관한 이전 문헌 전체로부터 자료를 수집하였기에, 현존하는 자료 중 중국 농업을 집약한 가장 이른 책이자 여기 인용된 160편 넘는 이전 문헌에 대해 오늘날 우리가 얻을 수 있는 지식의 유일한 원천이다. 북중국 농업의 전성기 때 완성된 이 책은 중국 전역에 걸친 작물 재배와 수확물 가공에 대해 설명하였을 뿐 아니라 후대에 만들어지는 모든 농업 총서의 원형을 제시하였다. 그리고 남중국에서의 농업을 본보기로 삼지 않은 최후의 종합농서이므로『제민요술』은 중국 문명이 남쪽으로 이동하는 시점을 알려주는 중요한 지표를 제공한다.[1]

서문에서 그는 책의 목표와 내용을 논하고 있다.

경전과 주석, 민간의 노래와 속담에 이르기까지 자료를 모으고 이를 나이 든 농부에게 물어보고 내 스스로 검증하였다. 밭 갈기와 작물 키우기부터 시작하여 식초와 고기 젓갈 담그기까지 삶을 영위하는 모든 일에 대해 빠짐없이 기록하였다. …… 현명한 사람들은 본本을 버리고 말末을 좇는 것을 비난한다. 당장은 부유해질 수 있으나 길게는 가난해지고 점차 굶주리고 춥게 될 것이기 때문이다. 그러므로 상업에 관한 일은 빠뜨리고 쓰지 않았다. 화초와 같은 것은 눈을 즐겁게 할 수는 있으나 봄에 꽃만 필 뿐 가을에 결실이 없다. 결국 그런 것들은 공허하고 인위적일 뿐이니 여기에 기록하여 남길 가치가 없다.[2]

1) Shih, *A Preliminary Survey of the Book Ch'i Min Yao Shu*. 동일 저자 石聲漢은『제민요술』의 가장 좋은 중국어 판본도 완성하였다. Needham and Bray, *Science and Civilisation*, Vol. 6, Part'II: *Agriculture* 도 참조.『제민요술』에 대해서는 pp. 55-59에 소개되어 있지만 개별적인 농기구, 작물, 기술에 대한 언급은 책 전체에 분산되어 있다.

2) Shih, *Preliminary Study*, p. 2. 이 단락의 일부와 다른 단락의 영어 번역이 Bray, *Agriculture*, p. 56에 있다.

이 서문은 『제민요술』이 시장에 판매할 작물을 재배하는 대지주가 아니라 평범한 농부를 위한 책임을 보여준다. 마찬가지로 관상을 위한 화초를 무시하는 태도는 이 시대 지배층에 퍼져 있던 원림 열풍을 향한 적대감을 시사한다. 그러나 사실 원림은 과일 생산에 경제적으로 중요한 역할을 하였다.

그런데 이 책을 꼼꼼히 살펴보면 다른 모습이 드러난다. 첫째로 소농 가구의 가장이 이런 책을 접했을 가능성이 낮다. 글을 읽을 수 있는 독자는 제대로 된 규모의 장원을 가진 사람들이었다. 게다가 책에서 다루는 작물의 상당수는 명백히 가구 소비뿐 아니라 시장 판매를 위해 재배한 것들이었고, 소작인과 심지어 노예를 쓰는 일을 언급하는 대목은 이들 작물이 대규모로 재배된다는 점을 시사한다. 어떤 부분에서 가사협은 수확물을 가공 처리하는 비용을 노예 한 명의 구입 비용을 기준으로 계산하고 있다. 노예 구입은 소농 가구에서 가능한 일이 아니다. 그러므로 이 책은 명백히 개별 농민 가구가 아니라 지주 독자를 겨냥한 것이다.

『제민요술』은 먼저 농지의 적절한 크기를 논하면서 300무畝, 북위의 도량형을 기준으로 환산하면 대략 40~50에이커(4만 8천~6만 평)를 적당한 규모로 제시한다.[3] 한대에 평범한 농민이 10에이커(1만 2천 평)를 조금 넘게 보유한 것보다는 훨씬 크지만, 3,000~4,000에이커(360만 ~480만 평)에 이르는 한대 주요 장원에 비하면 15~20퍼센트 정도에 불

---

3) 한대의 300무는 지금의 도량형으로 환산하면 34에이커 정도이고, 당대의 300무는 50에이커 정도이다. 북위의 무는 한대의 무와 당대의 무 사이의 크기였을 것이나 당대의 무에 보다 가까웠다.

과하다. 477년에 북위 효문제가 내린 조칙은 성인 남성 둘, 즉 아버지와 미혼인 아들이 있는 가구는 토지가 방치되거나 노동력이 쉬는 일이 없도록 토지 60무를 보유해야 한다고 명시하고 있다. 효문제가 485년에 실시한 균전제의 가장 초기 형태에서는 이와 비슷한 규모로 양질의 토지를 개별 농민 가구에 분배하였다.[4] 그러므로 가사협이 제시한 전형적 농지 규모는 이 시기 풍족한 개별 농민 가구가 소유하였을 농지보다 다섯 배가량 큰 것이다. 이는 그가 염두에 둔 독자가 약간의 소작인 혹은 노예를 거느린 중간 규모 지주였음을 시사한다. 이 책에서 언급하는 농장 안의 가축, 나무, 농기구 숫자 역시 이러한 추측을 뒷받침한다. 이 의도된 독자층은 당시의 식자율에 대해서도 시사하는 바가 있다. 또한 이 수치는 다른 증거를 통해서도 뒷받침되는 바, 이 시기 북중국 장원들이 한대 장원보다 작았음을 보여준다.

당시 기계화 농법이 존재하지 않았음을 감안하면 『제민요술』이 다루는 것은 농지와 노동력을 집약적으로 사용해야 하는, 생산성 높은 농법이다. 가사협은 노동력을 지적이고 숙련된 방식으로 사용할 것을 강조하는 한대 농서의 내용을 한층 더 발전시켰다. 이는 특히 남중국의 쌀 생산에서 두드러진다. 이러한 종류의 집약농경에서는 서양에서처럼 대규모 장원이 필요하지 않았고, 오히려 상대적으로 작은 지역을 철저하게 활용해야 했다.

『제민요술』은 산이나 습지에 있는 토지를 개간하는 것에 대한 설명

---

4) Crowell, "Government Land Policies," pp. 303–308. 서양과 비교하여 중국의 농지가 작았던 점에 대해서는 Bray, *Agriculture*, pp. 429–432도 참조할 것.

으로 시작한다.[5] 버려진 농토에서 관목을 베어내는 것보다 아예 새로운 농토를 개척하는 것을 강조한 까닭은 역사적 상황을 반영한 것이다. 끊임없이 약탈을 거듭하는 군대와 도적들 때문에 많은 촌락이 산지나 습지로 이동하였다. 이런 곳들이 도시와 주요 도로로부터 멀리 떨어져 있어 방어하기는 더 쉽고 공격에는 덜 노출되기 때문이었다. 그 결과 북중국의 농업에서는 황무지로 간주되었던 산지를 활용할 필요가 더욱 커졌다. 이는 남중국에서도 마찬가지였다. 북방으로부터 이주민이 도착하였을 때 하천 연변과 호수 부근의 가장 좋은 토지는 이미 기존에 정착한 남중국 가문들이 점유한 상태였던 것이다. 그 결과 이주민들은 회계의 산릉 지대와 양자강 중류에 있는 유사한 지역에 장원을 건설하였다. 불교와 도교의 흥기도 중국 문명이 산지로 이동해가는 현상을 촉진하였다. 이러한 상황 속에서『제민요술』은 거칠고 구릉이 많은 땅을 어떻게 농지로 개척하고 작물을 심고 생계를 꾸리는지를 설명한 것이다.

『제민요술』에는 소 한 마리에 거는 쟁기가 도입된 바에 대해 언급이 없지만, 3세기의 무덤 벽화 일부에는 묘사되어 있다. 한대의 쟁기는 적어도 소 두 마리를 필요로 하였으므로, 농민 가구가 이를 장만하기는 어려웠다(그림 15). 기둥이 짧고 휜 새로운 쟁기는 소 한 마리에 걸어 사용할 수 있어서, 가축의 힘을 이용하기 위해 필요한 자금을 대폭 줄여주었다. 보습에 넓적한 쇠판을 달고 소 한 마리가 끌면서 땅을 갈아엎는 새로운 형태의 쟁기도 북중국에서 등장하였다. 5세기에 북위는

5) Bray, *Agriculture*, pp. 96~97.

그림 15. 쟁기질하고 씨 뿌리고 써레질하는 그림 가욕관. 감숙성. 3세기.

특정 지역에서는 농민에게 소를 나누어주기까지 했고 괭이질 같은 노동에 대한 대가로 농민이 다른 사람의 소를 빌릴 수도 있는 제도를 마련했다.[6] 이러한 발전은 가축의 노동력이 한대 이후 북중국 농업에서 더욱 중요해졌음을 시사한다.

쟁기로 갈아엎은 땅은 대체로 큰 덩어리 형태로 남았다. 이는 황하 범람원이나 회수 유역의 충적토 토질에서는 더욱 흔한 현상이었다. 한대까지는 이런 흙덩어리를 큰 망치나 갈퀴로 부수는 것이 보통이었다. 그러나 보다 진보된 농법에서는 써레로 부수었다. 포크처럼 가지가 달려서 가축이 끌도록 만든 써레는, 감숙성에 있는 3세기 가욕관 묘지의 벽화나 광동성에 있는 4세기 초 무덤에서 발견된 도기 모형에 묘

---

6) 같은 책, p. 190; Crowell, "Government Land Policies," pp. 298–299.

사되어 있다. 그러나 써레질 기술이 중국 문헌에 설명된 최초 사례는 『제민요술』이다(그림 16). 『제민요술』은 쇠로 된 가지들이 달리고 동물이 끄는 써레 그리고 잔가지가 달린 납작한 써레에 대해 설명하고 있다. 후자는 농토를 보호하는 덮개 역할을 할 수 있는 얇은 토양층을 만들기 위해 적어도 두 번 이상 사용하는 것이었다. 벼를 재배하는 남중국의 논에서는 써레 대신 큰 밀대를 사용하였으나 이 기술은 북중국에서는 사용되지 않았다.[7]

가사협은 종자 고르기에 『제민요술』의 한 편을 할애하였다. 이 시대에 재배되었던 모든 주요 작물―밀, 보리, 조, 쌀―은 싹의 길이나 성장기간이 고르지 않았다. 이로 인한 문제를 줄이기 위해 가사협은 가장 좋은 이삭을 골라 종자로 사용하기 위해 따로 빼놓는 방법을 선호하였다. "조는 차조이건 메조이건 매해 따로 챙겨놓아야 한다. 색이 순수한 좋은 이삭을 골라 낫으로 벤 다음 높은 곳에 매달아둔다. 봄이 되어 그것을 거두고 씨앗을 취해 따로 심으면 다음 해 종자를 얻을 수 있다." 이렇게 따로 챙겨놓은 이삭에서 얻은 종자가 많다는 것은 전체 수확물 중에서 다음 농사를 위해 종자로 비축해야 하는 비율이 서양과 비교해볼 때 더 낮았음을 의미한다. 가사협은 성장기간과 가뭄을 견디는 힘이 서로 다른 종자들을 골라두라고 권한다. 날씨로 인해 생기는 손실을 줄일 수 있을 뿐 아니라 파종과 수확이 긴 시간에 걸쳐 배분되어 같은 수의 일꾼으로도 더 많은 농작물을 생산할 수 있다는 것이

---

7) Bray, *Agriculture*, pp. 221-228, 231-240; Shih, *Preliminary Survey*, pp. 40-41, 48.

그림 16. 써레질하는 그림 그림 15에 보이는 것처럼 써레를 발로 누르는 것이 아니라 써레 위에 올라앉아 있는 기술에 주목. 가욕관. 감숙성. 3세기.

다. 가사협이 제시한 목록에는 98개 품종의 조와 그의 북중국 편향에도 불구하고 37개 품종의 벼가 포함되어 있는데, 이는 한대에 알려져 있던 것에 비하면 상당한 진보였다.[8]

남중국과 관련된 또 다른 혁신은 씨앗을 심기 전에 물에 담가 미리 싹을 틔우는 것이었다. 이 기술은 특히 벼 재배에서 중요하였다. 땅에 심기 전에 씨앗의 싹을 틔워놓으면 빨리 성장시킬 수 있고, 특히 물이 너무 깊거나 진흙인 곳에서는 싹을 틔우기 어려운 수도작水稻作에 유용한 방법이었다. 『제민요술』은 여러 종류 씨앗을 어떻게 다양한 액체에 담가두는지 자세하게 설명하는데, 이 액체는 비료나 살충제 효과

---

8) Bray, *Agriculture*, pp. 288, 329–330, 343–345. 더 자세한 내용은 Shih, *Preliminary Survey*, pp. 42–43.

를 내도록 동물의 여러 부위를 가공하여 만들기도 하였다. 다른 작물들, 예를 들어 아욱 같은 것은 파종 전에 햇빛에 건조해야 했다. 이런 방법들은 한대에도 설명된 적이 있으나 이 정도까지는 아니었다.[9]

다음 과제는 준비된 씨앗을 심는 일이었다. 쟁기로 갈아놓은 밭이랑을 따라 손으로 씨앗을 심었다는 기록이 전국 시대부터 이미 보인다. 씨앗은 간격을 두고 뿌리거나 가늘고 긴 삽으로 땅에 심었다. 한대에 가장 선구적인 파종 방식은 파종기를 사용하는 것이었다. 씨앗이 담긴 상자를 실은 농구를 소가 끌고 사람이 그 상자를 흔들어, 씨가 일정한 간격으로 떨어지게 하는 방법이었다. 후한 말의 문헌에 의하면 농업기술자인 조과趙過가 고안한 도구라지만, 현재 전하는 상세한 설명 중에는 『제민요술』이 가장 이른 것이다. 가사협은 파종기로 파종하기에 적합한 씨앗 그리고 형태나 다른 특성 때문에 전통적인 방식으로 파종해야 하는 씨앗을 세심하게 구분한다. 그는 밀, 보리, 밭벼, 생강, 뿌리 작물, 덩이줄기 작물에는 전통 방식을 권하고 있다.[10]

『제민요술』에서 묘사하는 파종 중 가장 중요한 방식은 논벼의 모내기이다. 이후 동아시아 농업에 지배적인 형태가 되는 이 방식은 싹이 난 볍씨를 모판에 심고 품종에 따라 2~8주가 지난 후에 논에 옮겨 심는 것이다. 이앙법이 처음 언급된 것은 후한 말의 문헌인 『사민월령四民月令』이다. 그러나 후한 초기의 것으로 추정되는 무덤에서 발견된 논의 모형품은 반듯한 선을 따라 적당한 간격으로 심어진 모를 보여주

---

9) Bray, *Agriculture*, pp. 247~248, 498; Shih, *Preliminary Survey*, pp. 43~44.

10) Bray, *Agriculture*, pp. 254~256, 263, 270, 272, 276~277, 308, 443~446.

어, 이 시기 이앙법이 이미 행해지고 있었음을 시사한다. 게다가 사천의 한 무덤에서 발견된 후한대의 모형에는 "벼의 모를 옮겨 심기 위한 구멍"이라는 구절이 새겨져 있다. 그러나 『제민요술』은 모내기 과정을 상세하게 기술한 현존 최초의 문헌으로서, 싹이 더 많이 날 수 있도록 모를 잘 다듬어서 얇게 심어야 한다는 구체적 설명까지 제시하고 있다. 이러한 기술의 기원은 불분명하지만 아마 수리관개와 수도작이 매우 이른 시기에 발전한 동남아시아에서 등장했을 것이다. 그리고 그 기술은 서서히 남중국으로 전파되고 북중국으로도 전해졌다.[11]

보다 건조한 북중국에서 파종할 때의 목표는 토양이 습기를 최대한 많이 품고 있도록 하는 것이었다. 그래서 토양을 뒤집어서 지표에 쌓인 눈의 수분을 토양 중에 가둔 후에, 직렬로 늘어선 고랑에 정해진 간격으로 작물을 심었다. 습기를 걱정할 필요가 없는 남중국에서는 조나 밀 같은 건지 곡물은 흔히 그냥 씨를 뿌리기만 하였다. 그러나 주된 곡물인 벼는 성장을 촉진하고 이삭이 많이 달리도록 하기 위해 모판에서 키운 후에 옮겨 심었다. 작물을 직렬로 심으면 제초 작업이 원활하였다. 남북 양쪽 모두에서 제초를 위해 쓰인 기술은 유럽에서 사용된 것보다 훨씬 노동집약적이었고 많은 수확을 낳는 것이었다.

중국의 농업은 이른 시기부터 비료를 사용했다는 점에서 서양의 농법과 더욱 구별된다. 한대와 한대 이전 문헌들은 부패하는 잡초뿐 아니라 동물의 분뇨와 누에의 배설물을 비료로 사용하는 것에 대해 설명하고 있다. 그러나 『제민요술』은 처음으로 녹비綠肥, 즉 토질을 개선하

---

11) 같은 책, pp. 279-281, 285-286, 314, 318.

기 위한 목적만으로 재배하는 작물에 대해 최초로 설명하였다. 『제민요술』에서는 외, 아욱, 혹은 그 밖의 채소를 심기 전에 팥을 심을 것을 권장한다. 녹비로 쓰일 수 있는 작물은 여러 가지였지만 그중에서도 가장 좋은 것은 질소를 토양에 고정시키는 콩 종류였다.[12]

『제민요술』은 토지를 계속 이용하기 위하여 윤작한다는 이론을 상술한 중국 문헌으로는 현재 전하는 것 중 가장 오래된 것이다. 가사협은 어떤 작물을 다른 작물보다 먼저 혹은 나중에 심어야 하는지 상세하게 설명하였다. 윤작은 조생 품종을 체계적으로 선택하는 방식과 결합하면 다모작을 가능하게 하였다. 특히 농업용수가 풍부하고 기후가 온화한 남중국에서는 1년에 두 번 혹은 세 번 수확하는 일이 가능하였다. 심지어 북중국에서도 보리와 겨울 밀을 번갈아 심고 그 사이에 콩이나 순무를 심으면 2년에 세 번 수확할 수 있다고 가사협은 서술한다. 작물을 빽빽하게 채워 심지 않으면서도 토지를 최대한으로 활용할 수 있고 한 품종의 기능이 다른 품종들에 도움이 되게 하는 간작間作 방법에 대한 최초의 설명인 것이다.[13]

국가와 부유한 지주들은 곡식창고를 지었지만 농민은 땅에 구덩이를 파고 곡식을 저장하였다. 신석기 이래 가장 일반적이었던 이 방법은 공기가 통하지 않는 구덩이를 파고 경우에 따라 거적이나 풀로 안쪽 벽을 댄 후에 곡식을 묻는 것이다. 당대까지도 국가의 곡식창고는 여전히 저장용 구덩이를 파는 방식이었다. 가사협은 항아리보다는 구

---

12) 같은 책, pp. 291–294; Shih, *Preliminary Survey*, pp. 44–46.

13) Bray, *Agriculture*, pp. 429–432, 464; Shih, *Preliminary Survey*, pp. 52–53.

덩이에 저장하는 것이 쌀을 제외한 모든 곡물에 더 좋다고 주장하였다. 그는 밀은 벌레를 막기 위해 탈곡하지 않은 채 불로 그을려야 하는데 비해, 조는 곰팡이가 생기는 것을 막기 위해 보관하기 전에 데칠 것을 권하였다. 쌀은 데치면 맛이 변해 중국인들이 좋아하지 않으므로 탈곡하여 정미하였다. 보관 방법에 더하여 가사협은 다양한 수확물을 어떻게 소금이나 식초로 절이거나 반죽으로 만들어 저장할 수 있는지에 대해서도 설명했다.[14]

가사협은 북중국에서 자라는 다수의 과실수와 함께 36종의 채소를 나열하였다. 가사협이 언급한 채소 중 20종은 현재도 재배되고 있으며, 과실수 중에는 북중국에서 수 세기 동안 이미 알려져 있던 것들과 한대에 중앙아시아에서 전해진 것, 그리고 리치, 비파, 바나나, 코코넛 등 근래 남중국에서 알게 된 것들이 포함되어 있다. 그는 남중국의 독특한 식생에 대한 지역 기록들을 인용하고 다른 작물과 함께 대추 45종, 복숭아 12종, 배 12종 등 수많은 품종의 과일을 열거한 후 묘목심기, 자르기, 접붙이를 포함한 다양한 증식 방법을 서술하였다. 아울러 관상용과 목재용으로 나무를 키우는 방법도 논하였다. 시장에서 판매하기 위한 채소와 과일을 생산하는 일이 이미 한대에도 일반적이었으나, 가사협은 시장 판매를 위한 더 급진적인 농작을 권하며 수백 무의 토지에서 한 가지 상품작물만 재배할 것을 제안하기도 한다.[15]

중국 인구가 남쪽으로 이동한 현상은 장기적으로 보아 양자강 이남

14) Bray, *Agriculture*, pp. 378–402; Shih, *Preliminary Survey*, pp. 53–54.

15) Shih, *Preliminary Survey*, pp. 23–27, 49–63; Bray, *Agriculture*, pp. 510–552.

의 습한 지역이 대량 쌀 생산을 통해 중국의 인구 중심이자 곡창이 됨을 의미했다.[16] 벼는 동남아시아 산록의 습지에서 기원하여 물에서 가장 잘 자라도록 적응한 것으로 보인다. 중국에서는 신석기 이래 남중국 전역에서 그리고 북중국 일부에서 건지 작물로 재배해왔다. 벼농사의 생산성은 수질, 물을 대는 시기의 선택, 미리 모를 키우는 작업, 농지의 준비, 모를 심는 간격과 속도, 집중적인 제초 작업 등 투입된 노동의 양에 대체로 비례한다. 따라서 벼농사는 이미 집약농경의 경향을 보이는 중국 농업의 특징을 더욱 뚜렷하게 만들었다.[17] 숙련된 농민들이 생산성 높은 작은 토지에서 농사짓는 방식은 사람의 노동을 자본집약적 기계로 바꾸는 움직임을 저해하였다. 이처럼 숙련된 농민에 계속 의존한 것이 중국 농촌 사회의 구조를 만들어내었다.[18]

기계화가 전혀 없지는 않았다. 일반 장원이나 사찰 소유 장원에서 수력을 이용하여 곡식을 빻고 기름을 짜는 장치가 등장해 남과 북 양쪽을 모두 풍요롭게 만들었다. 조조의 시대에는 이미 수력을 이용한 작은 방아가 사용되었고, 3세기 말에 석숭은 이러한 장치를 30개 이상 소유하고 있었다. 보다 정교한 기계로 이루어진 큰 제분 설비는 6세기

---

16) Bray, *Agriculture*, pp. 477-510; Bray, *The Rice Economies*. 중국 고대의 주요 곡물에 대해서는 Bray, *Agriculture*, pp. 423, 429-430, 441-443, 446-448, 472, 474 참조.

17) Bray, *Agriculture*, pp. 495, 497-498, 504-505.

18) Bray, *Agriculture*, pp. 587-615는 쌀이 미친 영향이라는 시각에서 중국 농촌의 역사를 조망하고 있다. 중국 고대 제국 시기에 존재했던 장원의 규모, 유럽 장원과의 유사성, 지주가 행한 노동 대체의 정도를 과장하고는 있으나 후대 농촌 사회에 벼농사가 미친 영향에 대한 통찰을 제시하였다.

초 무렵에 나타났다. 이러한 설비는 물살이 빨라야 했으므로 보통 산
지에 만들어졌다. 다른 수력장치가 요리와 조명에 쓰기 위한 기름을
짜냈던 반면, 큰 힘으로 움직이는 제분기는 보다 많은 양의 곡식을 보
다 곱게 갈아냈다. 이러한 설비는 소유주에게 주요 수입원이 되었고
또한 제분소를 전문적으로 운영하는 사람들을 위한 새로운 틈새시장
을 만들어냈다.[19]

이 시대 농업에 있어 또 다른 주요 변화는 남중국에서 차 재배가 발
전한 일이었다. 차를 재배하기 위해서는 토양의 배수가 잘 되어야 하
고 연중 고르게 비가 풍부하게 내려야 한다. 이는 남중국 구릉 지대에
부합하는 조건이었다. 차를 재배함으로써 남중국 농민들은 벼나 다른
작물을 재배하기에 적합하지 않은 토지도 활용할 수 있게 되었다. 이
전에도 의학적 용도로 차를 마셨을 수는 있지만, 차를 마시는 것에 대
한 최초의 분명한 언급은 273년에 사망한 어느 관료의 전기에서 보인
다. 그러나 위진남북조 시대에 차 마시기란 남중국 지배층에 국한된
일이었다. 명상을 하면서 각성 상태를 지속하기 위한 방법이자 오후
에 음식을 먹지 않기 위한 수단으로 자리 잡으면서 차를 마시는 행위
는 불교와 밀접한 관련을 맺었다. 그러나 이런 관습에 대한 증거는 당
대가 되어야 나타난다.[20] 아직 수요도 제한적인 데다가 구릉 지대에서

---

19) Gernet, *Buddhism*, pp. 142–152; Ch'en, *Chinese Transformation*,
pp. 151–158.

20) Tuan, *China*, pp. 90–91. 중국의 차 가공과 농민들의 가공 중심지에 대해
Needham, Daniels, and Menzies, *Agro-Industries and Forestry*, pp. 477–478
참조. 한대 문헌에 "차를 끓인다"는 언급이 보이고 이에 대해서 논란이 있었다.
이 표현에 대해서는 아직 정설이 없다. Kieschnick, *The Impact of Buddhism*,

재배되었기 때문에 차는 대체로 개별 농가나 사찰에서 생산되었다.

『낙양가람기』의 한 일화는 식단에 있어서 남과 북 사이의 주요한 대비를 보여준다.

> 왕숙王肅이 처음 (남쪽에서) 북위에 왔을 때 양고기, 낙장酪漿(요구르트) 등의 (북방) 음식을 먹지 않았다. 그는 늘 생선 국을 먹고 목이 마르면 차를 마셨다. …… 몇 년이 지나고 그는 고조高祖(효문제)가 베푸는 연회에 참석하였는데 매우 많은 양의 양고기와 낙장을 먹었다. 황제가 놀라며 "중국 음식 중에 양고기는 생선 국과 비교하여 어떤가? 차는 낙장과 비교하여 어떤가?" 하고 물었다. 왕숙은 "양고기는 땅에서 나는 것 중 최고이고 물고기는 물에서 사는 것 중 으뜸입니다. (지역마다) 각기 선호하는 것이 다르나 둘 다 진미라고 할 수 있습니다. 그러나 맛으로 따지자면 우열이 있습니다. 양고기는 제나라와 노나라 같은 대국이고 물고기는 주나라와 거나라 같은 소국입니다. 차만이 여기서 벗어나 낙장의 머슴이라 하겠습니다."[21]

남중국 문헌인『세설신어』는 이와 반대되는 취지의 일화들을 전한다. 북중국 사람들이 유제품을 즐기는 것을 남중국 사람들이 문제 삼고, 한 남중국 사람은 이전에 요구르트를 먹었다가 거의 죽을 뻔했다

---

pp. 262~265. 이 책 pp. 265~275는 차 재배의 보급과 불교와의 관계를 설명하고 있다.

21) Jenner, *Memories*, p. 215; Wang, *Record*, pp. 141~142.

고도 주장하며, 어떤 북중국 사람은 차가 무엇인지 몰라 앞에 두고도 알아보지 못해 연회에서 망신을 당하고 있다.[22] 정사나 여러 문헌에 보이는 이런 종류 일화들은 심화된 남북 간 분단이 요리에서의 차이까지도 포함하였음을 보여준다. 보통 남중국의 요리는 강과 바다의 산물뿐 아니라 새로 유행하는 차에 대한 선호로 구별되는 반면, 북중국의 요리는 양고기나 유제품 같은 '야민스러운' 축산물로 특성짓는다.

이런 종류의 논쟁에는 쌀 중심 식단과 조 중심 식단이라는 남북 구분이 드러나지 않는다. 아마도 곡식은 너무 기본적인 것이고 지배층 사이에서 거론하기에는 체통이 서지 않았을 터이다. 논쟁에 등장하는 음식은 모두 지역색이 강하고 상류층 식단의 특징을 보여주는 것들이다. 요구르트를 먹다 죽을 뻔했다는 남중국 사람은 그것을 승상인 왕도에게 받았다. 알다시피 왕도는 307년에 남중국으로 피난한 이주민 가문의 일원이고 건강에 동진 조정을 건립하는 데 중추적 역할을 한 인물이다. 북중국으로부터의 유명한 이주민이 손님에게 유제품을 대접했다는 사실은 유제품이 엄밀한 의미에서 더는 '야만스러운 이민족' 음식이 아니고 적어도 3세기에는 (어쩌면 한대에도) 북중국 지배층 사이에서는 유행하였음을 시사한다. 나아가 요구르트를 먹고 탈이 난 사람이 자신을 '북방 귀신[傖鬼]'이 될 뻔한 '오吳 사람'이라고 묘사했는데, 이는 이주민 가문들과 기존 남중국 가문 사이의 갈등이 식습관의 대비를 통해서 표출될 수 있었음을 암시한다. 남중국과 '야만스러운' 북중

---

22) Mather, tr., *New Account*, pp. 72–73, 407, 422–423, 481. 다른 일화들은 지형, 발음, 학술, 정치적 인식에 있어서 남과 북을 대비하고 있다. pp. 65, 77, 78, 105, 260, 408, 417 참조.

국의 식습관이 대비되는 것과 동일하게 기존 남중국 사람들과 새로 이 주한 가문들의 식습관이 대비되고 있는 것이다.[23]

사회적 조직으로서의 가문

남중국과 북중국은 가족 구조에서도 서로 차이를 보였다. 6세기의 학자 안지추가 다음과 같이 적은 데서도 볼 수 있듯이, 우선 가정경제 에서 여성이 행하는 역할이 달랐다.

> 남쪽에서는 가난한 사람도 겉치레에 치중한다. 집에 있는 처자식은 굶주리고 추위에 떠는 일이 있더라도 수레와 의복은 반드시 비싸고 좋은 것을 써야 한다. 그러나 북쪽에서는 대체로 여인이 가정의 일을 주도한다. 이들은 좋은 비단, 황금 실, 물총새 깃털(과 같은 사치품) 없이는 살 수 없다. 하지만 제 몫만 한다면 (겉치레와 상관없이) 여윈 말과 비루한 머슴을 쓰기를 꺼리지 않는다. …… 황하 북쪽 여인들은 베 짜기와 바느질 기술, 그리고 여러 종류 비단에 수놓는 기술에서 남쪽 사람들보다 훨씬 뛰어나다.[24]

---

23) Mather, tr., *New Account*, p. 473. 이 책 pp. 407~408에는 왕도의 유일한 재주가 남중국 방언을 말하는 것이었다고 왕도를 조롱하는 이야기가 있다. 언어에 관한 왕도의 노력을 전하는 다른 일화는 p. 86. 다양한 방언의 중요성에 대해서는 Mather, "Note on the Dialects of Lo-yang and Nanking.", 이 주제에 대한 고전적인 연구는 陳寅恪,「東晉南朝之吳語」참조.

24) Yen, *Family Instructions*, p. 19

안지추가 업의 여성들이 공적 영역에서 행하는 역할에 대해서 기록한 바는 앞에서 소개하였다. 위 인용문은 바로 그다음에 이어져 가정 내 상황은 어떠하였는지를 보여주는 대목이다. 북중국 여성들은 남중국 여성들보다 훨씬 힘이 있었고 겉치레를 차리기 위해 그들 자신이나 자녀를 궁핍하게 하는 일이 없었다. 겉치레 혹은 체면이라는 것은 관직에 부수하는 물품들을 통해 규정되었으므로, 안지추의 서술은 북중국과 달리 남중국에서는 사회생활 하는 데 필요한 것이 가정에서 필요한 것보다 우선시되었음을 의미한다. 북중국 여성들이 더 가정에 신경을 썼다는 점은 무늬 없는 직물부터 자수 놓은 비단에 이르기까지 의복을 만드는 작업의 모든 측면에서 그들이 우월한 기술을 갖추었다는 사실에서도 잘 드러난다.

안지추가 서술하는 또 다른 남북의 차이는 화법을 사회적 지표로 삼는 것이었다.

남방의 자연환경은 온화하고 부드러워서 사람들의 발음이 맑고 높으며 정확하다. 그 단점은 사람들이 들뜨고 얕아서 단어가 대체로 비루하고 속되다는 것이다. 북방의 산천은 깊고 두터워서 사람들의 발음이 가라앉아 있고 탁하며 무디다. 그 장점은 사람들이 질박하고 직설적이라 어휘가 대체로 옛스럽다는 것이다. 그러나 군자의 말하는 법은 남방이 낫고, 소인의 말하는 법은 북방이 낫다. 옷을 바꾸어 입혀도 몇 마디만 나누어보면 남방의 선비와 평민은 바로 구별할 수 있다. 그러나 벽을 사이에 두고 말하는 것을 들어보면 하루 종일 있어도 북

방의 선비와 평민은 구별하기 어렵다.[25]

이 단락에는 자연환경에 입각한 설명과 역사에 바탕을 둔 설명이 뒤섞여 있다. 습기가 있고 아늑한 남중국의 기후는 선명하고 맑은 액체와 같은 말소리에 반영되어 나타난다. 반면 북중국의 발음은 울퉁불퉁한 평지 지형을 반영하듯 선명함이 결여되어 있고 투박한 단순함을 드러낸다. 같은 이유로 보다 세련된 남방인이 깊은 맛이 없는 반면 북방인은 직설적이고 솔직하다.

이어서 안지추는 계층에 기반하여 어투를 분석하며, 이는 북중국과 남중국의 환경에서 비롯한 차이가 아니라 서로 다른 역사에서 비롯하였다고 설명한다. 남중국에서는 한대 이래의 지배층 출신이 대다수였던 이주민 지배층이 가장 발음이 좋고, 오 지역의 방언을 쓰는 일반 백성들 발음이 가장 나빴다고 한다. 이와 같은 지배층의 언어적 보수성은 발음으로 계층이 구분되는 현상을 더욱 심화시켰다.[26] 북중국에서 지배층을 이룬 것은 조정이 남쪽으로 피난했을 때 북중국에 남았던 유력 가문들이었다. 이들은 남쪽으로 이주한 가문보다 사회적으로 하위에 속했고 소작인과 정기적으로 접촉하였다. 이로 인해 그들의 발음은 남쪽으로 피난한 이주 가문 사람들보다 열등하였고 오히려 이웃한 농민들과 닮아 있었다. 그러나 중국의 옛 중심이었던 북중국의 언어는 사회계층을 막론하고 남중국에 비해 중국 고전언어의 요소를 보다

---

25) 같은 책, p. 189.

26) 陳寅恪, 「从史实论『切韵』」 및 「東晉南朝之吳語」.

많이 보존하고 있었다.

이를 토대로 안지추는 북중국의 지방 유력 가문은 사회적으로 볼 때 남중국의 유력 가문보다는 자신들이 지배하던 사람들에 더 가까운 존재라고 결론짓는다.[27] 남쪽으로 피신한 이주민들이 새로운 조정을 꾸린 반면, 북중국에 남은 한족 지배층은 움직이지 못한 채 단명한 이민족 왕조와 긴밀한 유대를 형성하지도 못했다. 이러한 상황은 혈연 집단의 구조와 향촌 사회와의 관계라는 면에서 뚜렷한 차이를 낳았다. 이주민 가문은 기존 남중국 가문이 개발된 토지를 이미 장악하고 있는 새로운 세계에 들어갔다. 이주민들이 큰 규모의 장원을 지으려면 산지나 습지에 있어서 농지로 아직 이용되지 않은 주변부의 토지로 나아가야 했다. 그들은 자신과 다른 습속 및 언어를 지닌 현지 한족 농민들이나 문화적으로 더 구별되는 월越족의 노동력에 의존했다.

이러한 남중국 가문 출신으로 야심이 있는 자들이 수도로 이주하여 조정에 진출하려 할 때, 지방에 있는 덜 성공한 친척들과 인연을 끊는 일도 많았다. 어떤 경우에는 조정에서의 지위와 권력을 얻기 위해 사촌들끼리 싸우기도 했다. 5~6세기 화폐화된 도시경제의 성장으로 주요 가문들의 방계가 빈궁한 처지로 몰락하거나 지방 근거지가 축소되는 일이 일어났다. 새로운 일거리를 찾는 농민들이 장원을 떠나 도시로 이동했다. 이러한 양상은 결국 혈연과의 유대관계 및 주변 현지 촌락 주민들과의 관계 모두에 있어서, 남중국 가문들의 구조를 흐트러

---

27) 唐長孺, 「門閥的形成及其衰落」 및 『魏晉南北朝隋唐史三論』, pp. 159–178; Mao, "Evolution," pp. 100–103. 양자의 간략한 대비는 Ebrey, *Aristocratic Families*, pp. 24–27 참조.

뜨렸다.

반면 정치적으로 혼란한 상황에 있는 북중국의 경우, 혈연 집단은 지방에서 단합을 유지하였고 촌락 공동체는 주도적인 가문 중심으로 자위조직을 형성하여 결집을 유지하였다. 안전을 보장해준 것은 사람들 간의 결집이었고, 경제는 지방별로 자급자족하는 경향을 보였다. 이에 더해 야심 있는 인물을 불러낼 만한 조정이 수십 년간 존재하지 않은 적도 있었다. 동일한 성姓을 공유하는 많은 가문들이 촌락 공동체가 더 큰 규모로 통합될 때 그 중핵으로 기능하였고, 이러한 가문들 간의 강한 혈연적 유대관계가 향촌 사회의 특성을 형성했다.

이러한 전개 양상을 알려주는 증거는 문헌기록 여기저기 흩어져 있는데, 한결같이 남중국과 북중국 사이에 일관된 차이가 있었음을 보여준다. 예를 들어 당시 기록에는 동성同姓으로 연결된 집단처럼 보다 큰 범위의 친족 집단 안에서 충성하고 협동할 것을 북중국 사람들이 더욱 강조하였다는 점이 자주 언급된다. "북방의 땅에서는 성姓이 같은 것을 중시하여 그런 사람을 모두 골육骨肉이라고 부른다. 성이 같은 사람이 의지할 곳을 찾아 멀리서 오면 힘을 다해 돕지 않는 경우가 없다. 만약 힘을 다하지 않으면 의롭지 않다고 여겨져 향리로부터 용납되지 못한다. 왕의王懿가 강남 땅에 같은 태원太原 왕씨인 왕유王愉가 있다고 듣고 그에게 가서 의지하였다. 왕유가 그를 대하는 것이 박하여 왕의는 왕유를 떠났다."[28]

---

28) Mao, "Evolution," p. 102에 인용된 『宋書』와 『南史』의 내용. 여기서는 『宋書』의 기록을 따랐다.

즉 북중국에서는 사회 관습상 같은 성을 가진 사람이라면 누구에게든 가까운 피붙이처럼 대하고 도움을 베풀어야 했던 반면, 남중국에서는 성이 같다는 이유만으로는 아무것도 기대할 수 없었던 것이다. 남북 간의 이러한 대비는 왕도와 왕돈의 경우에서 더욱 두드러진다. 사촌지간인 이들은 강남에서 그들과 합류하기를 바라던 화북의 친척 한 사람을 죽이기로 공모한 적이 있었고, 얼마 지나지 않아서는 전장에서 서로 적으로 만났다. 친족 내 유대가 약했다는 점은 사씨謝氏와 같은 남중국의 다른 유명 가문에 관한 이야기에도 보인다.[29] 이와 대조적으로 몇몇 사례에서 북중국의 명문가 인사들은 가산을 기울여 동성의 먼 친척과 심지어 혼인으로 맺어진 인척姻戚을 돕고 있다.[30]

정사에 기록된 일화들은 북중국에서 먼 친척에 대한 의무가 중시되었을 뿐 아니라, 한 가문 내에서도 구성원들끼리 보다 가까운 관계가 유지되고 보다 많은 자산이 공유되었음을 시사한다. 북중국에서는 여러 가구를, 어떤 경우에는 십여 가구를 하나의 호戶로 통합하여 호적에 등재하는 관습이 널리 퍼져 있었다.[31] 반면 남중국 가문들은 자산을 분할하여 개별 가구로 나뉘는 경향이 있었다. 남조의 제齊에서 관직생활을 시작하였으나 나중에 북위로 망명한 배식裴植의 집안에서 그 전형적인 사례를 볼 수 있다. 그의 모친은 불교사원에 스스로를 노예로 공양하여 자식들이 돈을 내고 환속시킨 일이 있었고 나중에는 비구니

---

29) Ebrey, *Aristocratic Families*, pp. 22, 126의 주 25).

30) 『魏書』 卷 47, p. 1062; 卷 48, p. 1089; 卷 68, p. 1520.

31) 이러한 상황에 대한 서술은 『魏書』 卷 110, p. 2855; 『晉書』 卷 127, p. 2170.

가 되었다가 결국 집으로 돌아왔다. "배식은 어머니와 동생을 부양하기 위해 지방관으로 받는 급료를 보냈으나 그들은 각자의 재산을 별도로 유지하였다. 같은 집에 살기는 하였으나 각자의 솥을 가지고 한 집안에 아궁이가 여럿 있었다. 이는 역시 그들이 강남의 풍속에 물들어 있었기 때문일 것이다."[32]

별도의 솥과 여러 아궁이를 언급하는 것은 남방인에 대한 적대적 표현의 전형이 되었다. 송대(960~1279) 문헌인 『태평광기太平廣記』에 수집되어 남아 있는 일화는 남조의 진陳에 사절로 가는 어느 북위 관리에 대해 이야기하고 있다. 이 관리는 북방인에 대한 조롱에 대하여 남방인은 "솥을 같이 쓰더라도 밥을 따로 짓고", "냄비를 같이 쓰더라도 생선을 따로 익힌다"고 시를 지어 대꾸하였다고 한다.[33] 이처럼 함께 사는 사람 사이라면 가장 기본인 공동 식사조차도 남중국에서는 이루어지지 않았다는 것이다. 다른 기록들에서는 재산의 분할에 대해 보다 상투적인 서술이 보인다. 예를 들어 454년 무렵 남조의 한 상소문은 지배층 "열 가문 중 일곱 가문", 일반 백성 "여덟 집안 중 다섯 집안"이 부자간에 재산을 분할해놓았으며 친척이 굶거나 추위에 떨어도 돕지 않으려 한다고 언급하고 있다.[34]

---

32) 『魏書』 卷 71, pp. 1571~1572.

33) 『太平廣記』 卷 247, p. 511. 『魏書』 卷 58, p. 1302에는 "맛있는 음식이 생기면 모두가 모일 때까지 먹지 않고", "아주 먼 친척도 한 솥 밥을 먹는다"는 이유로 어느 북중국의 가문을 칭찬하는 내용이 보인다.

34) 『宋書』 卷 82, p. 2097. 가문의 분할과 친척 사이의 불화에 대해서는 卷 59, p. 1609; 卷 89, p. 2229.

북중국에서는 행정기구의 붕괴로 인해 토지 소유의 법적 토대도 약화되었다. 방치된 토지는 국가가 접수하여 둔전으로 만들 수도 있었으나, 산릉의 미개간지(한대 이래로 공식적으로는 국가 소유였음)를 개척할 수 있거나 혹 버려진 농토에 다시 농사를 지을 수 있는 사람은 실질적으로 그 땅의 소유주가 되었다. 결과적으로 오보를 중심으로 무장을 갖춘 향촌 공동체는 그들이 장악한 토지의 사실상 소유주였고, 이는 그 공동체의 주도 가문이 실질적으로는 그 토지를 소유하였으며 모든 농민이 경작하는 작은 농토는 이러한 토지에 기반한 것임을 의미했다(그림 17). 따라서 이러한 농민은 소작인이나 농노와 같은 존재였다. 무장한 지주와 농민 사이의 이러한 예속관계는 후한 말부터 중국 농촌 지역 어디서나 등장하기 시작하였으나 특히 북중국에서 강하게 나타났다.[35]

지역 방어에서 맡은 역할을 고려하면, 강남에 비해 북중국의 유력 가문과 향촌 사회는 훨씬 군사화되어 있었다. 6세기 중엽 후경의 난(548~557)에 뒤따른 남중국의 내전과 육진의 난(523~534)에 이어진 북중국의 내전이라는 두 대규모 전란이 있었는데, 이때 벌어진 군사활동의 기록은 이 점을 분명히 보여준다. 후자의 경우 다수의 유력 가문이 군대를 이끌고 어떤 때는 조정과, 어떤 때는 반란군과 연대하며 그들 자신의 향촌을 방어하였다. 그러나 남중국의 경우, 어떠한 유력 가문도 후경에 대한 전투나 그 뒤의 내전에서 군사적 역할을 맡지 않았다. 그 대신 지방에서 군사력은 새로운 종류의 사람들에게 넘어갔다.

---

35) Tang, "Clients" 및 Yang, "Evolution of the Status of 'Dependents.'"

그림 17. 해자가 있는 농촌 성읍의 모습
감숙성 천수 부근 맥적산麥積山 석굴 제126굴의 벽화 일부. 서위.

이들은 사병 집단을 모아 가장 비싼 가격을 제시하는 사람을 위해 전장에 나서는 사람들이었다.[36]

　북중국 가문 내 결속은 종종 조정에 출사하는 일을 거부하게 만들기도 하였다. 어느 지역 호족이 아들과 조카에게 남긴 유언에도 이러한 점이 잘 드러나 있다. "안에서는 웃어른을 잘 따르고, 밖으로는 촌락 이웃들에게 공손하며, 군郡에서 벼슬하다 요행히 승진하여 공조功曹의 서기가 되어 일하되, 이 모든 것을 충심과 청렴으로 행할 수 있으면

---

36) 군사에 있어서 남과 북의 차이에 대해서는 唐長孺, 「門閥의 形成及其衰落」,
　　 pp. 7-10. 유력 가문들의 무장해제 경향에 대해서는 Mao, "Evolution," pp. 92-95.

그것으로 충분하다. 수도의 높은 관직에 나아가려고 멀리 여행하지 말거라. 너희들이 부도 명예도 얻지 못하고 단지 가문에 누만 끼칠까 두렵다. 내 말을 잊는다면 이는 너희가 아버지가 없는 듯 처신하는 일 이니, 만약 사람이 죽어서도 지각이 있다면 너희 제사를 받지 않을 것 이다."[37] 여기서 아버지는 조정에 출사하는 일의 대척점에 가문과 촌 락에 대한 충성을 두면서, 후자를 부자간 유대의 토대로 삼고 있다.

북중국 가문들 중 소수만이 중앙관료로 나아가는 전통을 가지고 있 었다. 그러나 이들 가문조차도 4세기 초 서진의 멸망에서 5세기 중엽 북위에 의한 북중국 통일에 이르는 기간 동안에는 중앙관직을 기피하 고 지방에 있는 자신들 근거지에 전념하였다. 이는 박릉博陵 최씨崔氏 의 경우를 통해 분명해진다. 이들이 중앙관직에 진출한 것은 한대까 지로 거슬러 올라가지만, 이 가문의 누구도 4세기 내내 자신들, 이웃 들 및 예속민들을 지킴으로써 가문의 명망과 지역에서의 영향력을 유 지하는 일 외에 다른 일은 하지 않았다.[38] 그들은 토지 소유를 늘리고 특히 조군趙郡 이씨李氏와 같은 인근의 다른 주요 가문과 통혼하며 향 촌 공동체를 지탱하였다. 문헌 사료와 석각 자료 모두 그들이 박릉 일 대에서 일생 대부분을 보냈음을 보여준다. 475년에 10~20명 사이의 성인 남성 최씨가 한 가구에 함께 살았는데, 이 가구의 전체 구성원은 아마 30명 이상이었을 것이다. 이 가구의 장성한 두 남성이 죽었을 때 이 가구의 수장은 죽은 두 사람 중 한 사람의 부인인 이씨였다. "가문

---

37) 『魏書』 卷 33, pp. 773-774.

38) Ebrey, *Aristocratic Families*, pp. 52-53, 63-64.

의 일은 크건 작건 부인과 상의하여 결정하였다. 형제들이 밖에 나갔을 때 약간이라도 재부를 얻으면 모두 부인의 창고에 넣었다. 계절마다 이를 나눌 때는 부인이 감독하곤 하였다."[39] 이씨가 그랬듯이 최씨의 보다 먼 친척들도 주요 축제마다 함께 모였다. 먼 친척들은 물질적 도움을 청하곤 하였다. 이 혼란스러운 시대에는 학교가 없었으므로 최씨들은 자제들 교육을 위해서도 서로 의지하였다.[40]

북위 조정은 431년에 다른 유명 가문의 인사들과 더불어 최씨 자제들을 관료로 임용하려 시도하였으나 별다른 성공을 거두지 못했다. 493년에 북위가 수도를 낙양으로 옮기고 한화漢化 정책을 채택하고 난 후에야 박릉 최씨들은 수도에서의 관직에 나아가기 위해 근거지를 떠나기 시작했다. 그들이 맡은 관직은 처음에는 무관이었다가 문관으로 바뀌어갔다. 그런데 523년 육진의 난으로 그들의 관직이 다시 무관으로 돌아갔으나, 이때 최씨 가문 내의 계파들은 각기 서로 다른 정치적 인물들과 손을 잡고 있었다. 중앙관직에 나아간 지 수십 년이 지나자 단합된 가문으로서의 최씨 가문은 분열하기 시작한 것이다. 결국 많은 경우 정치적 상급자에 대한 충성이 친족 집단에 대한 충성을 대체하게 되었다. 북위가 동위와 서위로 양분되자 이러한 경향이 가속화하였다. 최씨 중 일부 계통은 친족과의 물리적 유대를 끊고 서위의 수도 장안에 정착하였다. 최씨 가문 사람들은 지방에서의 위치와 중앙에서의 관직 사이에서 선택을 해야 했고, 중앙에서의 관직을 택한 사

---

39) 같은 책, p. 57에 인용된 『魏書』의 내용.

40) 같은 책, pp. 55-61, 64-65.

람은 또다시 높지만 위험한 관직과 낮지만 안정된 관직 사이에서 선택을 해야 했다. 이러한 개별적 선택들의 결과, 6세기 말에 이르면 최씨는 고유한 지역성을 상실하게 되었다. 정치적으로 활동하는 최씨 가문 사람들은 모두 박릉의 본거지를 떠났고, 이제 가문의 본거지는 가문 사람들이 모이는 중심지로서나 혹은 어려운 시기에 대피할 수 있는 곳으로 더는 기능하지 못하였다.

이제 중국 동북부의 다른 유명 가문들은 지방 본거지를 버리고 흩어졌다. 589년 수가 중국을 재통일한 후 새 수도에서 부활한 제국 조정의 야심가들에 끌린 것이 이들을 지방 본거지로부터 '끌어낸' 요인이었다. 다른 한편으로 이들을 본거지에서 '밀어낸' 것은 485년에 처음 시행된 균전제였다. 균전제 덕분에 농민은 유력 가문의 보호 없이도 농토를 확보할 수 있었고, 따라서 유력 가문은 향촌 사회에서 그들의 지배력을 상실하고 말았다. 나아가 수는 지방관이 지방의 유력 가문을 견제하도록 하고 구품중정제를 폐지하였으며 속관제도도 없앴다. 이러한 정책은 북중국의 유력 가문이 지역사회에서 발휘하던 영향력을 축소시켰고 그러한 가문 출신이 본거지를 떠나지 않고 관직에 나아가는 것을 막았다.[41]

그 결과 이어지는 당 왕조의 인물로 우리가 기록을 통해 아는 최씨들은 모두 지역 본거지를 떠나 중앙 조정에서 근무한 사람들의 후손이고, 이는 다른 가문의 경우에도 마찬가지인 것으로 보인다. 북중국 유력 가문들은 이제까지는 친척과 예속민과의 연대를 통해 공동체의 인

---

41) 같은 책, pp. 64-83.

적자원을 결집하여 지역에서 힘을 확보한 조직이었다. 그러나 이제
그들은 족보에 기록된 공통 계보로 정의되는 폐쇄적 혈통이 되었고,
관직에 나아갈 특권을 통해 자신들 지위를 보호하였다. 친족은 더 이
상 함께 모여 살지도 않았고 서로 도움을 주고받지도 않았다. 몇 세대
동안 관리를 배출하지 못한 계파는 그 가문의 구성원을 정의하는 족보
에서 제거되었다. 이렇게 중앙의 조정과 관직에 더욱 초점을 맞추게
됨에 따라, 북중국 유력 가문의 관습과 가치관은 수 세기 동안 지역 본
거지가 아니라 조정에서의 일을 중시하고 정치 경력을 위해 친족 간
유대를 희생한 남중국 유력 가문의 그것과 다를 바가 없게 되었다.[42]

　남북 주요 가문들의 행동 양태와 가치관이 닮아갔다고는 해도 양자
는 당대까지도 서로 이질적인 집단으로 존재하였다. 8세기 중엽에 유
력 가문과 족보에 대해 쓰면서 유방柳芳은 이런 말을 남겼다.

　　　산동 사람들은 소박하고 신실하여 혼인으로 맺어진 관계를 중시한
　　　다. …… 강남 사람들은 세련되어 뛰어난 인재를 숭상한다. …… 관중
　　　關中 사람들은 씩씩하여 관직을 중시한다. 멀리 대북代北 사람들은 용
　　　맹하여 고귀한 친척을 중시한다. …… 각각의 단점에 대해 말하자면
　　　혼인관계를 중시하는 사람은 자신의 혈통보다 인척姻戚을 중시한다.
　　　뛰어난 인재를 중시하는 사람은 적장자를 물리치고 서얼을 우대한다.
　　　관직을 중시하는 사람은 배우자를 소홀히 하고 영화를 좇는다. 고귀

---

42) 같은 책, pp. 55, 83-86.

한 친척을 중시하는 사람은 세력을 좇아 예교禮敎를 잊는다.[43]

여기서도 남북을 구분하는 관념의 오래 지속된 영향력이 드러난다. 북중국 지역은 상대적으로 군사적 전통과 소박함을 공유하는 것으로 묘사되는 반면, 남중국은 문화와 재능 있는 인물에 대한 강조를 그 특징으로 한다고 이해되고 있다.

국유지

한 제국의 붕괴 이후 이어진 수 세기 동안 특히 북중국에서는 중국사에서 보기 드물게 국가의 직접적 토지 소유에 의존하는 현상이 나타났다. 이전의 진한 제국은 조세와 요역의 의무를 지는 자영농민에게 가능한 한 많은 양의 토지를 주었다. 국가가 소유하고 노예나 소작인이 경작하는 농토는 지방관청이 필요로 하는 비용을 마련하는 데 쓰임으로써 국가 재정을 보조하는 역할을 하였다. 그러나 이러한 체제는 한대에 대토지 소유가 등장하면서 이미 변화하였다. 이후 후한의 붕괴와 뒤이은 전란으로 인해 많은 농민이 유력 가문이 소유한 장원으로 피신하여 소작인이 되고 말았다. 이들 장원은 경제와 군사의 중심이 되었고, 그 소유주는 중앙정부에게는 잠재적 지지세력인 동시에 상존하는 위협이기도 했다.

---

43) 『新唐書』, 卷 199, p. 5679; Mao, "Evolution," p. 101에 재인용되어 있음.

3세기 이래로 어떠한 정부도 대토지를 소유한 이들 지방 유력 가문의 힘에 도전하지 못했다. 그 대신 위·촉·오 삼국은 이들 가문과 유사한 방식을 취하여 피난민들에게 방치된 토지를 분배하고 보호의 대가로 조세를 거두고 어떤 경우에는 군역을 부과하였다. 한 제국은 변경에 주민을 거주하도록 하여 방어의 편의를 도모하기 위해 둔전을 설치하였던 반면, 조위曹魏 치하에서 토지의 사여는 변경이 아닌 국내에 둔전이 설치되는 형태로 나타났다.[44]

이러한 둔전의 첫 기록은 196년 조조가 자신의 수도 허도許都 주변에서 황건 세력에게서 몰수하거나 피난한 농민이 버리고 간 토지를 투항한 반란군이나 피난민에게 사여한 것이었다. 총체적 혼란 상황에서 둔전민이 되는 일은 매력적인 전망을 제시하였고 따라서 자발적 선택의 결과였을 수도 있다. 그러나 뒤이은 수십 년 동안 이 제도가 위나라 거의 모든 군郡으로 확대 실시되면서, 둔전민은 강제적으로 징발되었고 농민이 도망하는 경우도 생겼다. 둔전은 일반 지방행정과는 다른 행정체계 아래 놓여 있었다. 일반적인 군郡의 일부를 별도 행정체계에 속하는 둔전으로 떼어내거나 하나의 군 전체를 둔전으로 전환하는 방식에 의해 둔전은 물리적으로도 분리되어 있었다. 둔전이 폐지되면 그 행정 책임자가 군의 태수가 되었던 사실이나 이들이 받았던 급료를 통해서도 짐작할 수 있듯이, 둔전의 행정 책임자는 군의 태수와 동급이었던 것으로 보인다.

초기에 둔전민은 국가가 빌려주는 경작용 소에 대해 정해진 금액을

---

44) 영어로 된 유일한 연구는 Crowell, "Government Land Policies," pp. 151-171.

지불하였다. 그러나 이 제도는 둔전민이 소를 보유하면 수확의 50퍼센트를 내고 국가 소유의 소를 사용하면 수확의 60퍼센트를 내는 소작제로 점차 전환되었다. 이 비율은 당시 지주가 소작인에게 부과하는 양과 비슷했을 것이다. 소를 제공하는 것에 더하여 국가는 일부 지역에서는 관개설비를 개선해주거나 새로운 농법을 도입하였다. 둔전에서의 노동은 국가 감독 아래 있었으므로 이러한 조치는 특히 둔전에 적합하였다. 둔전민의 유일한 의무는 소작료 지불이었던 것으로 보인다.

군둔軍屯은 위가 남중국을 정복하려 했을 때 필요한 군량을 조달하기 위한 것으로서, 일반 둔전보다 뒤늦게 설치되었다. 그중 오와 마주보는 군대에 양식을 보급하기 위해 설치된 회수 지역 군둔에 대해 가장 자세한 기록이 남아 있다. 이 지역 군둔은 223년 설치된 탁지상서度支尙書의 관할이었고, 일정한 간격으로 60여 명씩 한 단위로 묶어 배치한 군사조직으로 이루어져 있었다. 군둔의 경작인은 소작인이었으며 일반 둔전에서와 같은 비율을 납부했다. 유일한 차이는 일반 둔전의 농민과 달리 군둔의 농민은 양곡뿐 아니라 군역도 제공했다는 점이다. 병사 1명은 3에이커(3,600평) 정도를 받았고, 소작료를 내고도 소규모 핵가족을 부양하기에 충분한 양을 남겼다. 이런 병호兵戶는 위의 세습병 제도에 있어서 중요한 요소였다.

위 정권 아래 일반 농민을 위한 행정도 물론 이루어졌다. 위는 인두세와 예상 수확량에 기초하여 산출한 호당 전조田租를 부과하던 한대의 제도를 폐지하고 그 대신 직물로 납부하는 단일한 호세와 토지 넓이에 기초하여 산출한 정량의 전조를 부과하였다. 이는 정보 수집의 필요성을 경감하는 조치로서, 국가가 적절한 인구통계를 계속 파악할 수 없고 농지의 토질을 평가할 수도 없었다는 사실을 반영한다. 둔전이 국가 세수를 상당 정도 보완해주었기에 이러한 변화가 가능했던 것인지도 모른다.

현재 남아 있는 제한된 기록은 둔전이 원래 군대에 충분한 군량을 제공하였음을 시사하며, 전국으로 둔전을 확대 실시한 것도 이러한 결론을 뒷받침한다. 그러나 264년에 사마씨가 위를 멸망시키기 얼마 전 "부담을 균등하게 하기 위하여" 둔전을 감독하는 관직을 폐지하는 조칙을 내렸다. 이는 둔전민을 다른 농민과 같은 처지에 놓겠다는 의미였다. 여기에는 몇 가지 이유가 있었다. 220년 위가 건국된 이래 조씨 군주들은 고위관료들에게 국가의 소를 쓸 수 있도록 해주고 둔전을 감독하게 함으로써 그들의 지지를 얻고자 했다. 관료는 그들 통제 아래 있는 호구를 상업활동에 종사하도록 할 수 있는 권리도 부여받았다. 이러한 법적 특권은 관료로 하여금 토지와 호구를 멋대로 전용할 수 있게끔 해주었고, 둔전은 점차로 원래 모방의 대상이었던 지방 장원과 마찬가지 존재로 되돌아갔다.

둔전이 폐지된 또 다른 이유는 263년 촉을 정복함으로써 둔전이 충족시켜야 했던 급한 수요가 줄어든 탓이다. 오와 마주한 군둔이 계속 기능하였다고는 해도, 둔전의 폐지는 보다 고전적 정부 형태로의 복귀를 알리는 신호였다. 둔전의 폐지는 유력 가문들의 환영을 받았음이 틀림없다. 이들 가문은 바로 사마씨가 정식으로 조씨를 대체하기 전에 사마씨 자신의 입지를 다지고자 지지를 얻으려 한 세력이었다.

280년 진 왕조가 중국을 재통일하자, 지속되지 못했다고는 해도 토지정책에 대한 전반적 재편이 있었다. 현재 남은 자료로는 이 정책의 세부 내용이나 실제 시행 정도를 알기가 어렵다.[45] 팔왕의 난이 일어나고 조정이 남쪽으로 피신하자, 진 조정의 제한된 힘은 더욱 급속하게 위축되었다. 원칙상으로 동진 정부는 대토지 소유주가 소유할 수 있는 소작인과 부곡의 수를 제한하였고 종종 토단을 감행하여 호적 등록과 토지 소유 실태를 개선하려고 시도하기도 하였으나, 현실적으로 건강 정권은 독자적으로 소유한 토지도 없었고 토지 소유 형태를 규제할 힘도 없었다.[46]

한 제국의 옛 원칙은 산과 늪지[山澤]와 같이 농토가 아닌 모든 토지는 국가 소유라는 것이었고, 이는 336년 진 왕조의 조칙에서도 되풀이되었다. 그러나 북방에서 온 이주민 가문들이 배수가 이루어진 저지와 산릉에 별장과 원림을 조성해감에 따라 이 원칙은 공허한 것이 되어버렸다. 이러한 개발을 막으려는 몇몇 조칙은 효과를 보지 못했고 국가가 산과 늪지 자원을 개발하기 위해 종종 둔전을 설치하여도 대개 유력 가문의 손으로 넘어갈 뿐이었다. 관개와 배수 사업 또한 남중국을 개척하는 데 중요하였으나, 여기서도 국가보다는 유력 가문이 중요한 역할을 수행하였다.[47]

---

45) 같은 글, pp. 183–216.

46) 동진과 남조의 토지정책에 대해서는 같은 글, pp. 235–273.

47) 유일하게 이 문제를 자세하게 다룬 연구는 佐久間吉也,
『魏晉南北朝水利史硏究』. 책 뒤에 7페이지 분량의 영문 초록이 있어 참조할 수 있다.

놀랍게도 토지 겸병을 제한하는 조칙은 한 번도 내려진 적이 없었다. 동진·남조의 정부는 북쪽 변경에 군둔을 설치하고자 하였으나 대체로 성공하지 못했다. 일반 둔전을 설치하자는 의견이 시행에 옮겨지지 못했거나 혹은 둔전이 설치되어도 지방관들이 그로 인한 이익을 챙기려고 착복을 위해 재빠르게 전용하였던 것과 마찬가지였다. 남중국에서 발달한 몇 안 되는 국유지 형태 중 하나는 녹전祿田이었다. 여기서 나는 수입은 재정 자원이 부족한 중앙 조정이 감당할 수 없는 관료의 급여를 지불하기 위한 것이었다. 이 정책은 대체로 주요 가문들에 이익이 되었으므로 성공을 거둔 것도 놀라운 일이 아니다. 그러나 양 왕조 때에는 이 토지조차 유력 가문들이 점유하게 되었다.

남중국에서는 국유지가 큰 역할을 하지 못한 반면, 북중국에서 국유지는 계속 중요한 역할을 하였다. 선비 모용부가 세운 연燕 왕조들을 제외한 거의 모든 이민족 왕조는 수만 명 인구를 수도 주변에 강제 이주시키고 국가와 군대를 위해 농경과 목축에 종사하도록 하였다. 이들 이민족 왕조가 시행한 구체적 내용은 기록되어 있지 않지만, 이 정책은 조조가 임시 수도였던 허도 주변에 둔전을 설치한 것과 거의 다르지 않다.

예외적으로 구체적 내용이 남아 있는 것은 북위에서 강제 이주시킨 인구를 '승기호僧祇戶'(불교 교단에 종속된 호구)로 전환한 결정이다.[48] 469년 불교승려의 통괄을 맡았던 사문통沙門統 담요曇曜는 다음과 같이 상

---

48) 이 내용은 Ch'en, *Buddhism*, pp. 154~158; Gernet, *Buddhism*, pp. 100~107, 111~112, 127~128를 따랐다.

주하였다. "청하옵건대 평제호平齊戶(전쟁포로들로 설치한 평제군平齊郡
의 호구)와 매년 승조僧曹에 곡식 60곡斛을 낼 수 있는 자들을 '승기호'로
삼고 그들이 내는 조를 '승기속僧祇粟'이라 하십시오. 이 곡식은 기근이
들면 굶주린 백성에게 나누어 주십시오. 또 청하옵건대 중죄를 범한
자와 관노비를 '불도호佛圖戶'로 삼아 사찰을 청소하고 사찰 소유 농토
에서 일하며 곡식을 거두는 일에 쓰십시오."[49] 이 제안은 받아들여졌
고 '승기호'는 각 사찰에 소속된 세습농노인 '불도호'와 더불어 곧 전국
의 주州와 진鎭에 퍼졌다고 『위서』는 전한다. 476년 담요의 두 번째 상
소문도 받아들여져 양주涼州(현재의 감숙성 지역)에서 획득한 전쟁포로
로 구성된 승기호가 추가되었다.

  담요의 상주문에서 언급된 지역의 위치나, 가뭄에 강한 조의 재배
가 강조된 점 등은 이들 농지가 새로 개간된 건조한 지역 혹은 변경 지
역에 설치되었음을 시사한다. 60곡이라는 수치로는 '승기속'으로 거두
어들인 양이 수확의 절반가량이었음을 알 수 있다. 또한 다른 상주문
을 통해 불교 교단이나 국가가 이전 시기 국유지에서 행해졌던 관행에
따라 경작자에게 소를 제공하였음을 알 수 있다. 아울러 사찰에서는
농기구를 제공하고 수리관개에 도움을 주었을 것이다. 이러한 농지의
설립은 토지 조사와 평가를 전제로 하는 것이었다.

  이전 시기 국가가 실시한 둔전과 유사하기는 하지만, 승기호는 불
교와 관련된 탓에 몇 가지 다른 점이 있다. 사찰에 노예로 종속된 불도
호는 무거운 노역형에 처하거나 사형을 감면받은 자들로 이루어져 있

---

49) 『魏書』 卷 114, p. 3037, Gernet, *Buddhism*, p. 100에서 재인용.

었다. 따라서 이 제도는 자비라는 교의로 그들을 구제한 교단에 보내기 위해 목숨을 살려준다는 새로운 행태를 보여준다. 또한 담요의 상주문은 수확한 조를 기근 구제를 위해 써야 한다고 명시하고 있는데, 이는 자선행위를 강조하는 불교 교의를 국가가 이용함으로써 원래 국가의 역할이라 간주되었던 부분을 불교라는 새로운 종교에 이양하려했음을 드러낸다. 다른 형태의 기부 토지나 재산과 마찬가지로 승기호는 사원에 부속된 영속적이며 이양 불가능한 자산이었고, 그 자체로 불교의 흥기와 더불어 중국에서 발달한 새로운 공동소유 형태를 보여주었다.[50]

북중국의 주된 토지 국유 제도는 균전제均田制였다. 486년 북위 효문제는 서진의 제도 하나를 수정한 형태로 균전제를 반포했다. 국가는 국유지를 한 가구가 경작할 규모의 토지로 분할하여 농민들에게 나누어 주고, 농민은 그 대가로 조세를 납부하고 국가의 건설 사업에 요역을 제공하는 것이었다. 이러한 골자의 균전제는 북위에 뒤이은 북제와 북주를 거쳐 당에 이르기까지 부분적인 수정을 거치며 유지되었다. 균전제의 규정에 따르면, 결혼한 부부는 노동이 가능한, 다시 말해 납세가 가능한 연령에 있는 동안은 국가로부터 토지를 받을 수 있었다. 원칙상 토지는 계속 국가 소유였고 부부가 더 이상 납세가 불가능하거나 요역을 제공할 수 없게 되면 국가에 반납하게 되어 있었다.

만약 한 가구에 성인 남성이 한 명 이상이면 규정상 국가로부터 받는 토지의 크기는 두 배가 되었고, 노예를 소유한 가구도 성인 남자 노

---

50) Gernet, *Buddhism*, pp. 98–100, 103, 112–126.

예 한 명당 책정된 소규모 토지를 추가로 받았다. 다른 지역과 달리 서북 지역에서만은 가축을 기르기 위한 토지도 따로 받았다. 다음 해 수확을 늘이기 위해 1년 동안 농지가 휴경하는 지역에서는 규정상 휴경 빈도에 따라 두 배 혹은 세 배의 토지를 지급받았다. 상속 가능한 별도의 토지도 지급되었는데, 이 토지는 조세의 일부로 내기도 하는 비단을 생산하는 데 필요한 뽕나무를 기르기 위한 것이었다. 이러한 토지는 실제 뽕나무가 다 자라려면 수십 년이 걸리기 때문에 집안 내에서 세대를 내려가며 상속되었는데, 전체 규모에 법적 제한이 있었다.

균전제의 목적이 방치된 토지를 가능한 한 많이 경작지로 활용하는 것이었기 때문에, 원래 법적으로 지급되는 토지 규모는 상당한 것이었다. 그러나 토지가 부족한 곳에서는 대부분의 농가가 법적으로 규정된 양보다 적은 토지를 지급받았다. 균전제 법규에는 관료와 유력 가문에 의한 토지 겸병을 제한하기 위한 의도도 있었으나, 실제로는 한대의 유사한 시도처럼 토지 겸병을 막는 데 큰 효과는 없었다.[51]

촌락생활에 대한 글쓰기

한 제국이 붕괴한 후 이어진 수 세기 동안 중국 농촌은 실제 삶에서뿐만 아니라 문학작품 속에서도 크게 변화하였다. 특히 도잠陶潛(또는

---

51) Crowell, "Government Land Policies," 및 Xiong, *Emperor Yang*, pp. 180-182.
   당대의 균전제에 대해서는 Xiong, "The Land-tenure System of Tang China" 참조.

도연명(陶淵明, 365~427)의 작품들은 한 개인의 목소리로 이 시기 농촌의 삶을 이야기하는 초기 사례에 속한다. [52] 종영(鍾嶸)의 『시품(詩品)』(517년 이전 완성)에서 "은일 시인의 종사"라고 일컬어진 도잠은 중년에 관직생활을 포기하고 농촌으로 은퇴한 뒤 시를 썼다. 그의 시는 시골 초가집에서의 생활, 들에서의 힘든 노동, 빈곤으로 인한 고통, 술이 주는 즐거움으로의 도피 등을 이야기한다. 그가 상대적으로 풍족했으면서도 가난한 농부의 목소리로 시를 쓴 것은 위선이라는 비웃음을 사기도 하였지만, 분명 본인이 직접 목격하고 어느 정도는 스스로 체험한 농촌생활의 풍파를 묘사하고 있다.

도잠의 작품은 농촌 풍경과 시인이 바라본 시골사람들 삶에 대한 시, 즉 후대 전원시(田園詩)라 불리는 장르의 기준이 되었다. 이러한 시들은 종종 서양의 목가시와 비견되곤 하는데, 도잠과 그 뒤를 이은 몇몇 시인들의 작품은 오히려 서양 목가시 장르에는 완전히 결여된 구체적 세부묘사와 사실주의로 특징지을 수가 있다. [53] 자신의 농촌 은거 생활을 묘사한 시 외에도 도잠은 「도화원기(桃花源記)」라는 산문도 썼다. 이 글은 중국 문학사에서 도회생활이 끼치는 해독과 국가 간섭으로부터 벗어난 농촌생활의 최종 이상향을 제시한 작품으로 자리 잡았다. 이

---

52) Kwong, *Tao Qian*, ch. 7이 농사짓는 삶에 대한 도잠의 작품들을 논하고 있다. 판본 간의 차이를 검토하고 보다 비판적인 평가를 제시한 연구로는 Tian, *Tao Yuanming and Manuscript Culture*, ch. 3을 참조. 도잠의 작품 전체의 영역으로는 A. R. Davis, tr., *T'ao Yuan-ming*, 2 vols.

53) 사령운과 같은 동시대인들 상당수도 농촌의 삶에 대한 작품을 남겼지만 대체로 같은 농부의 시각에서가 아니라 동정적인 관리의 시각을 지닌 것들이다. Holzman, "Xie Lingyun et les paysans" 참조.

작품은 비록 목가적 배경을 지녔으나, 매우 사실주의적 성격을 지니고 있다. 작품 내에서 묘사되고 있는 격리된 촌락의 물리적 특징이나 그 주민들의 생활방식은 당시 실제 농촌에 공통된 모습들이었던 것이다. 이 작품은 계급 관계와 자연 파괴라는 요소를 **빼놓았다**는 점에서만 이상적인 묘사라고 할 수 있다. 이렇게 도잠의 삶과 작품은 산수경관이 아니라 농사짓는 촌락과 연관된 은일문화의 또 다른 형태를 만들어내었다.[54]

예측할 수 없는 험한 날씨, 병충해, 자연재해에 관한 아래 구절에서 농사짓는 삶의 경험을 담아내려는 도잠의 시도를 엿볼 수 있다.

> 약관의 나이에 세상의 험한 일 만나
> 처음 혼인하였으나 짝을 잃었다.
> 불같은 가뭄은 자꾸 타오르고
> 해충들은 논밭을 헤집는다.
> 비바람 마구 불어
> 곡식을 거두어도 곳간이 차지 않는다.[55]

---

54) 은둔자로서의 도잠에 대해서는 Berkowitz, *Patterns*, pp. 205–226; Kwong, *Tao Qian*, part I; Chang, *Six Dynasties Poetry*, pp. 16–37. 회의적인 분석으로는 Tian, *Tao Yuanming and Manuscript Culture*, ch. 3 참조.

55) Davis, *T'ao Yuan-ming*, vol. 1, p. 58. p. 46의 두 번째 시(「歸園田居」 제 2수) 중 "늘 걱정하는 것은 서리나 우박이 내려 / 잡초처럼 시들어버릴까 하는 것"(常恐霜霰至 , 零落同草莽) 구절 및 pp. 77, 85, 90 참조. 다만 中華書局에서 출간한 『陶淵明集』과 약간 차이가 있어 『陶淵明集』에 따라 일부 수정하였다.

다른 시구들도 이 정도 재해는 아니지만 농사짓는 일에 수반된 어려움을 이야기하고 있다. 한대의 시를 변용하였으나 농사 경험과 무관하지 않은 아래 구절도 마찬가지이다. "남산 아래 콩을 심었는데, 잡풀만 우거지고 콩 싹은 드물구나."[56] 이런 표현들은 예측할 수 없는 자연에 전적으로 종속된 삶에 수반하는, 반복적 재해와 이로 인한 일상의 좌절감을 드러내는 것으로 중국 문학사에 전례를 찾아볼 수 없다.

"해 뜨면 거친 들풀을 정리하고, 달을 데리고 호미를 어깨에 멘 채 돌아온다"라는 구절에 드러난 것처럼 도잠의 시는 농민의 끊임없는 노동에 대해서도 이야기한다.[57] 여기서 벗으로서의 달의 이미지는 혼자 술을 마시는 행위나 곁에 없는 연인에게 시인을 연결해주는 고리 같은 의미가 아니다. 달은 낮 동안의 노동이 밤까지도 이어짐을 보여줄 뿐이다. 쟁기와 더불어 농민이 "데리고 오는" 달은 하루 종일 힘들었던 일을 밤까지도 계속할 수 있게 하는 휴대용 조명, 즉 그저 농부의 또 다른 도구인 셈이다.

어떤 대목에서는 힘든 노동의 부담과 그에 대한 보잘것없는 보답으로 시인은 절망 직전까지 이르기도 한다.

　　　몸소 밭 갈며 게으름 부린 적 없건만

56) Davis, T'ao Yuan-ming, vol. 1, p. 46의 세 번째 시. 이 구절은 한대의 인물 양운(楊惲. 56 b.c. 사망)의 시구를 변용한 것으로, 체험이라기보다는 독서의 산물이다. Tian, Tao Yuanming, p. 248의 주 25) 참조.

57) Davis, T'ao Yuan-ming, vol. 1, p. 46 세 번째 시. 일하는 날은 낮이 길다는 점에 대해 p. 24의 세 번째 시와 p. 93 참조.

추위와 굶주림에 시달리며 늘 지게미와 겨를 먹는구나.

어찌 배 채우는 것 이상을 바라겠는가.

다만 쌀밥을 배불리 먹으면 좋으련만.

겨울 추위에는 굵은 베로 족하고

여름 햇살에는 거친 갈포면 되는데

이마저도 얻을 수 없으니

슬프고 또 가슴 아프구나.

여름 낮에는 오랫동안 굶주리고

겨울 밤에는 이불도 못 덮고 잔다.

해 질 무렵이면 닭 우는 소리가 그립고

해 뜰 무렵이면 해가 멀리 가버리기를 바란다.[58]

서양 목가시의 여유로운 정취나 동시대 다른 시들에 보이는 원림과 자연 속 즐거움과는 대조적으로, 도잠의 시에서 전원은 끊임없는 노동조차도 최소한의 생계를 보장해주지 못하는 곳으로 그려져 있다.

전원시는 종용이 '농부들의 언어'[田家語]라고 부르는 어휘를 포함하는 관행을 도입했다. 도잠의 시에는 '시골마을 길'[窮巷] '평탄한 밭'[平疇] '개 짖는 소리'[狗吠, 犬吠] '닭 우는 소리'[雞鳴] '좋은 싹'[良苗] '콩과 기장'[菽稷] '서리와 우박'[霜霰] 및 여러 종류 농기구 등에 대한 언급이 곳

---

58) 같은 책, vol. 1, p. 58 여덟 번째 시와 p. 132. 농사일의 고난과 위험에 대해 pp. 93, 94도 참조.

곳에 등장한다. [59] 촌락 주민들의 언어생활은 그의 시에 종종 사용되는
어휘를 제공할 뿐 아니라 주제가 되기도 한다.

> 때때로 마을 사람들과
>
> 풀숲을 헤치며 서로 오가지만
>
> 서로 만나면 쓸데없는 이야기는 하지 않고
>
> 단지 뽕나무와 마가 얼마나 자랐는지 이야기할 뿐. [60]

여기서 작물의 성장은 농민의 노동은 물론 그 언어와 사교적 왕래의
한계까지도 규정하고 있는 것이다.

아마도 이 일면이 가장 잘 알려졌을 텐데, 도잠의 시는 농사짓는 삶
의 즐거움도 묘사하고 있다. 그러나 그러면서도 도잠은 그 즐거움이
제한된 성질의 것이며, 그것이 신체와 직결된 성격의 것임을 강조한
다. 도잠이 피해서 온 도시의 희열과 달리, 시골의 즐거움은 소박하다
고 할 수 있다. 그 즐거움이란 농민이 살면서 겪는 위험과 고생을 즉각
적으로 보완해주는 것이다. 그토록 고통스러운 노동이 이어지는 세계
에서는 거친 술과 소박한 식사가 주는 기쁨과 더불어, 몸을 쉴 수 있다
는 단순한 사실 그 자체만으로도 궁극의 즐거움이 되기 때문이다. "앉
는 것은 높은 그늘 아래뿐이고, 걷는 것은 우리 집 싸리문 안에 그친

---

59) Kwong, *Tao Qian*, pp. 143-144. 도잠의 시에 대한 종용의 시각과 농부
시인으로서의 도잠에 대한 그의 태도에 관해서는 Yeh and Walls, "Theory,
Standards, and Practice," p. 44; Xiao, *Wen xuan*, vol. 1, pp. 40-41.

60) Davis, *T'ao Yuan-ming*, vol. 1, p. 46 두 번째 시.

다. 맛있는 것은 텃밭의 아욱뿐이고, 큰 기쁨은 어린 아들뿐이네." 시골생활이 주는 이렇듯 제한된 보상을 그의 시 한 구절은 분명하게 칭송한다. 다른 시가 소박한 침상, 거친 옷, 혹은 그저 배를 채울 뿐인 거친 음식을 묘사하는 한편으로, 또 다른 시는 그가 소박한 술자리를 차려 가시덤불로 불을 밝히고 새로 거른 술과 닭 한 마리로 이웃을 대접하는 모습을 그리고 있다.[61]

농촌생활에 대한 도잠의 묘사 중 눈에 띄는 요소 한 가지는 집에서 담근 술이다. 도잠이 직접 담가 마시는 술은 때때로 스스로를 달래는 주된 방법이었던 듯하다.[62] 아래 소개하는 시구는 그가 떠나온 도시생활에 대한 암시를 곳곳에서 드러낸 채로, 농촌에서의 삶이 주는 이러한 즐거움을 요약해놓고 있다. 이 시는 여기서가 아니라면 이름을 들어볼 일이 없었을 곽주부郭主簿라는 인물에게 보낸 것이다.

> 무성한 대청 앞 숲
> 한여름에 맑은 그늘을 담고 있구나.
> 남쪽 바람 철 따라 불어와
> 회오리바람 내 옷깃을 여는구나.
> 사람 사귀기를 멈추고 한가롭게 노닐며

---

61) 같은 책, vol. 1, p. 47의 다섯 번째 시, p. 64의 첫 번째와 두 번째 시, pp. 80, 94, 106, 및 p. 132의 여덟 번째 시.

62) 같은 책, vol. 1, p. 12의 첫 번째와 두 번째 시 및 p. 14의 두 번째 시, p. 15의 네 번째 시, pp. 49, 57, 60, 63, p. 64의 두 번째 시, pp. 65, 88, 95-102 (첫 번째부터 스무 번째 시까지), 106-107, 108-110, 114, 및 p. 154의 첫 번째 시.

잠에서 일어나면 책과 거문고와 벗한다.

밭의 채소 풍성하게 자라고

지난 해 거둔 곡식이 아직까지 쌓여 있구나.

삶을 꾸려가는 데는 실로 한도가 있는 법,

족함을 지나치는 것은 바라는 바 아니다.

조를 빻아 좋은 술 담그고

술 익으면 내가 스스로 따라 마신다.

어린 아들 내 옆에서 장난치는데

말 배우지만 소리를 못 이루는구나.

이 일은 실로 또한 즐거우니

잠시 이로써 벼슬자리를 잊어본다.

아득히 흰 구름 바라본다.

옛일 생각함이 어찌 그리 깊은가![63]

중국 시인 가운데 가장 농촌 정서에 가까운 도잠에게조차 즐거운 전원
생활은 일종의 유배나 마찬가지였던 것이다.

---

63) 같은 책, vol. 1, pp. 67-68의 첫 번째 시.

6

| 중국과 외부세계 |

진秦이 기원전 221년에 중국을 통일하여 최초의 제국을 건설하면서 중국인과 중국 문화의 대체적인 경계가 그려졌다. 한대 이후에 북방 초원 지대, 중앙아시아, 남만주, 한반도, 동남아시아 내륙부로 영역을 팽창하려는 시도가 몇 차례 있었으나 대체로 단기간에 그쳤을 뿐이고, 이들 지역 주민들은 기본적으로 중국의 통제에서 벗어나 있었다. 그럼에도 중국 주변 비한족들은 중국 문명에서 중요한 역할을 하였다. 후한이 무너진 이후 중국 제국의 역사 가운데 거의 절반에 해당하는 기간 동안 비한족 국가가 중국 제국을 이루고 이민족들이 전통적 중국의 심장부인 북중국 평원을 지배한 것이다. 거꾸로 중국의 지배를 받지 않은 주변 세력은 중국 문화와 정치의 많은 부분을 도입하였고, 589년 중국이 재통일되자 그들은 보다 큰 동아시아 혹은 범아시아 세계체제의 일부가 되었다.

서술의 편의를 위해 중국 주변의 민족을 세 무리로 나누기로 하겠다. 우선 북쪽과 서북쪽으로는 유목민이 있었다. 이들이 만들어낸 정치체제는 중국의 모델과 근본적으로 달랐으나 그럼에도 중국의 국가와 공생관계를 형성하였다.[1] 둘째로 동북쪽 가까이로는 탁발부를 포함한 반半유목민이 존재하였다. 이들은 유목 군대와 중국식 행정조직을 결합한 혼성 국가를 세웠다. 마지막으로 동북쪽 멀리에 그리고 서남쪽, 동남쪽, 서쪽으로는 정주민이 살고 있었다. 이들은 농업 국가나 교역에 기초한 도시국가를 형성하였는데, 이들 국가는 당대唐代에 이르면 공통 문자인 한자와 중국식 통치술 그리고 공통 종교인 불교에 의해 통합된 정교한 교역체계를 갖춘다.

중국 내의 북방 유목 민족

첫 두 범주는 유목 국가의 서로 다른 형태이다. 하나는 북쪽과 서북쪽의 순수 유목 국가들로, 이들은 중국 바깥에 남아 있으며 교역에 종사하고, 공납을 요구하며 정기적으로 약탈을 행하였다. 또 다른 하나는 동북쪽 이원적 체제의 국가들로, 농민들로부터 조세를 거두어들이기 위한 중국식 행정체계와 조정에 종속된 유목 군대를 결합한 형태였

---

1) Barfield, *Perilous Frontier*, 제2장과 제3장; Holcombe, *Genesis of East Asia*, pp. 109, 119-133.

다.[2] 첫 번째 유형의 대표적인 예는 한 왕조의 대부분 기간 동안 중국 북방을 통제했던 흉노이다. 두 번째 유형의 대표는 5세기에 황하 유역을 통일한 북위의 탁발부이다.

후한이 붕괴하였을 때 북방 유목 민족이 취한 행동방식은 그들이 중국 내에 정착하고 후한의 군대가 되어가면서 그들과 후한 제국 사이에 어떻게 공생관계가 형성되었는지를 보여준다. 후한이 붕괴하자 그들은 영토를 점령하거나 그들 자신의 왕조를 세우려 시도하지 않고 군웅들 중에서 새로운 후원자를 찾으려 하였다. 조씨의 위와 사마씨의 서진은 군사력을 제공받는 대가로 유목 군장들에게 교역의 권리와 금전을 제공하였다. 유목 기마병은 이들 왕조의 군사력에 필수적이었기 때문이다.[3] 그러나 팔왕의 난으로 서진이 와해되자 이러한 원조는 사라졌고, 유목 군장들은 새로운 권력 기반을 모색해야 했다.

처음으로 이런 시도를 한 것은 흉노의 수장 유연劉淵(재위 304~310)이었다. 그는 서진 조정에서 인질로 자랐고 따라서 중국 문화에 물들어 있었다. 그는 자신의 왕조인 전조前趙(혹은 한조漢趙)를 위해 문인 관료로 구성된 중국식 조정을 세우고자 하였다. 그는 자신이 후한 황실에 입양된 가문이므로 옛 한 제국을 부활시키는 것이라고 주장하기도 하였다. 그러나 그와 그 아들들은 이들을 여전히 오랑캐라고 생각하는 한족 중국인들에게는 지지를 얻지 못한 채로 국가권력의 진정한 토

---

2) Barfield, *Perilous Frontier*, 제2장과 제3장; Holcombe, *Genesis of East Asia*, pp. 109, 119-133.

3) Barfield, *Perilous Frontier*, pp. 96-99.

대가 되는 흉노 구성원들만 소외시켰을 뿐이었다.

유연 휘하의 장군으로 출발한 두 번째 수장 석륵은 한족에 대한 대규모 약탈을 통해 직접 재부를 획득하는 정책을 채택하였다. 부족 전통에 호소하고 전리품을 분배함으로써 그는 흉노의 유씨 가문에 등을 돌린 세력 대다수를 포섭할 수 있었다. 석륵은 319년에 자신의 왕조인 후조後趙를 세우고 329년에는 경쟁자 중 마지막 잔여세력을 격파하였다. 그러나 북중국을 다시 정복하고 나자 전투의 기회가 줄었고 따라서 전리품을 통해 얻는 왕조의 수입도 점차 줄어들었다. 한족 관료를 채용하려는 시도도 그다지 성공하지 못했다. 석륵의 아들이자 후계자인 석호石虎는 촌락을 약탈하고 외국인 관리를 고용함으로써 국가를 유지하였다. 그러나 349년 그가 사망한 후에 석호의 양아들로 한족이었던 염민冉閔이 수도인 업鄴에서 비한족 인구를 학살하고 왕조를 무너뜨렸다.[4] 북중국을 잠시 통일했던 전진도 비슷한 행태를 따랐다. 처음에는 군사적 성공으로 동맹세력을 늘렸다가, 정규 행정체계를 구축하지 못하고, 결국에는 군사적 실패에 이어 왕조가 무너지는 과정을 보였다.

궁극적으로 중국에 성립한 유목 정치체는 일상적 행정업무를 수행하고 유목민에게 돌아갈 정기적 세금을 거두어들일 수 있는 문인 관료 조직을 필요로 했다. 교역, 중국으로부터의 공납 그리고 약탈에 의존하는 흉노 모델을 대신할 성공적 대안이 나타난 것은 동북 지역에서

---

4) Honey, "Sinification and Legitimation," 제4장과 제5장; Barfield, *Perilous Frontier*, pp. 99, 101~103; Graff, *Medieval Chinese Warfare*, pp. 56~63.

였다. 이 지역에는 정주 농경민, 초원의 목축민, 그리고 수렵과 채취를 농경과 결합한 삼림 주민들이 살고 있었다. 경제적 기반이 이처럼 다양한 데다가 이 지역에 정착한 중국인들과의 접촉도 지속되어온 덕분에, 이 지역에서는 유목 기마병으로 구성된 군사력과 농민을 관할하는 관료행정이 결합된 국가가 출현하기에 이른다. 한무제가 기원전 108년에 한의 군郡을 설치한 적도 있으나, 이 지역은 중국 경제와 인구의 중심으로부터 멀리 떨어진 변경 지역이었고 중국의 중심부에서 벌어지는 전쟁으로부터도 떨어져 있었다. 후한이 망해갈 무렵, 공손씨 가문이 다스렸던 이 지역은 평화와 안정을 누렸고 많은 중국인이 황하 유역을 떠나 이 지역으로 피난하였다.

선비鮮卑라 알려진 이 지역 부족 세력은 전체를 아우르는 조직이 없이 각자 독립적 집단으로 이루어져 있었다. 그중 가장 성공적인 집단은 모용부慕容部로, 공손씨를 제거하는 조씨의 위나라를 도우면서 처음으로 두각을 나타내었다.[5] 281년에 서진 조정은 모용부 수장에게 옛 흉노의 호칭인 '선우單于'를 하사하였다. 이는 이 호칭이 여전히 지니는 위세와 새롭게 부상하는 모용부의 중요성을 시사하였다. 이때의 수장은 모용부 수장으로는 최초로 아들들에게 중국식 교육을 시키고 중국식 습속을 받아들였으나, 흉노의 유씨와는 달리 그와 그 후손은 전면적으로 한족풍 조정을 세우지는 않았다. 모용부는 그 대신 점진적으로 혼성국가를 발전시켜 나갔다. 모용외慕容廆(재위 283~333)라는 군주 한 사람 아래 유능한 정부가 50여 년 통치를 지속한 덕분에 이러

5) Schreiber, "History of the Former Yen"; Barfield, *Perilous Frontier*, pp. 106–114

한 발전은 원활하게 진행되었다.

모용외가 즉위하여 첫 10년 동안 주로 수행한 일은 지금의 북한과 중국의 요동 지역에 자리 잡고 있던 이웃 국가 부여에 대한 공격이었다. 부여와의 전쟁으로 대규모 포로가 노획되었고, 이 포로들은 한족에게 노예로 팔리거나 모용부 통제하에 농민으로 정착하였다. 294년에 모용외는 새로운 수도를 건설하였고 아울러 농업을 정식으로 장려하였다. 심지어 서진 조정에 뽕나무와 누에를 보내달라고 요청하기까지 하였다. 이러한 정책들이 성공을 거두어 301년에 서진의 이웃한 몇몇 지방이 홍수 피해를 입자 곡식을 보내 원조할 정도가 되었다. 이 곡식은 국가의 농업 기반을 감독하기 위해 모용부가 채용한 한족 관리들이 징수한 것이었다.

한족 보병과 공성전 전문가를 통합시켜 모용부 군대를 강화할 수 있도록 한족 고문도 초빙되었다. 이들 새로운 전력으로 모용부는 자신들보다 우위에 있던 우문부를 302년에 격파하고 안정된 기반을 확보할 수 있었다. 그 결과 팔왕의 난 동안 많은 한족이 모용부에 피신하였다. 308년 모용외는 '대선우' 칭호를 사용하기 시작하였으나 얼마 후 무너져가던 서진 조정이 내린 칭호도 받아들였고 이는 한족 관료를 유치하는 데 도움이 되었다. 이렇게 두 종류의 칭호를 사용한 것은 모용부가 세운 국가의 혼성적 성격을 상징적으로 보여주는데, 이 혼성국가는 322년부터 주변 부족들을 병합하기 시작하였다. 또한 중원 지역의 유목 세력으로부터의 공격에서 주민을 보호하기 위하여 성벽으로 둘러싸인 정착지를 건설하고 물자를 비축하는 전략도 채택하였다. 이

전략은 338년에 석호의 군대가 침공하였다가 크게 패하면서 그 유효성을 증명하였고, 그 결과 모용부는 남쪽과 서쪽으로 세력을 팽창할 수 있었다.

다른 유목민들과 마찬가지로 선비족은 형제상속을 행하였다. 중국 안팎의 이민족 국가들 중 몇몇은 형제상속을 행한 탓에 내부 분열을 겪고 붕괴하였다. 계승 분쟁을 줄이기 위하여 모용부는 중국식 부자상속 관습을 채택하고 군주의 형제와 숙부에게는 장군이나 관료로서 중요한 위치를 부여하였다. 왕조를 군주 가문 전체에 집합적으로 속하는 것으로 만들어주고, 또한 형제간 갈등을 완전히 제거하지는 못해도 감소시키려는 정책이었다.

이러한 개혁 조치를 통해 모용부는 동북 지역에서부터 남쪽으로 회수에 이르는 큰 국가를 건설하였다. 유목 부족민이 한족 보병 및 공성기구를 포함한 군사력의 중핵을 형성하는 한편, 피난 온 한족 문인들은 관료로서 기능하였다. 농민한테 거두어들인 세금은 옛 흉노 국가에서의 공물이나 약탈품과 동일한 기능을 하였다. 즉 이 세금은 군주에게 있어서는 용병이나 관료로서 조정에 종속된 추종자들의 지지를 돈으로 살 수 있게 해주는, 재정수입의 비길 데 없는 원천이었다. 목축에 대한 의존은 점차로 국가 금고에 재부를 채워주는 집약적 농경에 자리를 내주었다. 337년에 모용 군주는 이 지역을 일컫는 고대부터의 유서 깊은 중국 명칭인 연燕이라는 이름으로 새로운 국가를 세웠고 353년에는 황제를 칭하였다.

전연前燕이라 불리는 이 국가는 단명했지만 적어도 한 가지 중요한 업적을 남겼다. 357년 전연의 군대는 유목 세력인 칙륵勅勒을 격파하였다. 칙륵은 선비 세력이 남쪽으로 이동하자 초원 지역에서 새롭게 흥기한 부족이었다. 매우 인상적인 이 승리의 결과 흉노의 선우는 동맹 상대를 모용부의 전연으로 바꿀 정도였다. 이 일은 중국 역사상 처음으로 전통적 중국 중심부를 통치하는 이민족 출신 왕조가, 수 세기 동안 한족 지배층을 괴롭혀온 세력과 같은 종류의 북방 유목 부족연합을 격파한 사건이었다. 모용부가 승리할 수 있었던 것은 그들이 유목 기마병과 군사기술을 보다 효율적으로 구사할 수 있었기 때문만이 아니라 유목 부족연합이 어떻게 구성되고 어디에 약점이 있는지 잘 알았던 덕분이다. 모용씨와 같은 성공적 군주들은 혼인동맹을 조종하거나 부족 내부의 경쟁관계를 조장하여 부족 정치를 행하였고, 격파한 부족민을 한족 군주들보다 더 수월하게 자신의 국가에 통합시켰다. 유목민 출신 군주가 초원 세력에 승리를 거두는 일은 만주족의 청 제국이 마지막으로 몽골과 지금의 신강 지역 유목 세력을 격파하고 흡수할 때까지, 중국 역사에서 되풀이되는 현상이 되었다.[6]

전연의 팽창을 막은 것은 부견苻堅이었다. 부견은 전연 조정 내의 파벌 분열을 이용하여 370년에 이 나라를 정복하였다. 383년 남중국에서의 패전 후 부견의 전진前秦이 무너지자 모용부 서쪽에 있던 탁발부가 흥기하여 396년에는 동북 지역을 장악하기에 이르렀다. 탁발부는 전연의 모델을 채용하여 옛 전연 관료들로 관료기구 상당 부분을 채우

6) Barfield, *Perilous Frontier*, pp. 111~112; Perdue, *China Marches West*, pp.140~148에 대한 주 284).

는 등 모용부가 만들어낸 이원적 국가구조를 계승하였다. 탁발규拓跋 珪가 부족 병력을 재편성함으로써, 새로운 국가 북위는 원래 소속 부족이 아니라 왕조에 충성을 바치게 된 유목 기병으로 이루어진 군대를 잘 운용되는 행정기구와 성공적으로 결합시킬 수 있었다. 이 결합에 힘입어 탁발부는 423년에 낙양을 점령하였고, 425년과 429년에는 군사행동을 통해 초원 지역에 대한 통제를 재확보하였으며, 430년에는 옛 흉노 지배 가문의 마지막 후손들이 점령하고 있던 관중 지역을 정복할 수 있었다. 439년에 탁발부의 북위는 감숙회랑을 지배하던 북량北涼을 정복함으로써 북중국 재통일을 완수하였다.

탁발부는 모용부의 제도만 물려받은 것이 아니라 초원을 통제하는 정책도 물려받았다. 399년 탁발부는 모용부와 마찬가지로 칙륵을 물리쳤다. 그 결과 초원에서는 새로운 세력인 유연柔然이 부상하였다. 초원에서의 삶을 잘 알고 있었기 때문에 북위는 경쟁자의 약점을 이해할 수 있었다. 이 점은 유연에 대한 공세가 타당한지에 대해 조정에서 벌어진 논쟁에 잘 드러난다.

유연은 자신들이 멀리 떨어져 있음을 믿고 우리나라의 힘이 자신들에게 미치지 않을 것이라 생각하여 스스로 안심한 지가 오래되었습니다. 그래서 여름이면 사람과 가축을 풀어놓고 키우다가 가을이 되어 살이 찌면 거두어 모아 추위를 피해 따뜻한 곳을 향하여 남쪽으로 내려와 노략질을 합니다. 만약 지금 의표를 찔러 준비되지 않은 상태에 있는 그들을 공격하여 우리 대군이 갑자기 나타나면 필히 놀라 도망칠 것입니다. 수말은 무리를 보호하려 들고 암말은 어린 망아지들을 돌보려 할 터이니 말을 몰아 통제하기가 어려울 것입니다. 그리고 (갑자기 도망치느라) 물과 풀을 얻을 수 없으므로 며칠이 지나지 않아 곤궁한 상태에 빠질 터이니 일거에 그들을 멸할 수 있을 것입니다.[7]

이러한 원칙을 따라 북위는 세대마다 적어도 한 번은 유연에 대해 대규모 공격을 가하였고, 그때마다 유연이 그 피해에서 회복하는 데 수십 년이 걸릴 규모로 많은 사람과 가축을 노획하여 돌아왔다. 이렇게 얻은 사람과 가축은 북위 변경에 배치된 군사 주둔지인 진鎭을 보충하는 데 쓰였다. 492년에 있었던 북위의 마지막 공격까지 거의 1세기 동안 이 정책으로 인해 유연은 상대적인 약체와 분열 상태에서 벗어나지 못했다. 북위가 수도를 낙양으로 옮기고 북변의 진들이 점차로 조정으로부터 소외되고 나서야 유연은 비로소 주요한 위협으로 다시 등장한다.

그러나 위진남북조 시기를 일관하여 어떠한 유목 세력도 흉노처럼 필요한 만큼의 재부를 중국으로부터 얻어내어 초원의 제국을 형성하는 데 이르지는 못했다. 589년에 수가 중국을 재통일하고서야 돌궐이 북방과 서방을 장악한 후, 흉노의 선례처럼 평화적 관계를 유지하고 필요한 때 원군을 보내주는 대가로 금전을 요구하기 시작하였다. 뒤

---

7) 『魏書』卷 35, pp. 817-818, Barfield, *Perilous Frontier*, p. 122에서 재인용.
　바필드는 이 주장이 한족 관료를 반박하는 무인의 말이라고 했지만, 사실 이 말은 당시 한족의 영수였던 최호崔浩가 한 것이다. 최호는 나중에 자신이 쓴 역사서에서 탁발부 조상들을 비방하였다는 죄목으로 처형되었다.

이은 당 황실은 서북 지역 한족 가문 출신으로 통혼관계에 있던 초원
유목민의 전통과 상무적 가치관을 융합한 사람들이었다. 이들은 처
음에는 북위처럼 유목 국가들의 구조적 약점을 이용하는 데 능숙하였
다. 당의 두 번째 황제는 돌궐 연합을 분열시키고 630년과 647년의 대
전투에서 이들을 격파한 후 천가한天可汗으로 인정받았다. 그리하여
그는 돌궐과 중국 양쪽을 모두 다스리기에 이른다. 그러나 이 성공은
그의 사후에는 지속되지 못하여 궁정에서 자란 그의 후계자는 곧 돌궐
에 대한 통제력을 잃었고, 돌궐은 전쟁과 공물 요구를 번갈아 구사하
는 옛 방식을 재개하였다.[8]

북방 유목민과의 관계가 진화한 것은 중국 제국의 제도에도 중요한
영향을 주었다. 초기 진한 제국의 주요 특징 중 하나는 이전 전국 시대
각국을 규정하였던 지역 지리와 지역 관습에 대한 연계를 초월한 새로
운 제국의 건설이었다. 종교는 초월적인 하늘[天]의 아들이자 신성한
황제 한 사람에 집중되었고, 황제의 명령으로 건설된 인공적인 수도
가 국가의 중심에 자리하였다. 모든 구어口語와 구분하여 오래된 고전
문헌에 기초한 문어文語를 사용했으며 관료들은 황제의 종복이 되기
위해 가문과 향리를 떠나야 했다. 이러한 초기 제국의 공간적 범위는
대체로 중국 문화의 범위에 의해 정해졌다. 이렇게 정치체를 문화 위
에 덧씌우는 양상은 동시대 북쪽에 흉노 제국이 출현하면서 더욱 심화

---

8) Barfield, *Perilous Frontier*, pp. 131-150; Molè, *Tü-yü-hun*; Holcombe,
   Genesis, pp. 114-115; Yu, "History of the Relationships," ch. 4-9. 북위와
   유연 간의 충돌에 대해서는 pp. 303-307에 요약되어 있다. Miller, *Accounts of
   Western Nations* 도 참조.

되었다. 중국 제국이 통치하는 '문명의' 농경민들 그리고 선우가 통치하는 '야만의' 유목민들이라는 두 양극화된 세계가 만들어진 것이다.

정주 농경민과 유목민 사이를 가르는 명확한 정치적 구분은 중국 내지에 유목민이 대규모로 정착하고 중국이 이들을 정치적 혹은 군사적 목적으로 채용하며 아울러 흉노 제국도 무너지면서 사라졌다. 이로써 이전의 생태환경에 따라 나뉘었던 양쪽 모두를 아우르는, 보다 넓고 포괄적인 세계질서가 나타날 수 있게 되었다. 당의 두 번째 황제 태종(재위 626~649)은 중국의 황제이자 돌궐의 칸으로서의 통합적 역할을 정당화하여 이렇게 말했다. "예로부터 모두가 중화中華를 귀하게 여기고 이적夷狄을 천하게 여겼다. 오직 짐만이 홀로 그들을 하나처럼 사랑한다. 그러므로 그 부족들이 짐을 부모처럼 의지하는 것이다."[9] 보다 폭넓게 보면, 당 왕조 첫 세기에 거의 170만에 달하는 외국인이 당 제국의 신민이 되었다. 한국인, 일본인, 소그드인, 그리고 다른 외국인들은 문무 양면에서 최고위층 관직을 받으며 정부 내에서 중요한 역할을 수행하였다.

그러나 실제의 힘은 반대 방향으로 움직였다. 유목민 수장이 하나의 제국 안에서 한족과 유목민 양쪽을 통치한 것이다. 그 첫 번째 사례는 북위 하에서 나타났고 이후 중국 역사에서 되풀이되었다. 일부 문인들이 수 세기에 걸쳐 한족은 '오랑캐' 군주를 섬겨서는 안 된다고 주장했으나, 실제로는 중국의 지배층 대부분이 제대로 된 수도를 건설

---

9) Holcombe, *Genesis*, p. 23에 인용된 『資治通鑑』의 내용. 다른 민족들도
   수용할 수 있는 문헌들과 의례를 통해 규정되는 '문명'으로서의 중국에 대해서
   pp. 38-52도 참조할 것.

하고 하늘에 제사를 올리며 고전 문화를 후원하며 관직과 급료를 제공하는 정복자라면 누구라도 받아들일 용의가 있음을 보여주었다. 기회주의로 비난받기도 했지만 이러한 행동은 그 국가가 만인에 대한 보편적 제국이라는 주장에 내포된 함의 전체를 수용하는 일이었고, 보편적 제국이란 곧 서로 동떨어진 민족을 그 지배 영역 내에 포섭해내는 능력으로 지배자의 정통성을 가늠하는 것이었다.

이처럼 북위와 그 뒤를 이은 유목 왕조들은 지역에의 연고와 충성을 초월하여 통합된 국가를 건설해내는 방식, 즉 진한 제국이 분절되어 있던 전국 시대의 각 지역으로부터 통일제국을 이루었던 방식을 확대 적용시켜 갔다. 후대에 한족과 그 문화를 우선시하는 충절 관념이 나타나는 것은 제국 모델로부터 이탈하여 국민국가라는 근대적 관념으로의 이행을 의미하는 현상이었다. 일본 학자들은 중국 역사에서 '정복 왕조'가 행한 중요한 역할과 제국 모델 내에서 지니는 정통성에 대하여 상당한 연구를 축적하였다. 일본의 중국 지배를 정당화하였다는 점을 고려하면 '정복 왕조'라는 용어에 내포된 정치적 함의에 문제의 소지가 없지는 않다. 그러나 이 용어는 모든 중국 왕조가 군대의 힘으로 세워졌고, 후한 이후로 비한족의 군대와 문화가 그러한 힘의 근원이었으며, 또한 '중국' 제국은 이렇듯 근대 국민국가와 같은 의미로서의 중국이었던 적이 한 번도 없었다는 점을 다시 일깨워준다.[10]

---

10) Mair, "The North(west)ern Peoples and the Recurrent Origins of the 'Chinese' State."는 약간 특이하기는 하지만 유용한 논의를 제시한다.

주변 정주 국가

북방 유목민들이 약탈, 공물 강요, 혹은 정복을 통해 중국과 관계를 맺었던 반면, 동북쪽(지금의 한국과 일본), 동남쪽(지금의 베트남), 그리고 서남쪽(지금의 운남과 귀주)의 정주민들은 중국을 모방하는 방식으로 중국과 관계를 맺었다. 중국이라는 용어처럼 한국, 일본, 베트남이라는 용어는 이 시대에는 맞지 않는 것이다. 그러나 궁극적으로 이러한 국가들을 형성한 정치체들이 위진남북조 시대에 출현하였고, 그 등장은 중국과의 관계와 밀접하게 연관되었다.

중국 주변 독립국들은 관례적으로 책봉 과정을 통해 건국되었다. 책봉 과정에서 지역 수장들은 중국 조정에 선물을 보내고 왕후로서의 관작과 그에 맞는 인장을 받았다. 한반도 북부에서는 초기 국가인 고구려가 32년에 후한에 조공을 보냈고 왕이라는 호칭을 사용하였다. 남부에서 보다 늦게 등장한 국가인 백제는 372년에 동진과 관계를 맺었고 386년에는 중국의 조정으로부터 장군 겸 태수의 직을 받았다. 3세기에 일본 열도의 여사제이자 부족장인 히미코가 위 조정에 관작을 요청하였고[11] 5세기에는 이후에 일본 조정을 이루게 될 세력이 남중국의 황제들로부터 관작과 지원을 받으려고 십여 차례 조공 사절을 보냈다. 중국으로부터 받은 관작은 매우 중요한 것이었다. 야심 있는 지역 수장은 이를 통해 스스로를 경쟁자들과 차별화할 수 있었고, 중국 제

---

11) 저자는 히미코가 관작을 요청한 것이 북위Northern Wei 라고 하였으나 사실은 삼국시대의 조위曹魏였다. 저자의 오류이므로 바로잡았다.-역주

국의 영화에 깃든 권위와 영향력은 지역 수장들이 국가를 세울 수 있
는 능력을 강화해주었다.[12] 이러한 복종은 순전히 형식적이었고 관작
을 받은 이들은 중국의 간섭과 군대에 적극적으로 저항할 수도 있었으
나, 동아시아에서의 국정 운영 방식은 기본적으로 중국 모델에 기초
하여 형성되었다.

한국과 일본 국가들이 성장한 데에는 불교승려들의 여행이 점차 빈
번해진 데 힘입은 부분도 있었다. 한국과 일본이 불교를 받아들이자
학습과 문헌을 구하는 사람들에게 중국은 주요 순례 목적지가 되었
다. 그들은 귀국길에 불교의 교리뿐 아니라 중국에 관한 설명 그리고
책과 같은 중국 물질문화의 견본을 가지고 돌아갔다. 마찬가지로 상
인들이 소개한 물품과 기술은 인근 국가들이 중국 모델을 채용하도록
영향을 미쳤다.

한반도의 정치적 흥기는 이러한 과정을 잘 보여준다. 한의 창업군
주는 요동 동쪽에 속국을 두었고 기원전 109년에 이 국가의 세 번째 군
주가 한의 지방관을 죽이자 중국 군대가 이 지역을 정복하고 4개의 군
을 설치하였다. 다음 세기 동안, 한반도의 백성과 중국의 지방 백성들
은 비슷한 문화를 공유하였을 것이다. 아마 선비鮮卑와 관계가 있었을
지 모르는 부족의 일반 백성들이 그들의 전통적 생활방식을 지속하고
있는 한편으로, 대규모 이민을 통해 중국 중원의 지배층 문화가 지금
의 북한 지역으로 유입되었다. 그러나 106년 이후로 압록강 유역의 고

---

12) Holcombe, *Genesis*, pp. 56-60. Wang, *Ambassadors from the Islands of
    Immortals*, 제 2장; Barnes, *China, Korea, and Japan*, pp. 241-245. 히미코에
    대해서는 Piggott, *Emergence of Japanese Kingship*, 제1장 참조.

구려가 한 제국의 세력을 서쪽으로 요동까지 밀어내었다. 이는 중국
의 영향을 받은 정주 국가가 중국으로부터의 독립을 성공적으로 주장
한 첫 사례였다.[13]

244년 고구려는 조위曹魏 군대에 정복되었으나 서진이 무너졌을 때
다시 독립할 수 있었고 옛 한의 군郡이었던 곳을 점령하였으며 334년
이면 지금의 북한 지역과 만주 남부에 대한 통제를 장악하기에 이른
다. 이때 선비 모용부는 옛 부여의 상당 부분을 점령하였고 342년에는
고구려를 대파하였다. 고구려는 곧 회복하였고 373년(부견이 전연을 멸
망시킨 해)에는 중국식 태학太學을 설립하고 진의 율律에 기초한 율령제
도를 채택하였으며 불교를 받아들이기 시작하였다. 다음 세기에 고구
려는 한반도의 상당 부분을 통제 아래 두었으며 지역의 주된 패자로
등장하였다.[14]

4세기 전반기에 고구려가 북쪽에서 팽창하는 동안 한반도 서남쪽에
서는 백제라는 작은 도시국가가 등장하였다(지도 13). 369년에 백제는
이전의 종주국 고구려를 격파하고 얼마 지나지 않아 건강의 동진 조정
으로부터 관작을 수여받았다. 415년에는 기존 관작이 승격되어 왕으
로 책봉되었다. 여기저기 흩어져 있는 증거들은 백제와 동진 조정이
단순히 명목상의 관계 이상이었음을 시사한다. 이름으로 추정해볼 때
백제 사절은 중국에서 건너온 사람일 가능성이 있고 6세기 초 백제 무

---

13) Holcombe, *Genesis*, pp. 165~170; Yu, "Han Foreign Relations," pp. 446~451;
   Barnes, *China, Korea, and Japan*, 제13장.

14) Holcombe, *Genesis*, pp. 173~175.

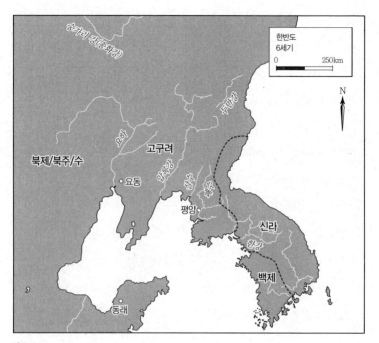

북제/북주/수

고구려

요하

요동

압록강

평양

신라

한강

백제

동래

지도 13

덤에 쓰인 벽돌은 남중국의 것을 본뜬 것이다. 백제의 연대기도 백제

조정이 중국의 건축, 음악, 시를 채택하였음을 서술하고 있다. 백제는

불교와 더불어 이러한 전통을 일본에 전하는 주요 거점이 되었다. [15]

　위진남북조의 각 왕조들은 한국의 여러 국가를 독립된 속국으로 인

식하였으나 6세기 말에 재통일된 중국 제국은 대담하게 다시 직접 지

---

15) 같은 책, pp. 176-178. 일본이 중국에 보내는 외교사절로 중국인을 채용한 것에

　　대해 Wang, *Ambassadors*, 제9장 참조.

배를 주장하였다. 한국을 정복하려는 의도로 전개한 일련의 원정이 실패하여 수가 멸망하였고, 당의 두 번째 황제 역시 실패하였다. 동남쪽에서 일어나 두 번째로 중국의 영향을 받은 국가인 신라의 도움을 얻어서야 중국은 고구려를 격파할 수 있었다. 그러고는 중국이 아니라 신라가 한반도를 점령하였다.

일본의 등장은 한국과 비슷한 양상이었으나 시기적으로는 더 늦었다. 3세기에 중국으로 사절단을 보내는 것에 더해, 히미코는 중국식 동경銅鏡을 만들고 위 조정과의 관계를 과시하는 깃발을 만들어 자신의 위세를 더했다. 히미코가 죽은 뒤에 중국과 일본의 관계는 퇴조하였으나 413년 이후로 십여 차례 일본 사절이 남중국을 방문하여 관작, 인장, 동경과 깃발을 요청하였다. 이러한 방문은 502년 이후로 중지되었다. 600년에서 614년 사이에 방문을 재개하였을 때 수 조정에 파견된 사절은 일본에 단일왕조가 성립하여 중국의 관작이 더는 필요하지 않았으므로 이를 구하지 않았다. 대신 이들이 바란 것은 중국의 제도를 배우고 교역관계를 강화하는 일이었다. 6~7세기의 일본 조정은 중국으로 향하는 일본의 교역을 대부분 장악하였고, 중국에서 수입한 사치품을 통해 획득한 권위에 힘입어 중앙집권화된 정치권력이 성장하였다. 3세기에 걸친 당 왕조의 치세 동안 일본 사절단은 16차례 중국을 찾았고, 이들의 방문 시점은 전적으로 일본 조정의 이해관계에 따라 정해졌던 것으로 보인다.[16]

---

16) Wang, *Ambassadors*, pp. 17~19, 28~29, 221~222: Holcombe, *Genesis*, pp. 190~191.

일본으로 수입된 가장 중요한 중국 문화는 한국을 거쳐 들어갔다. 수입된 문화 중에는 새로운 방식의 갑옷이나 기타 권위를 과시하는 물품을 만들기 위한 제철기술에 더하여, 중국 고전문헌과 한국인이 가르친 통치술도 포함되어 있었다. 불교와 사찰 건축도 한국인이 전하였다. 일본 국가는 한반도 서남부의 백제와 밀접한 관련 속에서 발전했고, 수 세기 동안 일본 남부 해안 지역과 한국의 관계는 일본 남부 해안 지역과 바다로 접근하기 힘든 일본 다른 지역과의 관계보다도 더 가까웠다. 한국으로부터 이주해 와서 일본 조정의 통제를 받는 이주민 공동체는 이 시기 일본에서 거의 유일하게 한문을 해독할 수 있는 집단이었다.[17]

일본 국가, 정확하게는 야마토 국가가 중국과 관계를 맺으며 부상하는 모습은 전면적으로 중국식 정부 형태를 채택한 7세기에 절정에 달했다. 수십 년에 걸쳐 일본은 중국 문자체계를 도입하였고, 중국 모델을 모방한 법률체계를 확립했으며, 중국식 수도를 건설하였고, 중국을 모방했지만 일본의 현실에 맞춘 호적과 토지제도를 시행했다.[18] 일본인은 심지어 중국처럼 자신들 군주를 황제라 부르고 스스로를 세계의 중심으로 묘사하기 시작하였다. 그들은 그들 자신의 '오랑캐'들과 조공관계를 확립하였고, 어떤 문서에서는 그들 군주를 중국 황제와 동급으로 놓기도 하였다. 독특한 '일본정신'이라는 관념은 이러한

---

17) Holcombe, *Genesis*, pp. 186-193.

18) Piggott, *Emergence*, 제3장과 제6장; Holcombe, *Genesis*, pp. 201-206. 문화 변용을 통해 일본에서 굴절된 중국 관념들에 대해서는 Pollack, *The Fracture of Meaning*을 참조.

중국의 학문과 제도라는 배경에 대항하는 일본인들의 글 속에서 처음 나타나기 시작했다.[19]

지금의 베트남 지역에서는 위진남북조 시기에 독립국이 등장하지 않았으나 중국의 주기적인 점령의 영향으로 정치적 발전이 이루어졌다.[20] 적어도 중국에서 첫 제국이 성립하기 500년 전에 현재의 북베트남, 광서, 광동을 포함하는 지역에는 동선Đông Són 문화가 성립해 있었다. 진 제국에 정복되고 이 지역은 영남嶺南이라 불리게 되었다. 진이 무너지고 난 후에는 기원전 110년 한 제국에 흡수될 때까지 명목상 충성을 바치며 남월南越이라는 이름의 국가로 1세기가량 독립을 유지했다. 이 지역에서 발견된 무덤들에는 중국 양식과 월 양식의 부장품이 섞여 있다. 쯩 자매는 중국 지배에 대해 40~42년에 반란을 일으켰으나 실패하였고, 그 후 한족이 대규모로 이주해 왔다. 그러나 이 반란은 베트남이라는 국가의 등장을 설명하는 현대 베트남의 역사 서술에서 핵심 내용이 되었다. 1세기에 교지交趾(현재의 하노이 부근)와 번우番禺(현재의 광저우) 두 도시가 중국 해상교역이 동남아시아로 뻗어 나가기 위해 화물을 옮겨 싣는 큰 선적지로 성장하였다. 도시 안에는 중국인과 외국 상인들이 살았고 그러한 도시 바깥에는 대체로 토착 부족민들이 살았다.

후한이 붕괴한 후, 영남은 226년 오에 점령되어 교주交州와 광주廣州

---

19) Holcombe, *Genesis*, pp. 194-196, 206-214.

20) 이에 대해서는 Holcombe, *Genesis*, 제6장; Yu, "Han Foreign Relations," pp. 451-457.

두 지역으로 나뉘기 전까지 잠시 동안 독립국을 이루었다. 두 지역의 분리는 264년에 영구적으로 확정되었는데, 이는 남중국을 분할하는 첫 움직임이었고, 이 지역에는 결국 별도의 국가가 성립하게 되었다. 이때 교주를 다스리던 세력은 황하 유역에 있던 위와 동맹을 맺음으로써 스스로 오와 거리를 두었던 몇몇 주요 가문들이었다. 이어지는 수세기 동안 리씨 가문의 주도 아래 지방 호족들이 이 지역을 통제했다. 541년에 있었던 그들의 첫 반란은 큰 실패로 끝났지만 550년에 후경의 난 때문에 양 왕조의 군대가 철수했고, 그 결과 교주는 수의 통일제국이 602년에 이 지역을 점령할 때까지 독립국으로 남아 있었다. 당대 초기, 영남의 모든 지역과 교주는 중앙정부로부터 현지의 일을 처리하도록 허가받은 유력 가문들이 다스렸다.

중국 내지에서도 서로 알아들을 수 없는 구어를 사용하는 사람들이 한자를 통해 의사소통하였듯이, 정치적으로 언어적으로 분리되어 있던 동아시아 내 여러 지역들은 한자라는 문자 소통 수단을 공유하게 되었다. 한자는 소리를 나타낼 뿐 아니라 동아시아 전역이 공유하는 관념체계를 뿌리내리게 만든 의미들을 전달하기도 하였으므로, 한자를 공유한다는 것은 중요한 의의를 지닌다. 한자를 통해 공유된 관념체계에는, 하늘의 북극성과 같은 황제와 그 신하들에 의한 지배라는 기본적 정치 개념뿐 아니라 흔히 유교 혹은 '동아시아적 가치'로 통칭하는 가족과 사회의 위계질서에 대한 관념도 포함되어 있었다. 한자는 중국 밖에서는 궁극적으로 수정되거나 방기되었지만, 한자가 구현한 관념들은 동아시아 전체에서 식자층을 위한 지적인 대화를 특징지

었다. [21]

새롭게 등장한 동아시아 세계는 국가 구조나 표기 체계뿐 아니라 교역에 의해서도 연결되어 있었다. 중국 동쪽과 남쪽에 국가들이 등장하면서 중국 수도에 조공 사절이 정기적으로 파견되었다. 이 사절들은 항상 상인을 동반하였고, 동진과 남조에서 교역이 번성함에 따라 양자강 유역은 한국, 일본, 동남아시아와의 국제교역망에 포함되었다. 이리하여 해상교역이 처음으로 중국 경제의 주요 요소 중 하나가 되었다(그림 18).

중국을 둘러싼 이웃 정주 국가들의 그물망 속에서 현재의 신강, 아프가니스탄, 파키스탄 북부와 옛 소련 일부를 포함하는 중앙아시아는 중국과의 접촉 이전에는 오아시스 주변에 형성된 도시국가들이 차지하고 있었다. 중국은 흉노와의 전쟁 기간 동안 이 지역의 동부를 탐험한 후 점령하였다. 그러나 서진이 무너진 후 중국 조정과 도시국가들과의 지속적인 관계는 유지되지 않았다. 쿠차, 카라샤르, 고창高昌, 크로라이나와 같은 중심지들은 불교의 영향력과 교역이 퍼져나가는 거점으로 계속 존재하였다. 이들 도시국가에서 주요 번역 사업이 추진되었고 유명한 승려들이 이곳을 거쳐 인도와 중국으로 들어갔다. [22] 한과 당 사이에 중국인들은 법현法顯을 비롯한 몇몇 불교 순례자들의 여

---

21) Holcombe, *Genesis*, pp. 60-77, 192-197은 한자를 사용함으로써 만들어진 문화권이라는 관념을 논의하고 있다.

22) 가장 기록이 많이 남아 있는 도시국가는 쿠차이다. Liu, *Kutscha und seine Beziehungen zu China*. 카라샤르에 대한 내용과 더불어 쿠차에 대한 보다 간략한 설명은 Rhie, Vol. 2, pp. 578-600, 720-731.

그림 18. 배를 묘사한 비의 탁본 세부 사천성 성도, 5~6세기.

행기를 통해 중앙아시아 서부와 인도에 점차 익숙해졌다.[23] 인도에서
들여온 문헌은 중국 회화와 시에 관한 이론이 발전하는 과정에서도 주
요한 역할을 하였고, 일부 인도의 문학 장르와 작품들은 중국 문학의
새로운 형식을 위한 모델을 제공하기도 하였다.

23) 이러한 사례로 법현(Legge, tr., *Record of Buddhistic Kingdoms*), 송운(宋雲.
    Yang, *Record*, pp. 205~206, 215~248 참조), 현장(玄奘, *The Great Tang
    Dynasty Record of the Western Regions*; Wriggins, *Xuanzang*; Eckel, *To See
    the Buddha*, pp. 4~6, 11~21, 51~65, 131~143 참조), 및 의정(義淨, *A Record
    of Buddhist Religion*; I-ching, *Chinese Monks in India* 참조). 보다 완전한
    목록은 Tsukamoto, *History*, pp. 430~438. 당대의 구법승들에 대해서는 Ch'en,
    Buddhism, pp. 233~240.

교역과 불교

중국과 외부세계와의 교류 중 가장 중요한 형태는 늘 교역이었다. 중국의 대외교역은 정부 정책에 종속된 형태로 시작되었고, 정부가 자국 상인들을 의심하였기 때문에 외국인들이 교역을 지배하였다. 중앙아시아 오아시스 도시에서 진한 제국에 들어온 상인들은 변경 시장에서 구입하거나 조공을 통해 중국 비단을 확보한 후, 이를 근처 도시의 상인들에게 팔았고 이들은 다시 더 멀리 서쪽으로 팔았다. 비단은 이 '실크로드'를 따라 수많은 손을 거쳐 인도, 페르시아 그리고 로마에까지 이르렀다. 비단 교역이 이루어지는 모든 곳에서 비단은 종교의례에 자주 등장하는 귀중한 물품이었다.[24]

반대 방향으로 서쪽에서 중국으로 들어오는 물품 대부분은 지배계층의 자기 강화에 기여한 이국의 진기한 물건이었다. 외국의 낯선 장소들에 대해 알려주는 책과 지도를 비롯하여, 귀금속, 유리, 노예, 무희나 악공 등의 예능인, 야생동물이나 길들인 동물들, 모피와 깃털, 진귀한 화초, 이국적 음식, 향료와 약품, 직물과 염료, 종교적 예술품과 세속적 예술품들이 들어왔다.[25] 이러한 진기한 물품들이 조공품으로 바쳐지면, 이는 세계 각지로부터 물품을 불러들일 수 있는 중국 군주의 권력과 위세를 증명해주는 것이었다. 지배층이 구입하는 경우에는

---

24) Liu, *Silk and Religion* 은 국제 교역에서 비단이 어떤 역할을 하였는지와 함께 불교, 기독교, 이슬람교에서 비단이 어떻게 쓰였는지를 추적하고 있다.

25) 외래 물품들에 대해서는 Schafer, *The Golden Peaches of Samarkand* 참조.

외국 물건에 열중하는 취미를 지닌 구매자의 재력과 취향을 보여주는 것이었다. 이는 한대에서 당대 동안 중국 지배층을 특징짓는 취미이기도 하였다. 이들 진기한 이국 물품들 중에는 혁신적인 복식, 얼굴에 바르는 백분白粉, 새로운 악기와 노래, 외국 과일, 새로운 미술 양식과 기교 등이 포함되어 있었고, 이들 모두는 곧 중국 문명을 규정하는 요소가 되었다.

물품 및 유행과 더불어 보다 깊은 영향을 미친 문화적 요소들도 도래하였다. 그중 가장 중요한 것은 불교였지만 상인들은 마니교, 조로아스터교, 네스토리우스파 기독교, 이슬람교와 같은 다른 종교도 들여왔다. 이들 종교는 우주에 대한 새로운 시각 그리고 인간 사회를 체계화하는 새로운 수단을 제시하였다. 그뿐 아니라 새로운 물품에 대한 수요를 일으키거나, 혹은 이전부터 있었으나 갑자기 귀해진 물품의 새로운 이용 방식을 만들어내기도 하였다. 차와 설탕은 불교의 등장과 관련이 있었다. 마찬가지로 의자도 불교를 통해 서역으로부터 중국에 소개되었다. 의자는 미래불인 미륵의 도상 속에서 등장함으로써, 불교 명상 수행에서의 역할을 통해, 혹은 사찰에서 사용되면서 중국에 알려지게 되었다.[26] 필사에 쓰이는 종이와 인쇄술의 발전조차도 불교 교의로부터 주된 자극을 받았다. 불교에서는 불경 사본을 만드는 일을 곧 공덕을 쌓는 행위로 여겼던 것이다.[27]

---

26) Kieschnick, *Impact of Buddhism*, pp. 222-249.

27) 같은 책, pp. 164-185; Needham and Tsien, *Science and Civilisation*, Vol. 5, Part 1: *Paper and Printing*, pp. 8-9, 45-47, 86-87, 135-136, 149-159.

불교의례에 사용되는 물품으로 중국에서 구할 수 없는 진기하고 귀중한 것들이 교역의 발전에서 보다 중요한 역할을 하였다.[28] 기원 후 첫 몇 세기 동안 대승불교 초기의 주요 경전들 다수가 등장하였다. 이들 경전은 재가신도의 신앙심, 부처의 신격화, 모든 중생의 구제 그리고 스스로는 깨달음을 얻은 후에도 모든 중생의 구제를 완수하기 위하여 이 세상에 남아 있기로 한 보살의 역할을 강조하였다. 이들 문헌은 재가신도의 기부를 주요 덕목으로 강조하였고 승려에게 음식과 주거를 제공하는 일에서 시작하여 부처의 사리를 보관하는 불탑에 쓰일 장식과 불상을 마련하는 일 그리고 나중에는 불상이 안치될 사찰을 세우는 일까지 기부의 범위를 확장해나갔다. 모두가 이미 인도불교에서는 유서 깊은 행위였고 사원공동체 내부에서 등장하였지만, 중국에서는 재가신도의 활동을 강조하는 맥락에서 나타나게 되었다. 그러다 보니 불상과 사찰에 헌납할 수 있거나 혹은 진열해놓고 위세를 보이기 위해 집에 수집해둘 수 있는 종류의 특정한 희귀 물품을 구입하는 일이 중요해졌다.[29]

그중 주된 것이 '칠보七寶'라 불리는 물품이었다. 가장 이른 시기의 문헌에서 이 용어는 왕이 지녀야 하는 주요 물건들을 지칭하였고, 초기 다른 문헌들에서는 불특정한 귀중품들을 의미하였다. 그러나 신성하고 영원한 부처를 소개하는 중요 대승경전인 『대사大事』에서는 일곱

---

28) Liu, *Ancient India and Ancient China*.

29) 같은 책, pp. 88~92. Schopen의 논문들은 *Bones, Stones, and Buddhist Monks*; *Buddhist Monks and Business Matters*; 및 *Figments and Fragments of Mahāyāna Buddhism in India*에 수록되어 있다.

가지 보물이 금, 은, 청금석(유리琉璃), 수정 혹은 석영(파려玻瓈), 진주 (자거硨磲), 적산호(적주赤珠), 마노碼碯 혹은 산호라고 명시되어 있다. 그 이후의 문헌에서는 루비 같은 붉은 보석으로 바꾸거나 다이아몬드 를 포함하기도 하였다. 이 칠보는 불교의 다양한 맥락에서 등장한다. 자선행위 덕분에 부처가 될 운명인 군주의 궁전은 불국토에 있는 사찰 들과 마찬가지로 칠보로 만들어졌다. 이러한 물질은 흔히 정토淨土를 장식하고 있었고 심지어 도교의 신선세계에 있는 불사의 나무들을 이 루는 요소가 되기도 하였다. 일부 문헌에서는 신도를 깨달음의 경지 로 태우고 가는 상징적 수레가 칠보로 만들어진 것으로 나타나기도 한 다. 현실세계에서는, 582년에 한 승려가 칠보로 만든 상자에 부처의 사리를 담아 수문제에게 바쳤는데, 수문제는 이를 붉은 유리병 30개 에 담아 전국에 배포한 일이 있었다. 이리하여 칠보는 세상에서 얻을 수 있는 최상의 것을 표상하게 되었고 불교신앙의 물질적 측면을 특징 짓게 되었다.[30]

이 물질들이 먼 서쪽에서 중국에 전래되었으므로 이들을 머나먼 이 상향과 관련짓는 것은 결코 우연이 아니다. 이는 적산호의 경우에 가 장 분명하다. 산호는 한대의 시부詩賦에서 신선이나 황제의 주거를 묘 사할 때 귀중한 물품으로 등장하였고, 위와 진에서는 황제가 쓰는 관冠 의 장식에 적산호 조각을 사용했다. 다음 일화에 보이는 것처럼 남중 국 지배층의 삶에서는 과시를 위한 물품이었다.

---

30) Liu, *Ancient India and Ancient China*, pp. 92–99; Liu, *Silk and Religion*,
    p. 41; Wang, *Shaping*, pp. 4, 89, 96, 124, 125–127, 141, 144–145, 153, 278,
    379. Qiang, "Patrons of the Earliest Dunhuang Caves," pp. 505–506도 참조.

　　석숭石崇과 왕개王愷는 호사를 다투며, 서로 화려함을 다하여 수레
와 옷을 꾸몄다. …… (무제가) 한번은 왕개에게 높이가 2척이 넘는 산
호나무 하나를 주었다. 가지가 화려하게 뻗어 있어 세상에 비할 만한
것이 드물었다. 왕개는 이를 석숭에게 보였다. 석숭은 보고 나서 쇠몽
둥이로 후려쳐서 그 자리에서 부숴버렸다. 왕개는 몹시 아까워하였고
석숭이 자신의 보물을 샘내어 그런 것이라 생각하여서 목소리와 얼굴
이 점차 무섭게 변했다. 석숭은 "원망할 가치가 있는 물건이 아니오.
지금 당장 갚아주겠소" 하고 말하였다. 그러고는 좌우에게 명하여 자
신의 산호를 모두 꺼내 오게 하였다. 높이가 3척이나 4척이 넘고 가지
와 줄기가 세상 어느 것과 비할 수 없으며 광채가 눈에 넘쳐나는 것이
예닐곱 개나 되었다. …… 왕개는 망연자실할 뿐이었다.[31]

　　직산호 수집가인 석숭은 독실한 불교신자이기도 했던 것으로 알려져
있다. 이 시대의 역사 기록은 산호가 로마 제국의 특산품임을 시사하
고 있다. 인도 문헌에서는 지중해와 홍해에서 나는 산호가 주요 교역
품목이었다고 전하며, 일부 중국 문헌은 중앙아시아에서 산호를 구입
한다고 적고 있다.[32]

　　칠보 중 다른 것들도 서쪽으로부터 원거리 교역을 통해 중국에 도달
했다. 최고급품 진주는 인도와 실론에서 왔고, 그보다는 품질이 떨어

---

31) Mather, tr., *New Account*, p. 462. 석숭이 불교를 믿었다는 증거는 Tsukamoto,
　　History, pp. 177~179.

32) Liu, *Ancient India and Ancient China*, pp. 54~57.

지는 진주는 페르시아로부터 들어왔다. 이러한 진주가 북위 시대 사찰 몇 군데의 유지에서 발견된 바 있다. 최고급 청금석이 나는 곳은 중앙아시아 서부였다. 이 시기 중국에서 유리가 만들어지긴 했지만 5세기 초의 무덤에서 금으로 된 불상과 함께 발견된 유리 용기들은 입으로 불어 만드는 기술을 사용한 것으로서, 이 기술은 당시 중국에는 아직 알려지지 않았다. 외래에서 기원한 칠보 외에, 향이나 향료처럼 불교의례에 사용되던 품목도 인도로부터 수입되었다.[33]

불교와 관련된 고가품의 원거리 교역은 다른 방향으로도 움직였다. 중국산 비단의 수출은 불교의 등장보다 훨씬 이전 일이지만 구법승인 법현에 따르면 4세기에는 비단으로 만든 깃발이 중앙아시아 전역에서 불교의례의 필수품이었다. 비단 깃발은 법회에서 승려가 앉은 자리 위에 걸렸고, 불상을 들고 행진할 때도 쓰였다. 또 다른 구법승 송운宋雲은 비단 깃발을 대량으로 지참하여 불교사찰을 지날 때마다 기증하였다. 4세기에서 6세기 사이 북중국 군주들은 외국인 승려나 중국인 승려가 종교적 공헌을 하였을 경우 이들에게 비단을 하사하는 일이 잦았다. 그 뒤 당이나 송에서는 황제가 특히 유명한 승려에게 금실로 수놓은 자주색 비단 가사를 하사하는 일이 정례화되었고, 그러한 가사는 불상에도 바쳐졌다.

6세기에 비잔틴 제국과 사산조 페르시아 제국이 자체적으로 비단을 생산하기 시작한 후에도 비단 천으로 다시 직조할 수 있는 고품질 중국산 비단실은 고가의 교역품으로 남아 있었다. 페르시아와 비잔틴의

---

33) 위의 책, pp. 57-64.

디자인이 점차 자신들 취향에 더 부합하자 이 지역의 비단은 중앙아시아 동부로까지 침투하였고 그 결과 중국산 직물 시장은 축소되었다. 4세기 말 쿠차의 왕은 탁월한 번역가인 쿠마라지바에게 상으로 비잔틴산 비단 방석을 주었다고 전해진다. 비단이 국제 교역으로 거래되는 주요 직물이기는 했지만 불교의 전파는 인도산 면직물의 원거리 교역도 촉진하였다. 면직물 생산은 누에를 죽이는 살생과 무관하여 일반 불교신자들이 선호했기 때문이다.[34]

불교사원은 그 자체로 사치 품목의 주요 소비자였다. 사원과 탑은 금, 은, 비단, 산호 구슬, 유리, 혹은 준보석류로 장식되었다. 7세기에 현장이 묘사했듯이 당시 부흥하던 브라만교와 불교 사이에 벌어진 경쟁은 앞다투어 각자의 사원을 호화스럽게 장식하는 양상으로 전개되었다.[35] 구법승 혹은 한 사원에서 다른 사원로 여행하는 승려들은 종종 금이나 비단을 대량으로 쓰거나 기부해야 했다. 식사와 숙박은 노정 중에 사원에서 제공받더라도 육로이건 해로이건 여행에는 돈을 써야 했고 불사리가 모셔진 곳에는 공양을 해야 했다. 현장은 나가라하라에서 불골佛骨에 금전 50, 은전 1000, 비단 깃발 네 개, 가사 두 벌을 바쳤다. 또한 현장은 투르판의 왕에게서 비단을 받기도 했는데, 노정 중에 지나는 각 탑에 이를 배분하여 봉헌하였다. 다른 구법승 의정義淨은

---

34) 위의 책, pp. 64~75; Liu, *Silk and Religion*, ch. 2. 자주색 가사의 상징성과 비단 사용에 대한 불교도들의 논쟁에 대해서는 Kieschnick, *Impact of Buddhism*, pp. 98~103. 면직물 교역에 대해서는 Sen, *Buddhism, Diplomacy, and Trade*, p. 186.

35) Liu, *Ancient India and Ancient China*, pp. 84~85.

중국을 떠날 때부터 비단을 가져갔는데, 부다가야에서 이 비단으로 불상에 입힐 가사를 만들었다.[36] 이처럼 불교도의 움직임은 당시 떠오르고 있던 아시아 세계의 경제에 큰 영향을 미쳤던 것이다.

또한 이 시대에는 중세 유럽에서와 유사하게 명백히 종교적 성격을 띠는 성물聖物 교역이 전개되었다. 북인도에 당의 외교사절로 여러 차례 파견된 왕현책王玄策은 서북 인도의 한 사원에서 부처의 정수리 뼈骨를 구입하기 위해 비단 4,000필 이상을 썼다. 당대 중국에서 불골佛骨에 매겨진 엄청난 가격은 단성식段成式(?~863)이 전하는 일화를 통해 엿볼 수 있다. 이 이야기에서 어떤 승려가 공양으로 썩은 못 같은 물건을 하나 받았다. 승려는 이를 외국 상인에게 팔기로 하였다.

> "스님은 이 물건을 어디서 얻으셨습니까? 꼭 파셔야 한다면 틀리지 않게 값을 쳐드리겠습니다." 승려는 시험 삼아 10만을 불러보았다. 외국 상인이 크게 웃으며 말했다. "아직 멀었습니다." 승려는 가장 높은 가격을 생각하여 50만을 말했다. 외국 상인이 말하기를 "이 물건은 1000만의 가치가 있습니다" 하여 그 가격에 물건을 넘겼다. 승려가 물건의 명칭을 물으니 "이것은 부처님의 보골寶骨입니다" 하고 상인은 대답하였다.[37]

실제 불골은 칠보의 하나로 만든 물건으로 대체될 수도 있었고, 탑이

---

36) Liu, *Silk and Religion*, pp. 69–72.

37) Sen, *Buddhism, Diplomacy, and Trade*, p. 190에 인용되어 있다.

나 사찰에서 발굴된 부처의 '손가락 뼈' 다수는 실제로 유리나 크리스
탈로 만들어져 있었다. 이렇게 대체물을 만드는 일은 부처나 매우 독
실한 승려의 육신을 화장하면 '사리'(산스크리트어로 '사리라')라는 딱딱
하고 투명한 원형의 물질이 나온다는 믿음과 관계가 있었다. 사리는
고가의 재료로 모방할 수 있었던 것이다. 중세 유럽에서와 마찬가지
로 이처럼 고가의 성물은 절도 사건을 유발하기도 하였다.[38]

중국 내의 외국인들

중국에 수입된 물품이나 종교와 더불어, 승려와 상인은 점차 중국
내에 이국적 존재로서 커다랗게 자리 잡았고, 이들은 위진남북조 시
대 동안 중국 도시의 삶을 바꾸어놓았다. 중국 내 불교 공동체에 대한
최초의 기록은 그 승려들이 중국인이었는지 외국인이었는지 명시하
지 않고 있지만 그들은 외국인이었다고 보아도 틀리지 않을 것이다.
외국인 승려에 대한 분명한 최초의 기록은 2세기 중엽 후한의 수도에
정착한 번역가들을 언급하고 있다. 이들 중에 교단에 합류한 외국인
상인들이 있었던 것을 보면 승려와 상인이라는 두 집단이 밀접하게 연
관되어 있었음은 분명하다. 외국인 승려는 3~4세기 남중국 유력 가문
의 '청담'에 관한 일화에도 등장한다.

---

38) Sen, *Buddhism, Diplomay, and Trade*, pp. 44, 190–192; Liu, *Silk and
Religion*, pp. 41–48; Kieschnick, *Impact of Buddhism*, pp. 29–52.

4세기 불교의 중요성이 커지고 뛰어난 외국인 승려가 여럿 등장하자 중국인의 우월성에 의문이 제기되었다. 소그드인 강승연康僧淵이 산중에 정원이 딸린 암자를 지었을 때, 그의 거동을 흠모하는 수도의 유명인사들이 너무 많이 몰려든 탓에 그는 암자를 떠날 수밖에 없었다. 더 명백한 사례는 왕민王珉(351~398)이 쿠차 출신 승려 스리미트라尸梨密多羅를 추도하면서 쓴 글에서 보인다. "빼어난 인물이 오랑캐 사이에서 태어날 수 있다. 이례적 재능을 지닌 사람이 우리 쪽에서 나오기도 한다. 그러므로 우리는 탁월함과 위대함은 하늘이 주는 것임을 알 수 있다. 어찌 중화와 오랑캐에 달려 있는 것이겠는가?"[39] 스리미트라가 주문을 잘 외우는 것으로 유명하였으나 중국어로 말하기를 배우지 않았으므로 이 추도사는 특히 주목할 필요가 있다.

이민족과 중국인이 평등할지도 모른다는 관념, 게다가 이민족이 어쩌면 더 우수할 수도 있다는 생각은 개개인 단위로서가 아니라 국가 전체에 적용되는 것이었다. 중국 불교도에게 인도가 성지가 됨에 따라 인도가 세계 중심이라는 의미에서 "중국中國"으로 간주되고 중국은 주변적 위치로 밀려나게 되었다.[40] 거꾸로 불교를 거부하는 사람들은 빈번하게 외래종교라는 사실을 이용하여 불교의 정당성을 규탄하였

---

39) Zürcher, *Buddhist Conquest*, p. 104에 인용된 『高僧傳』의 내용. 스리미트라가 중국어를 쓰지 않았다는 점에 대해서는 Mather, tr., *New Account*, p. 50. 주술에 뛰어난 그의 명성에 대해서는 Kieschnick, *Eminent Monk*, pp. 84, 94. Tsukamoto, *History*, pp. 323-326는 이 두 가지 측면 모두를 논하고 있다.

40) Sen, *Buddhism, Diplomacy, and Trade*, pp. 6-12; Wang, *Shaping*, p. 125.

다.[41] 어느 쪽 입장이건, 불교는 중국인과 외국인의 관계뿐 아니라 중국과 외부세계의 관계를 다시 생각하게 만드는 분수령이 되었다.

6세기가 되면 일부 외국 순례자들과 학생들이 중국을 신성한 불국토라고 생각하기 시작하였다. 『낙양가람기』는 한 외국 승려가 낙양을 진정한 지상의 불국토로 묘사하고 보리달마가 영녕사를 부처의 극락조차 뛰어넘은 곳이라고 말한 일들을 전하고 있다. 또한 낙양에 외국인 승려가 머무르도록 지은 사찰을 이렇게 묘사하기도 한다. "이때 불경과 불상이 낙양에 가득 찼고 외국의 사문들이 이 행복한 땅에 모여들었다. …… 그리하여 선무제宣武帝는 이 사찰을 지어 그들을 수용하였다. 승방 건물이 서로 이어진 것이 천여 간이나 되었다. 뜰에는 높게 뻗은 대나무가 줄지어 서 있고 처마에는 큰 소나무가 맞닿아 있으며 진기한 화초가 섬돌 주변에 자라고 있었다. 온갖 나라에서 온 사문들이 3,000명이 넘었다."[42] 이 사찰은 낙양의 큰 시장 근처에 자리하고 있었고, 이 시장은 외국인들로 붐비는 곳이었다.

그 이후 문헌들은 외국 승려들이 601년과 604년 사이에 수 왕조의 창업자 문제가 개최한 불골 배포 행사에 참여하기 위해 중국을 찾아왔음을 전하고 있다. 당대가 되면, 문수보살의 거처로 세상에 알려지게 된 오대산과 같은 중국의 몇몇 장소는 인도, 중앙아시아, 한국, 일본 순례자들의 목적지가 되었다. 같은 시기 중국은 또한 미래불인 미륵

---

41) Zurcher, *Buddhist Conquest*, ch. 5; Kohn, *Laughing at the Tao*, "Introduction"; Chen, *Buddhism*, pp. 137-144, 184-185, 191.

42) Jenner, *Memories*, p. 249; Yang, *Record*, p. 204.

에 대한 신앙의 중심지가 되어 마찬가지로 외국으로부터 신자들을 끌어들였다.

외국인들은 중세 중국의 종교적 상상력에 있어서 중요한 역할을 하게 되었다. 외국인은 종교적 활동과 관계된 낯설고 이국적인 존재로, 귀신과 신령에 대한 중국인들의 관념과 연결되었다. 귀신이 가족, 친척이나 무속인에게 빙의하여 문자를 통해 산 사람에게 의사를 전하려 할 때, 이러한 귀신의 글자는 종종 한자처럼 수직 방향으로 쓰지 않고 '서쪽 오랑캐' 인도나 중앙아시아의 문자처럼 수평 방향으로 쓰인다고 알려져 있었다.[43] 이뿐 아니라, 불교에서 중심적 역할을 했던 마술적 주문의 언어 역시 외국 언어와 동일시되었다. 따라서 문헌에서는 '인도 주술'이라는 것이 언급되는 한편, 주술에 통달한 승려는 중국 바깥에서 온 사람으로 간주된다. 게다가 불교가 중국에서 토착화한 지 한참 후에도 불교 조각이나 회화에서 부처는 여전히 외국인으로 묘사되었다.[44]

불교를 전하거나 배우기 위해 중국에 온 사람을 제외하면 중국에 있던 외국인 대부분은 상인들이었다. 이들은 중국에 어떤 경로를 통해 들어왔는가에 따라 각기 다른 도시에 퍼져 있었고 각 지역경제에서 독특한 역할을 하였다. 불교도들이 인도와 중앙아시아에서 중국으로 들어오며 지났던 '실크로드'는 중국의 대외교역에도 중요하였다. 이들 경로는 각기 인도는 물론 시리아, 페르시아, 사마르칸트 등지로부터

---

43) Bokenkamp, *Ancestors and Anxiety*, pp. 40-41, 99-101.

44) Keischnick, *Eminent Monk*, pp. 87-90; Spiro, "Hybrid Vigor," pp. 144-145.

출발하여 중앙아시아 동부와 중국의 서북 변경을 지나 수도 장안에 이르렀다(지도 14). 이들 경로는 한대에도 사용되었으나 그 후 교역 규모가 몇 배로 늘어났다. 중요도가 떨어지는 또 다른 육상 경로는 사천성에서 출발, 운남성을 통과하여 버마에서 이라와디 강을 따라 내려가 뱅골까지 가로지르는 것이었다. 티베트를 통과하는 경로는 일부 구법승들이 이용하기도 하였으나 교역에 이용하기에는 너무 위험하고 오래 걸렸다.[45]

중앙아시아를 통과하는 것이 주된 교역 경로였으므로 중국 서쪽 국가들에서 온 외국 상인이 가장 많이 모이는 곳은 수도 장안과 낙양이었다. 수가 중국을 재통일한 후 장안은 실크로드만의 종착지가 아니라 대운하의 종착지이기도 했다. 장안에는 동쪽과 서쪽에 각각 큰 시장이 한 개씩 있었는데 외국 상인은 주로 서쪽 시장에 모였다. 장안보다 서쪽에 있는 도시들에는 모두 대규모 외국인 공동체가 있었고 감숙회랑의 돈황敦煌과 양주涼州에는 중국인보다 외국인이 더 많았다. 이들 지역의 외국 상인들 중에는 소그드인이 가장 많았고, 그 외에 페르시아인, 시리아인, 투르크인, 인도인이 있었다.[46]

소그드인은 지금의 우즈베키스탄과 타지키스탄인 트란스옥시아나에 거주하던 이란계 민족이었다. 이 지역의 중심은 아무다리야 강과

---

45) Sen, *Buddhism, Diplomacy, and Trade*, pp. 160–165, 169–176: Schafer, *Golden Peaches*, pp. 20–21: Rong, "Migrations and Settlements."

46) Rong, "Migrations and Settlements": de la Vaissière, *Sogdian Traders*: de la Vaissière, *Les Sogdiens en Chine*: *Monks and Merchants*, Part III, pp. 220–270. 중국어로 된 탁월한 연구로 榮新江, 『中古中國與外來文明』, pp. 17–180.

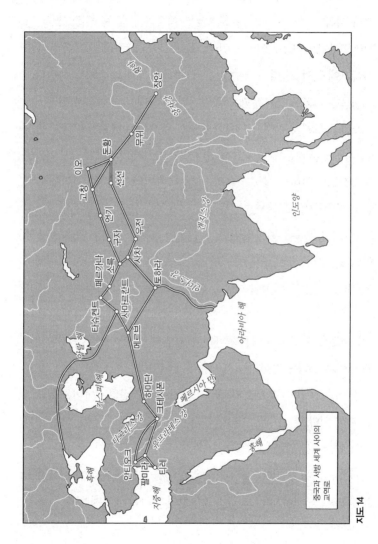

지도 14

중국과 서방 세계 사이의
교역로

시르다리야 강 사이에 있었고 사마르칸트 도시국가의 지배 아래 있었으나 서쪽으로는 부하라, 동쪽으로는 페르가나 계곡, 북쪽으로는 샤시(지금의 타슈켄트)로 뻗어 있었다. 소그드인들은 여러 개의 독립된 도시국가에 살았고, 따라서 종종 외국 세력의 지배를 받기도 하였다.[47] 도시들은 전화에 휩싸일 때도 있었지만 이 시대 내내 번성하였다.

소그드 도시가 관개를 이용한 농경을 행하기는 했지만 그들이 번성할 수 있었던 것은 교역 덕분이었다. 적어도 3세기부터 소그드인들은 정기적으로 인더스 협곡 상류까지 가서 카슈미르나 다른 지역에서 온 인도 상인들과 교역하였다. 중국 측 사료의 기록과 돈황에서 발견된 311년의 편지들을 통해 확인할 수 있듯이, 4세기 초에는 지금 신강 지역의 오아시스 도시들 및 중국과 소그드인들 사이의 교역이 확립되어 있었다. 6세기 중엽이면 그들은 콘스탄티노플과의 직접 교역관계도 확립하고 있었다. 이렇게 소그드인들은 중국에서 비잔티움까지 뻗어 있는 실크로드상의 교역을 지배하게 되었고, 그들이 쓰는 인도유럽어계 언어는 교역에 있어서 국제공용어가 되었다. 중국인들은 소그드인을 뛰어난 상업 민족으로 평가하는 이야기들을 전한다. "아이를 낳으면 입 속에 설탕을 넣어주고 손바닥에는 아교를 놓는데, 이는 아이가 자라서 입으로는 달콤한 말을 하고 손으로는 아교로 붙인 듯 돈을 쥐고 있기를 바라는 뜻이다. 재주가 좋은 상인들이다. 사내아이가 다섯 살이 되면 글을 배우게 하고 글을 깨우치면 장사를 배우게 한다. 장사에

---

47) Enoki, "Nationality of the Ephtalites"; Tremblay, *Pour une histoire de la Sérinde*, pp. 183–188.

능하고 이익을 좋아한다. 사내가 스무 살이 되면 이웃 나라로 보낸다. 이익이 있는 곳이라면 가지 않는 곳이 없다."[48]

소그드인은 자신들의 수장에게 통제받았고 자신들의 법을 적용받았다. 북조에서는 소그드 수장을 살보薩寶라는 명칭의 관직에 임명하여 소그드인 공동체 내의 민사와 종교 업무를 관장하게 했다.[49] 이들은 조로아스터교를 믿었으나 메소포타미아와 인도 신앙 몇 가지에서 유래한 신들의 계보 및 의례를 발전시켰다. 고국에서는 불교를 받아들인 적이 없지만 소그드인 가운데 몇 명은 불경의 한문 번역으로 유명해졌다. 소그드인은 대중적인 음악과 무용뿐 아니라 새로운 금속 공예기술과 도자기를 포함하는 여러 혁신적 문화를 중국에 소개하기도 하였다.

서쪽에서 중국으로 온 불교도와 상인의 경우와는 달리, 남쪽의 월越과 만蠻은 중국의 남방 진출로 인해 원래 자신들 땅이었던 곳에서 외부인이 되어버린 탓에 '외국인'이 되었다. 이미 삼국 시대에 '산월山越'은 중국인들이 저지대를 점령함에 따라 산지로 몰렸고 노역이나 군역에 강제로 징집되었다. 동진과 남조의 단편적 기록들에서 그들은 군주와 유력 가문에게 착취당하는 대상 혹은 종종 중국 세력에 무력으로 저항하는 반도로 묘사되고 있다.

이전의 한 왕조처럼 동진과 남조에서는 특정한 지역에 월족을 통제

---

48) *Monks and Merchants*, pp. 222-223.

49) Dien, "The '*Sa-pao*' Problem Re-examined"; 榮新江, 『中古中國與外來文明』, pp. 169-180.

하기 위한 군사적 성격의 군郡이 설치되었다. 동진·남조 측이 남긴 기록이 주로 정부 및 유력 가문과 월족과의 관계를 보여주지만, 단편적 일화들은 월족과 한족 사이의 다양한 모습을 이야기해준다. 예를 들어 월족과 한족이 현지의 시장에서 교역하거나, 한족 상인이 아직 월족이 거주하는 지역을 찾아다니거나, 월족이 한족을 위해 일시적 노동자로 일하거나, 한족 가구가 지주를 피해 월족에게 피신하거나, 한족과 월족이 서로 결혼하거나, 한족이 월족 사이에 정착하여 거주하면서 지주이자 유력한 가문이 되거나, 심지어 월족이 도교 신자가 되는 등의 이야기가 전한다.[50]

　단편적인 문헌자료를 보완해주는 것은 무덤의 예술품이다. 가장 중요한 발견은 지금의 하남성 등현鄧縣과 한중漢中 사이 한수 유역에 설치되었던 옹주雍州 지역에서 나왔다. 이곳 무덤에서 머리 모양이 특이한 관리의 인형이 발견되었다. 머리 앞부분은 삭발하고 머리 뒷부분은 뒤로 넘겨서 뾰족한 매듭으로 묶었는데, 이 모양은 이 지역 만족에 대한 묘사와 일치한다. 또 다른 남자 인형은 특이한 오리 모양 모자를 쓰고 있는데, 이 모자는 이 지역 특유의 것이다. 벽돌에는 부곡部曲(사병私兵으로 근무하는 농노)이 무기를 들고 전진하거나, 말을 끌거나, 군대 음악을 연주하는 모습이 묘사되어 있다. 이 사람들도 원래는 만족이었을 가능성이 있으나 이를 확실하게 밝혀주는 단서는 보이지 않는

---

50) 영어로는 자세한 연구가 없다. 川本芳昭, 『魏晉南北朝時代の民族問題』,
　　pp. 413-442 와 周一良, 「南朝境內的各種人及政府對待之政策」,
　　『魏晉南北朝史論集』, pp. 33-101가 가장 상세한 설명일 것 같다.

다.[51]

남북조 말과 수대 무렵이 되면 양자강과 그 지류 유역에서는 남중국 토착민들이 거의 동화되었음을 시사하는 증거들도 있다. 이 시기에는 많은 만족이 법적으로 '양민良民'으로 분류되었고 수대의 한 기록에 따르면 만족을 노예로 삼는 일은 불법이 되었다. 만족은 보통의 한족 농민과 같은 지위를 누리며 납세 대상 농토를 소유할 수 있었다. 오지나 고립된 지역에서 일어난 만족의 반란에 대한 단편적 기록들이 있기는 하지만, 한수·회수·양자강 유역에서 토착민을 통제하기 위해 설치되었던 군사적인 군郡은 철폐되었다.

'외국인'과 '중국인'의 관계에 있어서 가장 주목할 부분은 이 두 범주가 유동적이라는 점이다. 가장 이른 '외국인' 왕조는 유연이 세운 전조前趙인데, 군주인 유연 본인은 중국 조정에서 양육되어 중국의 언어와 문화에 정통하였고 중국풍 국가를 건설하고자 했다. 그는 한 황실의 후예임을 주장했고 한 제국의 부흥자로 자처했다. 마찬가지로 북위 효문제가 수도를 낙양으로 옮겼을 때, 그는 조정에서 중국의 언어와 복식을 쓰게 하였고, 모든 신하에게 중국 성씨를 주었으며, 중국인과 탁발부 지배층이 통혼하도록 하였다. 『위서』에는 조부모가 선비족인 사람들이 다른 사람들로부터 한족이라고 불리는 경우도 보이는데, 어떤 때는 이것이 모욕이었다.

육진의 난으로 등장한 북주와 북제는 부분적으로 이러한 흐름을 뒤집었다. 북제 조정은 통상적으로 선비어를 사용했고 야심 찬 한족 부

---

51) *China: Dawn of a Golden Age*, pp. 11, 27–28, 212–215.

모들은 장래 진로를 위해 아이들에게 선비어를 가르쳤다. 북주 조정은 한족 추종자들에게 선비의 성씨를 하사하였다. 다른 한편으로, 북주는 의식적으로 한대의 고전『주례周禮』를 따라 정부를 구성하고 부서 이름도 『주례』를 따름으로써 당시 사회를 지배하던 유력 가문들보다 더 고전적으로 '중국'적이었다.[52]

　무덤의 예술품과 불상을 통해서도 민족간 경계가 느슨하였음을 엿볼 수 있다. 북제 황실과 가까운 관계였던 비한족 가문 출신자 몇 사람은 중국식 무덤에 매장되었는데, 부장품 중에는 중앙아시아의 모티프로 장식된 도기가 포함되어 있었다. 북중국의 무덤 상당수에서는 선비족 복장을 한 인물들 모습이 보인다(남자는 달라붙는 소매와 넓은 옷깃이 달린 카프탄을 입고, 바지를 입고 끝단을 부츠 안으로 넣었으며, 뒷부분에 목까지 덮개가 드리운 높은 모자를 착용. 여자는 같은 모양 카프탄에 치마를 입었으며 머리는 쪽 찌거나 땋아 내렸음). 이런 모습들은 무덤 벽화, 도기 인물상(특히 무장한 시종 모습)과 불교신도의 도상에서 나타난다. 이러한 문화간 융합을 보여주는 예로 유명한 것은 고원固原의 한 무덤에서 발견된 옻칠한 관이다. 이 관에는 서왕모와 그 배우자를 묘사한 중국 도교의 종교적 도상들과 채순蔡順처럼 고대로 거슬러 올라가는 효자 등의 고전적 인물들이 나타나는데, 모두 테두리 장식이 붙은 설명이 곁들여 있다. 그런데 이들 인물이 선비족 복식을 하고 있다. 즉 등장인물이 모두 선비족인 중국 역사와 우주를 만들어내고 있거나 중국 역사와 가치

---

52) 이 시기 『주례』의 정치적 이용에 대해서 Pearce, "Form and Matter" 참조.
　『주례』를 중국인과 외국인 사이의 관계를 위해 이용한 것에 대해서는 川本芳昭,
　『魏晉南北朝時代の民族問題』, pp. 367~410.

관을 구현한 선비족의 세계를 만들어내고 있는 것이다. [53]

중국적인 것과 외국적인 것의 경계를 흐릿하게 하는 마지막 사례는 장안에서 471년 무렵에 만들어진 불교 비석이다. [54] 비의 뒷면은 역사적 부처 석가모니의 이전 생이었던 수메다가 수차례 환생을 거쳐 전륜성왕이 되고 마침내는 석가모니로 세상에 태어난 이야기를 담고 있다. 이 이야기를 구성하는 장면들은 몇 가지 특이한 면모를 보인다. 우선 마지막 환생으로서 석가모니가 태어나는 장소가 중국으로 되어 있다. 이 이야기의 중심인물이 수메다일 때 그는 선비족 복식을 입고 있다. 그가 전륜성왕이 되면 그의 복식은 중국식으로 바뀐다. 그런데 도솔천에서 석가모니로서의 최후의 환생을 기다릴 때는 다시 선비족 복식으로 돌아간다. 대조적으로, 이야기에는 수메다에게 꽃을 파는 여인과 부처의 어머니 두 여성이 등장하는데, 이들은 중국옷을 입은 것으로 묘사되어 있다. 마찬가지로 비석 아랫부분에 있는 신도들 가운데 여성들은 중국식으로 입은 반면 남성들 대부분은 선비족 복장을 하고 있다

따라서 이러한 시각적 서사는 중국으로 치환된 인도를 무대로 하고 있는 것이다. 여기서 주인공은 선비족과 중국인 사이를 넘나들고 있으며 남녀의 성별은 중국과 '외국'의 차원에서 설정되어 있다. 이는 모든 민족이 소속된, 모든 것을 수용한 세계적인 국가에의 지향을 시사

---

53) *Monks and Merchants*, pp. 62–65, 69–71, 77–81, 90–93, 144–147, 298–299;
   Pearce, Spiro, and Ebrey, "Introduction," p. 15.

54) Spiro, "Hybrid Vigor."

하는 것이고, 또한 복식과 행동으로 표현되는 민족성이 태생의 문제
라기보다는 선택의 문제가 되었음을 보여주는 것이기도 하다.

7

| 친족의 재정의 |

위진남북조 시대에 가족 구성의 근본적 구조는 변하지 않았지만 몇 가지 주요한 새로운 요소가 나타났다. 보다 큰 가계家系에 속하는 수백 혹은 수천 가구가 근접한 지역에 모여 사는 경우도 있었으나, 사회 모든 층위에 있어서 기본 단위는 여전히 한 가구로 생활하며 아들들이 재산을 분할 상속하는 개별 핵가족이었다. 후한대처럼 일부 부유한 가구는 삼대로 이루어져 있기도 하였지만 이는 흔한 유형은 아니었다.[1] 그러나 새로운 습속이 나타나 개별 가구들이 혈연관계에 있는 가족들과 연계하면서, 그 구조 자체가 재정의되기에 이르렀다.

동족 묘지와 새로운 명절 덕분에 가족들이 보다 먼 친척과 모여 서

---

1) 이 시대에 개별 가구, 분할 상속, 보다 큰 가계에 속하는 복수의 가구가 보편적이었던 점에 대해서는 Johnson, *Medieval Chinese Oligarchy*, pp. 112-116. 3대로 이루어진 가구에 대해서는 Ho, "Portraying the Family," pp. 463-464, 471-472; Knapp, *Selfless Children*, ch. 1 참조.

로 돕거나 힘을 합치는 일이 가능해졌다. 새로운 형태의 저술이 등장하거나, 혹은 기존 형태를 확장된 방식으로 이용함으로써 보다 큰 친족 집단이 그 구성원을 인식하는 방식이 변화하였다. 교단 종교가 대두하면서 여성이 가족을 떠나 보다 활동적이고 공적인 역할을 할 수 있는 길이 열렸다. 마지막으로, 불교는 보다 나은 환생 혹은 보다 나은 사후세계를 보장할 수 있는 의례를 제공함으로써 산 사람과 죽은 사람 사이의 관계에 변화를 불러왔다. 어떤 변화는 종래의 가계 구조를 정의했던 배타적인 부자간의 유대관계를 바꾸어, 새롭게 모자간의 관계를 강조하기도 하였다.

묘지와 명절

후한 말과 당 사이 시기에 조상과 관련한 가족의 관계에 있어서 두 가지 중요한 변화가 발생하였다. 가족묘지를 만들게 된 일 그리고 한 가계에 속하였으나 흩어져 사는 구성원들이 한식寒食이라고도 알려진 청명절淸明節에 정기적으로 모이게 된 일이 그것이다. 이 두 가지 변화는 보다 많은 사람을 혈연으로 묶어주었기에 중요한 의미를 지녔다.

별도의 가구를 구성하고 있으나 동일한 가계에 속하는 사람들의 묘지를 체계적으로 모아 조성하는 풍속은 후한 말로 거슬러 올라간다.[2]

---

2) 한대에 가족묘지가 만들어진 것에 대해서는 Wu, *Wu Liang Shrine*, pp. 33-37; Wang, *Han Civilization*, pp. 210-211; Liu, Nylan, and Barbieri-Low, *Recarving China's Past*, pp. 561-577; Wu, *Monumentality*, ch. 4.

전한대에는 사당이 개인의 묘와 연계되어 있었고 개인을 기리는 장소로 기능했다. 그러나 후한대에는 복수의 묘실을 갖춘 가족 묘 앞에 제사를 지내기 위한 사당을 짓기 시작하였다. 이들 사당은 처음에는 여전히 개인을 기리기 위한 곳이었으나 묘 안의 다른 묘실에 가족을 추가로 매장함에 따라 사당도 가족 혹은 가문을 기리는 장소가 되었다. 여기서 후손들은 공동의 시조 그리고 그와 관련되어 함께 매장되어 있는 사람들에게 제사를 올렸다. 한대 사례를 보면, 4세대 너머까지 제사를 올렸던 것 같지는 않고 해당 세대의 모든 사람에게 제사를 지내지도 않았던 것 같다.

한대에는 한 가구를 위해 복수 묘실을 갖춘 다실묘를 만드는 것 외에도, 생전에 한 가구는 아니었던 친족을 같은 묘지에 매장하는 풍속이 퍼졌다. 이처럼 여러 묘를 한군데 모아 만드는 풍속은 전한대 황실의 '산릉山陵'을 축조하는 일과 함께 시작되었다. 후한대 황제들은 인공 산에 매장되지는 않았으나 그 능묘는 수도인 낙양 성곽 바깥의 지정된 지역에 만들어졌다. 후한 말이면 묘지 하나에 친족들 묘를 마련하는 풍속은 지배층 사이에서 보다 광범위하게 확산되었다. 섬서성 동관潼關 근처의 홍농弘農에 있는 양씨 가문의 묘지가 발굴되었는데, 여기에는 동쪽에서 서쪽으로 7개의 단일 가족의 묘가 조성되어 있었다. 출토된 석각의 내용을 통해 매장된 사람 여섯 명의 신원과 네 곳 무덤의 조영일자가 확인되었다. 동쪽 가장 끝의 묘는 126년에 매장된 양진楊震의 것이고, 그 옆의 묘는 173년에 매장된 그의 손자의 것이다. 서쪽 끝의 묘에는 증손자가 매장되었을지도 모른다. 양진의 다섯 아들 중 두 사람만 이곳에 매장되어 있으므로, 이 가족묘지는 형제들 중위의 아들들만을 위한 것이고 다른 이들은 배제되었던 것 같다.

보다 느슨한 체계를 지닌 다른 사례는 위 왕조를 개창한 조씨 가문의 묘지에서 찾아볼 수 있다. 이 조씨 가문묘지는 2세기 말에 만들어졌는데, 이에 대한 서술이 6세기 초에 역도원이 중국의 문화지리에 대한 통합 안내서로 집필한 『수경주水經注』에 보인다. 『수경주』는 묘 네 기를 묘사하는데, 그중 셋은 아버지와 두 아들의 묘로 한군데 모여 있고, 나머지 한 기는 다른 계파에 속하는 사람의 것으로 같은 지역에 있지만 독립된 매장 단위로 분리되어 있다. 1974년에 시작된 발굴로 약 2킬로미터에 걸쳐 분산된 다실묘 다섯 기가 발견되었다. 유일하게 서로 인접한 것은 아버지와 아들의 묘로 확인되었다. 이 넓은 지역 안에는 소규모로 군집한 묘 몇 기를 비롯해 현지인들이 늘 '조사고퇴曹四孤堆'라고 불러온 대형 능묘들이 있다. 이 가문묘지에 있는 묘들은 사당과 기타 석조 기념물 유무에 따라 상당한 편차를 보인다. 그리고 묘의 배치도 일정하지 않은데, 이 가문에 속한 사람들이 살아 있는 동안 물리적으로 흩어져 있었음을 반영한다.

흔히 무씨사武氏祠로 알려진 산동성의 무씨武氏 가문묘지에는 3대에 걸친 구성원의 묘가 적어도 다섯 기 존재하고 있다는 점이 석각의 내용을 통해 알려져 있다. 문기둥과 석조 사자가 묘지 입구를 표시하였고, 묘지 내부에는 묘가 7개 단위로 분산되어 만들어졌다. 이들 묘 중 발굴된 것은 없으나 이 지역 지배층 사이에서는 한 세대 이상의 구성원들을 매장하는 다실묘가 일반적이었으므로(참고로 조씨 가문의 묘지도 이곳에서 아주 멀지는 않다) 무씨 가문도 이러한 관행을 따랐을 가능성이 높다. 이러한 형태의 다실묘 두 기가 발견되기는 하였으나 무씨 가문과의 관계는 아직 불확실하다. 비문 내용은 서쪽의 양씨 가문묘지보다는 넓은 가계 범위를 보여주므로 하나 이상의 직계혈통이 매장되었음을 시사하고 있다.

가족묘지의 조성은 위진남북조 시대에 여러 지역에서 발전하였다.[3] 남중국에서는 '주씨분周氏墳'이라 불리게 된 곳에 3세기 말에서 4세기 초에 만들어진 의흥義興 주씨周氏들의 묘 여섯 기가 모여 있는 것이 발굴되었다. 여기 매장된 사람들은 삼국 시대 오와 서진 왕조를 지탱했으나 결국에는 4세기 전반에 북중국에서 이주해 온 세력에게 반란을 일으켰다가 몰락한 유명한 남중국 가문에 속하는 사람들이다. 여섯 기의 묘는 남북 축을 따라 늘어서 있고, 묘 입구에 이르는 통로는 동남동을 향하고 있다.

4세기 전반기 동안 동진 조정을 장악하였던 낭야琅邪 왕씨王氏 가문의 3대의 묘 일곱 기가 남경 북쪽 교외에서 발굴되었다. 이 묘들은 묘실이 하나뿐이고 가운데가 볼록한 원통형인 단실궁륭정묘單室穹隆頂墓로, 남쪽을 향하고 있으며 2열로 배치되어 있다. 왕씨들의 묘에서는 인형이나 모형 가옥 등 매장된 사람이 저승에서도 생활할 수 있도록 해주려는 명기冥器가 발견되지 않았다. 고가의 수입 유리잔, 다이아몬드 반지 그리고 조개와 진주, 호박 및 터키석 등으로 만든 그릇만이 이 가문의 높은 지위를 알려주는 표지였다.

한대 가족묘지는 가욕관, 주천, 돈황의 서북 변경 지역에서도 발견

---

3) Kieser, "Northern Influence"; Hua, "The Eastern Jin Tombs," pp. 292–293.

되었다.[4] 흙으로 벽을 쌓거나 돌로 둥근 담을 둘러서 한 가문에 속한 고분군의 경계가 표시되었다. 담장 안 묘들은 친족 내의 서열에 따라 배치되었다. 묘 가운데 상당수에는 개별 가구의 경계를 나타내는 의미로서 묘 입구에 채색된 차양이 설치되었다. 이 지역 묘들 중에는 한대에 일반적이었던 부부 합장은 물론이고, 두 세대에 걸친 구성원을 합장한 경우도 있다. 이는 아마도 이 시기에 결혼한 자녀가 부모와 함께 사는 빈도가 증가했음을 시사하는 것으로 보인다.

가족묘지는 위진남북조의 시에도 등장한다. 반악潘岳(247~300)은 그의 「회구부懷舊賦」에서 낙양에서 남쪽으로 80킬로미터가량 떨어진 곳에 그의 장인과 두 처남의 묘가 모여 있는 곳을 방문한 일을 노래하고 있다.

> 동무東武[5]는 여기에 의탁되었으니
> 무덤을 세우고 경계를 그었다.
> 묘를 알리는 한 쌍의 표는 높이 솟아 있고
> 개오동나무는 줄 맞추어 서 있구나.
> 저 개오동나무를 바라보니
> 내 마음속 생각에 깊이 빠져든다.
> 대후戴侯를 추모하고

---

4) Ho, "Portraying the Family," p. 468; Zheng, "A Preliminary Study," p. 424.

5) 동무, 대후는 반악의 장인인 양조楊肇를 가리킴-역주

원元과 사嗣를 애도한다.[6]

무덤은 언덕을 이루어 서로 이어져 있고

측백나무는 빽빽하게 모아 심어져 있구나.

수십 년이 지나 도연명은 의흥 주씨 가문의 묘들을 따라 늘어선 측백나무 그늘에서 소풍하는 모습을 묘사하였는데, 아마도 앞에서 언급한 묘와 같은 묘들일 것이다.[7] 이처럼 가족묘지는 이 시대 지배층의 삶에 있어서 하나의 표준이 되었는데, 오직 지배층만이 이러한 가족묘지를 만들고 그 혜택을 누릴 수 있었다.

이 시대에는 명목상 토지를 불교사찰에 기부한 후 실제로는 가족묘지로 사용하는 공덕원功德院도 등장하였다. 이는 사원의 토지로서 면세 대상이자 영구히 사원 소유였으나, 실제로는 토지를 기부하는 가문을 위해 기능하였다. 기부한 가문이 공덕원을 운영할 승려를 임명하였고, 기부를 반복함으로써 자신들의 경제적·종교적 활동의 명목상 간판으로 내세운 사찰을 통제하였다. 오직 친족 두세 사람만이 승려가 정기적으로 올리는 제사에 참여할 수 있다는 점에서 공덕원은 일반적인 가문묘지와 차이가 있었다.[8]

당 이전에 동거 가족 범위를 넘어서는 조상에 대해 공동으로 제사를 지냈다는 증거는 없다. 자손들은 부모나 조부모의 묘에서 제사를 올

---

6) 큰 처남 양담楊潭의 자가 도원道元, 작은 처남 양흠楊歆의 자가 공사公嗣임-역주

7) Xiao, *Wen xuan*, vol. 3, p. 181; Davis, tr., *T'ao Yuan-ming*, vol. 1, pp. 56-57.

8) Ch'en, *Chinese Transformation*, pp. 139-141.

릴 뿐이었다. 그 이상의 먼 조상에 대해 공동으로 제사를 지내기 위해 친족이 모였다면 사회적으로 의미 있는 집단을 형성할 수도 있었겠으나 그러한 경우는 없었다. 그러나 7세기 말 혹은 8세기 초가 되면 4~5세대 위 조상의 묘를 청소하고 제사를 올리기 위해 부계 친족끼리 모이기 시작하였다.[9] 동지에서 105일 후 음력 2월 말이나 3월 청명절에 행하는 이런 제사는, 먼 조상을 공유함으로써 서로 흩어진 친족을 하나의 정체성을 가지는 조직된 부계 가문으로 변화시켰다.

　청명절의 전단계 역사를 살펴보면 이러한 역사적 전개를 이해할 수 있다. 한대 동안 조상의 사당에서 행하는 제사와 병행하여 묘에서 제사를 지내는 일이 일반화하였으나, 하나의 단일한 절일에 모든 친족이 묘에서 제사를 지냈다는 기록은 없다. 후한대 문헌인『사민월령四民月令』은 계절마다 묘에서 제사를 지낼 것을 권장하고 있다. 봄의 제사는 음력 2월에 향리의 사社 제사에 병행하여 지내도록 하였다.[10] 몇몇 후한대 문헌에 따르면 이때 며칠 동안 혹은 또 다른 문헌에 따르면 2개월 동안, 불을 피우면 안 되므로 찬 음식을 먹어야 한다고 언급하고 있다. 가장 이른 문헌 증거들은 이러한 금제를 한겨울에 지켜야 한다고 언급하며, 이것이 기원전 7세기의 관리 개자추介子推를 기리는 일이라 명시하고 있다. 관직에서 물러난 개자추를 산속 은거에서 나오도록 하려는 시도가 실패하여 그는 불에 타 죽었고, 그의 사후 태원 근처 그

9) 청명절에 대해서 Ebrey, "Early Stages," pp. 20-29. 청명절의 배경과 기원에 대해 Holzman, "Cold Food Festival."

10) Hsu, *Han Agriculture*, p. 216.

의 고향에서는 그를 기리는 제사가 생겼다는 것이다. 후한 정부는 사람들의 건강을 위협한다는 이유로 찬 음식만 먹는 한식의 풍속을 금지하고자 하였고 206년에 조조도 한식을 금하는 조칙을 내렸다. 이 조칙은 동지에서 105일 지난 후, 즉 청명절에 한식이 행해지고 있음을 말하고 있다. 몇십 년 후에 태원 출신 인사도 이 일자에 한식이 행해졌음을 기록으로 남겼다.

317년에 석륵이, 474년과 496년에 북위에서 한식 습속을 금지하려고 시도하였으나 모두 실패로 끝났다. 6세기 중엽의 두 문헌은 동지에서 105일이 지나고 거행되는 전국적 제사를 묘사하는데,『제민요술』은 이를 개자추에 대한 추모 행위라고 설명한다.『형초세시기荊楚歲時記』는『주례』(전국 시대 말 혹은 전한 초 편찬)를 인용하여 음력 2월에 목탁을 두들겨 도읍에서 불의 사용을 금지하는 포고를 내린다고 하였다. 전국 시대 말이나 전한 초의 문헌들에 보존되어 있는 군주의 월별 행사에 의하면 이런 목탁은 성행위 금지와 산에 불을 놓는 행위, 즉 개자추를 죽게 만든 바로 그 행위의 금지를 알리는 데 쓰였다. 성행위와 불에 대한 금지는 같은 시대 하지夏至에 대한 기록들에서도 등장한다.[11] 이 기록들에서 개자추의 죽음이라는 역사적 사건을 기리는 일과 새해를 맞이하는 의례의 일부로서 불을 금지하는 것은 명백하게 서로 연결되어 있다. 새해를 맞는 정화의례는 잠시 불을 못 쓰게 하여 오래된 불을

<hr>

11) Knoblock and Riegel, tr., *Annals of Lü Buwei*, pp. 78-79. 하지에 불을 피우지 못하게 하는 것과 성교를 금지하는 것에 대해서는 Bodde, *Festivals in Classical China*, pp. 289-316. 불에 대한 금기는 pp. 290-291, 294-302. 성교에 대한 금기는 p. 292.

꺼서 없애고 다시 새 불을 피우는 행위로 표현되었는데, 이러한 행위는 수당대에 묘지를 청소하는 명절의 출현을 촉진하였을 수도 있다.

당대 초기가 되면 한식절은 가족들이 조상 묘에 모여 청소하고 제사를 올리고 음식을 즐기는 날이 되었다. 이 명절을 성묘와 관련짓는 가장 이른 일화는 수대를 배경으로 하는 이야기로, 660년대에 편찬된 한 문헌에 나타난다. 이 풍속은 8세기가 되면 전국으로 퍼졌다. 고전에는 한식절에 성묘하는 일이 대한 언급이 없으나 이미 사회의 풍습이 되었으니 마땅히 장려되어야 한다고 732년에 조칙이 내려진 사실을 통해서도 당시 상황을 엿볼 수 있다. "사서土庶를 막론하고 제사를 올리기 위해 가족이 모이지 않는다면 효성스러운 마음을 드러낼 다른 방법이 어디 있겠는가? 조상의 묘를 찾아 함께 풀을 베고 절을 올리는 예를 행할 수 있도록 해주어야 한다." 이보다 몇십 년 후에 유종원柳宗元은 주변에 말을 돌보는 마의나 미천한 농부의 조상들조차 무덤에서 제사를 받는데 유배 중인 자신만 조상의 묘를 찾을 수 없다고 탄식하기도 하였다. [12]

이러한 발전은 조상 제사에 두 가지 큰 영향을 미쳤다. 첫째로, 가족 묘지가 만들어지자 먼 조상에 대한 조사도 촉진되었다. 공동의 조상이 보다 옛날 사람일수록 더 많은 사람이 친족에 포함되었고, 이는 친족의 잠재적 규모를 크게 만들었다. 둘째로, 한식절은 공동 조상을 가진 후손들이 함께 모여 서로 가까워질 수 있는 기회가 되었다. 이는 어려움에 처했을 때 서로 돕거나 행동을 함께할 수 있는 보다 큰 규모의

---

12) Ebrey, "Early Stages," p. 21.

동질적인 집단이 형성될 가능성을 증대시켰다. 그러나 친족 집단의 실질적 구성원이 모두 조상의 묘에 실제로 모였다는 증거는 없으므로 한식절의 영향을 과장해서는 곤란하다. 적지 않은 시와 산문은 묘의 관리가 대체로 친족 전체가 아닌 개별 가구의 일로 남아 있었음을 시사하고 있다.[13]

　가속묘지 그리고 확대가족이 모이는 명절이라는 두 가지 외에, 당 말에 나타난 또 다른 한 가지 현상의 연원을 위진남북조 시대에서 찾아볼 수 있다. 재산을 분할하지 않으면서 여러 세대가 모여 취락을 이루는 가족들의 존재이다. 어떤 경우는 13대 동안 유지되기도 하였다. 이러한 당의 풍속은 그 이전 시기 북중국에 있었던 유형의 재현인 듯하다. 당 이전 북중국의 가족들은 일종의 향촌 자위의 형태로서 여러 세대가 동거하며 이웃과 매우 가깝게 모여 지냈다. 세대가 많이 내려가도 재산을 분할하지 않음으로써 가족은 꽤 큰 규모로 성장하였고, 어떤 경우는 한 가족이 800명 가까이 되기도 하였다.[14] 이는 대부분 평민들('서庶')로, 문인 식자('사士') 가구가 여러 세대 동거하는 경우는 훨씬 드물었고 이렇게 대규모도 아니었다. 이런 가족은 송대 초(10세기 말) 이래로 점차 쇠퇴하였다. 유자儒者들이 칭송하고 황제가 상을 내렸음에도 불구하고 이러한 대규모 가족이 문인 식자층보다는 가난한 평민 사이에서 많이 보인다는 사실은, 예제禮制에 맞는 친족을 구성하려는 열망에서라기보다 자위自衛를 위해 조직되었음을 시사한다. 송대

---

13) Johnson, *Oligarchy*, p. 97.

14) Ebrey, "Early Stages," pp. 29-34.

가 되어 사회질서가 회복된 것과 이러한 대규모 가족이 쇠퇴한 현상이 맞물려 있는 것을 보아도 역시 동일한 결론에 이르게 된다. 이 시대에 취락을 이루고 살던 가족들은 종족宗族의 사당과 공동재산을 보유한 전형적인 송대적 종족으로 발전하는 과정의 한 단계라기보다는, 4~5세기 북중국과 같은 무질서 상황에서 나타난 낡은 형식의 하나였을 뿐이다.

가문에 대한 글쓰기

스스로를 의식하는 친족 집단이 점차로 확대된 현상은 가훈과 족보라는 새로운 형식의 글쓰기에 의해 더욱 심화되었다.[15] 구두로 남기거나 혹은 짧게 글로 적어 남긴 유훈은 이전 시기 문헌에도 기록되어 있고, 한대의 문헌 일부는 '가계家戒'를 언급하고 있다. 위진남북조 시대에 이르면 자신의 가문을 차별화하며 가문의 번영에 요체가 되는 행동 방식을 명기하고 후손에게 주지시키는 장편의 글 중 현존하는 최초의 사례가 등장한다. 그 전형이 안지추顏之推(531~591)가 쓴 『안씨가훈顏氏家訓』이다.[16] 이 책은 집안 여성들이 말로 행사하는 영향력과 물리적

---

15) 편의상 족보로 통칭하고 있으나 당시의 용어로는 '씨보氏譜', '보첩譜牒', '가보家譜', '보계譜系' 등으로 불렸다.-역주

16) 한대의 사례에 대해서는 Yen, *Family Instructions*, pp. x-xi. 안지추에 대해서는 Yen, *Family Instructions*, pp. xiv-xxxii: Dien, "Yen Chih-t'ui." 안지추의 사상에 대해서는 吉川忠夫, 『六朝精神史研究』, pp. 263-302.

영향력을 상쇄하기 위해 글로 교훈을 남기는 방식을 사용하였다. 핵가족 구성원 사이에서뿐 아니라 같은 성姓을 공유하는 보다 많은 남성 친족 사이에서 부계 혈통을 강화하려는 의도를 지니고 있는 것이다.

이 책은 여러 세대 동안 가문을 유지하고자 하는 사람을 위한 충고를 담았다. 여기에 포함된 예들은, 재혼의 위험성에 대한 비판, 우애 좋은 형제가 각각의 부인 때문에 사이가 멀어질 수 있다는 경고, 자식을 항상 엄하게 키워야 한다는 주장, 부모로서의 권위가 손상될 수 있으니 자식과 지나치게 친밀하게 지내지 말라는 당부 등이다. 안지추는 가족의 물질적 재화를 잘 관리하고 지나치게 하인들을 믿지 말라고도 논하고 있다. 학자로서 그는 책을 잘 관리할 것을 강조하며 학업과 능숙한 글쓰기의 중요성을 여러 장에 걸쳐 이야기하고 있다.[17]

조언을 제시하는 것에 더하여 『안씨가훈』은 가족 구성원, 일처리 방식, 가족의 가치관 등에 있어서 지역적 다양성에 대해 묘사하고 평가한다. 「풍조편風操篇」은 전적으로 풍속과 행동방식에 대해 다루는데, 작고한 부모의 이름을 거론하는 것에 대한 금기, 명절 풍속, 상장 의례 및 관련 문제들 등의 주제를 다루고 있다. 이 책은 아래 인용한 구절처럼 종종 북중국과 남중국의 행태를 대비시키고, 유교 경전을 인용하며 세태를 비판하며, 어느 지역의 행태가 양호한지를 평가한다.

남중국 사람은 동지와 정초에는 상가喪家를 방문하지 않는다. 만약 조문 편지를 쓰지 않았다면 명절이 지난 후에 정식으로 복장을 갖추고

---

17) Yen, *Family Instructions*, ch. 2, 5, 8-9.

가서 위문한다. 북중국 사람은 동지와 정초에 더욱 정중하게 조문을 행한다. 예법과 관련한 경전에 이 문제에 대해 명확한 언급이 없으므로 나는 이중 어느 것이 낫다고 선택하지는 않겠다. 손님이 도착하면 남중국 사람은 밖으로 나와 손님을 맞지는 않는다. 만나면 손을 들어 올리되 읍揖을 하지 않는다. 손님을 떠나보낼 때도 자리에서 내려오는 것 이상은 하지 않는다. 북중국 사람은 손님을 맞거나 보낼 때 모두 문까지 나오고, 만나면 곧 읍을 한다. 이는 옛날 방식이다. 나는 북중국 사람이 손님을 맞이하고 읍을 하는 방식이 좋다고 생각한다.[18]

남중국 사람들은 자기 가문의 역사에 대해 오직 글로만 논하려 했던 반면, 북중국 사람들은 면전에서 직접 이야기하였고 심지어 손님의 가문 배경에 대해 안지추가 생각하기에는 무례할 만큼 캐묻기도 했다. 안지추는 남과 북에서 누가 친족으로 인식될 수 있는가, 그들에게 어떠한 호칭을 사용해야 하는가와 같은 폭넓은 질문까지 다루고 있다.

강남의 풍속으로는 관직이 높은 사람은 모두 '존尊'이라 호칭한다. 항렬이 같은 사람은 100대 전의 조상으로 연결되어 있을 뿐이라도 서로 '형제'라 부른다. 외부인에게 말하면서 그를 언급할 때는 '족인族人'이라고 한다. 하북의 선비들은 20~30세대 전 조상으로 연결되어 있을 뿐이라도 여전히 서로를 '종백從伯', '종숙從叔'이라 부른다. 양무제

---

18) 같은 책, p. 29. 작별할 때의 풍습에 대한 다른 설명은 남중국 사람들은 눈물을 흘리는 반면 북중국 사람들은 가벼운 마음으로 심지어 웃기도 하였음을 전한다. p. 31 참조. 이름에 대한 이 시대의 금기에 대해서는 p. 95.

가 일찍이 중원에서 온 사람에게 "경은 북쪽 사람인데 어찌 친족이 있음을 알지 못하시오?" 하고 물었다. 그가 "골육은 서로 헤어지기 쉬우니 차마 친족이라 부르지 못할 뿐입니다" 하고 답하였다. 당시에는 영민한 대답이라고 간주되었으나 실은 그가 예禮를 모르는 것이었다.[19]

몇몇 주장의 의미는 불분명하지만, 안지추의 글은 몇 가지 사항을 잘 보여준다. 남북 양쪽에서 모두 지배층 구성원들은 정말 100세대 이전까지는 아니더라도 20세대 정도 앞까지는 거슬러 올라가며 친족을 확인하였다. 이는 상세하게 작성된 족보가 있어야만 가능한 일이다. 특정 개인이 다른 누군가와 정확하게 어떤 혈연관계인지, 이 관계를 묘사할 때 어떤 용어를 쓸 것인지는 중심 화두였다. 양무제와 북중국인의 논쟁을 보면, 북중국인은 정확하게 정의되지 않은 '친족' 관념이 어떤 의미로는 친족을 결속시키는 육체적·정서적 관계를 부인하는 인위적 개념이라고 간주한 듯하다. 이는 친족관계에 대하여 실제 경험을 통해 얻은 살아 있는 지식을 기대하는 북중국 사람과 달리, 친족간 유대관계를 글을 통해 쌓아가고 싶어 하는 남중국 사람의 성향과 잘 부합할 것이다.

『안씨가훈』의 마지막 소재는 안씨 가문 구성원으로서 안지추가 자손들에게 전하는 교훈이다. 그는 가문을 특징짓는 언행의 규칙과 신앙을 알려주기 위해 애쓴다. 그중 한 예가 군사에 관련되는 일을 말리는 그의 경고이다. 그는 전쟁을 피해야 하는 일반적 이유를 제시하기

---

19) Yen, *Family Instructions*, pp. 29–30, 32.

도 하지만, 이에 앞서 공자의 시대부터 그 자신의 시대까지 문사文士였던 안씨 가문의 인물들을 나열한다. 가문에서 오직 두 사람만이 군사적 경력을 택했고, 두 사람 모두 비참한 결말을 맞이하였다. 따라서 군사적 경력을 피하는 것은 조상 대대의 전통에 대한 존경에서 비롯된, 가문의 의무였다.

또 다른 예는 한 장에 걸쳐 불교신앙을 권한 것이다. "과거, 현재, 미래 삼세三世에 관해서는 믿을 만하며 증거가 있다. 우리 가문은 대대로 불교에 귀의하였으니 이를 가벼이 여기지 말라."[20] 안지추는 도교를 비판하는 장을 끝내자마자 불교의 가르침이 참된 것이라고 설명하기 위해 한 장을 할애하는데, 여기서 주로 가문의 전통에 의지해 호소하고 있다. 안씨 가문의 일원이라는 것은 곧 불교신자라는 것을 의미했다.

안지추는 제대로 된 인생과 제대로 된 가문에 있어 학문과 문필 활동이 중요함을 강조했다. 그는 자신의 아들들이 북방 이민족 사이에서 자랐고 따라서 제대로 된 풍습과 제대로 된 가정 내 언행을 책을 통해서만 배울 수 있었다고 썼다. 나중에 그는 자신의 생활수준이 낮아진 이유가 '선왕의 도에 힘쓰고 가문 대대로의 소명을 이어가는 길'로 아들들을 교육시키느라 그랬다고 해명했다. 가문 전통으로서의 학문과 문장을 언급하는 태도는 서법書法의 중요성을 강조하는 데서도 나타난다. 그는 서법을 그 자신의 생존에도 결정적이었던 '가문의 전통'이라 서술하고 있다. 안지추는 글쓰기를 친족관계의 기초로서 수차례 언급하며, 글쓰는 법을 배우기 위해 다른 친척들로부터 비판과 교정

---

20) 같은 책, p. 137.

을 받을 것을 주장했다.[21] 즉 친족에게서 지도를 받으며 그의 가문 남자들은 가문 특유의 글쓰기 전통을 형성했고, 이 글쓰기 전통은 다시 그 가문이 세대를 초월하여 독특한 실체로서 생존하는 데 중대한 역할을 한다는 것이다.

가문을 유지하는 수단으로서 글쓰기를 중시하는 문제의식은 여성이 지배하는, 몸과 말에 의존하는 친숙한 세계에 대한 안지추의 비판에서도 나타난다. 이 문제에 대한 가장 상세한 논의는 「면학勉學」편에 보인다. 보통 이웃에 뛰어난 사람이 있으면 자식에게 그를 존경하고 따르게끔 하는데, 사실 가장 훌륭한 행동의 본보기는 옛 지혜를 보존하는 책 안에 다 있으므로, 사람들의 이런 행태는 어리석다고 안지추는 주장한다. 『안씨가훈』 전체를 통하여 그는 귀로 들은 지식이나 지혜보다는 눈으로 얻은 지식이나 지혜가 우월하다고 주장한다. 어떤 대목에서 이는 소문보다 직접 관찰한 것이 뛰어남을 의미하지만, 다른 대목에서는 귀로 들은 내용보다는 눈으로 읽은 글에 의지할 것을 권하고 있다.[22] 이런 주장들이 남성 대 여성의 문제를 노골적으로 다루는 바는 아니지만, 설득력 있는 말 대신 글로 쓴 문헌을 권하는 이 책의 목표를 정당화하면서, 아울러 문헌의 전수와 학습이 가문을 영속하는 데 근본 요건임을 강조하고 있다.

이 마지막 측면은 『안씨가훈』을 일관하여 가문의 존속을 위해 유일하지는 않더라도 가장 좋은 경제적 토대를 제공하는 것이 글공부라

---

21) 같은 책, pp. 22, 74, 92, 96, 111, 126, 128, 198.

22) 같은 책, pp. 47, 57, 63, 77, 78, 193, 195-196.

는 주장을 통해 상세하게 설명된다. 전쟁이 모든 재산이나 친족을 파괴하더라도 학문을 통해 얻은 지식은 상실되지 않으며 항상 쓰일 곳이 있으리라는 것이다. 이는 세대가 내려가면 흩어져버릴 토지 혹은 단명하고 마는 각 왕조의 몰락과 더불어 사라져버릴 높은 관직보다도 가치가 있다는 것이다. 글공부의 궁극적인 역할은 윤리적 수양이라는 경건한 주장도 하지만, 안지추는 한 가문을 존속시키는 방법이라는 취지에서 글공부를 해야 하는 사회경제적 근거를 제시한다.

이러한 경제적 측면에서 글쓰기의 정당화를 제시하는 내용이 「면학」편의 중핵을 이룬다. 모든 사람들, 심지어 성현들도 학문에 힘써야 한다고 주장한 후에, 안지추는 사회의 경제적 직종 중에 사인士人을 자리매김하고 있다.

> 사람이 세상에 살면서 마땅히 직업을 지녀야 한다. 농민은 밭 갈고 작물 심는 일을 계획한다. 상인은 물건과 가격에 대해 토론한다. 장인은 정교한 기술을 다하여 용기를 만든다. 예인은 어려운 기술에 대해 깊이 생각한다. 무인은 활쏘기와 말타기를 익힌다. 사인은 경서의 의미를 강의한다. 그런데 나는 많은 사인이 농민이나 상인과 왕래하는 일을 부끄럽게 여기고 장인이나 예인을 상대하는 일을 꺼리는 모습을 보았다. (그들은) 활쏘기에서는 과녁을 뚫지 못하고 글쓰기에서는 겨우 이름을 적을 뿐이면서, 배불리 먹고 취하도록 마시고 빈둥빈둥 일 없이 지내며 하루하루를 보내다 인생을 끝낸다.[23]

---

23) 같은 책, pp. 52~55, 61, 64.

그런 게으른 자들이 왕조가 무너질 때마다 어떻게 비참한 최후를 맞이했는지 지적한 후, 안지추는 기술을 갖춘 사람은 어디서든 살아남을 수 있고, 글쓰기는 그중 가장 쓸모 있고 고귀한 기술이라고 주장한다. 글쓰기가 최악의 재난 상황을 극복하게 해줄 수 있는 쓸모 있는 기술이라는 주장은 그 자신의 경험에서 우러나온 것이었다. 그는 젊은 시절의 빈곤, 여러 왕조의 몰락, 북중국에서의 포로 생활을 헤쳐 나왔고, 그러한 경험 속에서 글의 가치를 뼛속 깊이 깨달았던 것이다.[24]

학문이 가문에 중요하다는 생각은 위진남북조 지배층 사이에 널리 퍼져 있었다. 5세기 말 힘 있는 왕씨 가문의 한 인물은 선조의 관직에 기초한 특권은 사라지게 마련이므로 열심히 학업에 정진해야만 가문의 지위를 유지할 수 있다고 주장했다.[25] 그는 부자 사이, 혹은 심지어 형제들 사이에도 세상에서의 위치가 엄청나게 다른 경우가 있으며, 그 차이는 전적으로 얼마나 열심히 공부했느냐에 달렸다고 주장했다. 이 주장은 『세설신어』에서도 보인다. 『세설신어』에서는 사씨 같은 가장 저명한 가문조차도 문필과 학문 면에서 가문의 장래를 보증해줄 만한 재능을 젊은 자제들이 갖추었는지 끊임없이 검사한다. 아이들이나 젊은이들은 관리를 뽑을 때와 마찬가지 방식으로 재능과 인성에 대해서 경쟁적으로 평가받았다. 이런 상황에서 통찰력 있는 어른들은 어느 젊은이가 교양 넘치는 사교 담론이나 글재주를 통해 가문의 위치를 유지하거나 회복시킬지를 예견하기도 했다. 아래 일화가 그 좋은 사

---

24) 같은 책, p. 2.

25) Johnson, *Oligarchy*, p. 104.

레이다.

> 사공司空 고화顧和가 당시의 현자들과 함께 청담을 나누고 있었다. 장현지張玄之와 고부顧敷는 각각 그의 외손자와 손자인데 나이가 모두 일곱 살이었고 자리의 끄트머리에서 놀고 있었다. 그때 그들은 대화를 듣고 있었으나 정신은 다른 곳에 가 있는 듯했다. 그런데 등불 아래서 두 아이가 주와 객의 이야기를 늘어놓는데 빠뜨리거나 잘못된 부분이 없었다. 고화는 자리를 건너가 사람들 귀를 당기며 말하기를 "쇠약해져 가는 우리 가문에 이런 보배들이 태어나리라고는 생각도 못했소" 하였다.

몇몇 경우에는 여자아이들이 경쟁에 참여하기도 하였다.[26]

가훈류뿐 아니라 족보를 집필하는 것도 이 시대의 중요한 일이 되었다. 한대 문헌에도 족보 편찬에 대한 언급이 있고 후한 말에 족보가 모두 손실되었다는 언급이 있지만, 위진남북조 시기에 지배층 가문은 물론 그들을 흉내 내려는 사람 누구나가 모두 족보를 가지고 있었다. 족보는 가문의 일원을 확인할 수 있게 해주었고 저명한 가계에 속하였다는 위신을 내세울 수 있게 해주었다. 국가는 족보를 이용하여 가문 배경에 근거한 특권을 누릴 수 있는 사람을 판별하였다. 그리하여 족보는 친족 집단의 구성을 결정할 뿐 아니라 사회적·정치적 질서를 근

---

26) Mather, tr., *New Account*, pp. 64, 158–159, 186–187, 199–200, 201, 202–203, 208, 213, 227, 234, 238, 268, 297, 298–299, 344, 417.

본적으로 결정하는 요소로 자리 잡았다.

이 시대의 족보로 남아 있는 것은 없다. 그러나 역사 기록과 이 시대의 글들에서 족보를 언급하는 내용을 통해 그 기본 모습을 재구성해볼수는 있다. 족보는 한 가문의 기원, 여러 지파와 각각의 지위, 가문 일원이 역임한 주요 관직, 혼인에 관해 서술하였다. 『세설신어』에 대한주석들에는 족보에서 발췌한 문장을 인용하여 일화에 등장하는 인물에 대한 정보를 제공하는 경우가 있다. 이 인용문들은 본명이 아닌 자字, 출신 가문 지파의 기원, 조부와 부친이 지냈던 가장 높은 관직의 명칭, 그 자신이 역임한 관직들, 경우에 따라서는 사망 시 나이, 그리고가끔 모친의 가문, 누이들 이름 및 다른 친척 등에 관해 알려준다.[27]

가장 좋은 사료는 8세기 중후기에 우소于邵가 쓴 『하남우씨가보후서河南于氏家譜後序』이다. 이 서문에서 우소는 자신의 가문 계보는 북위 치하에서 우근于謹이 새롭게 우씨 성과 봉읍을 받았을 때로 거슬러 올라간다고 설명한다. 그의 가문은 그 이래로 역임한 관직과 결혼을 170년이 넘도록 기록해왔으나 756년 안록산의 반란 때 그 기록을 잃어버렸다고 한다. 우소는 그 기록을 다시 복원하고 있고, 그의 설명에 따르면그의 가문은 아홉 개 지파로 나뉘며 각 지파는 각각 우근의 아홉 아들의 후손들이라고 한다. 각 지파에 대한 설명은 두 권卷을 이루는데 그중 첫 번째 권은 각 지파의 시조와 그 후 4대를 기록하고 있다. 이렇게다섯 세대가 사당에서 제사를 받을 조상의 숫자와 부합한다. 두 번째권은 각 지파의 현재 대표와 그 부친 그리고 그의 자손들을 기록하고

---

27) Johnson, *Oligarchy*, pp. 100-101.

있다.

이러한 설명은 누가 족보에 포함될 수 있는지의 범위를 보여주는데, 우소는 다시 한 번 중요한 수정 사항을 덧붙이고 있다.

> 문공文公[28]의 넷째 아들인 안평공安平公의 지파는 셋째 아들인 건평공建平公 지파 및 그 위 지파들과 비교하면 관리를 지낸 인물이 매우 적다. 따라서 문공의 다섯째 아들인 제국공齊國公, 여섯째 아들인 엽양공葉陽公, 일곱째 아들인 평은공平恩公, 여덟째 아들인 양양공襄陽公, 아홉째 아들인 환주자사桓州刺史의 지파들과 합쳐서 한 권으로 다뤘다. 이 권에는 다섯 번째 지파 이하는 단순히 옛 기록을 베꼈을 뿐이다. 그 자손들의 관직과 명성이 높지 않았고 혼인한 상대가 중요한 가문도 아니었으며 사회 밑바닥으로 가라앉아 소식이 단절되어 아무것도 알 수 없게 되었기 때문이다.[29]

즉 한대의 족보뿐 아니라 위진남북조 시대에 등장한 족보는 일정한 정도의 혈연관계로 규정된 모든 친족을 기록한 목록이 아니었고, 성공적인 관직 경력이나 혼인을 통해 지위를 얻은 친족만이 기록되고 기억될 가치가 있는 존재였다.

여기에 보이는 두 가지 원칙, 즉 그물을 가능한 한 넓게 던질 것 그리고 너무 작아서 쓸모없는 물고기는 내버릴 것은 이 시대 정사 곳곳에

---

28) 우근을 말함-역주

29) 같은 책, pp. 101~102.

보이는 일화들에서도 드러난다. 폭넓게 파악하는 원칙의 예로서, 위정韋挺이라는 사람은 수문제에게 자신의 가문은 이제 서로 접촉이 없는 남쪽 지파와 북쪽 지파로 나뉘었으나 그가 가진 기록을 통해 여전히 친족관계를 추적해볼 수 있다고 말하고 있다. 일본에 보존되어 있는 당대의 한 족보의 서문에서 집필자는 서로 멀어진 지파들이 공통 조상을 보다 쉽게 거슬러 올라가 확인할 수 있도록 자세한 족보를 기록해놓았음을 밝히고 있다. 거꾸로 어떤 일화는 가난한 고아가 그를 친족으로 인정하기를 거부한 유복한 친척들에 의해 절연당하는 사연을 전하기도 한다. 한 유명한 일화에서 만장지滿璋之는 그의 아들을 저명한 집안 딸과 결혼시키려 하였으나 상대방이 조사한 결과 만장지의 가계에 관리뿐 아니라 평민도 있음이 밝혀져 혼인이 성사되지 않았다.

성공하지 못한 친족을 배제하는 관습은 당대의 한 관찬 사서에서 일반적인 규칙으로 명시되어 있다. "(산동의 명족들) 모든 성씨는 가문 내 지파를 평가했다. 그들의 출신지인 군망郡望은 같더라도 한 가계 내에 실질적으로 높고 낮은 차이가 있다."[30] 가문의 성원을 구성하는 중요한 문제에 있어서 유력 가문들은 감정을 배제하고 냉정하게 세속적 이익을 계산할 뿐이었다. 혼인이나 관직을 통해 세상에서 성공한 사람만이 진정한 지배층 가문의 일원으로 간주될 수 있었다.

가문에 대한 이런 식의 태도는 기가起家에 대해 세습적 특권을 허용했던 구품관인법이 사회적 양상으로 표출된 것이었다. 한 세대에서 다음 세대로 이어가며 높은 지위를 유지하기 위해서는 가문의 성원들

---

30) 같은 책, pp. 98, 103-104, 110.

이 국가 관료기구에서 지속적으로 승진해야 했다. 마찬가지로 기가에 대한 특권을 누리는 가문의 일원으로 남아 있으려면 각 세대가 보다 높은 관직을 확보해야 했다. 손쉽게 관직에 진출하는 일은 가문의 일원이어서 가능했지만, 거꾸로 가문의 일원으로 인정받는 일은 높은 관직을 얻어야만 가능했던 것이다.

유력 가문을 하나로 통합해주는 유일한 요인은 그들의 족보로 구현된 인식, 즉 친족이라는 의식뿐이었다.[31] 유일한 예외는 북중국에서 향촌 지배층 수준 이상으로 성장하지 못했던, 자기 지방 오벽塢壁의 지도자로 남아 있던 가문들뿐이었다. 관직을 얻지 못한 계파는 배제한다는 원칙 아래 족보가 만들어졌으므로, 개별 가구의 단계를 넘어선 지배층 가문의 친족 구조는 국가권력망을 통해 형성되었다. 따라서 유력 가문에서 이 시대 고위관직을 장악한 것은 그들 자신의 존재를 정치적 관료기구의 기능에 의존하게 만든 대가로 얻은 결과였다. 한 개인이 정해진 양식에 따르듯 조정에서 은퇴하여 '은일'로 지내는 일은, 결국 가문의 지위와 장기간에 걸친 관직 경력으로 얻은 수입에 의존하는 일종의 사치였다.

---

31) 같은 책, p. 118. 유력 가문들에 대한 정의를 공식화하기 위한 시도에 대해서는
   Dien, "Elite Lineages" 참조.

친족과 불교

위진남북조에서 대규모 친족 집단이 발전하면서 유력 가문들은 점차 국가라는 구조에 얽매이게 되었는데, 이들 가문은 자신의 존재를 규정하는 의례도 새롭게 등장하는 종교 교단에 맡긴다. 특히 새로운 사후관념과 더불어 사람이 죽은 후에 보다 나은 존재로 환생할 수 있도록 돕는 데 필요한 의례를 갖춘 불교는, 점차로 한 가문과 그 선조 간의 연결을 유지하기 위해 필수불가결하며 나아가 가문 그 자체의 구조에도 없어서는 안 되는 종교가 되었다. 시기와 장소에 따라 도교, 특히 통합적 성격의 영보파靈寶派 전통도 비슷한 역할을 했다.

가족을 위해 불교와 도교를 이용한 가장 초기의 증거들은 거의 전부 불상과 그 명문銘文으로부터 나온다. 따라서 이러한 역사적 전개 양상의 시공간적 범위를 일반화하여 설명하기는 어렵다. 많은 양상이 아마 지역에 국한되었을 것이다. 불교신앙을 통해 선조는 좋은 내세를, 살아 있는 가족 전체는 유복한 현재와 미래를 얻고자 했던 가장 이른 사례들은 동굴의 벽면, 불탑의 측면이나 후면, 혹은 비석에서 발견된다. 부처의 형상은 한대의 무덤과 3세기 묘에 부장된 항아리에도 나타나지만, 이들이 구체적으로 불교신앙의 부산물로 나타난 것인지 아니면 단순히 전래된 부처의 형상이 여러 신들 중 하나로서 수용된 것인지는 불분명하다. 어떤 경우 부처는 특히 서쪽과 관련된 존재로 등장하고 따라서 무덤의 주인이 사후에 평안을 누릴 수 있도록 무덤 벽에 그리거나 새긴 서왕모와 관련되어 있다. 이처럼 처음 150여 년 동

안 중국의 부처 형상은 중국 재래종교 도상의 연장선상에 있었을 것이다.[32]

무덤에서 발견되는 이러한 초기 부처의 형상은 불교의 전형적인 도상이 된 불상으로 대체되어 대체로 4세기에는 사라졌다. 돌로 만든 불상에 대한 언급은 4세기 문헌기록에서부터 보이지만, 현재 남아 있는 가장 초기의 불상들은 5세기 초의 것들이다.[33] 중국 서북 지역의 양주涼州에서 높이가 17센티미터에서 1미터에 이르기까지 다양한 석탑 열세 기가 발견되었는데, 명문에 의하면 그중 일곱 기는 426년에서 436년 사이에 만들어졌다. 이 시기는 불교를 믿는 흉노 후예가 이 지역을 통치하던 때였다. 이 지역에는 3세기 이래 불교사찰이 설립되어 있었고, 근처 돈황의 유명한 불교 석굴 중 가장 초기의 것들도 같은 시기에 조영되었다.

그런데 이 시기 이 지역의 무덤에는 불교의 영향이 나타나지 않는다. 가욕관의 무덤에서 발견된 벽돌의 그림들은 무덤 주인 가족과 그일상생활을 다양하게 묘사하고 있으나 종교적 형상들은 서왕모, 동왕공, 복희, 여와, 진묘수鎭墓獸 그리고 대지를 제사 지내는 제단과 관

---

32) Wu, "Buddhist Elements"; Wu, *Wu Liang Shrine*, pp. 134-141; Abe, *Ordinary Images*, ch. 2; Dien, "Developments in Funerary Practices," 특히 부장된 항아리에 부처 형상을 사용한 점에 대해서는 pp. 516, 521-523, 526-530, 534 참조. 현재 북한이 된 지역에 만들어진 후대의 무덤에는 비슷한 방식으로 부처 형상을 통합해 놓은 경우가 보이는데, 이 사례들에 대해서는 Li, "Buddhist Images in Burials," pp. 502-505 참조.

33) Soper, *Literary Evidence*, pp. 9-10.

련된 나무[34]와 같은 전통적인 요소들을 포함하고 있을 뿐이다. 아무런 장식도 없는 무덤 몇 기를 포함하여 여러 무덤에서는 한대의 무덤에서 발견된 것과 같은 진묘문鎭墓文이 발견되었다. 첫 번째 종류의 진묘문은 곡물이 담긴 항아리와 살아 있는 사람들이 저지른 잘못을 떠맡을 작은 납 인형을 언급하고 있다. 그러나 아울러 청조자靑鳥子와 북신北辰의 두 신들을 내세워 망자는 ⏋ 사신의 죄를 책임질 것이며 이후로 살아 있는 사람과 완전히 분리될 것임을 보장하고 있다. 두 번째 종류의 진묘문은 망자를 책임지고, 죽음으로 인해 발생하는 나쁜 일들을 제거하며, 망자를 살아있는 사람들로부터 격리할 두 무리의 별들을 거론하고 있다. 위 사례 모두는 한대에 선례가 나타났던 것으로, 한 도자기 파편에 '불佛'자가 적힌 것을 제외하면 상장喪葬 의례에 불교가 영향을 미쳤다는 증거는 없다.[35]

전통적인 매장 풍습이 이 지역에서 유지되고 있었음을 고려하면, 열세 기의 석탑은 불교가 이전의 전통과 융합되었음을 보여주는 놀라운 증거이다(그림 19). 이들 석탑은 공방에서 제조한 완성품이었고, 만들어진 후에 사용자가 구입한 것으로 보인다. 각 석탑은 팔각형 기단부와 원형의 몸통, 불상을 새긴 감실龕室이 배치된 반구형 상부로 이루어져 있으며, 그 위 꼭대기 부분은 여러 층이 겹쳐 끝이 뾰족해지는 형태를 이루는데, 이는 보통 석탑 꼭대기에 놓이는 산개傘蓋를 표현한 것

---

34) 社를 가리킴-역주

35) Abe, *Ordinary Images*, pp. 110-123. 깃발, 항아리 등에 쓴 이 시기 이 지역의 매장 문서에 대해서는 Ning, "Patrons," pp. 514-517 참조.

이다. 어떤 석탑은 산개 부분에 북두칠성이 새겨진 것도 있다. 반구형 상부에는 팔각형 기단부와 상응하는 여덟 개의 감실이 있다. 벽감 중 일곱 개는 동일한 불상이 새겨져 있고, 남은 하나는 왕관을 쓰고 보석으로 장식된 보살이 새겨져 있다. 이는 과거세에 나타났던 여섯 명의 부처, 인간의 역사에 존재했던 부처인 석가모니 그리고 미래불인 미륵을 나타내는 것이다. 원통형 몸체는 불교 경전에서 발췌한 문구를 담고 있는데, 이는 이들 석탑에만 고유한 특징이다. 경전 문구 뒤에는 기증자의 이름, 날짜, 석탑을 구입한 상황, 기증자의 기원 등을 포함하는 봉헌 문구가 이어진다. 기단부의 여덟 면에는 인도 혹은 중앙아시아 양식의 복장을 입고 광배光背가 있는 남성 넷과 여성 넷이 각각 새겨져 있다. 이들 형상의 상단 우측에는 『역경易經』의 팔괘가 하나씩 들어 있다.[36]

이들 석탑은 명백한 불교 조형물이 중국의 전통적 우주론과 결합된 초창기 사례를 보여준다. 북두칠성과 팔괘는 한대에 점술에서 서로 연계되어 있었고 이는 위진남북조 시대에도 마찬가지였다. 각각의 괘는 아버지, 어머니, 세 아들, 세 딸이라는 의미로 가족 구성원 각각에 상응했다. 마찬가지로 석탑에 새겨진 괘도 여성 넷과 남성 넷으로 나뉘어 할당되어 있었다.

재래의 중국 문화 전통과 불교를 혼합한 이들 석탑에 새겨진 명문은 적어도 다음과 같은 두 가지를 보여준다. 첫째로 예외 사례 하나를 제외하면 모두 재가신도가 명문을 새겨 넣는 비용을 지불했다. 그중 여

---

36) Abe, *Ordinary Images*, pp. 123-150.

그림 19. 북량 석탑 돈황 부근.

러 경우에서 가족 전체가 후원자로 언급되고 있다. 글씨 쓰는 사람을 고용했고 하인을 두었음이 언급된 것을 보면 어느 정도의 재산은 지닌 것 같지만, 아무도 관직을 밝힌 경우가 없는 것으로 보아 이들 중 관직을 지낸 사람은 없는 듯하다. 둘째로 봉헌 문구에 따르면 이러한 행위로 쌓은 공덕을 모두 우선 황제를 위해 그리고 '칠세七世의 부모'와 형제, 구체적으로 밝히지 않은 조상들을 포함한 다양한 친족을 위해 바치고 있다. 이들 봉헌문은 가족 구성원 모두가 미래에 미륵과 만날 것, 즉 미래의 부처가 거주하는 도솔천兜率天에 다시 태어나기를 기원하고 있다. 이들 초기 불교 유물의 주된 기능은 사망한 친족의 보다 나은 전생轉生과 가족의 번영을 얻는 데 있었다.[37] 이들 유물의 형태는 이 지역에 고유한 것이나, 조상과 가족이 복을 얻도록 하려고 불교적 형상을 만든 것은 이 새로운 종교가 중국인 대다수의 삶에서 행하게 될 역할을 예시하고 있다.

이들 탑과 거의 동시대 것으로 424년에 위문랑魏文朗이라는 사람의 요청으로 새긴 비碑가 있다. 이 비는 죽은 사람의 영혼이 사후세계로 여행하는 모습을 묘사한 한대의 묘장 예술에 보이는 요소를 대폭 사용하였다. 두드러지게 다른 점은 이들 형상 위쪽에 불교의 수인手印인 시무외인施無畏印과 여원인與願印을 맺고 있는 인물 한 쌍이 배치된 것이다. 그리고 기증자가 스스로를 '불제자佛弟子'라고 지칭하였으나 묘사된 인물 중 한 사람은 복식으로 보아 도교의 신인 듯하다.[38] 다른 비들

---

37) 같은 책, pp. 156-160, 162-165, 167-171.

38) Wang, *Shaping*, pp. 29-46; Abe, *Ordinary Images*, pp. 297-305.

에서도 불교와 도교의 신들이 한군데 섞여 있거나 혹은 도교의 신들이 부처가 있을 자리에서 부처의 자세를 취한 모습으로 묘사되어 있다. 이중 몇몇 비에는 비를 만든 공덕으로 조상과 친척이 은혜 입기를 바라는, 명백히 불교적 종교심에서 우러난 기원이 새겨져 있다.[39)]

　같은 시기에 만들어진 돈황의 초기 석굴은 불교적 형상이 정치적 목적을 위해 사용되었음을 시사한다. 이는 사망한 친족의 명복을 기원하는 마음과도 관계가 있다. 돈황을 정복하는 과정에서 대규모 학살이 벌어졌는데, 얼마 후 정복자는 선사禪師들의 관법觀法 수행에 쓰일 그림들로 꾸며진 동굴 세 개를 만들도록 했다. 중앙의 본존은 미래불인 미륵의 생김새를 묘사하였는데, 참선을 돕고 수행의 목표를 이루기 위해서였다. 동굴 벽에는 석가모니와 그 전생의 장면들이 그려졌다. 이 형상들은 모두 이후의 생에서 부처가 될 사람이 몸에 못이 천 개 박히거나, 몸에서 살이 천 조각 베여 나가거나, 비둘기를 구하기 위해 매에게 자신의 살을 떼어 주거나, 혹은 맹세를 지키기 위해 목을 내놓는 등 육체적으로 고통받고 불구가 되는 이야기들을 묘사한다는 점에서 주목할 필요가 있다. 이러한 그림을 그린 데에는 두 가지 목표가 있었던 듯하다. 하나는 전쟁에 이긴 사람들의 잔혹한 행위를 줄이기 위함이고, 또 하나는 전쟁에 진 사람들에게 그 친족들의 운명을 상상할 수 있는 새로운 방법을 제시하기 위함이다. 즉 전쟁으로 인해 처참하게 죽은 그들의 친족이 불교의 도움으로 다음 생에서 축복받은 삶을

---

39) Abe, *Ordinary Images*, pp. 270-295. 불교와 도교가 예술에 있어서 혼합되는 양상, 특히 불교의 극락을 묘사하기 위해 도교 문헌에 보이는 심상을 이용하는 것에 대한 논의는 Wang, *Shaping*, pp. 154-170.

얻을 수 있다고 알려주기 위해서였다.[40] 돈황 석굴의 직접적 모델을 제공했던 쿠차에서는 동굴을 장식하는 데에 이런 이야기를 소재로 사용하는 일이 이미 일반적 관습이 되어 있었지만, 이렇게 특정한 이야기들을 고른 것은 당시 돈황에서 벌어졌던 정치적 사건들과 관계가 있을 수 있다.

죽은 친족이 불교를 통해 좋은 내생을 얻도록 하려는 기원은 북위, 북제, 북주 시대에 만들어진 돌 혹은 청동 불상에 새긴 명문에서도 계속 나타나고 있다. 496년에 주周씨 성을 가진 한 여인은 "죽은 남편 상산태수常山太守 전문호田文虎, 죽은 아들인 사수思須, 죽은 딸 아각阿覺을 위해" 석가모니와 미륵의 상을 만들어 봉헌했다. 이 여인은 "사망한 남편, 아들, 딸 모두가 다음 생에서 불법승佛法僧 삼보三寶에 조우하고 미륵이 하생할 때 세상에 다시 태어나며, 만약 그들이 축생, 아귀, 지옥의 삼도三途에 떨어진다면 빨리 거기서 빠져나와 구원받기"를 기원하였다. 여기서도 가족들이 사후에 좋은 내생을 얻도록 기원하기 위해 불교에 의지하고 있는 것이다.[41]

마찬가지로 촌락에서 재가신도들이 모여서 후원하여 만든 불상들도 후원자들의 주된 관심사가 그들 자신, 살아 있는 친족, 조상을 위한 공덕을 쌓는 일이었음을 시사한다. 황제와 국가의 안녕은 부차적인 것이었다.[42] 어떤 비에는 어린 아이들도 깨달음을 얻을 수 있는 방법이

---

40) Ning, "Patrons," pp. 496–510, 517–518.

41) Wang, *Shaping the Lotus Sutra*, pp. 24–27.

42) Caswell, *Written and Unwritten*, pp. 36–39; 松原三郎, 『中國佛教彫刻史研究』, 圖版 10–103a; Tsiang, "Disjunctures of Time, Text, and Imagery," pp. 319, 321,

언급되기도 하였다. 540년의 한 비의 제기題記에는 다음과 같은 묘사가 적혀 있다. "이는 정광불定光佛이 세 어린 아이들에게 보시하는 방법을 가르치는 것이다. 세 명 모두 수다원도須陀洹道를 얻었다."[43] 수다원을 얻었다 함은 악도惡道에 떨어지는 것과 같이 퇴행하는 전생轉生을 겪지 않고 결국에는 깨달음에 이르는 길이 보장되었다는 의미이다.

뒤이은 수 왕조 시기 석굴 벽에 그려진 극락의 모습은 가족이 다시 태어날 축복받은 장소를 묘사하였다. 가족석굴을 만드는 전통이 정점에 달한 당대에는 이러한 관습이 더욱 일반적이 되었다.[44] 불교가 죽은 사람에 대한 근심과 밀접한 관련이 있었음을 보여주는 마지막 미술사적 증거는 3세기 이래 무덤의 구조에서 보이는 변화 양상이다. 원래 무덤의 구조는 한대 무덤의 형태를 본뜬 것이었는데 점차 불교사찰이나 석굴사원과 유사한 모양으로 변형되었던 것이다.[45]

미술품과 명문銘文에서 얻은 증거들은 산 사람과 죽은 사람 간의 관계를 규정하는 데 있어 불교가 중심적 역할을 하였음을 보여주고 있는데, 이를 한층 더 보완해주는 것은 귀절鬼節이라고도 불리는 우란분절盂蘭盆節이 어떻게 이 무렵에 중국의 연중의례에서 주요한 행사가 되었

323–324, 343.

43) Liu, "Art, Ritual, and Society," pp. 24–26, 32–33.

44) Wang, Shaping the Lotus Sutra, pp. 75–77. 당대의 석굴에 대해서는 Ning, Art, Religion, and Politics in Medieval China: The Dunhuang Cave of the Zhai Family.

45) Steinhardt, "From Koguryo to Gansu and Xinjiang." 거꾸로 무덤 벽화가 불교 석굴사원의 장식에 미친 영향에 대해서는 Fraser, Performing the Visual, pp. 100–102.

는지를 보여주는 문헌 증거이다.[46] 중국에서 가계家系를 구성하는 축은 부자관계인데, 이 새로운 축제의 바탕을 이루는 이야기는 어머니에 대한 아들의 헌신에 초점을 맞추었다. 이 축제는 부처의 제자인 목련目連에 대한 5세기의 이야기에서 비롯되었다. 목련이 어떻게 승단僧團의 결집된 힘을 통해 아귀로 환생한 어머니를 지옥에서 구하는지에 대한 이야기이다. 그 어머니의 구원은 하안거夏安居가 끝나는 음력 7월 15일에 승려들을 공양함으로써 이룰 수 있었는데, 이 날은 승려들이 여름 내내 금욕 수행을 하여 그들의 영적인 힘이 최고조에 달한 때였다. 그들의 결집된 공덕은 목련의 어머니뿐 아니라 많은 조상기의 문구에서처럼 일곱 세대에 걸친 조상들[七世父母]와 여섯 부류의 친척들[六親眷屬]까지도 구하기에 충분한 것이었다.

이 이야기는 재가신도들이 수확한 과일 일부를 승가 공동체에 공양으로 바치고 그에 대한 보답으로 죽은 친족과 고통받는 혼령들이 사후 안녕을 얻도록 하는 축제의 원형이 되었다. 561년 무렵에 완성된 『형초세시기荊楚歲時記』는 5세기 중엽이면 남중국 전역에서 우란분절을 지냈고 이때면 사찰을 장식하고 사람들이 모여 노래와 음악을 즐기는 축제 활동이 뒤따랐음을 알려준다.[47] 이 축제와 그 배경이 된 설화는 불상과 그 명문에 내포되어 있던 부분을 극적으로 드러내었다. 즉 신도들에게 불교는 이제 조상의 안녕을 보장하기 위해, 나아가 가족을 위해 필수적인 것이 되었다. 전통적 조상 숭배는 전적으로 친족끼리

---

46) Teiser, *Ghost Festival*; Cole, *Mothers and Sons in Chinese Buddhism*.

47) Teiser, *Ghost Festival*, pp. 48–56. 설화적인 배경에 대해서는 pp. 113–139.

의 일이었고, 혈연이 아닌 존재에게 올리는 유일한 제사는 국가 제사 뿐이었다. 이제 새로운 종교에서는 조상 제사가 승려를 통해야만 유효한 것이 되었고, 이는 불교 교단을 친족 조직에 있어서 필수불가결한 요소로 만들었다.

여성의 새로운 역할

우란분절의 배경이 되는 이야기는 수 세기 동안 되풀이되고 다듬어졌고, 그 결과 중국 문명 전체에서 모자관계에 관한 이야기 중 가장 잘 알려진 것이 되었다. 목련의 존재는 불교에서 민간신앙으로, 나아가 전통적 조상 제사 관념에까지 퍼져 나갔다. 아울러 이 이야기는 장례와 관련하여 행해지는 의례적 성격의 연극에서 가장 인기 있는 주제가 되었다. 그 전까지 문헌에서 언급하지 않던 가정 내 근원적인 유대관계가 이제 이 이야기를 통해 정식으로 지면을 통해 인정받게 된 것이다.[48] 목련 이야기와 우란분절은 모자간의 유대에 가장 중요한 위치를 부여하면서 수 세기에 걸친 변화 과정의 한 부분을 이루고 있었다. 그

---

48) 이야기의 초기 형태에서 모자간의 유대관계가 차지하는 중심적 위치에 대해서는 Teiser, *Ghost Festival*, pp. 130-134. 참조. 이 이야기가 발전되어 가는 양상에 대해서는 Cole, *Mothers and Sons*; Lai, "Father in Heaven, Mother in Hell" 참조. 불행한 죽음을 맞은 친족을 떠나보내는 현대 도교 의례에 등장하는 목련에 대해서는 Lagerwey, *Taoist Ritual*, ch. 13. 이 이야기를 바탕으로 한 저승 세계로의 여행에 대해서는 Ahern, *Cult of the Dead*, pp. 228-244. 의례적 성격의 연극에 대해서는 Johnson, ed., *Ritual Opera, Operatic Ritual*; Johnson, "Mu-lien in Pao-chüan." 참조.

변화 과정이란 점차로 가족을 규정하는 정서적 유대를 강조하는 것이었다.

가욕관과 돈황에서 발견된 3세기의 무덤에서는 어린 아이를 보살피거나 놀아주는 애정 어린 부모들 모습을 묘사한 그림이 다수 발견되었다. 이 그림들이 주목하는 대상은 아이들이다. 부모는 자녀를 무릎에 앉혀놓고 머리를 빗어주며 끈 달린 공을 흔들면서 즐겁게 해주고 있다. 어떤 경우에는 조부모가 옆에서 지켜보고 있기도 하다.[49] 이러한 장면들에서 가정은 부모와 자녀로 이루어진 핵가족으로 묘사되며, 부모와 자녀는 애정과 관심으로 연결되어 친밀하게 함께 지내는 모습으로 그려져 있다.

점점 어머니를 강조하는 경향은 곽거郭巨의 이야기에 대한 묘사도 바꾸어놓았다. 곽거는 가난한 사람으로, 어머니를 위해 충분한 음식을 마련하려고 자신의 어린 아들을 죽이기로 결정했다. 무덤을 파다가 그는 어머니를 위한 헌신에 대한 상으로 금이 가득 찬 솥을 발견하였다. 이 이야기의 가장 초기 형태에서 곽거는 효자의 모범으로 묘사되지만, 어린 아이의 어머니인 곽거의 아내는 아무런 역할을 하지 않았다. 그러나 지금 넬슨 미술관에 소장된 북위 시대의 관에 묘사된 내용은 곽거의 고사를 전적으로 모자관계의 시각에서 이야기하고 있다. 첫 장면은 곽거의 아내가 아이를 안고서 앉아 있고 하녀 두 사람이 어머니에게 아이를 희생시킬 일을 이야기하는 상황을 묘사한다. 두 번째 장면은 남편이 땅을 파는 동안 아내가 팔로 아이를 안은 채 무릎을

---

49) Ho, "Portraying the Family."

꿇은 모습을 보여준다. 세 번째 장면은 그녀가 한 팔에는 아이를 안고
다른 한 팔로는 금 솥이 걸린 막대기를 어떤 노인과 함께 들고서 의기
양양하게 돌아오는 모습을 묘사한다. 따라서 전체 이야기는 어머니가
아이를 잃을 뻔했다가 보상받는 이야기가 되었고, 이 이야기에서 아
이는 어머니의 품을 한 번도 떠나지 않는다. 하남성 등현鄧縣에서 발견
된 보다 단순한 벽돌 그림은 곽거가 금 항아리와 삽을 한 편에 끼고, 아
이를 든 아내를 다른 한 편에 끼고 있는 모습을 보여준다(그림 20). 여기
서도 강조된 것은 어머니와 아이의 관계이다.[50]

부자간의 정서적 유대관계를 배제할 정도는 아니지만 모자간의 정
서적 유대관계를 강조하는 예술 주제로서 마지막 사례는 한자로 '섬자
睒子'로 번역되는 샤마의 이야기이다. 이 이야기에서 미래생에 부처가
될 섬자는 앞을 못 보는 노부부의 아들로 태어났다. 어느 날 그가 부모
를 위해 물을 긷고자 숲속으로 들어갔을 때, 왕이 잘못 쏜 화살을 맞았
다. 그는 자신이 죽으면 세 사람이 죽는 바와 같다고 울부짖었다. 왕은
이 말을 듣고 크게 뉘우치고는 노부부에게 자신이 아들 섬자처럼 그들
을 봉양하겠다고 말했다. 슬픔에 휩싸인 노부부는 아들이 도덕적으로
완벽했다면 그에 대한 증표로서 왕의 화살에 묻은 독이 섬자의 몸에서
빠져나가게 해 달라고 기원하였다. 이에 응답하여 인드라 신은 섬자
의 입에 영약을 흘려 넣었고, 이에 독이 섬자의 몸에서 빠져나갔다. 인
도에 널리 퍼져 있던 이 이야기는 곧 중국에 전해져 많은 석굴과 석비

---

50) 같은 글, pp. 472–479. 가부장제 하에서의 일반적인 효행 이야기에 대해서는
　　Knapp, *Selfless Children*. 곽거의 고사는 북위시대의 칠관漆棺에도 보인다.

그림 20. 위: 관 옆면에 그려진 곽거 이야기 탁본. 6세기 북위. 캔자스 시 넬슨 미술관 소장.
아래: 벽돌에 그려진 곽거 이야기 하남성 등현. 5세기 말~6세기 초.

에 그려지거나 새겨졌다. 이야기의 클라이맥스나 관심이 집중된 장면은 항상 죽어가는 아들 앞에서 곡하고 있는 노부부를 묘사하고 있다. 이 역시 부모와 자식 간의 정서적 유대관계를 이상적인 가족을 정의하는 데 중심 요소로 만들고 있는 것이다.[51]

원래부터 여성에게 보다 큰 역할을 부여했던 이민족은 위진남북조 시기 동안 더욱 크게 여성의 정치권력을 공식적으로 인정하였다. 어린 효문제의 즉위 초반에 북위 조정을 지배하였던 문명태후文明太后와 515~520년 북위 조정을 지배하였던 호태후胡太后와 같이 권력을 장악한 황태후들이 주요한 불교 후원자였으므로, 이러한 현상은 불교와도 관련이 깊었다.[52] 문명태후가 죽은 후에 효문제는 그녀의 구원을 위해 대규모 불교 건물을 짓는 일을 지속적으로 후원하였다. 이는 이 시대에 일반적인 관습이 된 일로서, 또한 모자간 유대관계를 강조하는 것이었다.[53]

북위에서 행해진 자귀모사子貴母死 관행은 이처럼 증대된 여성의 권

51) Ho, "Portraying the Family," pp. 479-494.

52) 저자는 문명태후가 효문제가 어렸을 때 진 조정을 지배하였다고 하였으나 이는 명백한 오류이므로 수정하여 번역하였다.-역주

53) 공식적으로 문명태후와 효문제는 할머니와 손자 사이이므로 저자가 말하는 것처럼 모자간의 유대관계에 정확하게 부합하는 사례라고 볼 수는 없다. 문성제文成帝의 황후인 문명태후는 문성제와 귀인貴人 이씨李氏 사이에서 태어난 헌문제獻文帝를 키웠고, 다시 헌문제의 아들 효문제도 키웠다. 문명태후는 효문제 즉위 전반기까지 강한 영향력을 행사하다 사망하였다. 저자는 문명태후가 죽은 후에 아들이 그녀의 사후 공양을 위해 불교를 후원하였다는 식으로 설명하고 있으나, 헌문제는 문명태후 생전에 사망했고 문명태후의 추선공양으로 불교를 후원했던 것은 손자인 효문제였다.-역주

력과 관련한 부정적인 측면이었다. 이는 장차 황제 권력에 위협이 될 요인을 미리 제거하기 위하여 태자의 생모를 죽이는 관행이었다. 이 관행을 피할 수 있었던 호태후는 수도 낙양에서 가장 큰 사찰의 주요 후원자로서, 그리고 북위 왕조를 붕괴시킨 내전과 관련된 주요 인물로서 『낙양가람기』에 자주 언급된다.[54] 측천무후가 690년에서 705년까지 자신의 이름으로 직접 중국을 다스린 유일한 여성이 되었을 때, 엄밀히는 이민족이 세운 왕조는 아니지만, 당 왕조 시대에 여성의 권력은 정점에 달하였다. 그녀가 제위에서 물러난 후에도 강력한 여성들이 10여 년 간 중국을 지배하였다. 이러한 현상은 713년에 태평공주太平公主가 자살을 강요당할 때까지 지속되었다. 이들 여성 모두는 불교 교단의 주요 후원자였다.

기존의 역할이 이처럼 공식적으로 인정받는 것 외에도, 불교의 비구니나 도교의 여관女冠과 같이 교단 종교 내에서의 새로운 공적 역할이 등장하기도 했다. 여성에 적합한 종교적 역할은 무속인의 기능 속에 이전에도 존재하였고 이후로도 계속 존재할 것이었지만, 황실의 공주나 황제가 죽은 황후들의 출가를 통해 알 수 있듯 교단 종교 내의 여성의 새로운 위치는 훨씬 큰 권위와 명분을 누리는 것이었다. 특히 도교에서 그러한 여성 종교인들은 심지어 세계를 구원하는 데 도움이 될 영적 성취를 이룬 종교적 성인으로 숭배되기도 하였고, 그들 중 일

---

54) Holmgren, *Marriage, Kinship and Power in Northern China*에 북위 시대 여성의 권력에 관한 영어권 논문들이 수록되어 있다. 그 이전 삼국 시대 황실 여성들의 역할에 대한 연구로는 Cutter and Crowell, tr., *Empresses and Consorts*.

부는 후대 등장하는 종파의 개조開祖가 되기도 하였다.[55] 종교적으로
활동한 것뿐 아니라 비구니들과 여관들은 저자로 이름을 남긴 최초의
여성들이었고 사후에 상당한 양의 시를 남기기도 하였다.[56]

비구니는 개인으로 혹은 종교 모임의 일원으로 활동한 다른 여성들
처럼 종교 예술의 후원자가 되기도 하였다. 이러한 현상은 향촌에서
더욱 두드러졌다. 향촌의 불교 석비 뒷면에는 보통 석비 제작과 관련
된 재가신도 결사結社의 구성원 명단이 나열되어 있고, 이 명단에 여성
의 이름이 자주 등장한다. 적어도 두 석비는 전적으로 촌락의 여성들
로 구성된 모임이 후원하여 만든 것으로 보인다. 하나는 여성 30명으
로 이루어진 모임의 기증, 다른 하나는 여성 75명으로 이루어진 모임
의 기증으로 만들어졌다.[57] 북중국의 종교 결사에서 여성의 활동이 두
드러지는 현상은 북중국에서는 종종 여성이 가정경제의 지배권을 행
사했던 사실을 반영하는 것이기도 하다.

비구니는 여성이 결혼을 거부할 수 있는 선례를 확립한 점에서 주목

---

55) 비구니들에 대해서는 Tsai, tr., *Lives of the Nuns* 참조. 도교의 여관에
    대해서는 Kohn, *Monastic Life*, pp. 80~86; Cahill, *Transcendence and Divine
    Passion*, ch. 6; Kirkland, *Taoism*, pp. 135~142. 여관이 된 당 황실의 공주들에
    대해서는 Benn, *Cavern-Mystery Transmission*, ch. 1; Cahill, *Transcendence
    and Passion*, pp. 216~218. 도교에서 신선 · 성인으로 숭배된 여성들에 대해서는
    Cahill, "Smell Good and Get a Job." 종파를 여는 등 그들이 행한 역할에
    대해서는 Despeux, "Women in Daoism," pp. 384~391.

56) Cahill, "Material Culture and the Dao"; Idema and Grant, *The Red Brush*,
    pp. 153~163, 189~195. 『진고眞誥』 등 계시를 통해 성립한 문헌에도 여성
    신선이 썼다고 하는 많은 양의 시가 전한다.

57) Wong, "Women as Buddhist Art Patrons"; Liu, "Art, Ritual, and Society,"
    pp. 34~35.

할 만하다. 비구니들의 전기는 그들의 불심이 어떻게 가족의 모든 압박에 저항했는지 이야기한다. 그들의 신앙심과 기도의 힘은 신들의 도움을 불러냈고, 그 도움은 때때로 다음 이야기에서처럼 놀라운 형태로 나타났다.

> 승단僧端은 혼인하느니 차라리 출가하겠다고 서원誓願하였다. 그러나 그녀의 미모가 향리에 알려져 있었고, 한 부유한 집안에서 이미 그녀의 어머니와 오빠들로부터 혼인 승낙을 받아놓은 상태였다. 혼인하기 사흘 전날 밤에 승단은 절에 숨어들었고, 절의 주지는 그녀를 별실에 숨기고 필요한 것들을 챙겨주었다. 승단은 『관세음경觀世音經』을 보여 달라고 청해 이틀 만에 암송할 수 있게 되었다. 그녀는 밤낮으로 눈물을 흘리며 절을 올리기를 쉬지 않았다. 사흘 뒤, 그녀는 예배 도중 부처의 형상을 보았는데, 부처가 그녀에게 말하였다. "네 신랑의 수명이 다하였다. 너는 다만 불도에 정진하되 걱정하는 마음을 품지 마라." 다음 날 신랑은 소의 뿔에 찔려 죽었다.[58]

문장만 놓고 보면 부처는 신랑을 갑자기 죽게 한 것은 아니고 그 죽음을 예언만 하였지만, 구혼자와 심지어 부모에 대한 폭력적 위해는 결혼을 거부하는 이야기에서 반복되어 나타나는 주제가 되었다.

후대에 묘선妙善 공주나 진정고陳靖姑와 같이 잘 알려진 여성들의 이야기에서도 결혼을 거부하는 여성의 수호자로 등장하는 관음보살이

---

58) Tsai, tr., *Lives of the Nuns*, pp. 49~50.

위 이야기에서 언급된 것은, 관음보살이 어쩌면 또 다른 여성의 역할, 즉 여신의 역할을 하고 있었을지 모른다는 점을 암시한다.[59] 위진남북조 시대에 새로운 여성 신격이 등장하지는 않았으나 기존의 신격들이 매우 선명한 모습을 띠게 되었다.

현녀玄女는 한대에 숭배되었던 여신으로, 전쟁, 섹슈얼리티, 불로불사를 관장하며 이러한 방면에 관련된 문헌과 부적을 황제黃帝에게 전수한 존재였다. 4세기에 현녀는 몇 종의 도교 문헌에 등장한다. 여기서 그녀는 체내의 신, 즉 소우주로 간주된 인간의 신체 내에 거주하며 수행자가 시각화하여 명상의 대상으로 삼고 도움을 청하는 존재로 나타난다. 그녀는 한대 이래 그녀와 불가분의 관계로 간주되어온 방중술의 영약을 포함하여 여러 종류의 단약을 만드는 존재였다. 현녀의 경우 문헌을 계시한 존재로서의 역할은 덜 부각되지만, 도교의 여러 주요한 경전 전수에 있어 신성한 여성으로부터 최초로 문헌의 계시가 이루어졌다고 전해진다. 이들 신성한 여성들은 엄밀히 말하면 여신이 아니라 불사를 얻고 신선의 지위에 오른 인간 여성들이었다.[60]

한대 무덤 예술에는 서왕모와 여와女媧라는 우주의 중요한 두 여신이 등장한다. 여와는 배우자인 복희伏羲와 짝을 이루어 함께 우주를 생성하고 음양의 두 힘을 구현하는 한 쌍의 존재로 나타난다. 서왕모는

---

59) 묘선에 대해서는 Dudbridge, *The Legend of Miaoshan* 참조. 진정고에 대해서는 Berthier, *The Lady of Linshui* 참조.

60) '현녀'에 대해서는 Cahill, *Divine Traces*, pp. 70-75. 여성인 위화존魏華存에 의한 상청上淸 경전의 계시 및 다른 여성들의 계시에 대해서는 Robinet, *Taoism*, pp. 115-116; Kirkland, *Taoism*, pp. 96, 136-139.

마찬가지로 우주를 창조하고 아득히 먼 서쪽에서 신선들이 모인 궁정을 다스리는 여신이었으며, 또한 가정의 여성 수장을 상징하는 여신이기도 했다.[61] 위진남북조 시대 도교의 상청파上淸派 전통에서 서왕모는 최고 여신의 위치로 승격되었다. 이러한 맥락에서 그녀는 핵심이 되는 경전을 전하였고, 명상 수행의 대상이 되었으며, 체내신으로 기능했다. 서왕모의 서방낙원은 이미 한대부터 중요했지만 이 시대에 들어 훨씬 생생하고 구체적인 모습을 띠게 되었다. 그녀가 우주의 질서를 유지하기 위하여 정기적으로 갖는 배우자와의 만남 또한 상세하게 묘사되었다.

배우자 혹은 성적 파트너로서 서왕모는 이전에 『목천자전穆天子傳』에서 주나라 목왕穆王과 관계가 있는 사람이었던 것처럼 일련의 성왕聖王들과 관련된 존재로 등장한다. 이들 성왕 중에는 황제黃帝, 순舜, 우禹 등이 포함되어 있었다. 그러나 이중 가장 중요한 것은 한무제를 방문하여 불로불사의 방법을 제시하는 이야기 속에서 서왕모가 중심인물로서 행하는 역할이다. 이들 이야기에서 서왕모는 성적 파트너인 동시에 불로불사를 부여하는 존재로서의 역할을 하는데, 이는 당시唐詩에서 나타나는 그녀의 지배적인 이미지이다.[62]

에로틱한 존재로서의 여신이라는 이러한 관념은 이미 전국 시대의

---

61) 여성 가장을 여신으로 전이시켜 놓은 존재로서 서왕모를 보는 시각에 대해서는 Liu, Nylan, and Barbieri-Low, *Recarving China's Past*, p. 577.

62) 위진남북조 시대 서왕모의 역할에 대해서는 Cahill, *Transcendence and Divine Passion*, pp. 32-58; 당대 서왕모의 역할에 대해서는 같은 책 ch. 2-6. 한무제 이야기에 대해서는 같은 책, pp. 43-58, Campany, *Strange Writing*, pp. 318-321, 및 Smith, "Ritual and the Shaping of Narrative."

『초사楚辭』에서 나타나고 있다. 『초사』에서 여신은 매력 있는 여성의 전형으로 등장한다. 실제로 여신과의 조우를 다룬 시들은 에로티시즘과 성적 욕망을 명시적으로 최초로 다룬 글이 되었다. 송옥宋玉의 작품이라고 전해지는 「고당부高唐賦」와 「여신부女神賦」가 이러한 예에 속한다. 송옥은 전국 시대 말기의 전설적 시인으로 알려져 있으나, 실제로 이들 작품은 후한대 혹은 심지어 더 후대의 것으로 보인다.[63] 이 두 작품에서 시인은 역사 속에서나 꿈속에서 이루어졌던 이러한 만남의 이야기를 들려주며 왕이 여신과의 만남을 갈망하도록 이끈다.

이 주제에 대하여 연대가 확실한 최초의 시는 3세기 초에 위나라 왕자 조식이 쓴 유명한 「낙신부洛神賦」이다. 이 시 속에서 강가를 걷던 왕자는 아름다운 여신과 조우하고, 여신은 왕자에게 물속으로 들어오라고 유혹한다. 왕자의 조심성이 열정을 억누르고, 그는 결국 상심한 채로 홀로 남겨진다. 이처럼 여신과 에로티시즘의 결합은 중국 문학에 있어 일반적인 주제가 되었고, 이는 서왕모가 종교적인 존재에서 당시唐詩에 보이는 것과 같은 에로틱한 존재로 변화한 데서도 확인된다. 당시에서 서왕모는 창기娼妓 및 그와 관련된 직능인들의 수호 여신 역할을 하고 있다.

---

63) Rouzer, *Articulated Ladies*, ch. 2.

8

| 도교와 불교 |

　후한 시대와 위진남북조 시대 동안 중국 종교에는 대규모로 조직화된 종교 운동이 출현하며 혁명적 변화가 발생하였다. 이들 종교는 우주에서 인류가 점하는 위치에 대한 새로운 시각을 제시하였을 뿐 아니라 혈연, 지연 및 정치적 위계질서를 초월하는 새로운 조직을 제공하였다. 이들 새로운 종교는 조상, 토지와 작물의 신에 대한 전통적 신앙이나 하늘[天]에 지내는 제사 등으로 충족되지 못하던 사회적·정서적·지적인 수요를 충족시켜 주었다. 나아가 가족과 국가에 얽매였던 이전의 종교 전통이 위진남북조 동안 발전한 두 교단 종교의 체계적인 교리에 의해 변화하게 되었다. 두 교단 종교란 바로 도교와 불교이다. 도교와 불교는 사상과 행위의 새로운 형태로서, 그 이전 중국을 특징짓던 지적·사회적·정치적 구조를 되돌릴 수 없을 정도로 바꾸어놓았다. 도시의 준공공 공간으로서 불교사찰이 등장하고, 낙원을 표현한 공간으로 원림園林이 발달하며, 공통의 불교신앙으로 연결된 범아시아 세계가 형성되고, 도교와 불교가 가족에게 영향을 미친 일 등은 그 변화상의 아주 일부에 불과했다.

불교는 후한대에 중앙아시아와 동남아시아 상인들이 중국에 전해 준 외래신앙이었다. 이 새로운 종교는 지배층 일부에서 관심을 얻었고, 중국인의 삶 모든 부분에 스며들 때까지 점점 사회 전체로 퍼져 나갔다. 불교와 비교해 볼 때 도교의 역사는 훨씬 멀리, 적어도 전국 시대 이래로 존재해왔던 신앙과 종교적 관념들로까지 거슬러 올라간다. 도교가 조직화된 운동을 형성하게 된 때는 불교가 중국에 전해진 시기와 대체로 비슷한 시기였다. 그러나 나중에 불교가 모델을 제시할 때까지 사원, 성직자의 위계조직, 경전 등을 발전시키지는 못했다.[1]

교단 도교

인간이 불사不死의 신선이 될 수 있다는 관념은 전국 시대 말기에 나타났고, 이 관념은 진시황제와 한무제의 봉선封禪 의례에서 주요 동기로도 작용하였다. 서왕모의 궁정과 날개 달린 신선에 대한 묘사를 포함하여 불사는 한대 무덤에 보이는 예술의 중요한 주제 중 하나이다. 날개 달린 신선들은 하늘을 날아오르거나, 동물을 타거나, 산꼭대기에서 육박陸博(혹은 六博) 놀이를 하는 모습으로 나타난다. 사람이 육체

---

1) Miller, *Daoism*, ch. 1.

를 변화시켜 장수할 수 있다는 관념은 철학 문헌이나 양생 관련 문헌에서도 나타나는데, 1세기 인물인 왕충은 자신의 글에서 이러한 당시의 관념을 비판하기도 하였다.[2]

도교에서는 계시된 문헌이라는 관념이 두 번째 토대를 이룬다. 몇몇 전승에서는 현녀玄女 혹은 신격화된 노자와 같은 신이 성왕聖王이나 혹은 다른 어떤 사람에게 책을 전해주고 이들이 그 책을 이용하여 세상에 질서를 가져왔다고 한다. 다른 전승에 따르면 주요 경전들은 인간의 모습을 한 신이 전해준 것이 아니라 자연세계에 태초부터 있었던 어떠한 무늬들로부터 직접 형체를 갖추어 나타났다고 한다. 이 관념은 『역경』의 기원에 관한 설명과, 전한 말에 등장하여 이후 수 세기 동안 유행한 위서緯書의 기원에 관한 설명에서 가장 분명하게 나타난다. 이러한 방식의 계시를 통해 후한대에 등장한 경전인 『태평경太平經』은 최초로 조직화된 도교 운동의 토대를 이루는 문헌이 되었다.[3]

종교로서의 도교에 있어서 세 번째 토대는 인간세계의 관료기구와 비슷한 천상세계의 관료기구가 인간의 사후를 지배한다는 관념이다. 이 관념에 대한 증거는 적지 않은 전국 시대의 문헌과 후한대의 '진묘문鎭墓文'에서 확인된다. 진묘문은 무덤의 관리인 총승塚丞, 구승丘丞 및 묘백墓伯을 비롯하여 망자의 영역인 호리蒿里의 오장五長 등등의 관

---

2) Harper, *Early Chinese Medical Literature*, pp. 112–118, 124–125; Puett, *To Become a God*, pp. 239–245; Holzman, "Immortality-Seeking"; Wu, *Wu Liang Shrine*, pp. 122–140; Loewe, *Ways to Paradise*; Robinet, *Taoism*, pp. 48–50.

3) Csikszentmihalyi, "Traditional Taxonomies"; Lewis, *Sanctioned Violence*, pp. 98–103, 112; Lewis, *Writing and Authority*, ch. 6; Seidel, "Imperial Treasuries and Taoist Sacraments," pp. 291–323; Robinet, *Taoism*, pp. 70–74.

리를 호령하는 천제天帝를 언급하고 있다. 이러한 관료조직은 지하세계의 삿된 힘으로부터 무덤의 주인을 보호하지만, 또한 망자가 돌아와서 산 사람을 괴롭히는 일이 결코 일어나지 않도록 해주기도 한다. 장례에 대한 이러한 접근 방식은 본질적으로 삿된 영향을 몰아내는 엑소시즘의 성격을 지닌다. 우선 무덤으로부터 삿된 기운을 내몰고 그 다음에는 산 사람의 영역에서 죽은 사람을 내모는 것이다. 형성기의 도교는 이러한 관료적 모델을 받아들였으나 구원의 교의를 추가하였다. 영혼이 정화되면 낙원으로 옮겨갈 수 있다는, 혹 어떤 경우에는 천계의 관직을 받을 수도 있다는 것이다.[4]

단편적이나마 문헌을 통해 확인할 수 있는 중국 최초의 대규모 민간 종교 운동은 기원전 3년에 발생했다. 화북 평원에 큰 가뭄이 들었을 때 많은 사람이 대마의 가지나 줄기를 들고 길가에 군집하여 북중국 전원을 가로지르며 행진하였다. 그들은 자신이 들고 있는 것들이 서왕모의 부적이며 이를 소지한 사람은 죽지 않는다고 주장했다. 이 해의 여름 동안 이러한 사람들이 지방 각지의 도시나 촌락에 모여들어 집단 예배를 거행하였다. 수도에서는 노래를 부르고 춤을 추며 횃불을 든 행렬이 도로와 지붕을 가로지르며 이어졌다. 이러한 행위는 모두 서왕모가 당장이라도 나타나리라는 기대 속에서 행해진 것이었다. 가을

---

4) 안나 자이델과 우르술라-안젤리카 체디쉬는 도교가 최초의 중국적 구원의 패러다임을 소개했다고 보았다. Seidel, "Early Taoist Ritual"; Seidel, "Chronicle of Taoist Studies," p. 237; Cedzich, "Ghosts and Demons, Law and Order." 피터 니커슨은 이 주장을 수정하여 도교가 진묘문의 종교적 세계를 받아들였으나 구원을 위한 의례를 통해 보완하였다는 주장을 제시하였다. Nickerson, "'Opening the Way'"; and "Taoism, Death, and Bureaucracy."

이 되자 가뭄은 해소되었고, 이 운동은 공식 역사 기록에서 사라졌다.

역사 기록에 보이는 간략한 기사들이 우리가 민간의 서왕모 신앙에 대하여 가지고 있는 유일한 문헌 증거이다. 그러나 다른 자료를 통해 한무제 시기에 당시 사람들이 서왕모가 세계의 서쪽 끝에 거주한다고 믿었으며 불로불사를 이루어줄 수 있다고 믿었음을 알 수 있다. 전한대 서왕모는 곤륜산 신화와 연관이 되었다. 곤륜산은 하늘과 땅을 잇는 산으로서 서왕모의 거처와 마찬가지로 서쪽 머나먼 곳에 자리하고 있었다. 서왕모와 곤륜산은 지리적 위치를 공유하고 불사의 관념과 함께 연관되었기에, 이 두 신화는 합쳐지게 되었다. 서왕모가 자주 등장하는 후한대 무덤의 도상圖象들에서 서왕모는 불사를 이루어주는 복숭아가 자라고 아무도 죽지 않는 먼 서쪽 낙원을 주재하는 신격으로 나타난다. 단편적으로 남아 있는 후한 초의 점술 관련 문헌들을 보면, 당시 사람들 사이에서 서왕모는 재부와 자녀를 내려주는 강력한 수호신으로 숭배되었고, 사람들은 특정한 방술을 통해 시공을 초월하여 서왕모의 낙원에 이를 수 있다고 믿었던 것으로 보인다. 또한 위에서 언급했듯이 기원전 3년의 민간 운동에 대한 기사를 통해, 노래 부르고 춤추며 주술적인 식물 부적을 사용하여 서왕모에게 기원하였던 사실도 잘 알려져 있다.[5]

서왕모 신앙은 도교보다 이른 시기의 것이지만 왜 체계를 갖춘 신앙이 나타나는지를 보여준다. 한대의 우주론에서 하늘[天]은 황제와 독

---

5) 한대의 문헌과 미술에 보이는 서왕모 및 서왕모 신앙에 대해서는 Loewe, *Ways to Paradise*, ch. 4; Cahill, *Transcendence and Divine Passion*, pp. 11-32.

점적으로 결부되어 도덕적으로 해석되는 신이었다. 하늘의 아들, 즉 천자天子로서 황제 혼자만이 하늘에 제사를 지낼 수 있었고, 황제가 잘 못 행동할 때 하늘은 가뭄과 역병을 내려보냈다. 고통받고 죽으면서 도 사람들은 바른 행동을 통해 재앙을 모면할 수 없었고 제사를 올려 하늘에 호소할 수도 없었다. 서왕모는 민중이 직접 호소할 수도 있고 또 도움 청하는 자를 구제해주는 대안적인 상위 신격이었다. 이처럼 서왕모는 도교 신들뿐만 아니라 부처와 보살에 앞서 그들의 종교적 기 능을 먼저 행한 셈이다. 게다가 불사의 희망, 시간과 공간을 초월한 신 비로운 여행, 주술적인 부적의 사용, 그리고 고대 중국 샤먼의 종교행 위를 특징지었던 요소들의 결합(노래, 춤, 황홀상태 속에서의 영혼의 여행) 등 서왕모 신앙의 몇 가지 측면은 후대 도교에서 중요한 요소가 되었 다. 따라서 서왕모 신앙은 도교 전단계의 종교 운동이며 중국 교단 종 교의 직계 선조라고 볼 수 있다. 서왕모는 도교 신들의 위계 안에 받아 들여져 도사와 일반 신도에게 중요한 역할을 행하게 되었다.

산동 지역의 황건과 사천 지역의 오두미도가 일으켰던 천년왕국적 반란은 후대 도교에서 보이는 새로운 요소 두 가지를 포함하고 있었 다. 그 두 가지는 계시된 경전과 세계의 종말로, 곧 기존 질서가 일소 되고 세상은 신도들이 거주하는 태평太平의 세계로 바뀔 것이라는 예 언이었다. 태평을 선포하는 계시된 경전에 대한 최초의 기록은 기원전 7년으로, 제목에 '태평'이라는 어휘가 사용된 책이 전한 조정에 바쳐 졌다는 내용이다. 역시 '태평'이 들어간 제목의 또 다른 책이 2세기 중 엽에 나타났고, 이 책은 황건 세력의 중심 경전이 되었다. 황건 반란과 밀접하게 관련된 오두미도는 142년에 구두로 이루어진 계시를 토대로 형성되었다고 전하는데, 이 두 세력은 집단 예배와 행동을 위해 신도들을 군사 단위로 조직하였다. 이들의 주된 종교 활동은 죄의 고백과 속죄를 통한 질병 치료와 수명 연장이었다. 이는 잘못된 행위를 저지르고 금기를 어겼기 때문에 병이 생긴다는 믿음에서 비롯된 것이었다.

이 두 운동은 사람들이 각자의 죄 때문만이 아니라 수 세기 동안 쌓인 집단적 죄를 물려받은 탓에 고통받는다고 가르쳤다. 그러한 집단적 죄는 공동체를 동원하고 선교에 힘쓰며 심지어는 독립하거나 혹은 새로운 국가를 세움으로써만 청산할 수 있다고 하였다. 이 운동들은 또한 수명을 연장하기 위한 명상법, 호흡법, 기타 양생법을 행하였다. 명백히 두 운동 모두 『도덕경』의 저자로 알려진 노자를 숭배했다. 이 무렵이면 노자는 고통받는 인류를 구제하기 위해 정기적으로 인간의 모습으로 나타나는 우주적 존재로 이해되고 있었다. 특히 오두미도에서는 노자의 『도덕경』을 어구 자체에 주술적 힘이 있는 계시된 경전으로서 낭독하였다.[6]

황건의 반란은 184년에 진압되었으나 오두미도는 사천 지방에 장씨張氏 가문의 소위 천사天師들이 다스리는 도교 국가를 건립했다. 이 국가는 한대 향촌 사회에서 쓰이던 '제주祭酒'와 같은 호칭을 가진 사람들이 관리하는 교구들로 조직되어 있었는데, 각 교구에서는 호적을 작성하였다. 이 호적에는 신도들 이름과 지위가 기록되었다. 신도의

---

6) Kaltenmark, "Ideology of the T'ai-p'ing ching"; Tsuchiya, "Confession of Sins"; Robinet, *Taoism*, ch. 3; Hendrischke, "Early Daoist Movements," pp. 143-159.

지위는 입문 의례와 그 이후 정기적 의례에서 해당 신도의 명령을 듣도록 주어지는 신령스러운 병사와 장군의 숫자에 따라 정해졌다. 이 국가에는 또한 음력 1, 7, 10월의 15일에 치르는 종교 집회를 중심으로 짜여진 연중의례 계획이 수립되어 있었다. 이 종교 집회에서 관리는 오두미도의 계율과 금기를 가르쳤다. 신도가 진흙과 재를 몸에 바르고 손을 묶은 채 길게 나열된 죄의 목록을 낭독하며 모든 생명체의 구원을 기도하는 속죄의 단체 금식 의례도 행해졌다. 개인적인 속죄 방법으로는 도로 수리와 의사義舍의 건립이 있었다. 전자는 도로를 도道와 동일시함으로써 신성하게 간주된 행위였고, 의사는 지방행정의 중심인 동시에 여행하는 관리들을 위한 숙소이기도 했다. 국가는 신도들이 자신의 과오에 대해 명상할 수 있는 특수한 '정실靜室'도 세웠다.[7]

장로張魯 휘하에서 오두미도는 215년 조조에 항복하였고 신도 다수는 낙양과 업 그리고 화북 동북부로 강제 이주되었다. 이로 인해 도교가 중원 지방에 확산되었다. 도교 지도자들은 조씨 가문에 어느 정도 영향력을 행사하였고 위 왕조의 수립에도 일부 기여한 것으로 보인다.[8] 3세기 말 서진이 붕괴하기 시작했을 때 이주당했던 신도들 중 이씨李氏 가문이 이끄는 무리가 사천으로 돌아와 대성大成이라는 이름의 도교 신정神政 국가를 세웠다. 사천에 거듭하여 도교 왕국이 수립되자 산맥으로 둘러싸인 이 지역은 중국에서 떨어져 있는 별세계가 되었

---

7) 위에 열거한 참고 자료 외에도 Kleeman, *Great Perfection*, pp. 66-85 참조.

8) Goodman, *Ts'ao P'i*, ch. 4. 도교에 대한 조씨 가문의 태도에 대해서는 Holzman, "Immortality-Seeking," pp. 111-114; Holzman, "Ts'ao Chih and the Immortals."

다. 대성국은 환온에 의해 붕괴되는 4세기 중엽까지 존속하였다.[9] 교단은 또다시 흩어졌으나 사천의 도교 왕국에서 비롯된 이후의 도교 그리고 후대의 모든 도교 종파는 장씨들이 세운 천사도에 그 뿌리를 두고 있었다.

민간의 종교 운동이 집단적 구원이라는 천년왕국의 전망을 제시하던 한편, 개인으로서 불로불사를 추구하는 행위는 후한대 지배층 사이에서, 특히 남중국에서 지속되고 있었다. 이 전통은 이전에 진시황제와 한무제가 집착을 보였던 것인데, 4세기 중엽 갈홍葛洪(284~363)이 쓴『포박자抱朴子』에서 절정에 이른다.[10] 갈홍이 스승으로부터 받았다는 서재 가득한 책들이 당시 식자층에 이러한 전통이 상당 정도 존재했음을 시사하지만, 불행하게도 거의 대부분이 전해지지 않는다. 따라서 신선술에 대한 길지만 체계적이지는 않은 갈홍의 저술은 종교로서의 도교가 등장하기 이전에 존재하던 이 전통이 어떠하였는지를 알려주는 현존하는 유일한 증거로 남아 있다.

그 궁극적 이상은 신선이 되는 일로서, 이러한 변신은 뱀이 허물을 벗는 것이나 나비가 탈피하는 것과 같은 자연계의 변화와 비교될 만한 일이었다. 갈홍은『포박자』에서 신선이 존재함을 독자에게 설득하려 논쟁을 벌이는데, 이러한 주장은 그의 지인인 간보干寶의 글에서도 자

---

9) Kleeman, *Great Perfection*, ch. 3.

10) Robinet, *Taoism*, ch. 4; Campany, *To Live as Long as Heaven and Earth*, pp. 18-97. 후자는 영어로 된 연구 중 갈홍의 글에 대한 가장 상세한 연구이다. 불로불사를 다루는『포박자』내편의 영어 번역으로는 Ware, *Alchemy, Medicine, and Religion*.

주 보인다. 갈홍은 당시 인간사회의 윤리가 쇠퇴한 탓에 신선이 사람들 사이에 더는 살지 않는다고 주장했다. 최고의 신선은 하늘에 올라간 천선天仙으로 그들은 천계의 관료기구에서 직책을 맡는다고 한다. 그다음은 산과 산을 누비는 지선地仙이다. 가장 하급의 신선은 신계의 행정기구를 속이기 위해 시체 역할을 할 대체물을 놓아둠으로써 죽음을 가장한 존재들이다. 마지막 두 부류는 수행자가 종국에는 천선이 되어 하늘로 오를 수 있기에 충분한 시간을 벌기 위한 과도기적 단계였다. 갈홍은 수행자가 기술을 연마하기 위해서는 당시의 은자들처럼 인간사회에서 물러나 산속으로 들어가야 한다고 주장했다.[11]

불로불사를 이루기 위한 기술 중에서 비교적 낮은 수준의 것들은 이전 시기부터의 양생 전통에서 나타난 호흡법, 체조, 방중술 등을 통해 신체의 영적 에너지인 기氣의 보존과 순환에 집중하는 방법이었다.[12] 이러한 기술들은 인간의 신체가 원래 지닌 좋은 에너지를 보존하고 나쁜 에너지를 배출하며 외부로부터 에너지를 흡수하고 몸 안에서 그 에너지가 막힌 곳 없이 흐르게 하는 것을 목표로 하였다. 수행자의 육신은 고기, 술, 향이 강한 채소와 곡류를 섭취하지 않는 식단을 지킴으로써 정화되었다. 이들 금지된 음식은 인간의 체내에 갇혀 있다가 사망한 후에야 빠져나가는 삼시三尸라는 귀신을 살찌우는 것이었다. 대신

---

11) Campany, *To Live as Long*, pp. 75–80. 불로불사에 대한 다른 입장들에 대한 갈홍의 주장은 pp. 82–85 참조. 입산入山과 산 속에서의 자기 보호 방법에 대해서는 pp. 60–75.

12) Harper, *Early Chinese Medical Literature*, pp. 110–147; Despeux, "Gymnastics"; Campany, *To Live as Long*, pp. 21–31.

수행자는 나무껍질, 버섯, 이슬, 약초, 그리고 삼시를 죽이거나 아니면 부패하게 마련인 몸을 보다 항구적인 몸으로 바꿀 수 있는 여러 종류의 단약을 먹으며 살아야 했다. 일단 신선이 되면 바람과 우주의 정기를 마시며 살 수 있었다.

불로불사를 이루는 최고의 방법이자 갈홍이 가장 관심을 기울였던 방법은 단약丹藥을 만드는 연금술이었다. 많은 물질이 체내의 해로운 기운을 배출하고 신체를 원초적 상태의 순수함으로 되돌릴 수 있었다. 이러한 물질들은 여러 절차와 의례를 거쳐 통상적인 상태에서 귀중한 에센스로 변화시킨 후에 섭취해야 했다. 그중 가장 중요한 물질은 결코 녹슬지 않고 따라서 그 자체로 불멸의 물질인 금, 그리고 불타는 듯한 붉은 색 때문에 강력한 힘을 가진 것으로 간주되었던 자연 광물인 주사朱砂였다. 자연 상태의 주사는 대개 황, 초석, 수은을 섞어 만든 합성물로 대체되었다. 이 합성물의 재료들은 화약의 성분이기도 해서, 결과적으로 연금술의 실험 덕분에 화약이 발명되었다. 한편 수은의 사용은 많은 죽음을 초래했다. 어떤 경우에는 궁중 내 암투 혹은 신선이 되기 위한 과정으로서 의도적으로 수은 중독을 이용하였고, 어떤 경우에는 의도한 것은 아니었음에도 수은 중독으로 사망하였다. 단약을 만드는 데에는 이러한 화학적 재료뿐 아니라 약초와 균류菌類도 함께 사용되었다.[13]

이러한 '외단外丹'은 갈홍 자신을 포함하여 많은 수행자에게 너무 많

---

13) 연단술의 다양한 이론과 절차에 대해서는 Campany, *To Live as Long*, pp. 31~47, 81~82; Akahori, "Drug Taking and Immortality"; Pregadio, "Elixirs and Alchemy"; Miller, *Daoism*, ch. 6; Strickmann, "Alchemy of T'ao Hung-ching."

은 비용을 초래하였기 때문에 점차 '내단內丹'이 그 자리를 대신하였다. 내단은『주역』의 특정 괘에 마음을 집중하면서 체내의 화로와 솥을 만들어내는, 호흡법과 밀접하게 관련된 명상수행법이었다. 체내의 화로와 솥은 정화된 합성물을 생산하고, 이 합성물이 신체 내부를 순환하는 것이었다.

『포박자』는 서진이 붕괴하고 북중국에서 온 이주민들이 남쪽으로 이주하며 도교를 들여왔을 무렵에 완성되었다. 동진이 수립되자 기존 남중국 가문은 자신들이 정치적으로 부차적 존재가 되어버렸음을 깨달았다. 그들은 야망을 배출할 곳을 찾는 와중에 상청파上淸派 혹은 모산파茅山派라고 알려진 남중국 도교의 가장 중요한 흐름을 형성하게 되었다.[14] 이 전통은 364~370년에 양희楊羲가 받은 계시의 기록을 중심으로 발전하였는데, 황홀경을 노래한 시의 고상한 품격과 뛰어난 서체를 통해 지배층의 관심을 모았다. 또한 계시의 기록을 모은 문헌은 오래된 남중국 가문들이 영적인 위계질서에서 천사도天師道보다 열등한 위치에 처하지 않으면서 도교를 받아들일 수 있는 좋은 방법을 제공하였다.

이들 문헌은 그때까지 알려진 것보다 상위의 강력한 신선 관료들 그리고 그들이 거주하는 여러 하늘[天]로 이루어진 위계구조 등 후대 도교의 일반적 우주론이 될 내용들을 제시하였다. 양희에게 나타났던 남녀 진인眞人들은 갈홍과 같은 사람들의 이상이었던 단순한 불사의

---

14) Strickmann, "Mao Shan Revelations." 상청파에 대해서는 Robinet, *Taoism*, ch. 5;
Robinet, "Shangqing—Highest Clarity."

신선보다 직위도 높고 그 본질도 훨씬 순화된 존재들이었다. 그리고 상청파의 계시가 비롯된 상청경上淸境은 사천의 천사도나 갈홍이 보장하는 태청경太淸境보다 상위의 영역이었다. 양희에게 계시된 글은 다음과 같은 시들을 포함하고 있다.

> 밝은 정기가 안에서 밝게 비쳐
> 검은 물 위로 다리를 뻗어낸다.
> 책과 옥찰玉札을 주고
> 내 이름을 구름 속의 방 안에 새겨 넣는다.
> 달의 꽃과 같은 정기를 먹고
> 진인들과 함께 어울린다.
> 신선이 되어 자미천紫微天에 날아 올라
> 태황太皇에 조례朝禮 드린다.[15]

천사도의 핵심 수행법, 특히 성적인 방법들은 상청파에서는 거부되거나 초보적인 수행으로 간주되어 열등한 위치로 밀려났다. 죄를 고백하고 참회하는 초기 도교 의례의 치유적 기능은 양희가 전한 글에서도 여전히 중요하게 등장하는데, 상청파는 병의 치유란 저승에 있는 친속에게 (종종 그들이 생전에 저지른 죄 때문에) 연루되었음을 분명히 밝힘으로써 가능한 것이라고 주장하였다. 생전에 저지른 죄 때문에 다른 혼백들이 친속에 대해 소송을 제기하면, 이는 죽은 사람의 영혼을

---

15) 번역은 Bokenkamp, *Early Daoist Scriptures*, p. 320 참조.

달래거나 산 사람이 승천하여 혈연관계로부터 자유로운 낙원으로 갈 수 있도록 여러 신에게 청원함으로써 해결될 수 있었다.[16] 양희에게 계시된 문헌은 남중국의 옛 가문 사이에서 보존되고 다시 쓰여졌으며 (후대 인물들이 새로운 계시를 받았으므로) 양도 늘어났다. 그리고 그 이전 도교 문헌들보다 세련되고 완성도가 높다고 주장하였다.

모산의 계시는 민중의 종교 운동에서 나타났던 종말론적 기대를 뒤집어놓았다. 양희의 문헌에 따르면 당시는 육천六天이 득세하는 시기였다. 육천은 전쟁에 패해 죽은 뒤에 양자강 지역 사람들에게 혈식血食 제사를 요구하는 귀신과 그들이 지배하는 망령들을 의미했다.[17] 모산파 신도들은 이러한 신앙을 거부하였고, 신성한 경전을 물려받은 스승들에게 충성서약을 맺고 명상 수행을 통해 스스로를 정화시킴으로써 종교적 엘리트를 형성하였다. 그들은 '종민種民', 즉 종자가 되는 사람들로서 육천의 붕괴라는 천재지변에서 살아남을 것이었다. 혈식 제사를 지내는 속된 무리는 이 격변의 와중에 모두 소멸하고, 새롭게 정화된 세계는 그들 종민들로 채워질 터였다. 영적인 섬세함을 이해할 수 있고 훌륭한 서법과 시를 감상할 수 있는, 섬세함과 문학적 소양을 갖춘 소수의 고상한 사람들만이 이 지상낙원을 약속받았다. 모산파는 5세기 말 남조 제齊 황실로부터 큰 후원을 얻었고, 9대 조사인 도홍경

---

16) 이러한 사례들에 대한 분석은 Bokenkamp, *Ancestors and Anxiety*, ch. 4-5. 도교의 치병 방법에 대한 보다 자세한 연구는 Strickmann, *Chinese Magical Medicine*, ch. 1.

17) Stein, "Religious Daoism and Popular Religion"; Kleeman, "Licentious Cults and Bloody Victuals."

陶弘景은 바로 다음 왕조인 양梁의 개창자(양무제)와 친분을 맺었다.

이러한 엘리트 성향의 도교가 남중국 문인과 군주의 호응을 얻을 동안 북중국에서는 또 다른 종류의 청정화된 도교가 성장의 토양을 마련하였다. 사천에서 발생한 옛 천사도를 따르던 가문 출신의 구겸지寇謙之는 5세기 초에 일련의 계시를 받았다. 신으로서의 노자가 구겸지에게 진정한 도道가 타락하였다고 전하는 계시였다. 모든 혈식 제사와 성적인 기술을 이용하는 수행법은 중지되어야 하고, 도교 신도들은 신선이 되기 위해서는 오로지 명상, 호흡, 단식, 체조와 같은 방법만 행해야 한다고 하였다. 또 다른 계시에서 구겸지는 북위의 황제가 태평세의 진정한 군주, 즉 태평진군太平眞君이라고 들었다.

이러한 계시에 의거하여 구겸지는 북위 조정으로 향했다. 그는 외래종교인 불교를 누르고 중국 토착문화의 우위를 되찾기를 희망하는 한족들과 연합하여 442년에 북위 황제를 설득하여 도교로 개종시키고, 태평진군太平眞君이라는 호칭 아래 도교의 성인으로 통치하도록 하였다.[18] 황제는 구겸지로부터 도교의 부록符籙을 받았고, 구겸지는 영향력 있는 조정 신료가 되었다. 황제는 또한 구겸지가 도교를 정화하기 위해 편찬한 새로운 계율을 반포했다. 444년에서 446년 사이에 황제는 불교를 배척하였다. 그러나 이는 구겸지의 요청에 의해서라기보다 최호崔浩가 이끄는 한족 파벌의 요청 때문이었던 것으로 보인다. 구겸지가 448년에 사망하고 황제가 452년에 암살당하면서 도교 신정

---

18) Mather, "K'ou Ch'ien-chih and the Taoist Theocracy"; Kohn, "The Northern Celestial Masters"; Stein, "Religious Daoism and Popular Religion," pp. 62–65.

神政과 불교 탄압은 모두 끝났다.

결국 2세기에 반란 집단이 품었던 천년왕국에 대한 기대로 시작한 도교는 6세기 초가 되면 지배층의 세계관과 국가의 종교적 수요에 부응하는 철학적 종교가 되어 있었다. 북중국에서는 사원과 출가한 도사를 거느리고 국가의 후원을 받는 신앙이 되어 있었고, 남중국에서는 황실 혹은 심지어 몇 명의 황제도 포함한 지배층 사이에서 스승에서 제자로 전수되는 신성한 경전의 형태로 유포되고 있었다. 7세기 초에 당이 건국되었을 때, 노자의 후손이라고 주장하는 황실은 도교를 최상위의 국교로 확립하였고 모든 주요 도시에 국립 사원과 출가 도사를 배치하였다.

교단 불교

교단 도교가 민중운동으로 시작하여 국가의 후원을 받는 종교 조직으로 마무리된 것과 달리 불교는 정반대 궤적을 보였다. 불교는 중국 지배층을 통해 들어왔으나 대중종교가 된 것이다. 중앙아시아의 상인들과 강소성江蘇省 지역에 도착한 해상교역 상인들이 이 새로운 종교를 중국에 들여왔다. 정확하게 언제 불교가 소개되었는지는 알 수 없으나 최초로 문자기록에서 불교를 언급한 65년의 사례는 황제의 동생이 후원하는 승려와 재가신도의 공동체가 설립되어 있었음을 보여준다. 이 기록은 황제의 동생이 부처를 숭배한 행위를 노자와 밀접하게 관련된 도교 신격인 황로黃老를 숭배한 것과 연결지어 언급하고 있다. 그리고 한대 무덤 예술에도 부처가 종종 보이는데, 부처는 대체로 서왕모와 함께 혹은 보통 서왕모가 있을 자리에 나타난다. 166년에는 황제 본인이 노자에 대한 제사와 연계하여 부처에게 제사를 올렸다. 이러한 유형은 부처가 처음에는 서왕모처럼 서쪽에 거처하며 숭배자들을 보호해주는 도교의 또 다른 신으로 간주되었음을 암시한다.[19] 중국인 대부분에게 부처는 재액으로부터 보호받고 복을 얻기 위해 그 형상에 예를 올리는 예배의 대상으로 남았다. 부처는 철학적 진리를 가르친 스승이 아니었던 것이다.

외국인 승려 여러 명이 후한의 수도에 정착하여 불경을 한문으로 번역하는 어려운 작업을 개시했다. 그러나 위진남북조가 되어서야 비로소 불교의 형이상학과 교리가 중국 지배층에게 제대로 인식되고 이해될 수 있었다. 3세기 초 형이상학적 사색이 유행한 현상은『도덕경』이나『장자』같은 전국 시대 도가 철학의 서적들이 재조명된 것과 관련이 있었다. 청담에 몰두한 사람 다수가 언어와 실체, 하나와 여럿, 유와 무 등의 주제에 천착한 현학玄學에도 열중하고 있었다. 불교가 지닌 정교한 심리학적, 형이상학적 어휘는 바로 이러한 주제들에 대한 논의에 반영되었고, 불교승려들은 중국 지식인들의 대화와 논쟁에 참여하기 시작했다. 명문가 자제들은 토론 기술을 연마하기 위하여 불교를 공부하거나 혹은 승려가 되기도 했다. 이러한 현상은 특히 317년에 북

---

19) Zürcher, *Buddhist Conquest*, ch. 1; Ch'en, *Buddhism*, ch. 2; Tsukamoto, *History*, ch. 2; Wu, "Buddhist Elements."

중국인들이 남중국으로 피신한 후에 두드러졌다. 지둔支遁과 같은 유명한 승려들은 동진 조정의 청담 모임에서 주도적 존재가 되었고 서정시를 지었으며 서예작품을 써냈다. 또한 그들은 『장자』에 대해 불교 교의를 혼합한 주석을 쓰기도 하였으며 불교 교의를 중국의 지적 전통과 융화시키려고 노력하였다.[20]

다른 한편 북중국의 몇몇 비한족 국가도 불교를 받아들였다. 어떤 경우는 불교가 중국의 종교가 아니었기 때문에, 어떤 경우는 후조의 석륵 밑에 있었던 불도징佛圖澄의 사례처럼 불교승려들이 기적을 행할 수 있었기 때문이었다. 이들 국가는 불교 지역이었던 중앙아시아와 교류를 지속하고 있었으므로 새로운 사상을 들여왔고 불교 대장경 대부분을 한문으로 번역하는 사업을 후원하였다. 가장 유명한 번역자는 쿠마라지바(구마라습鳩摩羅什)였다. 그는 401년에 부견의 후계자가 돈황 지역에서 장안으로 데려온 사람이었다. 혜원慧遠과 같은 승려들은 아미타 신앙과 같은 새로운 요소를 도입하였다. 아미타불은 자신의 형상을 떠올리거나 그의 이름을 암송하는 사람 모두에게 자신의 서방정토淨土에 환생할 것을 약속하는 존재였다. 이와 같은 기원 행위는 당시 승려들에게 요구되었던 본격적인 명상 수행에 비하면 일반 신도에게 훨씬 쉬운 것이었다. 그리하여 아미타불의 이름을 암송하는 것은 중국에서 가장 널리 행해지는 기원 행위가 되었다.[21]

---

20) Zürcher, *Buddhist Conquest*, ch. 3; Ch'en, *Buddhism*, ch. 3; Tsukamoto, *History*, ch. 6.

21) Zürcher, *Buddhist Conquest*, ch. 4; Ch'en, *Buddhism*, pp. 79-83, 103-112; Tsukamoto, *History*, ch. 5, 8.

5세기에 남북 양쪽에서 모두 군인 황제가 황제 권력을 회복하자 중
국 불교는 대규모로 국가의 후원을 받게 되었다. 남쪽의 동진 조정에
서는 몇 차례 논쟁 끝에 승려들이 황제에게 절하지 않아도 된다고 결
정하였다. 이는 당시 황제 권력이 약하였고 일부 유력 가문들이 열렬
하게 불교를 후원하던 상황을 어느 정도 반영한 결과였으나, 황제 권
력을 강화한 남조의 군인 황제들조차도 이 선례는 존중하였다. 이들
은 대체로 불교 교단을 통제하는 일은 자제하였다.[22] 그러나 이러한 불
간섭주의 정책과는 별개로 남조 황제들은 불교 교단의 종교적 권위를
이용하여 자신들 입지를 강화하였다. 남조 황제들은 보살계菩薩戒를
받았고 사찰을 건립하였으며 불상을 만들었다. 또한 승려를 출가시켰
고 승려와 관료를 위한 재회齋會를 열었으며 불교 경전의 강독과 설명
을 후원하였다.

불교의 다양한 흐름 중 유일하게 중국에 유입된 대승불교의 목표는
일체 중생이 윤회의 굴레에서 벗어나 구원받는 것이었다. 보살은 깨
달음을 얻은 후에 열반에 들지 않고 그 대신 자신이 모든 중생을 구제
할 때까지 세상에 남겠다고 맹세한 존재이다. 정식으로 보살계를 받
음으로써 남조 황제들은 그들의 독실한 신앙심을 표현하였을 뿐 아니
라 구원자로서 자신의 지위를 공표하였다. 이러한 행위는 이미 그 자
체로 신성한 황제의 지위에 전륜왕轉輪王 혹은 세계의 주재자라는 광
채를 더하는 일이었다. 이처럼 황제들은 왕조와 백성을 위해 종교적

---

22) Zürcher, *Buddhist Conquest*, pp. 104-113; Ch'en, *Buddhism*, pp. 73-77,
121-124; Ch'en, *Chinese Transformation*, pp. 65-81; Tsukamoto, *History*,
pp. 331-338, 350-354.

공덕을 쌓을 때조차도 새롭게 되살아난 황제 권력을 분명하게 드러내기 위하여 불교적 수사를 이용하였다.

불교를 후원한 황제로 중국 역사에서 가장 유명한 사람은 양무제梁武帝였다.[23] 자신의 지위를 황제이자 보살이라고 선포함으로써 그는 승려와 일반인 모두를 지배할 권한을 자임했고 왕조의 종교적이고 세속적인 권위를 확대하려고 하였다. 그는 자신의 보살 서원誓願 장면을 보도록 수천 명을 불러 모았고, 경전 해설을 위한 대규모 법회法會, 대중 참회 의식, 보살 서원의 갱신 및 관련 의례 등을 정기적으로 반복하여 조직하였다. 이러한 행사에서 황제는 백성들의 안녕뿐 아니라 지옥에서 고통받는 존재 그리고 다른 나쁜 환생에 처한 모든 존재의 구원을 위해 그가 얻은 공덕 전부를 바친다고 서약하였다. 이후 남조의 황제들 중 몇 명은 양무제와 비슷한 서원誓願을 세웠고, 중국사에서 유일한 여성 황제인 측천무후의 경우에도 전륜왕과 보살의 역할은 황제가 되는 과정에서 중요한 요소였다.[24]

북중국에서 국가의 후원은 승려에 대한 보다 적극적 규제와 맞물려 있었다. 국가가 불교의 출가 교단을 흡수해 들이는 첫 단계는 4세기 말에 북위가 승단의 수장을 임명하면서 이루어졌다. 남중국 승려들이 황제에게 절하지 않아도 되는 특권을 얻었던 것과 달리, 이 승단의 수장은 북위 황제가 사실은 부처의 화신이므로 모든 승려는 그에게 절해야 한다는 교의를 설파하였다. 황제와 부처의 동일시는 군주를 신의

23) Janousch, "The Emperor as Bodhisattva"; Gernet, *Buddhism*, pp. 266–267.

24) Forte, *Political Propaganda and Ideology*.

화신으로 보는 초원 유목민들의 관념에 힘입은 것인지도 모른다. 어찌되었든 황제를 부처와 동일시하는 태도는 북위 왕조 자체 이미지의 일부가 되었다. 이는 남조 황제의 경우와 마찬가지로 황제는 부처라는 주장과 더불어 이미 막강했던 중국 천자의 힘에 불교 교단의 종교적 힘을 더해주었다.

세 번째 북위 황제 태무제가 도교를 채택하고 불교 교단을 탄압하려고 하였으나, 오래 지나지 않아 북위 조정은 황실을 부처와 동일시하는 작업을 재개했다. 한 북위 황제는 이전 황제들 각각을 위해 석가모니 부처의 불상 다섯 구를 청동으로 주조하게끔 하였다. 북위 수도의 외곽이었던 운강雲岡 석굴 중 첫 다섯 동 역시 북위 황제들을 부처로 기리는 것이었을지도 모른다(그림 11). 북위 황제들은 불교를 감독하기 위한 정부 부서와 최고위 승려 한 사람을 두었고, 이 승려는 전국 주요 사원의 관리자를 임명하였다. 470년에서 476년 사이 북위는 동북부에서 잡힌 포로들을 불교사원에 배속시켜 곡물을 일정량 납부하도록 하는 내용의 승기호僧祇戶 제도를 만들었고, 죄수와 노예를 사찰에 주어 사원 소유의 토지를 경작하게 하는 불도호佛圖戶 제도를 두었다. 사원에 축적된 재물은 기근이나 홍수가 발생했을 때 고난을 경감하는 데 쓰기 위한 것이었으나, 이러한 재물로 사원 측 또한 부유해졌다. 종교적 열정이 사람들 사이에 퍼져나가면서 토지와 금전의 기부가 늘어나자 많은 불교사원이 큰 부를 얻게 되었다.[25]

북위는 출가 승려의 수에 한도를 두려고 노력했으나, 그 한도 규모

---

25) Ch'en, *Buddhism*, ch. 6; Ch'en, *Chinese Transformation*, pp. 81–116.

는 지속적으로 불어나서, 그 자체만으로도 엄청난 숫자가 되었다. 사찰 건축에 대한 규제도 반포되었으나, 신민과 더불어 황실 스스로가 이 규제를 무시했다. 북위 통치 아래 불교 후원은 6세기 초 십여 년 동안 정점에 달했다. 열성적 불교신자였던 황태후가 수도에 웅장한 사찰들을 건립하고 여기에 정기적으로 아낌없이 기부하던 시절이었다. 환관과 조정 신료도 이를 본받았고, 그 결과 북위 말에 내전이 발생했을 때는 낙양에 사찰이 1,300개가 넘었다. 이는 100가구마다 사찰이 하나 이상 있는 비율이었다(법 규정에 의하면 한 도시에는 사찰 하나만 있어야 했다). 이러한 번영은 수도에만 국한된 것도 아니었다. 정부 기록에 의하면 북위 왕조가 망했을 때 전국에 사찰이 3만, 그리고 승려가 200만 이상 있었다. 기록이 다소 구체적이지 않고 과장되었음을 감안하더라도 이 숫자는 의미심장하다.

200만에 달하는 승려 중 많은 사람은 단지 조세를 피하려는 자들이었고, 많은 사찰이 실제로는 승려가 두세 명 있을 뿐인 작은 시설이었다. 그럼에도 불구하고 6세기 북중국의 신앙심은 넓고 깊게 퍼져 있었다. 양현지의『낙양가람기』는 이 점을 잘 보여준다.『낙양가람기』는 불상에 예배하기 위해 재가신도들이 세운 천 곳 이상의 사찰로 가득한 수도의 모습을 묘사한다. 당시의 정치적 사건과 관련한 기적을 포함하여 이들 불상들이 일으킨 기적들은 대규모 군중을 불러들였다.

불교의 신들 및 다른 신들 또한 지방의 전승과 도시의 설화에 등장한다. 아래 소개하는 이야기가 이를 잘 보여준다.

　　남양南陽 사람 후경侯慶에게는 크기가 1척 정도인 청동 불상이 있었다. 그에게는 소 한 마리가 있었는데, 불상에 금을 입히기 위해 소를 팔아 돈을 마련하려고 하였다. 그런데 급작스러운 일이 생겨 소를 판 돈을 다른 곳에 쓰게 되었다. 2년이 지나 그의 아내 마씨馬氏가 갑자기 꿈을 꾸었는데, 꿈속에서 그 불상이 이렇게 말했다. "너희 부부는 나에게 금박을 빚진 지 오래인데 아직도 갚지 않았다. 이제 나는 그 대가로 너희 아이 추다醜多를 데려가겠다." 마씨는 잠에서 깨었으나 마음이 편하지 않았다. 새벽이 되자 추다가 앓다가 죽었다. 후경은 나이가 거의 50세인데 아들이 추다 하나뿐이었다. 후경 부부가 슬퍼하는 소리가 행인들에게까지 전해졌다. 추다가 죽은 날 불상은 홀연히 금색으로 변하여 그 빛이 사방 이웃집으로 비쳤다. 같은 마을에 사는 사람들은 모두 향기를 맡았다.[26]

　　운강과 용문龍門에 있는 북위 시대 두 석굴의 조상기와 벽화들은 불상의 힘에 대한 신앙을 보여주는 증거들이다(그림 21). 황실, 관료, 승려의 조상기뿐만 아니라, 공덕을 얻는 수단으로서 불상을 만들기 위해 돈을 모았던 재가신도 모임이 남긴 수많은 조상기 사례가 남아 있다. 이들 조상기는 수도의 도시 주민에게 불교가 무엇을 의미했는지를 드러낸다. 실재나 인식의 본질에 대한 철학적 사색 같은 것들에는 별로 관심이 없는 평범한 사람들에게 있어 불교는 고통에 빠진 중생을 구제하여 피안彼岸으로 인도하는 자비로운 신에 대한 경건한 신앙이

---

26) 이 이야기는 Lai, "Society and the Sacred", pp. 252–253에 인용되어 있다.

었던 것이다. 대부분의 조상기는 왕조를 위해 기원하는 상투적 어구를 담고 있으나, 주된 관심은 부모가 구원받고 극락에 전생轉生하는 것이었다. 어떤 조상기는 아미타불의 정토에 다시 태어나기 위해 공덕을 쌓기를 바라는 소망, 혹은 아들이 태어나거나 병이 완치되는 등 소원을 이루어준 것에 대해 부처에게 감사하는 마음 등을 표현하고 있다. 혹 물질적 이익을 얻고 싶은 마음을 표현하는 것도 있다. 간단히 말해 평범한 사람에게 있어서 부처는 한대 무덤 예술에서 확인되는 부처와 동일한 역할, 즉 서왕모처럼 고통받는 사람을 구제하는 자애로운 신의 역할을 계속 수행하였던 것이다.[27]

운강 석굴과 용문 석굴의 조상기는 일차적으로는 조정의 관심사, 이차적으로는 도시 지배층의 관심사를 반영하고 있다. 독실한 평민들의 관심사는 이동이 가능한 작은 비碑나 불상에 새겨진 명문에 드러나 있다. 이들 조형물은 농촌의 신도들이 결성한 모임에서 모은 돈으로 만든 것이었다. 명문의 내용은 부처와 보살의 힘에 의지하여 개인의 안녕, 친속의 건강, 사망한 친족의 보다 나은 내생을 주로 기원하였음을 보여준다.[28] 명문에는 여성을 포함한 기증자들 이름과, 이들을 지도한 비구나 비구니의 이름이 나열되어 있다. 이들 비구와 비구니는 불교를 전파하기 위해 지방을 돌아다니는 사람들이었다. 많은 명문을 보면, 승려가 고용한 유랑 장인이 불상을 만들었거나 혹은 종종 도시

---

27) Ch'en, *Buddhism*, pp. 165~177; Caswell, *Written and Unwritten*, pp. 21~39; Liu, *Ancient India and Ancient China*, pp. 162~167.

28) Abe, *Ordinary Images*; Lingley, "Widows, Monks, Magistrates, and Concubines"; Liu, "Art, Ritual, and Society."

그림 21. 용문 석굴 최대의 불감佛龕 낙양 부근. 6세기 초.

의 공방에서 만든 기성품 불상을 구입하였다는 사실을 알 수 있다. 후자의 경우, 장인은 기부한 사람의 이름과 기원 내용을 새길 부분을 공백으로 남겨놓았다. 어떤 비는 그림 장면에 대해 설명하고 있어서 교육적으로 기능하기도 하였다. 어떤 글들, 종종 비에 새겨진 명문 그 자체가 해당 조형물을 가지고 수행하는 의례를 명시하고 있기도 하다.

문헌자료 또한 전통적 효의 관념과 결합된 불교가 매우 유행하였음을 보여준다. 최초 사례이자 가장 상세한 정보를 담은 사례는 6세기의 인천교人天敎이다.[29] 이 민간 불교 전통은 오계(살생하지 않을 것, 훔치지 않을 것, 간통하지 않을 것, 음주하지 않을 것, 거짓말하지 않을 것)를 지키고 불상 주위를 돌면서 부처를 찬양하는 간단한 어구를 암송하는 사람은 지상에서 건강과 부귀를 누리며 보다 좋은 내생을 얻을 것이라고 가르쳤다. 이러한 공리적 교의는 세속적 행복을 얻기 위해 극단적으로 단순화한 형태의 불교를 택한 모습이다. 이 전통은 열반, 보살, 공덕의 회향廻向, 일체 중생의 구제, 대승불교의 다른 원칙들 중 그 무엇에 대한 언급도 피하고 있다. 출가 교단의 수행에 중요했을 법한 철학적 원리들이나 명상 수행에 대해서도 침묵하고 있다. 그 대신 인천교는 기초적인 도덕적 금기와 이에 더하여 단지 부처의 형상과 이름에 기원하는 행위만을 제시할 뿐이었다. 이처럼 뼈대만 남은 형태의 재가 불교는 가능한 한 많은 대중을 포교 대상으로 하였고, 그 신도들은 북위 왕조가 설치한 승기호와 관계를 맺는 종교 집단을 형성하였다.

5세기 이후로 북중국의 향촌 사회에까지 불교가 확산되었음을 보

---

29) Lai, "Earliest Folk Buddhist Religion in China."

여주는 증거들은 대부분 각지를 떠돌며 불교신앙을 전파하기 위해 농민과 어울린 승려들의 이야기에서 발견된다.[30] 정부는 종종 이러한 승려들을 탄압하기도 했다. 이전에 보다 높은 지위에 있던 승려들이 석륵과 같은 군주를 위해 주술을 행했던 것과 마찬가지로 이러한 승려들 다수는 촌락에서 무축巫祝의 역할을 하였다. 또한 이들은 명문에 기록되어 있듯 다리를 놓는 등의 공공 구호 사업이나 불상 구입을 주도하였다. 종교적 황홀경에 빠져 몸의 일부를 태우거나 고통을 느끼지도 않고 몸에 못을 박아 넣는 승려도 있었다. 이러한 행위는 종종 축제 행사와 연계하여 이루어졌고, 중국에서 지금도 벌어지고 있는 일이다.

어떤 이야기에서 한 승려는 도살당하기 직전의 돼지 몇 마리를 구하려고 하였다. 돈을 주고 사서 이 돼지들을 구하려 하였으나 농부가 안 팔겠다고 하자 승려는 돼지와 맞바꾸기 위해 자신의 살을 베어내기 시작했다고 한다. 조정에서는 빈번하게 적대적인 조칙을 내려 이러한 행위를 금하였으나, 다른 한편으로 이들에게는 자유롭게 방랑하는 도교 성인의 삶이 지니는 긍정적 모습과 공통된 부분이 있었다. 이처럼 승려가 일반 신도 사이로 자유롭게 섞여 들어가는 경향은 특정한 계통의 대승불교 사상이 보이는 특징이 되었는데, 이는 특히 종말론 사상과 관련되어 있었다.

관리들의 비판적 상주문을 보면 당시 소규모 사당, 불탑, 암자가 전국에 퍼져 있었음을 알 수 있다. 관리들은 규정에 어긋나는 작은 종교 시설이 산림과 향촌 곳곳에서 발견된다고 불평하였다. 후대에 소

---

30) 자세한 것은 Gernet, *Buddhism*, ch. 9.

설에서 탐정으로 묘사되어 유명해지는 7세기 관리 적인걸狄仁傑은 마을 입구마다 경전의 사경寫經과 불상 제작을 위한 가게들이 있음을 언급한 바 있다. 농촌 촌락 다수는 육식을 금하는 재회齋會를 열었다. 북위의 한 관리는 관중 지역 모든 농민이 이러한 활동에 참여하였고 이러한 재회가 정부에 대한 공공연한 비판의 장이 되고 있다고 주장하였다. 명문의 기증자 명단에 묘사된 내용을 보면, 인천교를 전파한 신도 모임과 향촌의 신도 모임이 재회를 조직하기도 하였다. 이러한 재가신도들 모임의 활동 기록과 구성원이 지켜야 할 규칙은 돈황 사본의 내용 중에서도 확인된다. 돈황의 재가신도 모임의 경우, 재가신도와 승려가 온갖 종류의 종교적 활동을 위해 정기적으로 만나게 되어 있었다.[31]

도교와 불교 간의 중복과 차용

도교와 불교는 서로 기원을 달리하지만 현실에 있어서는 그 경계가 모호한 부분이 많다. 두 종교 모두 전문 종교인을 두고 그들이 거주하는 시설을 설립하였으며 경전을 편찬하고 교리 체계를 정비하였다. 이러한 활동은 모두 상호간 차용을 수반하였는데, 대부분 경우 불교가 도교 측에 완성된 교단과 신앙행위를 위한 본보기를 제공하였다. 두 종교는 재가신도 모임을 위한 용어를 포함하여 상당한 공통의 어휘

---

31) Gernet, *Buddhism*, pp. 259~277 및 Abe, *Ordinary Images*, pp. 208~230 참조.

를 만들어갔다. 조각이나 회화에서도 도교와 불교의 신들이 함께 나타나기도 한다. 일부 명문은 불교를 '도교', 즉 도의 가르침이라고 지칭하고 있다. 주지하듯 이 호칭은 상대 종교인 도교를 가리키는 것이기도 하다.[32]

보다 중요한 점은 이 시대에 나타났던 주요한 사상적 발전 몇 가지에 두 종교 모두 참여하였다는 사실이다. 천년왕국적 신앙과 윤회전생에 대한 믿음이 그것이다. 이 시기에 대두한 주요 관념 중 하나는 세계 혹은 구질서의 붕괴가 임박했고, 그 후에는 독실한 신자들이 다스리는 새롭게 정화된 세계가 출현한다는 천년왕국적 교리였다. 이러한 관념은 후한 말 반란을 일으켰던 도교 신도들의 종말론 교의와 남중국 유력 가문 가운데 도교 신자들이 상정한 변형된 종말론에서 보인다. 같은 시기에 세계가 파괴되는 대재앙이 임박했다는 관념은 불교 안에서도 뚜렷하게 나타났다. 모든 세계가 결국에는 소멸할 것이라는 관념은 불교의 표준적 교의였으나 이 관념은 3세기 중국에서 세계의 종말을 알리는 홍수나 불과 같은 대재앙의 우려와 결합되었다.[33] 이렇게 섞인 관념은 4~5세기에 중국 불교 전통 안에 널리 퍼졌다.

가장 영향력 있는 불교 경전 중 하나인 『법화경法華經』은 255년에서 406년 사이에 다섯 차례나 한역漢譯되었는데, 세계의 종말이 임박했다는 종말론적 상황을 묘사하고 있다. 부처의 극락으로 피신한 사람

---

32) Zürcher, "Buddhist Influence on Early Taoism"; Abe, *Ordinary Images*, ch. 5; Wang, *Shaping*, pp. 41-44. 아울러 영보靈寶 전통에 대해 아래 인용하는 Bokenkamp의 연구를 참조할 것.

33) Zürcher, "Prince Moonlight," p. 7; Zürcher, "Buddhist Influence," pp. 117, 123, 128.

만이 이 상황에서 살아남을 수 있다는 것이었다.

> 나는 영취산靈鷲山과
> 그 외의 거처에 머무른다.
> 중생이 겁劫이 다하는 것을 보고
> 큰 불에 탈 때도
> 나의 땅은 안온하여
> 신과 사람이 가득하다.
> 원림에는 여러 건물들이 있어
> 온갖 종류의 보석으로 장엄하고
> 보배 나무에는 꽃과 과일이 가득하다.[34]

다가오는 종말에 대한 믿음을 원림의 낙원에 대한 구체적 묘사와 결합한 이 장면은 5세기와 6세기 『법화경』을 주제로 한 벽화 여러 곳에서 나타난다.[35]

보다 널리 퍼져 있던 것은 미래불인 미륵과 보살인 월광동자月光童子에 관계된 천년왕국적 신앙이었다. 미륵은 신도가 다시 태어나기를 바라는 극락 한곳을 주재하는 부처, 혹은 먼 미래에 신도들한테 이 땅에 지복의 낙원을 만들어줄 존재로 나타난다. 그런데 6~7세기의 몇몇

---

34) Hurvitz, tr., *Scripture of the Lotus Blossom*, p. 243.

35) Wang, *Shaping*, pp. 219-237 참조. 종말론을 다룬 다른 문헌이나 그림도 함께 논의하고 있다.

문헌에서는 종말론적 전투를 벌인 후에 새로워진 세계로 자신의 추종
자들을 인도할 구세주로 바뀌어 있다. 불교 경전에는 이러한 내용이
없는 것으로 보아 이러한 관념은 도교로부터 온 듯하다.[36] 월광동자는
중국에서 편찬된 몇 종의 문헌에 등장한다. 이들 문헌은 세계를 파괴
하는 대홍수가 일어나고 그 뒤에 월광동자가 신도들이 거주할 정화된
세계를 만들 것이라고 예언한다. 중요한 것은 이 인물이 인도에서는
아버지를 불교로 개종시킨 효성스러운 아들에 지나지 않았다는 점이
다. 종말론적 요소는 순전히 중국에서 만들어낸 부분이고, 게다가 세
상의 종말에 대해 도교에서 예언하는 것과 동일한 특정 연도의 사건들
을 이야기한다. 따라서 이러한 불교 종말론 전통의 주요 요소들은 도
교로부터 비롯된 것임이 거의 확실하다.[37] 초기 도교에서 종말론이 도
교의 정치 강령을 뒷받침하는 데 이용되었던 것과 마찬가지로, 미륵
과 관련된 종말론과 월광동자와 관련된 종말론은 불교 승려와 신도가
연루된 정치적 봉기에서 빈번하게 이용되었다.

불교의 종말론적 예언의 또 다른 갈래는 부처의 가르침이 세상에서
사라진다는 데에 중점을 두고 있다. 이 교의는 원래 인도에서 나타난
것이다. 그러나 중국에서는 도교 종말론의 영향으로 보다 정교해져서
부처의 가르침이 세 단계를 거치며 쇠퇴한다고 설명하였다. 아울러
부처의 가르침이 이미 소멸하였거나 이제 곧 소멸할 것이며 실질적인

---

36) Nattier, "Meanings of the Maitreya Myth," pp. 30–32 및 Tokuno, "Evaluation of Indigenous Scriptures," pp. 41–42.

37) Zürcher, "Prince Moonlight," 도교에서 말하는 특정 연도에 대해서는 pp. 21–22. 아울러 Strickmann, *Chinese Magical Medicine*, ch. 2도 참조.

종국을 야기하리라는 주장이 중국에서 등장하면서 이 교의는 보다 급박한 성격을 띠었다. 434년에 만든 북량의 석탑과 같은 최초 사례들에서 확인할 수 있는 바로는, 살아 있는 부처가 없는 세상에 처한 현실에 대한 한탄 그리고 그 결과 불상에 대한 경배에 의지할 필요성을 강조하는 수준에서 크게 벗어나지는 않았다.[38] 그러나 6세기에 이 관념은 보다 극단적인 행동으로 나타났다. 몇몇 승려는 불교 대장경 전체를 돌에 새기기 시작했다. 새로운 부처가 나타날 미래 시대를 위해 경전을 보존하려는 의도였다.[39] 6세기의 『인왕경仁王經』에는 불법佛法이 쇠퇴한다는 것은 불교의 주된 수호자로서 왕이 승려를 대체해야 함을 의미한다는 주장이 담겨 있다. 또한 국가를 보호하기 위해 경전을 독송하는 것이 불교의 중심 의례가 되어야 한다는 주장도 있다. 토번의 침입에 대비하기 위해 8세기에 불공不空이 다시 손질하면서 『인왕경』은 밀교密敎의 중심 경전이 되었고 『인왕경』의 독송 의례를 행하는 승려들은 정부기구의 일부분이 되었다.[40]

불법의 종말에 대해 가장 급진적 접근법을 보인 것은 6세기 말에 등장한 삼계교三階敎였다. 이 운동은 불법의 소멸이 승려와 재가신도 사

---

38) Nattier, *Once Upon a Future Time*의 "chapter 4"는 중국의 사례를 다루고 있다. 6세기에 이 교의를 주창한 주요 인물들에 대해서는 Magnin, *La vie et l'oeuvre de Huisi*. 초기의 예배용 석탑에 대해서는 Abe, *Ordinary Images*, pp. 141-145, 158-160.

39) Ledderose, "Thunder Sound Cave," pp. 240-246, 255.

40) Orzech, *Politics and Transcendent Wisdom*. 군주의 중심적 위치에 대해서는 pp. 61-74, 94-97, 99-107. 밀교에 있어서 불교가 국가에 통합되는 문제에 대해서는 pp. 160-167, 170-174.

이의 구분을 포함하여 모든 종교적 구분을 무의미하게 만든다고 주장했다. 양무제가 조직한 대규모 집회에서 이미 선례를 보인 것처럼 삼계교는 승려와 재가신도가 구별 없이 뒤섞일 것을 장려했다. 삼계교의 주창자들은 통상적 교단 불교를 대신하여 모든 중생에 존재하는 불성佛性을 널리 경배하는 종교를 제시했다. 그들은 또한 전통적인 재가신도의 보시布施, 즉 기부를 삼계교에 있어 핵심적 요소로 만들었고, 그 결과로 무궁무진한 창고라는 의미의 무진장無盡藏을 만들었다. 이는 모든 사람이 빈민과 병자를 돕기 위해 시주하는 기구였다. 이러한 자선기구는 수를 거쳐 당대에 들어서도 계속 운영되다가 결국 8세기 중엽에 폐지되었다.[41]

종말론 외에 이 시대의 불교와 도교가 공유한 두 번째 주요 사상은 윤회전생輪回轉生이었다. 이 관념은 중국 문명의 발전에 훨씬 더 중요한 것이었다. 불교와 더불어 중국에 들어오긴 했지만 이 윤회 관념은 점차로 도교의 여러 흐름에서도 흡수하였고, 그 결과 중국 사회 전체에 보다 수월하게 받아들여졌다.[42] 윤회 관념이 전면적으로 수용된 것은 4세기 말 도교의 영보파靈寶派가 등장하면서인데, 이는 도교사의 분수령이 되는 사건이었다. 영보파 전통을 통해 불교의 개념과 용어들은 도교 문헌에 항상 등장하는 주요 요소가 되었다. 이 때문에 영보파

---

41) Hubbard, *Absolute Delusion, Perfect Buddhahood*; Lewis, "Suppression." 허바드의 연구서 제3장은 불교 종말론에 대한 도교의 영향을 상세히 설명하고 있다. 무진장에 대해서는 Gernet, *Buddhism*, pp. 210–217도 참조.

42) Scharf, *Coming to Terms with Chinese Buddhism*, "Introduction", 특히 p. 12.

전통은 단순히 불교를 그대로 수용한 것뿐이라고 보는 견해도 있다.[43] 그러나 영보 경전에 보이는 윤회전생의 개념은 불교의 교의 중 모순이라고 인식된 부분, 즉 산 자와 죽은 자 사이의 긴장관계를 두드러지게 하는 교리적 모순을 해명하기 위해 특별히 체계화한 것이다.

치초郗超(339~377)와 같은 불교학자는 윤회전생의 교의가 개개인이 자신이 행동한 결과에 대해서만 책임이 있음을 의미한다고 주장했다. 그러나 다른 불교도들은 조상이 보다 나은 존재로 환생할 수 있도록 공덕을 회향廻向할 수 있다고 주장했다. 불상이 만들어지고 우란분절이 유행하게 된 바탕에는 이러한 믿음이 자리 잡고 있다. 이러한 논란에 대해 영보파는 친족은 서로에게 책임이 있으며 친족 상호간 관계는 지속된다는 점을 강조하는 윤회론을 체계화하였다. 영보파의 이러한 윤회론은 조상의 이름으로 맹세하여 서로간의 행위에 친족을 연루시키는 행태가 만연하면서 인간의 역사가 쇠퇴하고 있다는 인식과 인체의 구성요소에 대한 도교식의 상세한 분석에 기반을 둔 것이었다. 아울러 이러한 이론에 의거하여 영보파는 불행한 조상을 구원하는 정교한 의례들을 발전시켰다.[44] 이리하여 윤회 관념은 후대 중국에 있어서 공통의 종교적 유산 가운데 하나가 되었다.

불교가 흥기하고 도교와 상호작용하면서 중국의 종교세계는 여러모로 변화하였다. 첫째로 한대인들의 모호한 사후세계는 천국과 지옥

---

43) Robinet, *Taoism*, ch. 6; Yamada, "The Lingbao School"; Bokenkamp, "Sources of the Ling-pao Scriptures." 불교의 영향을 강하게 주장하는 의견으로는 Zürcher, "Buddhist Influence." 윤회에 대해서는 pp. 135-141 참조.

44) Bokenkamp, *Ancestors and Anxiety*, ch. 6; Bokenkamp, "Death and Ascent,"

의 각 층위가 겹겹이 쌓여 생생한 모습의 지리적 관념을 갖춘 사후세
계로 대체되었다. 또한 아귀를 비롯해 새로운 귀신의 존재를 도입하
면서 불교는 중국의 사후세계를 풍부하게 만들었다. 둘째로 불교는
영혼의 세계를 윤리적인 성격의 세계로 바꾸어놓았다. 한대인들이 저
승에서의 보상과 처벌을 믿었다는 증거는 거의 없다. 가장 보편적 원
리는 올바르게 매장되면 죽은 사람은 저승에서도 이승의 지위에 상응
하는 대우를 받는다는 것이었다. 생전의 행위가 아니라 매장 의례가
사후 운명을 결정했던 것이다. 그러나 위진남북조와 그 이후 중국의
사후세계 관념을 지배하게 된 것은 생전의 행위에 따라 보다 좋거나
나쁜 존재로의 환생, 혹은 천당이나 지옥으로의 전생이 결정된다는
식의 단순화된 업業의 교리였다. 세 번째 변화도 이와 관련되어 있었
다. 중국의 상장 의례와 망자를 구원하기 위한 명절에서 불교기 중요
한 역할을 하게 된 것이다. 불교 의례는 조상을 지옥에서 구원하여 불
교의 낙원인 정토淨土에 다시 태어나게 하기 위해 부처와 승려의 영적
인 힘을 행사하였던 것이다.

　574~578년에 북주의 황제가 탄압을 시도하였음에도 불구하고 수
대에 불교 교단은 국가 종교 조직으로 떠올랐다. 수 왕조의 창업자인
문제文帝는 그의 정치적 성공이 부처의 도움이라 믿은 독실한 불교도
로, 위진남북조 동안 발전한 국가 불교의 많은 요소를 전면적으로 실
시하였다. 그는 보살계를 받았고, 국립 사원을 세우고 토지를 수여하
였으며, 승려를 출가시켰다. 또한 경전 독송을 후원하고 불교 교단에
정기적인 기부를 행하였다. 아울러 왕조를 위한 공덕을 쌓고 왕조가

계속되기를 희망하며 부처 사리가 담긴 탑을 100개 이상 세우기도 하였다. [45]

하지만 그의 기원은 이루어지지 않았고 수 왕조는 그 아들의 치세를 넘기지 못했다. 그 뒤를 이은 당 왕조는 도교를 우선시하였다. 사찰은 계속 후원을 받기는 하였으나, 국가의 후원을 받는 불교의 전성기는 이미 지나가버렸다. 그럼에도 불구하고 당대는 불교가 중국 사회의 철학적 동력으로 전성기를 누린 시기였다. 그리고 피해갈 수 없는 윤회, 천당과 지옥, 우란분절 등의 명절, 자비로운 구원의 신이라는 관념과 더불어 불교가 평민에게 전파한 정신세계는 지금까지도 중국 문명의 일부로 남아 있다.

미개지 길들이기

위진남북조 시대에 사람이 살지 않는 산과 먼 남방 같은 미개척 지역을 종교적으로 통합해가는 작업은 단순히 산 속이나 숲 속에 종교적 건축물을 세우는 일 이상을 요구하였다. 이러한 미개척 지역을 문명화된 세계로 편입하는 일은 현지의 종교적 권위를 길들이는 일을 수

---

45) Wright, "Formation of Sui Ideology"; Wright, *The Sui Dynasty*, pp. 48-52, 54-57, 64-66, 71-72, 74, 78-79, 126-138; Wright, "Sui Dynasty," pp. 57, 61-67, 75-78, 113-119; Sen, *Buddhism, Diplomacy, and Trade*, pp. 62-68, 71, 84, 87, 93-94.

반하였다. 도사나 승려가 이 일을 행하는 과정에 대한 설명은 대개 두 가지 형태의 이야기로 나타났다. 하나는 어떤 지역에 자리 잡은 동물 귀신을 굴복시키거나 개종시키는 이야기이고, 다른 하나는 흔히 혈식 제사를 받던 현지의 신령을 굴복시키거나 개종시키는 이야기이다.

이미 기원전 4세기에 『좌전左傳』은 한 지역의 땅·물·바람의 특징과 이들을 자양분으로 살고 있는 생명체들 사이에는 물리적이고 윤리적인 일치가 이루어져 있다고 상정하였다. 한 지역과 그 지역 동물들 사이에 존재하는 이러한 일체성은 식생활, 제사, 농업 등의 특징에도 투영되었다.[46] 동일한 사고방식이 한대에는 박산향로博山香爐 및 관련된 예술품의 지리 묘사에 등장했다. 박산향로에서 물이 흐르는 듯한 역동적인 산의 능선은 그 풍경을 채우는 기이한 존재들과 뒤얽혀 있다. 한대의 문헌들은 서로 다른 토양이 어떻게 서로 다른 종류의 사람들과 식생군을 낳는지 묘사하고 있다. 풍경이 동물로 변했다가 다시 풍경으로 변하는 모습은 수도의 잡기 공연인 백희百戲에서도 자주 상연되었다. 이는 당시의 시 작품들에 잘 묘사되어 있다. 풍경과 동물을 일체화하는 사고방식은 불교 문헌과 예술에도 전해졌다. 그리하여 부처가 설법하였던 영취산이 거대한 새의 형상으로 묘사되고, 영취산에는 항상 그 풍경을 체현하는 새와 맹수, 그리고 신들이 있는 것으로 묘사되어 있다.[47] 이렇게 풍경을 그곳에 거주하는 생명체와 동일시함은 한 지역을 문명세계로 편입시키는 일이 그곳 야생의 존재를 길들이는 형태

---

46) Sterckx, *The Animal and the Daemon*, ch. 4.

47) 이 주제는 Wang, *Shaping*, ch. 4에 자세하게 설명되어 있다.

를 취한다는 것을 의미하였다.

도교와 현지 동물신들 사이의 긴장관계를 가장 잘 보여주는 사례는 교단 도교가 등장한 사천 지역의 역사에서 찾아볼 수 있다. 후한 말에 장도릉이 천사도를 일으켰을 때, 사천은 아직 독특한 문화를 지닌 민족들이 거주하는 곳이었다. 그중 파巴족이 가장 수가 많았는데, 이들은 백호白虎를 사냥하지만 동시에 자신들처럼 사냥을 즐기고 같은 땅을 공유하는 이 강력한 동물을 숭배하는 전사들이었다. 파족의 기원 설화는 그 시조가 백호로 변하는 이야기로 끝나고, 파족의 일부 집단은 이 호랑이 신에게 사람을 제물로 바쳤다. 파족의 종교에는 샤먼이 호랑이신에게 빙의되는 행위가 있었던 것 같다.

통일제국 이전의 진秦에서부터 파족은 영토를 넓혀가는 중국의 국가들과 지속적으로 충돌해왔고, 이들이 정치적으로 진과 공존하게 되는 이야기에는 습격을 일삼는 백호 한 마리와 그를 따르는 호랑이 떼를 죽이는 내용이 등장한다. 결국 파족은 수천 명이 모여들어 도교 반란에 가세하였다. 이는 중국의 착취에 대해 파족과 도교 신자들이 함께 저항한 것이었다. 이들 사천의 파족이 어떻게 도교를 믿게 되었는지에 대해서는 명확한 기록이 없다. 그러나 초기 도교는 지방의 사나운 신들에게 바치는 혈식 제사를 비판하였으므로 야생동물에 대한 일체의 숭배도 아울러 폐지되었음에 틀림없다.[48]

---

48) 파족과 그들이 사천의 도교와 가진 관계에 대해서는 Kleeman, "Ethnic Identity and Daoist Identity," pp. 24-30; Kleeman, *Great Perfection*, pp. 25-54, 73-76, 120. 제사에 대한 비판에 대해서는 Kleeman, "Licentious Cults and Bloody Victuals," pp. 197-205.

동물신에 대한 숭배가 도교 신앙으로 전환된 또 다른 사례로는 문창文昌 신앙을 들 수 있다. 이는 원래 사천 북부 재동梓潼의 향토신앙으로, 인근 칠곡산七曲山에 살면서 비와 천둥을 다스리는 거대한 뱀을 숭배하는 신앙이었다. 칠곡산은 관중에 있는 진한 제국의 수도와 성도成都를 연결하는 간선도로 옆에 위치한 산인데, 4세기가 되면 이 신앙과 관련된 다른 이야기에도 중요하게 등장한다. 부견의 전진前秦은 사천 침공을 계획하면서 촉왕蜀王의 주의를 다른 데로 돌리기 위해 다섯 미녀를 촉왕에게 보냈고, 촉 땅의 다섯 장사들이 미녀들을 마중해 오고 있었는데, 거대한 뱀이 이 일행의 머리 위로 칠곡산이 무너져 내리도록 만들었다는 이야기이다. 그러나 6세기의 『십육국춘추十六國春秋』는 이 신을 뱀이 아니라 장張이라는 이름의 사람으로 기록하며, 이 사람은 이후 당시唐詩에서는 촉을 위해 싸우다 죽은 영웅으로 묘사된다. 이는 사나운 동물신을 길들인 또 하나의 사례로, 아마도 이 과정은 사천 도교에 의해 시작되어 국가 제사 체계 속에서 마무리되었을 것이다. 이 경우에는 길들이는 작업이 신을 사람으로 탈바꿈시키는 과정을 수반하였다.[49]

지방 향토신앙에 대한 도교의 적대적 태도는 패사敗死한 장수나 비명횡사한 사람의 혼령이라 간주되는 삿된 토착 신에게 혈식 제사를 바치는 행위를 공격하는 형태로 나타났다. 위진남북조 시대와 그 이후 시대의 기록들은 이러한 이단적 향토신앙의 신도였다가 도교로 개종

49) Kleeman, *A God's Own Tale*, pp. 1-7; Kleeman, "Mountain Deities,"
    pp. 234-237.

한 사람들의 일을 전하고 있다. 이들이 개종한 이유는 도교가 자신들에게 익숙한 신앙행위를 보다 승화하고 잘 조직된 형태로 제공했기 때문이었다. 장로, 구겸지 및 영보파의 개창자인 육수정陸修靜 같은 도교지도자들은 모두 자신들의 시대에 유행하던 신앙행위를 정화한 형태의 종교를 제시한다고 주장했다. 갈홍도 마찬가지로 삿된 향토신앙의 신자였던 사람이 문헌에 기반한 엘리트 성향의 신앙으로 개종한 사례들을 기록해놓고 있다. 상세한 역사로 재구성하기에는 문헌기록이 너무 단편적이기는 하지만, 그 내용은 남중국 전역과 북중국 일부에서 문헌에 기반을 둔 교단 도교가 지방 향토신앙과 끊임없는 갈등을 겪으며 발전하고 있었음을 시사한다. 도교는 이러한 향토신앙으로부터 종교적 관념과 신앙행위의 여러 요소를 빌려 왔으나 향토신앙의 주요 신들과 종교 의례는 억압하려 들었다.[50] 이처럼 이 시대 도교의 역사 중 많은 부분은 문자로 기록된 중국적 세계 안에 남쪽 변방을 종교적으로 통합해 들이는 과정이었던 것이다.

현지의 동물신을 정복하거나 추방하거나 혹은 개종시킴으로써 야생의 세계를 길들이는 불교의 이야기 또한 풍부하다. 6세기 문헌인 『고승전高僧傳』에는 주민들이 종종 동물 혼령인 현지의 신을 숭배하는 지역에 들어가 그 신을 불교에 귀의하게 만드는 승려들의 이야기를 전한다. 산에 살던 동물신은 자기가 살던 동굴을 승려에게 내주곤 하였다. 어떤 이야기는 산속 연못에 살던 용이 불교에 귀의하여 그 장소에 사찰을 세운 일을 전하기도 한다. 용이 불교에 귀의하자 기다리던

---

50) Stein, "Religious Taoism and Popular Religion."

비가 내렸다는 이야기도 있다. 어떤 경우는 승려가 신비로운 힘을 써서 현지의 동물신을 그냥 추방하기도 한다. 또 다른 사례에서는 승려가 사찰을 짓기 전에 그 땅에서 뱀과 다른 생물을 내보냈으나 워낙 조심스럽게 진행한 덕분에 땅을 파는 동안 생물들이 해를 입지 않았다는 이야기도 있다.[51]

동물을 내모는 이야기는 자기희생의 형태로 나타나기도 했다. 승려가 마을의 수호신이 되기 전에 동물에게 자신을 먹이는 것이다.

> 유송(420~479) 초 팽성彭城의 가산䴏山 기슭에 호환虎患이 있었다. 매일 마을 사람 한 둘이 해를 입었다. 승려 담칭曇稱이 마을 사람들에게 말했다. "만약 이 호랑이가 나를 잡아먹으면 이 재앙은 반드시 그칠 것이오." …… 사경四更이 되자 호랑이가 담칭을 잡아먹는 소리가 들렸다. 마을 사람들은 그 소리를 따라 산에 이르렀다. 그곳에서 사람들은 호랑이가 담칭의 몸을 다 먹어 치우고 머리만 남겨놓은 것을 보았다. 그리하여 그 머리를 묻고 탑을 세웠다. 그 이후 호환은 그쳤다.[52]

---

51) Kieschnick, *Eminent Monk*, pp. 85–86, 90, 91, 97–99, 108–109.

52) Gernet, *Buddhism*, p. 255에 인용된 이야기. 호랑이에게 자신을 먹이는 행위는 부처의 전생담을 따른 것이다. 짐승을 먹이기 위해 스스로를 희생하여 다른 사람들을 보호하는 승려들의 다른 일화들은 그들이 어떻게 피를 빠는 벌레들에게 자신의 몸을 노출했는지를 이야기한다. Kieschnick, *Eminent Monk*, pp. 39–40. 지방의 신들과 야생동물로 현현한 그들을 굴복시킨 것으로 유명한 초기 선승禪僧들에 대해서는 Faure, *Rhetoric of Immediacy*, pp. 99–100, 103, 109–110, 112, 258–261.

불교승려들은 야만스러운 지방의 토착 신들을 개종시키거나 추방함으로써 문명화된 영역을 만드는 외에도, 일부 산악 지대를 순례자에게 복을 내려주는 강력한 보살의 거주지로 만들어 인간세계로 편입시키기도 했다. 이러한 예 가운데 최초가 문수보살文殊菩薩이 산다는 오대산五臺山이었다. 이러한 믿음으로 인해 7세기 초가 되면 오대산 주변 지역은 주요 순례지가 되었고 황실로부터도 상당한 후원을 받기에 이른다. [53]

중국의 종교가 야생의 세계를 정복하는 데 있어서 이야기할 마지막 요소는 성황城隍신앙의 등장이다. 한 가지 예외를 제외하면 초기의 성황신앙은 양자강 유역이나 그보다 남쪽 지역에서 나타났고, 심지어 후대에 성황신앙이 널리 퍼졌을 때도 사례 중 삼분의 이 이상이 남중국에 있었다. [54] 5세기 중엽에서 8세기에 이르는 사이 기록된 초기 사례들에서 성황신은 이름이 알려진 사람들이었다. 이들은 대체로 군사적 위업을 이루었다고 알려져 있고 도시의 성벽을 세웠다고 전해지는 사람들이었다. 이러한 속성이 되풀이되어 나타나면서 이들은 도시의 성벽[성城]과 해자[황隍]의 신으로 자리 잡았고, 나아가 사람들을 보호하며 다루기 힘든 자연에 질서를 부여하는 존재로 인식되었다. 동진과 남조의 몇몇 사례에서 성황신은 저수지와 관개설비를 만들어 황무지를 개간한 존재로 이야기되기도 하였다. 성황신은 예외없이 평화를

---

53) Sen, *Buddhism, Diplomacy, and Trade*, pp. 76~86; Kieschnick, *Eminent Monk*, pp. 105~107; Yu Chun-fang, "P'u-t'o Shan: Pilgrimage and the Creation of the Chinese Potalaka."

54) Johnson, "City-God Cults," pp. 402~409.

이루거나 문명화의 과업을 이루었다고 여겨지던 사람들이었다. 어떤 성황신은 전국 시대 혹은 한제국 건립 시기의 역사적 인물들이었고, 어떤 경우는 수대나 당대에 업적을 이루었으나 성황신이 되지 않았으면 알려지지 않았을 지방의 인물들이었다.[55]

성황신의 기원은 종종 지방 동물신을 물리치거나 개심시키는 일과 관계되어 있었다. 이는 태주台州(절강성 동부) 성황신의 경우에 특히 두드러졌다. 태주의 성황신은 원래 지역 주민들에게 제사를 받던 용신龍神이었다. 이 신은 지역의 중요한 가문 사람 한 명이 산에서 은거하다 도시를 보호하는 용으로 어떻게 변하게 되었는지를 전하는 이야기 속에서 인간화되었다. 강서의 한 성황신 기원설화는 어느 영웅의 무용담을 전한다. 처음 그는 수나라 말기 전란 속에서 군벌을 물리쳤고 나중에는 자사가 되어 지역에 출몰하는 거대한 물소를 죽였다고 한다. 이 물소는 금으로 된 가죽과 붉은 꼬리를 지녔으며 밤이 되면 깊은 연못에서 나와 사람과 농작물을 해치는 해로운 존재였다.[56] 위 사례들 그리고 동물신을 굴복시키거나 추방하거나 혹은 개심시키는 종류의 유사한 성황신 사례들은, 배후지와 변방을 종교적으로 통합하는 데 있어 도교와 불교가 행한 것과 같은 역할을 이러한 도시 신앙이 국가 종교 혹은 민간 종교 내에서 수행하였음을 보여준다.

도교와 불교처럼 성황신앙도 혈식을 하는 귀신과 토지 신에게 바치는 향토제사를 폐지시켜 해당 지역을 규제하고 교화하려고 하였다.

---

55) 같은 글, pp. 365-388.

56) 같은 글, pp. 374-377, 379-388.

국가 종교와 향토신앙 사이의 이러한 충돌의 한 사례는 5세기 초에 시작되어 1세기 이상 지속되었는데, 한 고조 유방의 경쟁자였던 항우의 혼령을 오흥군吳興郡에 부임하는 지방관 모두와 대립하는 관계로 만든 일이다. 항우의 혼령은 변산卞山의 산신에 대한 민간의 신앙과 결합되어 있었고, 오흥군 외곽에 있는 변산 기슭에서 혈식 제사를 받고 있었다. 그런데 한 지방관이 재직 중에 사망하자 사람들은 항우가 이전부터 관아官衙에 거처하였던 탓이라 믿게 되었고, 지방관들은 관아로 들어가려 하지 않았다. 언제인가는 주민들이 그곳에 항우의 상을 세우기조차 하였다. 독실한 불교신자였던 사람을 포함하여 지방관 여러 명이 이 귀신을 무시하거나 혹은 내쫓으려고 시도하였으나 곧 병에 걸려 죽고 말았다. 결국 한 지방관이 항우의 상을 없애버렸으나 항우에 대한 신앙은 계속되었다. 그리하여 성읍에서 성황신 제사가 확립할 때 항우는 성황신 후보에서 노골적으로 배제되었다.

항우의 사례는 윤색되었는지도 모르지만 역사적인 것임에는 틀림없고, 그 외에도 비를 내리지 못했다고 신상神像에 매질을 한 탓에 병에 걸려 죽은 관리의 일화 같은 다른 이야기들이 역사 기록에 남아 있다. 민간 소설 중에는 다음과 같은 견충甄沖의 일화도 있다. 견충을 사윗감으로 정한 지방의 토지신이 그가 부임지로 행하는 도중에 나타나 데려가려 했다. 이미 결혼한 견충은 토지신의 제안을 거부하였으나 토지신 수하의 귀신들로부터 공격받자 고향으로 도망하였다. 그러나 그는 곧 병이 들어 죽었고, 토지신은 그를 데려다 자신의 딸과 결혼시

켰다.[57]

　이들 흉악한 귀신, 토지신, 동물신 등은 결국에는 인자한 인간신인 성황신에 의해 길들여졌다. 지방관의 동맹으로서, 그리고 실패할 경우 지방관에게 처벌받는 존재로서, 성황신은 향토신앙이 윤리적으로 교화되었음을 의미하였다. 정통 신앙이 승리하면서 지배층과 제국의 문화 규범은 이제까지 소외되어 있던 변방과 산간 지역으로 뻗어나갔다. 무엇보다도 이러한 승리는 제국의 지배층이 새로운 도시 주민층에게서 사상적 지원을 얻어낼 수 있었다는 점 그리고 조정이 신성한 힘으로서의 제국이라는 관념을 전파할 수 있었다는 점을 보여주었다.

---

57) 같은 글, pp. 426~433; 宮川尙志, 『六朝史硏究 - 宗敎篇』, pp. 392~397.

9

| 글쓰기 |

위진남북조 시대의 글쓰기와 문학은 같은 시대의 중국 문화 대부분과 마찬가지로 새로운 자율적 영역의 개창을 그 특징으로 한다. 사람들이 모여 함께 시를 짓고 대화를 나누기 위한 장소가 생겨나고, 아울러 교단 종교, 도시 내 사원과 원림, 산지에 자리한 별장과 은자의 동굴 등이 등장한 것과 더불어 문인들은 고전, 철학, 역사가 제시하는 윤리적 틀에 더 이상 구속되지 않는, 보다 자율적인 미적 영역을 만들어 내었다.[1] 글쓰기와 문학적 관념의 이러한 새로운 영역은 '현학玄學'의 등장으로 지적인 토대를 얻게 되었다.

---

1) 20세기 초에 노신이 제시한 이 관점은 그 이후로도 널리 받아들여져 왔다. Cai, ed., *Chinese Aesthetics*.

현묘함에 대한 탐구

'현학'은 3세기 중엽에 활동한 일군의 저술가와 그 지적 후예들의 활동을 느슨하게 통칭하는 용어이다. 유교 고전이 관학 문헌으로서 누리던 정통적 지위가 후한 제국의 멸망으로 실추되자 이들은 언어, 사회, 우주에 대한 새로운 통찰을 얻기 위해 『역경易經』, 『도덕경道德經』, 『장자莊子』를 새롭게 탐구했다. 그리고 유와 무, 명칭과 실재, 언어와 의미, 하나와 다수, 인성과 재능 등 대립되는 두 관념들을 둘러싼 논의를 제시했다. 이들 대립되는 관념은 명교名敎(명칭에 대한 가르침, 즉 사회적 역할에 대한 전통적 가르침)와 자연自然(의식적 간섭이 없는 상태에서 만물의 자연적 흐름)을 둘러싼 포괄적인 논쟁에 적용되었다. 현학의 주요 사상가로는 하안何晏, 왕필王弼, 상수向秀, 곽상郭象, 종회鍾會 및 시인인 완적阮籍과 혜강嵇康 등이 있었다. 완적과 혜강은 죽림칠현 중 가장 뛰어난 두 사람으로서 접점을 지니고 있다.[2]

현학은 한제국의 관학인 유교가 제시하는 윤리적 성격의 천天에 대한 우주론적 혹은 형이상학적 대안으로서, 그 뿌리가 전한 말까지 거슬러 올라간다. 양웅揚雄(기원전 53~서기 18)이 최초의 지적 선조로, 그는 『역경』을 수정한 내용을 담은 『태현경太玄經』이라는 책을 썼다. 양웅은 제목의 '현玄'을 분화되지 않은, 형언할 수 없는 원리라고 설명하

---

2) 唐長孺, 「魏晉玄學論稿」; 湯用彤・任繼愈, 「魏晉玄學中的社會政治思想」,
   pp. 16~45. 영어로 된 연구로는 Wagner, *Language, Ontology, and Political Philosophy in China*; Wagner, *Craft of a Chinese Commentator*; Ziporyn, *Penumbra Unbound*; Qian, *Spirit and Self*, ch. 2 등을 참고할 것. 종회에 대해서는 Chan, "Zhong Hui's Laozi Commentary."

였다. 태초의 분화가 일어나 음과 양으로 나뉘어 만물에 두루 존재하기 이전의 상태라는 것이다. 이 '현'은 『도덕경』에서 묘사하는 '도道'나 왕필이 모든 존재의 토대로 본 '무無'와 비슷했다. 양웅은 '현'이 어떻게 '허무虛無'로부터 만물을 낳을 수 있는가라는 문제를 제기하였다.[3]

양웅은 공자가 주장한 도덕성이 지니는 궁극적 권위를 변호하면서도 그 자신이 지적으로 『도덕경』에 영향을 받았다고 밝혔다. 그 이후로, 엄준嚴遵, 환담桓譚, 왕충王充과 같은 여러 학자들은 인간의 일에 도덕적이고 인격화된 존재로서 간섭하는 '천天'이 없는 우주를 상정하였다.[4] 이들 사상가, 그중 특히 후한 말의 대표적 학자인 마융馬融이 인정하였던 왕충은 현학이 등장하게 되는 지적 토대를 마련하였다.

이러한 초기 관념들은 후한 제국의 멸망으로 야기된 정치사회적 변화에 응하며 주요한 지적 담론으로 발전해갔다. 정통 관학인 유교는 국가로부터 부여받은 권위를 제외하면 이미 학문으로서는 지적 권위 대부분을 상실한 상태였고, 제국이 붕괴하자 더욱 입지를 잃어버렸다. 은자적인 삶에 대한 관심이 커지면서 국가의 공적 영역을 벗어난 활동을 합리화하고 심미적인 자기 개발을 정당화하는 사상이 요구되었다. 청담이 유행하고 아울러 인물 품평에 대한 관심이 높아지자, 명칭과 실재의 관계, 혹은 인성과 재능의 관계에 대한 질문들이 제기되었다. 현학은 적어도 부분적으로는 이러한 수요에 부응하고 이러한 질문을 다루었기에 꽃핀 것이었다.

---

3) Yang, *Canon of Supreme Mystery*. '현'에 대해서는 pp. 2–5, 429–464.

4) Holcombe, *In the Shadow*, pp. 88–92.

현학은 삼국 시대 중국이 크게 보아 남과 북으로 분열된 상황과 함께 등장한 것이기도 했다. 양자강 중류의 형주 지방에서 '자연自然'의 개념에 중점을 두며 『역경』과 『태현경』을 새로운 방식으로 읽는 흐름이 나타났다. 『인물지』의 저자인 유소와 같이 북쪽 조정에 있는 학자들은 법가와 유가의 전통에서 발전한 형태('형形' 혹은 관직)와 명칭('명名')의 관계에 대한 이전 관심을 심화시켰다. 조조가 형주를 점령하고 양자강 중류 지역의 학자들을 북쪽으로 데려가자, 이들 다양한 지역 전통 간의 교류는 240~249년에 현학의 고전적 저작들을 통해 절정을 이루었다.[5]

이 시기의 대표적 사상가는 이부상서를 역임했던 하안과 후세에 지대한 영향을 미치고 많은 저작을 남긴 왕필이었다. 왕필의 저작으로는 『도덕경』과 『역경』의 주석서를 비롯하여 『역경』과 『논어』에 대해 논한 해설서가 있다. 왕필은 '무無'가 실재의 궁극적 기반이라고 주장한 것으로 유명하다. 그는 실재하는 모든 개체는 다른 개체일 수 없는 하나의 원인을 가질 수밖에 없다고 주장했다. 사물의 존재와 행동을 다른 사물을 통해 설명하면 무한 소급에 이르게 된다. 따라서 궁극적 기원이나 원인이 있어야 하고 그는 이를 보편적인 '도道' 혹은 모든 개별적 실재에 선행하는, 실재하지 않는 잠재태潛在態라고 보았다. 이처럼 '무'는 모든 특수성과 개성을 결여한 비객체이므로 한대 우주론의 능동적이고 도덕적인 천天에 선행하는 상위의 것이다. 또한 심상이나 언어가 닿지 않는 '현'의 영역에 있다. 이리하여 '현'은 이러한 종류의 주

---

5) 唐長孺, 「魏晉玄學論稿」, pp. 111-116.

장을 담은 '현학'을 지칭하는 용어로 쓰이게 되었다. '무'와 개체 간의 관계에 대한 이러한 논의는 언어가 궁극적 의미를 명료하게 표현할 수 있는지에 대한 논의, 나아가 명칭이 실재에 부합하는지에 대한 논의로 이어졌다.[6]

언어를 묘사할 수 있는 언어 혹은 차라리 언어 그 자체의 한계를 묘사할 수 있는 언어와 존재에 대한 이러한 사고는 정치 이론으로도 발전하였다. 수많은 개체가 그들에 선행하며 그들을 낳은 유일한 '무'에 의해 질서와 의미를 지니듯이, 수많은 사람은 통상적인 사회질서를 초월해 있고 따라서 궁극적 원인으로서 움직일 수 있는 단일한 군주의 존재를 통해서만 안정을 이룰 수 있다는 것이다.[7] 그러나 제대로 기능하려면 군주는 한 사람이 무수히 많은 사람을 대척에 있는 존재로서 상대하는 것이 아니라, 욕구와 계략의 통상적 영역을 완전히 벗어난 완전한 '타자'로서 사람들을 대해야 한다. 이처럼 왕필은 무위지치無爲之治라는 오래된 이상을 철학적으로 정당화하였고, 또한 위가 남쪽의 촉과 오에 대한 전쟁을 계속하는 것은 물론, 명문가들을 감시하고 억압하는 행태에 대한 은근한 비판도 표출하였다.[8]

왕필은 '무'가 만물에 선행함을 강조한 데 더하여 공자가 노자보다 위대한 성인이었다고 주장하기도 하였다. 왕필이 단일한 군주의 필요성을 역설하고 아울러 이러한 태도를 취한 것을 근거로 현대의 연

---

6) 왕필의 존재론과 언어 이론에 대해서는 Wagner, *Language, Ontology, and Political Philosophy*, ch. 1-2.

7) Wagner, *Language, Ontology, and Political Philosophy*, p. 168.

8) 같은 책, ch. 3, 특히 pp. 213-215.

구자들은 왕필이 보수적이었고 (당시 '유가'라는 용어가 그 시대의 지적 유산 전체를 통합하려고 하였다는 의미에서) 유가였다고 본다. 그러나 왕필에게 있어서는, 노자가 단지 '무'를 이야기했을 뿐인 데 반해, 공자는 '무'를 체현할 수 있었으므로 뛰어난 사람이었다. 중요한 점은 왕필이 '무'가 절대적으로 다른 무엇보다도 우선한다고 주장하였으며 사물의 궁극을 표현할 수 있는 언어의 가능성을 부정했다는 것이다. 왕필은 명칭에 대한 가르침인 명교名敎, 즉 고전적인 한대 유교의 가치관을 비판했다. '명'(명칭)이 존재의 근본적 본성을 포착할 수 없고 사회적 위치를 부호화는 명칭이 획일성을 부과하기 때문이었다. 쓸모 있는 이름들은 오로지 자연으로부터 저절로 흘러나와 성인 군주에서 결실을 맺는다.[9)]

　왕필, 그리고 하안은 도가의 고전과 『역경』을 이용하여 구체적인 정책들을 비판하면서도 전체적 정치질서를 정당화하였다. 이들과는 대조적으로 시인이자 문장가인 혜강과 완적은 같은 문헌에 의거하여 보다 급진적인 비판을 내놓았다. 혜강은 불로불사 추구, 음악에서의 감정 부재, 사심私心 배제 등의 주제를 다룬 일련의 문장들을 썼다. 이들 문장에서 혜강은 천하를 위해 자신을 바치는 이상적 성인의 모습을 배격하고 대신 세속의 일을 초월해 자기완성을 향해 수양하는 도가적 '진인眞人'을 칭송하였다.[10)] 그는 벼슬길에 오르기를 피하며 지저분한 모

---

9) 같은 책, pp. 58-64, 198. 공자를 '무'의 체현자로 보는 것은 공자를
　'소왕素王'으로 보는 한대의 관념을 확장한 것이다.

10) Holzman, *La vie et la pensée*, ch. 3. 혜강의 글에 대한 영어 번역은 Henricks,
　Philosophy and Argumentation in Third-Century China: The Essays of Hsi K'ang.

습으로 산과 계곡에서 술과 음악에 빠져 살았던 것으로 유명해졌다.

완적은 음악과『역경』에 대한 기존 사상을 지지하는 한편으로 예禮를 거부하고『장자』의 철학을 자신의 본보기라고 주장하여 지적으로는 다소 일관되지 않은 모습을 보였다. 그러나 개인으로서 행동에서는 '무위자연'을 닮은, 정제되지 않고 파격적인 언행으로 유명하였다. 그는 천하를 위해 봉사하는 태도와 유가 윤리를 조롱하고, 그 대신 세상을 떠나 소요逍遙하는 '대인大人'을 궁극적 이상으로 삼았다.[11] 이후 죽림칠현으로 알려지는 사람들이 바로 이러한 인생관을 체현하였다. 동진·남조 지배층 인사들이 자연의 아름다움 속에서 '무위자연'의 삶을 산 모델로 여긴 것은 사상가로서의 죽림칠현이라기보다는 인생 본보기로서의 죽림칠현이었다.[12]

곽상(약 252~312)은『장자』의 주석을 쓴 것으로 가장 잘 알려져 있다. 곽상의 주석은 대체로 그보다 앞서 상수가 쓴 주석에 기초했는지도 모른다. 곽상은 배위裴頠가 제시한 사상, 즉 모든 존재는 개체로 되어 있으므로 '무'의 관념은 무의미하다는 사상을 발전시켰다. 배위가 기존 도덕이 유효함을 주장하기 위해 '무'를 부정한 반면, 곽상은 모든 개체가 저절로 생성된 것이므로 우주 전체는 스스로 그러한 '자연自然'한 상태라고 주장하였다. 한대의 우주론에서는 사회와 자연이 목적과 의식이 있으며 목적론적이고 윤리적인 총체 속에서 결합되어 있었다. 왕충과 같은 후한대의 비판적 사상가들은 양자를 분리하여 인간사회를

11) Holzman, *Poetry and Politics*, ch. 4-5, 10.

12) Spiro, *Contemplating*, ch. 6. 죽림칠현에 관한 일화들은 pp. 75-86.

특징짓는 목표나 윤리가 자연에는 결여되어 있다고 보았다. 곽상의
현학 주석은 사회와 자연 모두를 목적도 없고 의식도 없으며 목적론적
이지 않고 윤리적이지도 않은 것으로 만들어 양자를 재결합하였다.[13]

나아가 그는 통상적인 윤리와 국가는 자연에 뿌리를 두고 있지만 다
른 모든 것과 마찬가지로 저절로 자가 생성을 통해 등장했다고 주장하
였다. 곽상의 우주에서 모든 존재는 스스로 움직이지만 그 와중에 만
물은 각각의 자리를 찾아 일관된 질서를 형성한다. 군주와 노예는 모
두 저절로 자신의 위치에 따라 정해지는 역할을 수행하고, 따라서 제
대로 기능하는 사회질서 속에서 인위人爲가 없는 도가의 이상을 보존
하게 된다.[14] 그러나 왕필과는 대조적으로 곽상은 군주가 존재론적 질
서 속의 독특한 철학적 필연, 즉 범용한 다수에 대한 초월자적 한 사람
이라고 보지 않았다. 군주도 자가 생성된 존재들로 이루어진 우주 속
에서, 마찬가지로 자가 생성된 한 존재에 지나지 않는다고 본 것이다.

왕필과 마찬가지로 곽상이 정치질서를 정당화하기 위하여 만물의
기원으로 '현'을 지목한 반면, 다른 문인과 정치가들은 '무위자연'의 이
상을 다른 곳에 적용하였다. 죽림칠현과 그들을 모방한 사람들은 '무
위자연'을 드높여 철저하게 개인주의라는 미명 아래 일반 윤리적 가
치 일부 혹은 그 전체를 거부하는 일을 정당화하였다. 위진남북조 시
대 동안 현학을 통해 무위자연의 이상이 더욱 심화되자, 예술 애호가
와 도락가들은 자신의 정신과 품격이 우월함을 근거로 조정 관직을 독

---

13) Ziporyn, *Penumbra Unbound*, pp. 25~30.

14) 같은 책, ch. 4, 9.

점하려 들거나 세속에서 물러나 자기 수양을 즐기려는 태도를 합리화하는 데에 무위자연의 이상을 이용하였다. [15] 예술을 추구하는 세계는 점점 독립된 영역으로 성장하였으며, 이러한 성장은 부분적으로 '자연(스스로 그러함)'의 궁극적 가치에 호소함으로써 정당화되었다. 만물이 스스로 생성된 세계에서 각각의 사물이나 행위는 천天이나 국가에 근거를 둔 일원적 가치관에 호소하지 않고도 스스로를 정당화하였던 것이다. [16]

서정 시가

서정 시가詩歌는 한대에 작자가 전하지 않는 악부樂府와 고시古詩를 통해 등장하였다. 악부는 평범한 백성과 지배층 양쪽 다양한 인간 삶의 모습을 다루었고, 고시는 감각적 즐거움이 주는 찰나의 위안과 존재의 덧없음에서 느끼는 애수를 다루었다. 이들 양식은 이름이 밝혀진 작자가 쓴 서정시가 등장하는 토대를 마련하였지만, 그 자체로도

---

15) Declercq, *Writing*, pp. 124, 261–262, 277, 299–306.

16) 자율적인 예술 영역에 대한 사상이 등장하게 된 배경으로 현학을 보는 시각은 Cai, "Prologue," pp. 4–11, 13; Bush, "Essay on Painting by Wang Wei," pp. 65–69; Lin, "A Good Place Need Not be Nowhere," pp. 135–145; Huntington, "Crossing Boundaries," pp. 191, 194; Li, "Shishuo xinyu and Aesthetic Self-Consciousness," pp. 241, 243–249; Egan, "Nature and Higher Ideals," pp. 288–291, 294–301, 305. 아울러 Lynn, "Wang Bi and Liu Xie's Wenxin diaolong,"도 참조.

작자 불명의 시가로 계속 발전해갔다. 이러한 발전 중 두드러지는 점 하나는 중국이 남북으로 분열된 후에 남과 북의 악부시가 서로 선명한 차이를 드러냈다는 것이다.[17]

상무적 분위기의 이민족 왕조들 치하에서 만들어진 북쪽의 시가는 남성적 영웅주의와 군사를 강조하였다.

> 새로 오 척 길이 칼을 사서
> 가운데 기둥에 걸어놓았네.
> 하루 세 번씩 어루만지니
> 열다섯 살 처녀보다 좋구나.

또한 이 시대에는 남장을 하고 아버지를 대신하여 군역을 바친 여성인 목란 이야기의 현존하는 가장 오래된 형태가 등장하였다. 무용담을 노래한 이들 시가 중 일부는 북중국에서 지어졌지만, 영웅적인 북방 양식의 관념은 곧 흔한 것이 되었고, 남중국인 다수가 전형적 북중국인의 목소리를 상상하며 이러한 주제에 대한 시가를 지었다.[18]

남중국에서 나타난 가장 독특한 작자 미상의 악부 시가는 4행시체로 된 연애시였는데, 이들 시는 제목에 언급된 악곡에 맞춰 노래로 불리었다. 어떤 작품은 남성 혹은 여성에 의해 노래로 불린 반면 어떤 작품은 명백히 여성의 목소리로 불리도록 쓰였다. 이 작품들은 노골적

---

17) Owen, *The Making of Early Classical Poetry*, ch. 1.

18) Owen, *Anthology*, pp. 240–243.

으로 성적인 내용이었으나 연정('연戀') 대신 연꽃('연蓮')을 쓰거나 그리움('사思') 대신 비단('사絲')을 쓰는 등 동음이의어를 활용한 중의적인 기교를 사용하기도 하였다. 6세기에 이들 성적인 작품은 궁중에서 크게 유행하여, 궁중 여성들이 노래로 합창하도록 훈련을 받았다. 가장 유명한 것은 자야가子夜歌로, 자야는 심야를 의미하지만 또한 당시 유명했던 기녀의 이름이었다고도 전한다. 자야가의 전형적인 예는 이런 것이다.

> 띠 여미지 않고 치마를 쥔 채
> 눈썹을 그리고 창 앞으로 나아가네.
> 비단 치마는 쉬이 바람에 날리니
> 조금 벌어진다면 봄바람을 탓할 뿐.

이들 시가는 남조 궁체시宮體詩가 발전하고 4행시가 시의 주요 형태로서 떠오르는 데 많은 영향을 미쳤다.[19]

후한 말 조조와 다른 군웅들이 실권을 장악하고 있을 때 이름이 알려진 작자들이 악부시 및 관련 시가들을 쓰기 시작했다. 조조 그 자신도 상무 정신과 대담하게 단순화한 언어 사용으로 유명한 시인이 되었다. 그는 또한 건안칠자建安七子라 불리게 되는 동시대 최고의 작가들을 모았다.[20] 조조의 지위를 계승한 큰 아들 조비와 작은 아들 조식 역

---

19) 같은 책, pp. 237-240.

20) Connery, "Jian'an"; Chang, "Generic Transformation"; Miao, *Early Medieval*

시 유명한 시인이 되었다. 조비는 중국 최초의 주요 문학이론가였고, 조식은 개인의 내밀한 생각과 감정을 표현하는 데 서정시가 어떻게 쓰이는지를 잘 보여주었으며, 전형적 교양인으로서의 서정시인을 보여주는 한 사례이기도 하였다.[21]

조식의 시에 대한 해석은 형인 조비와의 경쟁관계 그리고 때 이른 죽음으로 이어진 실패한 정치 행보에 의해 지배되어왔다. 그 결과 그의 작품에 대한 평가는 조식이라는 인물에 대한 판단과 맞물려 있었다.[22] 이는 중국 시의 역사에 있어서 어느 정도 그가 차지하는 의의를 평가하는 데 장애로 작용한다. 그러나 이는 또한 그가 이룬 성취가 어떠한 성격을 띠는지를 시사하기도 한다. 조식은 그 자신의 경험을 시의 중심 소재로 만듦으로써 시인의 이름을 드러낸 중국 최초의 서정시인들 중 한 명이었다. 그는 비극적 자아를 만들어내었고 그 자아의 다양한 모습은 합쳐져 한 편의 시로 변화하였다. 이 과정을 통해 그는 중국 서정시를 이루는 기본 전제의 선례를 마련하였다. 이후로 그의 시는 세련된 감수성이 현실 경험에 어떻게 반응하는지를 선명하게 표현한 작품이라고 이해되었다.[23] 중국 독자들은 조식의 시를 그의 전기라는 틀을 통해 보려는 태도를 고집했는데, 이는 새로운 양식의 시가 출

Chinese Poetry.

21) Sun, *Pearl from the Dragon's Mouth*, ch. 1~2.

22) 조식의 시에 대한 긍정적 평가와 부정적 평가 양쪽이 모두 어떻게 그의 도덕적 인성에 대한 판단에 의해 형성되어 왔는지에 대해서 Cai, *Matrix*, pp. 97~103.

23) Owen, *Traditional Chinese Poetry and Poetics*, 특히 pp. 12~27, 34~40, 56~68, 117~121

현한 결과였으며 조식 자신은 이러한 양식의 시를 지은 첫 인물이었던 것이다.

조식의 작품 세계에는 자아와 시가 뒤엉킨 몇몇 양상이 나타나는데, 이는 이후 중국 시가를 특징짓게 되었다. 조식과 그의 시 모임 동료들은 한대의 고시古詩를 변용하여 증답시贈答詩라는 새로운 하위 장르를 만들어냈다. 이는 사교의 한 방법으로서 시가 기능함을 분명하게 보여주었다. 고시에서 작자는 북적거리는 거리나 홀로 서 있는 누각 등 일반적인 광경을 묘사한 후에 그 광경으로 인해 떠오른 감정을 서술하였다. 이와 달리 증답시에서 조식은 그 자신이 직접 본 경관을 묘사하고 그 광경을 친구의 역경과 연관시킨 후에 위로하거나 격려하였다.

보통 시 내용 대부분을 차지하는 경관 묘사를 통해 작자가 도입부의 경치를 직접 보았다는 느낌을 전하는 한편으로, 작자가 그 경관을 반추하며 친구에게 들려주는 부분도 그 시와 저자를 연결시켜 준다. 조식의 손을 거치면서, 시는 작가의 경험과 감정에 대한 증언뿐 아니라 하나의 대화 방식이 되었다. 친구 대부분이 죽고 그 자신도 정치적으로 유배 상태에 처하자 조식은 더 이상 증답시를 쓰지 않았다. 증답시 장르에 속하는 그의 시 가운데 가장 길고 아마 마지막으로 보이는 작품은 이별의 슬픔, 여행에 대한 두려움, 그리고 마음의 상태에 따라 얼마나 주변 경관의 모든 부분이 다르게 보이는지 등을 장황하게 탄식한 것이었다.[24]

---

24) Cai, *Matrix*, pp. 103–110, 119–125.

조식은 아버지 조조의 뒤를 따라 악부시를 발전시키기도 했다.[25] 조조가 악부의 형태를 고쳐서 정치 투쟁 속에서의 개인적 면모를 이야기한 데 반해, 조식은 우선 악부를 고쳐서 이상화된 자아의 모습을 투영하였다. 조식은 한대의 악부 작품 「맥상상陌上桑」을 원형과는 크게 다른 작품으로 새로 지었다. 한대의 원작이 아름다운 여인 라부羅敷를 여러 시점에서 묘사한 것과 달리 조식은 단 한 사람의 시점에서 관찰하는 방식을 사용하였다. 원작에서 옷이나 장신구를 단순하게 나열하는 방식으로 라부를 부각한 것에 반해, 조식은 라부의 복장이나 태도에서 나타나는 몸의 움직임과 그 우아함을 반복적으로 묘사함으로써 통일성 있는 인물상을 만들어내고 있다. 원작에서는 기혼이었던 라부는 조식의 작품 끝부분에서 진정한 군자를 기다리며 다른 구혼자들을 거절하는 미혼 여성으로 그려지고 있다. 라부는 물론 시인 자신인 조식을 상징하며, 조식은 작품 전체를 그 자신의 상황에 대한 성찰로 바꾸어놓았다.[26]

청년 영웅에 대한 악부도 마찬가지로 시인 자신의 이상과 고난에 대한 생각을 담고 있다. 과거의 성인과 훌륭한 재상을 언급하는 것은 역사의 아이러니나 운명의 장난에 대해 생각하게 만들기도 하였으나 궁극적으로는 시인 자신이 처한 상황의 부당함과 비애를 드러냈다. 콩을 익히는 일과 같은 일상적 주제를 다룬 시조차도 군주이자 형인 조

25) 조식은 외로운 나그네 혹은 버림받은 여인이라는 고전적인 인물형의 목소리로 읊은 고시 풍의 시를 쓰기도 했다. Cai, *Matrix*, pp. 125-130.

26) Cai, *Matrix*, pp. 110-119. 한대 악부시의 영어 번역과 해설은 Birrell, *Popular Songs and Ballads*, pp. 169-173.

비와의 험난한 관계를 에둘러 표현한 것이었다. 연회를 노래하는 악부도 오래 전부터 전해오는 것이었는데, 조식은 이를 새롭게 쓰면서 정서와 주제가 급격하게 변하는 오래된 악부의 형식을 바꾸어 연회의 광경과 연희가 참석자들에게 미친 영향 등에 대해 반추하는 것으로 만들어냈다. 그러나 그가 악부를 쓰는 데 가장 빈번하게 택한 주제는 '유선遊仙'으로, 이는 『초사』의 주제를 변용한 것이었다. 신선이 되어 노닌다는 이들 악부에서 그가 선계로 날아오르는 여행은 그 자신이 사는 현실세계의 문제를 비판하고 그로 인한 불행으로부터의 정서적 해방을 추구하는 기능을 하였다. 실제로 조식이 우화등선의 가능성을 믿고 있었는지는 분명하지 않다.[27)]

그다음 세대 시단의 중심은 후대에 죽림칠현으로 불린 일군의 인물들이었다. 죽림칠현 중 일부 인물들은 실제로 서로 관계가 있었으나 이들 전부가 물리적으로 같은 장소에 있었던 적은 없다. 그리고 이들 중 일부는 아마도 서로 만난 적도 없을 것이다. 이들 중 가장 위대한 시인은 혜강과 완적이었다. 특히 완적의 유명한 「영회시詠懷詩」82수는 중국 시가에 있어 획기적인 시도였다. 완적은 서정시를 보편적으로 만들었다는 의미에서 신기원을 이룬 인물이었다. 그는 어떻게 능숙한 시인이 그 자신의 인생에서 일어난 일들에 반응하여 감정을 노래할 뿐 아니라 고유한 개성을 통해 세계나 역사를 그려냄으로써 인간사에 대

---

27) Cai, *Matrix*, pp. 130-145. 연회시에 대해서는 Owen, *Anthology*, pp. 274-283. 조식의 유선시에 대해서는 Holzman, "Ts'ao Chih and the Immortals," pp. 28-51. 이 논문의 첫 부분과 마지막 부분은 신선이 될 수 있는 가능성에 대한 조식뿐 아니라 조조와 조비의 태도를 논하고 있다. 위진남북조의 유선시에 대해서는 Huntington, "Crossing Boundaries."

한 통찰을 제공할 수 있는지를 보여주었다.[28] 단순히 자신의 특수한 상황에 반응하거나 인간 삶에 대한 일반론을 제시하는 대신, 완적은 개인적 의미를 찾으려는 고통스러운 노력을 승화하여 다양한 종류의 비애나 덧없음에 대해 깊이 생각하였다.

완적은 기존의 연속적 서술이나 단선적 해설을 마음의 풍경으로 대체했다. 이 마음의 풍경 속에서 자연의 이미지와 문학적 인용구는 자유롭게 결합되어 시인의 정서나 감정을 일깨웠다. 완적의 시 대부분은 시인이 감응하는 인물이나 장면 하나에 얽매이기보다는, 서로 전혀 다른 이미지들을 쌓아 올림으로써 전체적인 정서나 감정을 잡아갔다. 이 점은 아래 인용하는 「영회시」 제71수에서도 잘 드러난다.

> 무궁화는 무덤 위에 우거져
> 밝디 밝게 빛나는구나.
> 그러나 밝은 해가 숲속으로 지고 나면
> 꽃잎은 길옆으로 날려 떨어진다.
> 귀뚜라미 창문 밖에서 울고
> 매미는 가시나무 사이에서 우짖는다.
> 하루살이는 사흘 동안 살아 즐길 뿐인데
> 날개를 다듬으며 멋 부리는구나.
> 누구를 위해 예쁜 옷을 입는가?
> 위 아래로 스스로를 다듬는구나.

---

28) Holzman, *Poetry and Politics*, pp. 227–232.

목숨은 얼마나 짧은 것인가?

그런데도 만물은 각자 온 힘을 다하는구나.

초목, 곤충, 자연의 시간적 측면, 그리고 인간은 죽음을 피할 수 없다
는 표상은 보통 하나의 장면을 이룰 리 없는 서로 다른 요소들이다. 이
들은 전부 다른 계절과 다른 상황에서 등장하는 것들이다. 그리고 연
속된 서술 속에서 연결될 수도 없는 요소들이다. 그런데 이 시에서는
이들이 전부 합쳐져 존재의 무상함에 대한 사색을 이루어내고 있는 것
이다. 다른 시에서는 연약한 인간의 육체라는 이미지가 사회 혹은 정
치의 붕괴와 연결되어 있고, 이는 완적이 살았던 시대의 특징적인 모
습을 보여준다. [29]

앞에서 언급했듯이 풍경과 은일에 관한 시들이 4세기에서 5세기 초
에 이르는 시기에 유행한 후, 제와 양의 시 모임들은 남중국의 정치 중
심이자 문예의 중심이 된 황자皇子들의 궁전으로 옮겨갔다. 새로운 혁
신적 모임은 5세기 말 영명永明 연간(483~493) 제의 황자인 경릉왕竟陵
王 소자량蕭子良을 중심으로 그의 서저西邸에서 형성되었다. 이 모임은
경릉팔우竟陵八友라는 이름으로 알려졌고, 그중 가장 유명한 인물은
심약沈約, 사조謝朓, 왕융王融이었다. [30] 이 시인들은 체계적인 성조와
운율 사용을 도입한 것으로 가장 유명하다. 이들이 사용하기 시작한

---

29) Cai, *Matrix*, pp. 154-164. 이 시는 p. 158에 소개되어 있다.

30) 이 시인들의 작품 거의 모두에 대한 영어 번역은 Mather, *The Age of Eternal
Brilliance*. 각각의 시인들에 대해서는 Mather, *The Poet Shen Yüeh* 및 Chang,
Six Dynasties Poetry, ch. 4.

성조와 운율은 다소 복잡하지만, 당대에 '율시律詩'가 완성되면서 전성기를 누렸고, 현재까지도 중국시의 이상적 형태로서 전해지고 있다.

이러한 성률聲律의 규칙은 '사성팔병四聲八病'이라는 명칭으로 요약되었다. '사성'은 당시의 성률 체계를 특징지었던 평성平聲, 상성上聲, 거성去聲, 입성入聲의 네 성조를 가리킨다. 당대의 율시에서는 성조가 평성과 측성仄聲 두 가지로만 나뉘어 있었으나, 당 이전 시기의 저술들을 보면 영명체 작가들은 네 성조 모두를 구분하고 있었다.[31] '팔병'은 운율 혹은 성조가 틀리거나 격이 떨어지게 조합된 특정한 경우를 가리킨다. 당대의 시가 따라야 할 규칙에 의해 엄밀하게 규정되었던 반면, 이들 초기의 규칙은 대체로 특정 부분에서 범해서는 안 되는 금지사항으로 한정된다. 발음상의 생기와 탄력을 추구한다는 명목으로 성률의 전체 체계가 목표한 바는 반복을 피하고 변형을 권장하는 것이었다. 이 시기 문학이론가인 유협劉勰의 주장에서 엿볼 수 있듯이 이는 소리의 중요성에 대한 새로운 관심에서 비롯되었다.

지금 누가 금琴을 타는데 소리가 고르지 않으면 반드시 악기의 줄을 고쳐 늘여야 하는 줄 안다. 그런데 글을 지었는데 소리가 어긋나면 어떻게 다듬어야 하는지를 모른다. 소리가 악기의 줄에서 비롯되면 화음을 낼 수 있는데, 소리가 마음에서 싹터 나오면 조화로운 운율을

---

31) Goh Meow Hui, "Wang Rong's (467~493) Poetics in the Light of the Invention of Tonal Prosody." 이 논문은 위에 거론한 세 시인들의 작품 오백 수 이상의 성률을 복원하여 이들 시가 실제로 어떻게 지어졌는지를 조사한 것이다. 아울러 Goh, "Tonal Prosody in Three Poems by Wang Rong"도 참조.

잃는다. 그 까닭은 무엇인가? 실로 내면으로 들으면 분명하게 듣기가 어렵기 때문이다.[32]

이 주장은 시의 소리가 시에 사용된 단어와 마찬가지로 인간의 말에 뿌리를 둔 것이고 시인의 마음이 만들어낸 것이라고 상정하고 있다. 소리 그 자체는 불가피하게 시의 의미와 맞물려 있다.

소리에 대한 이러한 새로운 관심이 나타난 데는 몇 가지 이유가 있었다. 이때가 되면 시는 음악으로부터 대체로 분리되었다. 이러한 경향으로 인해 문학비평가인 종영鍾嶸은 새로운 운율 체계를 공격하며 "지금은 이미 시에 음악을 반주하지 않는데, 성률로부터 무엇을 얻겠는가?"라고 반문하였다. 그러나 이것이 바로 음악 없이 화음을 만들어내기 위해서 새로운 성률 체계가 필요한 이유였다. 심약은 정형화된 성률을 변론하며 음악의 음계에는 오음五音이 있으나 중국어에는 사성이 있다는 점을 지적하였다. 시가 음악 형식을 따르느라 피할 수 없었던 이질적인 제한 요인들로부터 해방되자, 새로운 성률은 시가 화음을 유지하거나 듣기 좋은 상태를 유지하도록 해주었다.[33]

성조에 대한 새로운 관심은 불교와 함께 중국에 들어온 인도의 저작으로부터 받은 영향을 반영하는 것이기도 했다. 인도와 중앙아시아 언어들과의 접촉이 장기간 지속되고, 아울러 이들 외국어로 된 글이

---

32) Goh, "Tonal Prosody in Three Poems," p. 60에서 재인용. Li, "Between 'Literary Mind' and 'Carving Dragons,'" p. 220도 참조.

33) Chang, *Six Dynasties Poetry*, pp. 117–120.

대량으로 번역됨에 따라 중국인 학자와 시인은 더욱 자신들의 언어에 대해 의식하게 되었고 시에 관한 이론에서도 자신들 언어의 특징을 분명히 설명하게 되었다. 남중국의 승려들은 산스크리트어로 독송할 때 쓰이는 '삼성三聲'를 토대로 만든 체계에 맞추어 경전을 독송하였다. 규격화된 성률을 도입한 시인들의 후원자였던 소자량은 자신의 서저에서 불경 독송 모임을 열기도 하였다. 시에 있어 필수적 요소로서 독송과 성조를 강조한 것은 중국어의 성조에 대한 이론을 마련하는 데 하나의 본보기를 제공하였다. 산스크리트어 저작들은 불교의 영향을 받은 당시의 시인들이 응용하게 된 새로운 운율을 제공하였을 뿐 아니라 오류나 금지사항 목록을 포함한 그 자체의 성률 이론도 제공하였고, 이는 중국의 새로운 이론을 위한 본보기가 되었다.[34] 이처럼 인도의 문헌과 이론이 대량으로 유입된 결과 중국어의 음악적 특성에 대한 보다 체계적인 사고를 자극하였던 것이다.

후에 양 간문제簡文帝가 된 소강蕭綱(503~551)의 주변에 모인 시인들은 중국 문학사에서 많은 비판과 검열의 대상이 되었던 궁체시宮體詩를 발전시켰다. 그럼에도 궁체시는 해당 시기에는 주류를 점했고 이후에는 성당盛唐 시기의 시에서 보이는 시적 기교의 토대가 되었다.[35] 여러 면에서 궁체시는 시를 독자적 영역으로 확립하려는 남조의 경향이 극단적으로 나타난 결과였다. 한대의 시론詩論을 지배했고 한대

---

34) Mair and Mei, "Sanskrit Origins."

35) Marney, *Liang Chien-wen Ti*; Wu, *Poetics of Decadence*, ch. 2; Birrell, tr., *New Songs*, "Introduction".

이후 시인들 작품에서도 약해진 채로나마 계속 남아 있던 것은 윤리적 혹은 정치적 의도로 시를 짓는 태도였는데, 소강은 시에 대한 글이나 그 자신의 시에서 이러한 태도를 노골적으로 거부하였다. 그는 심지어 동시대를 살았던 비평가 종영이 모든 시대를 통틀어 최고의 시인 중 한 명이라고 평가한 조식의 논평마저도 강하게 비판했다. 소강은 시란 전적으로 감정을 표현하는 수단이고 시만의 고유한 장점은 세련되고 유려한 언어라고 주장하면서, 시는 절대로 중대한 공적 문제를 다루어서는 안 된다고 결론지었다. 그러한 주제들은 시의 유희적 언어로 표현하기에는 너무 장중하였고, 상주문이나 논설 등 보다 적합한 장르가 이미 존재하고 있었다. 시는 자고로 궁중의 삶에 내재한 즐거움과 감정을 분명하게 표현하고 증폭시키는, 우아하고 살짝 에로틱한 언어적 유희로 기능해야 마땅한 것이었다.[36]

문학이론

서정 시가를 짓는 것이 문인의 지위를 가늠하는 척도가 되었던 바로 그때, 문인들은 문학적 글쓰기가 그 자체로 고상한 일이라는 새로운 주장을 내놓았다. 이러한 시도의 첫 번째는 조비의 책 『전론典論』에서 문학을 논한 장인 「논문論文」 중 현재 남아 있는 일부분에서 확인된

---

36) Wu, *Poetics of Decadence*, pp. 41–46. 이 책 pp. 47–55에서 저자는 소강의 시 「미녀편美女篇」이 조식이 앞에서 언급했던 라부羅敷 이야기를 바탕으로 지은 동명의 시 「미녀편」과 어떻게 완전히 다른지를 검토하고 있다.

다.[37] 여기서 그는 문학이 도덕을 보조하는 것이라기보다는 인간의 행위 중 최고의 형태이며 한 사람의 인생에 의미를 부여하는 주된 방법이라고 주장한다.

> 문장은 나라를 경영하는 대업이고 영구히 변치 않을 성대한 일이다. 사람의 수명은 때가 되면 다하고, 영예와 즐거움은 자기 몸에 그친다. 두 가지가 반드시 오랜 시간 동안 지속되도록 하는 데에는 문장의 무궁함보다 나은 것이 없다. 이런 까닭에 옛날의 작자들은 자신의 몸을 붓과 먹에 맡겼고, 자신의 뜻을 전적에 드러내었다. 좋은 역사가의 말을 빌리지 않고 힘 있는 자의 권세에 의탁하지 않고도, 그들의 명성은 저절로 후대에까지 전해졌다.[38]

이는 문학 사상에 있어서 새로운 시대를 여는 주장이었다. 사후에도 변치 않을 명예를 이루는 일에 대한 이전의 논의에서는 '덕을 세움'(입덕立德), '공을 세움'(입공立功), '말을 세움'(입언立言)의 위계가 제시되어 있었다. 그러나 여기서도 '말'은 성현의 정치적 발언 혹은 도덕적 가르

---

37) 남아 있는 해당 부분의 영어 번역은 Owen, *Readings*, pp. 57~72.

38) Owen, *Readings*, pp. 68~69. 그의 동생 조식은 문장이 국가를 경영하는 최고의 과업이라는 주장을 논박했고, 자신의 문학적 명성은 정치적 경력을 대신하는 것이 아니라고 탄식했다. Wong, *Early Chinese Literary Criticism*, pp. 29~30의 "Letter to Yang Dezu" 참조. 두 사람의 의견 차이는 한 사람은 정치적 역할을 당연한 것으로 생각한 군주인 반면, 다른 한 사람은 유배자의 삶을 살던 사람이었다는 사실을 반영하는 것 같다. 왕랑王朗에게 보내는 편지에서 조비 역시 문학적 성취를 '덕을 세움'에 버금가는 것이라 간주했다. Cutter, "To the Manner Born?" pp. 62~63.

침을 가리켰다. 사마천 같은 이전의 작자들이 후세에 이름을 전하는 데 있어 문학이 중요하다는 점을 강조한 적이 있지만, 이는 성공적인 정치 경력이라는 이상을 이루지 못할 경우에 대한 불충분한 대안이라 간주되었다. 시의 사교적 기능에 대한 조비 자신의 편지를 통해 알 수 있듯이, 친구들이 모두 전쟁이나 전염병으로 죽었던 탓에 조비에게 있어 문학을 통해 영원한 생명을 얻는다는 관념은 특별한 절실함을 지녔다. 그의 문장은 삶의 덧없음과 친구들과의 이별에 관한 상념으로 마무리되고 있다.

「논문」은 이처럼 문학의 중요성을 새롭게 주장하였을 뿐 아니라, 어떻게 작자의 인성이 문학을 통해 드러나는지를 처음으로 분명하게 논한 글이기도 했다. "글은 기氣를 중심으로 삼는다. 기의 맑음이나 탁함은 형체를 지니므로 억지로 얻을 수 있는 것이 아니다. 이를 음악에 비유하자면, 곡조가 동일하고 박자가 같더라도 끌어내는 기가 같지 않으니, 재주가 있거나 서투른 것은 원래 타고난다. 아버지나 형에게 있다고 해도 아들이나 동생에게 옮아갈 수 없는 것이다."

기가 중심이라는 이 주장의 바로 앞에는 당시 유명한 문인들의 장점과 단점이 열거되어 있는데, 이들 문인의 성향은 빈번하게 기의 차원에서 설명되고 있다.[39] 각 작가는 특유의 선천적인 기를 타고났고 그러한 기로 인해 각 작가는 시의 특정한 면을 발현시키고 다른 면에는 소홀하게 된다. 여기서 조비는 개인의 문학적 스타일을 타고난 인성에서 비롯된 것으로 파악하며, 그 결과로 글쓰기는 한 개인이 영원

39) Cutter, "To the Manner Born?" pp. 56-60.

한 생명을 얻는 첩경일 뿐 아니라 또한 그 본성의 궁극적 표현이기도 하다는 것이다.

그다음으로 등장한 탁월한 문학이론은 육기陸機의 「문부文賦」에 보인다. 이 작품은 남조 문학론의 근본적 논점들을 확립하였다.[40] 이 부 작품의 새로운 면모는 글을 쓴다는 행위 자체에 집중하는 것이었다. 과시적 성격을 지니는 부가 한 주제에 대해 총망라적인 서술을 지향하였으므로, 육기는 하나의 문학작품을 쓰는 과정 전체를 모두 묘사하려고 시도하였다. 그는 정신적 전제 조건들에 대한 설명에서 시작하여, 그다음으로는 작품을 시작하기 전에 행하는 사색을, 그리고는 집필 행위 그 자체를 묘사하였다. 서진에서는 작품의 완결성을 위하여 부 작품을 우주론적 맥락에 놓는 관행이 있었고, 따라서 육기도 최고의 문학은 우주 질서의 원리를 표현한다는 사상을 제창하였다. 따라서 왕필, 곽상 및 현학 전통에 속한 다른 작가들이 발전시킨 우주와 마음에 관한 이론을 토대로 하는 문학 창작의 모델에 대해 육기 또한 자세한 설명을 제시하였다.

육기는 감정을 시의 중심 요인으로 만든 최초의 작자들 중 한 사람이었다. 문학 장르를 열거하며 그는 "시는 감정에서 말미암는 것이고 감각적으로 아름답게 얽혀 있는 것이다"라고 설명하였다. 유가적 주석 전통에서는 경전적이고 매우 윤리화된 의지[志]가 시를 정당화해주었는데, 육기는 의지 대신 보다 폭넓고 불확실한 감정[情]을 내세웠고, 이는 곧바로 시를 감각적이고 고혹적인 아름다움의 대상으로서만

---

40) Owen, *Readings*, pp. 73-181.

대하는 이후의 태도를 낳았다.[41] 6세기 초의 비평가인 종영과 유협 같은 후세의 많은 작가들은 감정 표현이 바로 시를 정의하는 그 가장 중요한 기능이라고 간주했다. 이처럼 선례를 찾아볼 수 없을 정도로 감정에 관심을 기울이는 태도는 일종의 효과적인 공공 담화로서의 시에서 작가 내면의 표현으로서의 시로 그 강조점이 변화하였음을 의미한다.[42]

육기의 주장에 담긴 또 하나의 논점은 이후 수 세기에 걸쳐 더욱 심화하고 발전하는데, 그것은 시인이 내면에 불러일으킨 감정은 세계와 그 세계 속 사물과의 만남에 대한 반응이라는 시각이다. 따라서 시인은 우주의 중심에 그 자신을 두는 데에서 출발해야 하는데, 그다음에는 아래와 같은 일을 한다.

> 쓸쓸한 가을날 낙엽에 슬퍼하고
> 향기로운 봄날 부드러운 나뭇가지에 기뻐한다.
> 마음속 깊이 떨며 서리를 생각하고
> 의지는 높이 솟아올라, 구름을 내려다본다.[43]

시인의 감정 기복은 매 계절에 나타나는 외부의 사물과 조화를 이루므로, 여기서 시인의 마음은 계절의 순환에 맞추어져 있다.

---

41) 같은 책, pp. 130-131.

42) Sun, *Pearl from the Dragon's Mouth*, pp. 66-69.

43) Owen, *Readings*, pp. 89-90.

 이처럼 감정과 사물의 밀접한 연계는 3세기의 시에서 자주 보이고, 후대 비평가들은 이를 이론화하였다. 예를 들어 유협은 문학에 관한 글의 한 장을 물리적 세계가 시에 미치는 영향에 할애하였고, 육기가 다루었던 주제와 동일한 주제 일부를 더욱 깊게 파고들었다. "한 해에는 여러 사물이 있고, 모든 사물은 자신의 모습을 갖는다. 이러한 사물들이 감정을 움직여가고, 감정이 언어 표현을 자아낸다. 혹 나뭇잎 하나가 마음과 맞아떨어질 수도 있고, 벌레 소리가 마음을 움직이기에 충분할 수도 있다." 이처럼 사물의 중요한 역할 및 사물과 마음의 연동에 대한 강조는 또한 사물의 묘사에 집중하는 시가 등장하고 풍경이 새롭게 시의 주제로 큰 비중을 차지하게 된 현상과도 관련되어 있었다.[44)]

 육기의 「문부」는 또한 시인이 집필을 위해 어떻게 그 자신의 마음을 준비하는지도 묘사하는데, 적절한 준비를 통해 거의 초자연적인 지각 능력과 창작 능력이 개발됨을 시사한다. 먼저 시인은 시각적 혹은 청각적으로 주의를 흩뜨리는 요소를 배제하면서 명상에 잠긴 채 관계없는 다른 생각들을 자신의 마음에서 털어낸다. 이는 일종의 계시와도 같은 상태로 이어지고 완성된 내면의 상상력은 주변 세계의 사물을 변화시키기에 이른다.

　　그 상태를 시작할 때

---

44) Sun, *Pearl from the Dragon's Mouth*, pp. 70~85. 유협의 이 구절은 p. 72에
  인용되어 있다.

완전히 시각을 거두어들이고 청각을 되돌리고
생각에 잠긴 채 사방으로 물으며
정신은 세상 모든 방향으로 끝까지 달려나가고
마음은 만 길 밖으로 노닌다.
그 상태에 이르렀을 때
감정은 동틀 무렵처럼 어슴푸레하다 점점 선명해지고
사물은 환하게 나타나 함께 마음속으로 들어온다.[45]

이렇게 마음을 고요하게 하거나 비우는 것에 대한 강조는 도가의 고전에서 비롯되었는데, 특히 『장자』에서 성인의 고요함은 곧 천지와 만물을 포용할 수 있도록 하는 상태였다. 육기가 이러한 문헌에 의존한 것은 몇 세기 전 현학자들이 저술을 통해 재조명한 이들 문헌의 영향을 시사한다. 사물을 지각함으로써 감정이 유발된다는 전형적인 도식을 도치시킨 마지막 행은 영감을 받은 시인의 마음의 힘이 그 시를 유발한 사물과 합일되었음을 암시한다.[46]

그다음의 주요 문학이론가인 종영(459~518)은 그다지 독창적 의견을 제시한 바는 없지만, 『시품詩品』에서 그는 당시까지의 모든 시인을 평가하여 품品을 매겼다. 이는 한대에 반고가 도덕적 인성을 기준으로 사람들 순위를 매긴 데에서 비롯하였는데, 반고의 이러한 선구적 시도는 위진남북조 시대에 관료 임용과 지배층 지위의 토대를 만들어준

---

45) Owen, *Readings*, pp. 98–99.

46) Sun, *Pearl*, pp. 73–75.

구품중정제에서 사람의 재능과 인성에 품급을 매긴 행위로 계승되었다.[47] 도덕적 인성 혹은 정치적 재능을 토대로 한 평가에서 시적 기교를 기준 삼은 평가로 이행한 현상은 시문을 짓는 능력을 윤리나 정치의 부속물이라기보다 그 자체 하나의 성취로 간주하는 경향이 증가하였음을 보여준다.

종영은 시에 있어서 직접성이 중요함을 강조한 최초의 비평가이기도 하였다. 그는 작가가 이전 작품들을 지나치게 원용 혹은 언급하는 일을 피하고 그 대신 자신이 처한 직접적 현실을 묘사해야 한다고 주장하였다. 그가 물리적 사물들을 자세하고 교묘하게 묘사하는 태도를 시의 덕목으로 강조한 이유도 이러한 주장과 밀접하게 관련되어 있다. 이러한 측면은 3세기 말과 그 이후 시기의 시인들에게 특히 두드러졌다. 그리하여 그는 부분적으로 외면적 실재를 기술적으로 잘 묘사하였다는 이유로 장협張協(?~307)을 최고 등급의 시인으로 분류했다. 이처럼 묘사적 언어에 대한 강조는 위진남북조 시의 주요 특징이 되었다.[48]

한편 종영은 묘사란 그 자체로 중요한 것이 아니라 사물 너머 무엇인가를 시사하기 위한 것임을 강조한 최초의 비평가 중 한 사람이기도 했다. 그는 장협 시의 최고 장점은 음악적 리듬과 다채로운 언어를 통해 얻어진 풍미에 있다고 말했다. 마찬가지로 안연지顏延之 시의 가치

---

47) 종영 『시품』의 서론은 Wong, *Early Chinese Literary Criticism*, pp. 89~114에 영어로 번역되어 있다.

48) Sun, *Pearl*, pp. 84~85. 이 시기 시의 묘사적 언어에 대해서는 Chang, *Six Dynasties Poetry*, pp. 62~73, 89~102.

는 능숙한 묘사가 불러일으키는 강력한 감정에 있다고 하였다. 종영은 시에 단어 너머의 의미가 있다고 보았고, 그러한 의미는 오랫동안 반추해야 제대로 느낄 수 있는, 암시적이거나 심오한 성격의 특질로, 그는 이를 종종 풍미[味]로 표현하기도 하였다. 이처럼 시에서 풍미를 추구하는 사고는 이후 시의 감상에서 가장 중요한 부분을 이루었다. 이러한 태도는 종영이 재정의한 '흥興'의 개념에도 반영되어 있다. 한 대의『시경詩經』독법에 따르면 '흥'은 보통 시의 도입부에 나타나는 자연적 이미지를 의미한다. 그러나 종영이나 그 후 비평가들의 글에서 '흥'은 '미味', 즉 풍미의 관념과 밀접하게 연관되었고 '분위기' 비슷한 무엇인가를 의미하였다. 이 점은 다음에 인용하는『시품』의 한 단락에서 잘 드러난다.

> 시에는 세 가지 원칙이 있다. 첫째는 흥興이고, 둘째는 비比이며, 셋째는 부賦이다. 글은 다 끝났으나 의미가 아직 남았으면, 그것이 흥이다. 사물을 비유로 들어 시인의 의도를 표현하면, 그것이 비이다. 사실을 그대로 쓰고 의미가 있는 사물을 묘사하면, 그것은 부이다. 이 세 원칙을 널리 이용하되 적절히 섞어서 쓰고, 작품에 정서적 활력을 불어넣고, 작품을 다채로운 언어로 꾸며라. 그리하여 그 작품을 읽는 자가 그 풍미를 끝없이 느끼도록 하고, 듣는 자는 마음을 움직이게 만들어라. 이것이 시의 지극한 경지이다.[49]

---

49) Sun, *Pearl*, pp. 86–87.

여기서 '흥'은 단순한 시의 기교가 아니라 오히려 시를 짓는 데 있어서 최우선인 총체적 원칙이다. 독자의 마음속에 계속 머무르며 반향하는 언어의 궁극적 미덕을 정의하는 원칙인 것이다.

유협의 비평서인 『문심조룡文心雕龍』은 그 당시에는 그다지 중요한 의미를 지니지 않았으나, 20세기에 들어와서 중국 문학이론에 있어서 가장 위대한 업적이라 간주되기에 이른다. 이처럼 평가가 뒤바뀐 것은 논설, 편지, 서문, 단편적 글로 이루어진 문학 전통에 대한 체계적인 전론이라는 이 저작의 특이한 성격을 반영한다. 전례없는 구조적 저술을 집필하였다는 것—문학의 역사를 분석적으로 서술하고, 문학 창작의 과정을 설명하며, 그렇게 생산된 여러 양식을 열거한 것—은 불교 및 인도의 다른 이론서의 본보기를 통해 영감을 받은 결과임이 분명하다. 그 이전 세기에 중국에 들어온 이들 서적은 한 소재에 대하여 광범위한 분석적 설명을 제시하기 위하여 번호를 붙여 상세하게 설명하는 형식을 사용하였다. 『문심조룡』은 개별 장르를 다루는 부분과 문체나 언어에 관련된 주제를 다루는 부분으로 양분되는데, 이러한 구분 역시 시학에 대한 산스크리트어 저작에서 전형적으로 보이는 모습이다. 유협은 불교사찰에서 양육된 고아였고 나중에 승려인 승우僧祐의 제자이자 재가 불교학자가 되었으며 불교의 여러 측면에 대한 본격적인 저작들을 집필했다. 따라서 『문심조룡』에 명백히 불교에서 비롯된 어휘가 하나밖에 없고 어쩌면 산스크리트어 원어를 번역하기 위해 새로 만들었을지 모르는 어휘가 몇 개 보이는 데 지나지 않더라도, 『문심조룡』의 체계적 구성과 그 저변에 깔린 사고방식은 중국 문학 전

통에서 전무후무한 것으로, 분명히 유협이 불교 문헌에 깊이 영향받은 결과이다.[50]

『문심조룡』의 구성이 독특하다고는 하지만, 그 대부분은 그 이전 시대까지 발전해온 문학론에 대해 당시까지로서는 가장 충실하고도 체계적인 설명으로 이루어져 있었다. 이 책은 알려진 모든 장르를 논하는 것 외에도, 문학의 우주적 기원, 사물의 물리적 외형의 중요성, 감정의 역할, 작자의 인성과 글의 관계 그리고 상상력에 의해 시공을 초월하는 세련된 정신의 초인적 능력 등의 주제를 다루는 편들을 포함한다. 이 마지막 주제에 관한 편(「신사神思」)은 가장 영향력 있는 내용 중 하나이다. 시간과 공간을 자유로이 넘나들 수 있는 '신사神思'의 능력에 대한 소개 뒤에 다음의 내용이 이어진다.

> 사색의 원리가 신묘하게 될 때, 정신은 사물과 더불어 자유롭게 노닌다. 정신은 가슴에 자리하고, 의지와 기氣는 그 문의 빗장을 통제한다. 사물은 귀와 눈을 통해 들어오고, 언어는 그 문의 경첩을 관장한다. 경첩이 열리면 사물은 감추는 모습이 없게 된다. 빗장이 내려지면 정신은 숨는 마음을 지니게 된다. 그러므로 문학적 사색을 빚어 고르게 함에 있어 가장 중요한 것은 비어있음[虛]과 고요함[靜]이다.[51]

---

50) 중국문학 전통 내에서 『문심조룡』의 이례적 위치에 대해서는 Owen, *Readings*, pp. 183-186. 불교의 영향에 대해서는 Mair, "Buddhism in The Literary Mind and Ornate Rhetoric."

51) Owen, *Readings*, pp. 202-204. 위에서 언급한 각 편들의 영어 번역은 pp. 186-194, 201-218, 239-245, 277-286. 이전 작가들의 사상을 유협이 심화시킨 것에 대해서는 Sun, *Pearl*, pp. 69, 75-76, 78-81, 84. 이 내용을 담고

여기서 유협은 육기나 다른 사람들 의견을 더욱 발전시켜 어떻게 마음과 물질세계가 상호작용하여 문학작품을 만들어내는지에 대한 정교하고 체계적인 담론으로 심화시켰다. 전체 과정은 현학에서 비롯된 마음과 우주에 관한 이론에 기반을 둔다.

유협의 사상 중 문학의 독립성에 대한 새로운 사고를 반영하는 한 가지는 유교 경전에 대한 그의 논의에 보인다.[52] 『문심조룡』 중 「종경宗經」 편은 오경五經이 도道의 완성형이고 모든 문학의 원천이라고 주장하고 있다. 한대 황실 장서 목록이 이미 모든 문학 장르의 기원을 유교 경전으로 소급하였으므로 이 주장이 새로운 것은 아니다. 그러나 한대의 주장은 경전과 경전에서 비롯된 장르가 군주와 그 관료들이 만들어낸 것이라는 시각에 기초하였으므로, 그 결과 글의 세계가 정치 세계 위에 겹쳐 그려져 있었다.[53] 글쓰기를 독립적인 것으로 간주하던 당시 경향과 마찬가지로, 유협은 유가 경전은 본보기가 되는 전적일 뿐 아니라 본보기가 되는 문학이기도 하다고 주장하였다. 따라서 그는 경전의 문장은 "조각한 옥[雕玉]"과 같다는 양웅의 언급을 인용하여 경전은 '문文'을 풍부하게 포함하고 있다고 주장하였다. 그는 또한 공자의 "문학적 표현력이 산과 바다보다도 풍부하다[辭富山海]"고 묘사하며, 그를 불후의 성인으로 만든 것은 그의 문학적 표현력이었다고 주

있는 「신사(神思)」 편에 대한 연구로는 Egan, "Poet, Mind, and World"; Lin, "Liu Xie on Imagination"; Cai, "The Making of a Critical System," pp. 51~53; Li, "Between 'Literary Mind' and 'Carving Dragons,'" pp. 212~217.

52) Owen, *Readings*, pp. 194~201에 영어로 번역되어 있다.

53) Lewis, *Writing and Authority*, pp. 325~332.

장하기도 하였다.[54] 이리하여 이전 시대의 주장과는 반대로 이제 문학의 힘은 사회질서의 토대가 되고 문학적 성취는 사회적 권위를 확보하는 데 있어 필수가 되었다.

자율적인 문학의 영역이 등장하며 나타난 또 다른 모습은 시와 문학적 산문으로만 구성된 시문의 작품집이 편찬된 일이었다. 시문 작품집에서 작품을 선정하고 배열하는 원칙은 항상 문학의 본질에 대한 사유를 반영하고, 작품집의 편찬은 다시 이러한 사유가 형성되도록 촉진한다. 따라서 『시경』에 대한 한대의 주석 중 유일하게 현존하는 『모시毛詩』에 있어서 시의 선정은 시가 저자의 규범적인 의도를 표현한다는 관념을 반영하였고, 시의 배열은 주周의 지리적 구조와 시간적 흐름을 의미하였다. 『초사楚辭』의 경우는 서로 다른 장르와 서로 다른 시대의 시가들이지만 단일 작자의 작품으로 다시 읽힌 시가들을 한데 모아놓은 것이다. 이처럼 『초사』가 작품들을 새롭게 읽어낸 결과 불행한 자의식의 간절한 증언이라는 문학의 새로운 전형을 만들어내었다.[55] 마찬가지로 순문학작품만으로 구성된 작품집의 편찬은 문학을 독자적이고 자율적인 것으로 간주하는 사고가 등장하였음을 의미하였고, 이들 작품집의 내용은 그러한 자율적 영역이 어떻게 정의되었는지를

---

54) Chang, "Liu Xie's Idea of Canonicity." 이 구절은 p. 18에 인용되어 있다. Cai, "Making of a Critical System," p. 54은 문학이 어떻게 인간관계를 바로잡고 사람들을 신령들과 조화롭게 지내도록 만드는지에 대해서는 유협이 아무런 언급도 하지 않았다는 점에도 주목하였다.

55) 진한제국 시기 문학선집이 문학과 작자를 재정의하는 데 있어 행한 역할에 대해서는 Lewis, *Writing and Authority*, pp. 172–192.

드러내었다.[56]

예술로서의 문학에 전념한 최초의 시문 작품집은 조비가 편찬하였
는데, 자율적 문학 영역이라는 사고방식을 처음으로 주창한 것이었
다. 217년 혹은 그보다 조금 뒤에 조비는 그해 전염병으로 죽은 친구
네 명의 시를 모아 시문집을 편찬했다. 5세기 초에 사령운은 주로 오언
시五言詩로 구성된 시문집을 편찬했고, 이후 몇몇 작가들이 이를 본받
아 시문집을 편찬하였다.[57] 『수서』의 「경적지經籍志」는 문학평론이 일
부 포함되기는 하였지만 시문집 107종 2,213권을 기록하고 있다. 대
부분은 양대에 편찬되었고 지금까지 남아 있는 두 사례는 이 시기 시
문집의 편찬에 대한 유일한 정보를 제공한다.

그중 가장 영향력 있는 사례는 문학의 주도적 후원자였던 황태자 소
통蕭統(501~531)의 후원하에 편찬된 『문선文選』이었다. 『문선』은 기원
전 3세기부터 기원후 6세기에 이르는 시기 130명이 넘는 작가의 시문
761편을 수록하였다. 서문에서는 글쓰기의 사회적·정치적 역할에 대
한 전통적 제약을 되풀이해 다루었으나, 수록 내용에서는 경전, 철학,
역사를 배제한 점으로 보아 문학의 본질에 대해 중도적 입장을 취하였
다고 볼 수 있다. 이처럼 『문선』은 전적으로 문학적 시문詩文으로만 이
루어진 글쓰기[文]의 이미지를 제시하였고, 이는 제와 양 시기에 이미
등장한 '문집文集'이라는 서지학적 범주에도 부응하는 것이었다.[58] 이

---

56) Knechtges, "Culling the Weeds and Selecting Prime Blossoms."

57) 위진남북조 시기에 편찬된 문집에 대해서는 Owen, *Making of Early Chinese
Classical Poetry*, pp. 28-31, 313-318.

58) 순욱荀勖(?-289)이 갑, 을, 병, 정으로 나누어진 사부四部 분류법을 썼지만,

범주가 점차 발전하고 이에 바탕하여 시문집이 만들어진 것은, 대체로 독립적이고 자율적인 문학에 대한 믿음이 형성되고 있었음을 보여주었다.

시문집의 배열도 보수적이고 실용적인 시각과 보다 근대적이고 미학적인 식견이 섞인 모습을 보여주었다. 시가에 대한 부분은 부賦와 시詩로 나뉘었는데, 한대 전성을 누린 부는 몇 세기 동안 최고의 장르였던 시보다 앞에 배치하여 다루었다. 부를 다룬 부분은 황제의 수렵을 위한 원림이나 제국 수도와 같이 황제와 관련된 주제를 다룬 작품으로 시작하여 여행, 음악, 예술 그리고 감정과 같은 보다 사적인 소재를 다룬 작품으로 진행하였다. 시에 대한 부분은 도덕적 교훈을 다룬 시로 시작하여 연회에 관한 사교적 시나 역사에 관한 시로 이어지다가 마지막으로 개인적 감정의 표현과 풍경 묘사를 위한 시로 마무리하였다. 소통이 쓴 것과 같은 궁중의 시, 사물을 노래한 영물시詠物詩, 당시 크게 유행했던 에로틱한 염정시艶情詩 들은 배제되었다. 산문에 대한 부분도 마찬가지 방식으로 구성되어서, 보다 공적이고 심각한 것(조칙이나 상주문)으로부터 보다 사적이고 감정적인 것(대표적으로 개인적 편지)으로 옮겨갔다. 이처럼 시문집은 그 전체로는 순수문학의 중요성을 각인하였으나, 내부 구성으로는 공적이고 정치적인 것이 우선한다는 보다 보수적인 메시지를 전달하고 있었다.

소통이 531년에 사망하였을 때 그를 대신하여 태자가 된 자는 동생

네 번째인 정부丁部는 순수문학 전체를 포함하지도 않았고 다른 종류의 글을 배제하지도 않았다. 양대가 되어야 순수문학을 위한 범주가 출현했다는 분명한 증거가 보인다. Knechtges, "Culling the Weeds," pp. 215-217.

소강으로, 그는 문학에 대해 소통과는 다른 관점을 지지하였다. 이는 『옥대신영玉臺新詠』이라는 시문집에 드러나 있다. 소강은 후에 궁체시라 불리는 경향의 주된 후원자였다. 궁체시는 궁중의 삶을 다룬 시로서, 궁중 건물, 귀한 물건, 정원 그리고 무엇보다도 궁중 여인들에 관한 시였다. 여인들에 초점을 맞추었음은 서문에 드러나 있다. 서문은 궁중 아름다운 여인들의 신체적 특징을 묘사하고, (여성 시인의 역사적 사례를 일부 포함하여) 그들이 어떻게 좋은 시를 지었는지 이야기하며, 그러고는 그들이 글을 쓰는 동기를 논하고 있다.

> 노곤하게 노닐며 할 일 없고
> 적막하여 한가로운 시간 많구나.
> 장락궁長樂宮의 늦은 종소리는 싫고
> 중궁中宮에서 더디게 흐르는 시간에 지치는구나.
> ......
> 한가로운 시간 속에 정신을 기쁘게 할 일이 없어
> 오로지 새로운 시에 마음을 맡긴다.
> 바라건대 시가 (힘든 일을 잊게 해준다는) 고소皋蘇 나무를 대신하여
> 조금이나마 시름을 달래주기를.[59]

서문은 편집자가 이들 여인의 오락거리를 위해 그리고 그들 창작 활동을 위한 본보기를 제공하기 위해 시문집을 편찬하였음을 시사하고 있

59) Birrell, *New Songs*, pp. 341~342. 서문은 pp. 339~343에 번역되어 있다.

다. 이는 시의 주제가 사교적 오락 혹은 기분 전환을 위한 소일거리라고 밝히며, 여성 화자를 내세워 시를 지은 조정 신료의 전형적 수사법에 대한 반전을 제공한다.[60]

『옥대신영』의 내용은 서문의 취지와 부합한다. 주로 한·위·서진의 작품들로 이루어진 『문선』과는 대조적으로, 『옥대신영』은 내용의 사분의 삼이 편찬 시점으로부터 1세기 이상 올라가지 않는 것들이다. 당시 생존하던 시인들 작품이 두 권을 이루고, 가장 많은 작품이 수록된 작자는 후원자인 소강이었다. 수록된 시 또한 당시 취향을 반영하여 염정시, 기교적 어휘 구사, 사물의 세밀한 묘사 등에 중점을 둔 작품들이다. 수도 건강 지역의 '오가吳歌' 그리고 강릉江陵과 양양襄陽 같은 양자강 중류 지역의 '서곡가西曲歌'처럼 남중국 민간 시가의 사례는 많이 수록된 반면 한의 악부시는 거의 배제되었다. 수록된 시들은 주로 4행시로서 대개 구애와 사랑을 다루며 지역 방언을 많이 사용한다. 진지한 도덕적 혹은 정치적 의도는 일체 배제하고 세련된 엘리트의 오락으로서의 문예에만 전적으로 치중하는 태도를 통해 『옥대신영』의 성격은 명확하게 정의되고 있다.

---

60) 조정 신료의 입장에 대한 우회적인 논의로서의 서문과, 이러한 맥락에서 편찬된 결과물로서의 『옥대신영』에 대해서는 Rouzer, *Articulated Ladies*, pp. 129-137.

서예

미적 영역의 독자성에 대한 주장은 대표적 시각 예술로서 서예가 부상하는 데에서도 나타났다. 이미 전국 시대에 서예는 관직을 위해 필요한 기술이 되었고 한대에는 다양한 목적의 서예 양식들이 등장했다. 그러나 한대의 첫 300년 동안은 서예가 학자에게 필수 요소라는 인식이 존재하지는 않았다. 오히려 서예는 자기 자신 혹은 상급자를 위해 법률 문구를 조작하며, 고상하고 관대한 인격의 소유자들을 파멸시키기 위해 붓을 휘두르는 하급 관료나 서리의 재주로 인식되곤 하였다. 심지어 문예의 한 형태가 된 후에도 서예는 하찮거나 모멸적인 지위를 연상시킨다는 관념이 남아 있었다. 이러한 모습은『세설신어』의 일화와『안씨가훈』의 내용 중에도 나타난다. 두 문헌 모두 솜씨 좋은 서예가는 윗사람이나 친구로부터 끊임없는 요구에 시달릴 것이라고 주장하였고, 따라서 저자들은 이러한 상황을 머슴살이나 요역과 다를 바가 없다고 보았다.[61]

서예가 처음으로 지배층의 자기표현 방식으로서 개인적 특성과 연관되어 나타난 것은 채옹蔡邕(132~192)의 이력에서였다. 시인, 음악가, 문장가로 잘 알려진 채옹은 최초로 예술적 필치로써 유명해진 사람이었다.[62] 그가 자신의 문장력과 훌륭한 서체를 결합한 결과, 석공이

---

61) Mather, tr., *New Account*, pp. 364~365; Yen, *Family Instructions*, pp. 198~201. 저명한 서예가인 왕희지조차도 단순한 서예 기술에 대해서는 경멸을 드러내었다. *New Account*, p. 63.

62) Asselin, "A Significant Season."

그대로 석판에 새겨 넣을 수 있도록 비문을 지어 석판에 붓으로 써 달라는 부탁을 많이 받았다. 171년에 그는 황실도서관인 동관東觀에서 전적典籍의 교열을 담당하면서, 오경五經의 표준 판본을 돌에 새기는 작업에 동일한 기술을 사용하였다.

이때 채옹은 청의淸議 운동에 관계되어 있었는데, 169년에 그의 문장 중에서도 유명한 곽태郭泰의 비문을 지었다. 곽태는 부패한 조정에 항의하는 인물들의 지도자이자 인물 평가 능력으로 처음 유명해진 사람이었다. 178년에 후한 영제는 기존 학자 집단에 얽매이지 않은 재주 있는 문장가를 관료로 뽑기 위해 태학을 대신할 교육기관으로 홍도문학鴻都門學을 세웠다. 이 새로운 교육기관의 교육 내용은 부賦 창작과 '조서鳥書' 서체의 사용을 포함하였다. 각지고 기하학적인 공식 서체와 대조적으로 이 서체는 둥근 선과 덩굴처럼 이어진 획이 그 특징이었다. 채옹은 도덕적 성격과 무관하게 기술적 숙련도를 토대로 인재를 등용한다는 발상과 홍도문학의 사람들을 강하게 비판하였다. 또한 그는 전통적 예서隸書와 전서篆書의 신성한 기원과 효능을 통일제국의 확립과 관련지어 칭송하는 문장과 부를 짓기도 했다. 문장 능력과 뛰어한 서예 기술을 아우르는 인물이었음에도, 채옹은 여전히 서예는 관직에서 봉사하기 위한 부차적 기술이라는 사고방식을 지키고 있었던 것이다.[63]

서예가 문인 예술로 부상한 것은 부분적으로는 한대 행서行書와 초서草書의 발전에 힘입은 것이었다. 행서와 초서가 발전하여 붓의 움직

---

63) Nylan, "Calligraphy, the Sacred Text," pp. 46-52.

임이 훨씬 자유로워졌고 글자의 필획은 글쓴이의 신체 움직임이 직접
연장된 것으로 인식하게 되었다. 그 결과 사람들은 글자를 사람됨의
연장선에서 읽을 수 있었다. 특히 주목할 것은 초서의 사용이었다. 초
서는 빠르게 써 내려갈 수 있도록 물이 흐르는 것 같은 간략한 서체로
시작되었으나, 쓰는 사람이 각기 고유한 변용을 개발할 수 있는 유려
하면서도 역동적인 서체로 발전하였다.

　서예에 대한 최초의 이론적 글은 조일趙一의「비초서非草書」(2세기 말)
였다.

> 　우리 군郡에 양공달梁孔達과 강맹영姜孟穎이라는 사람이 있다. ……
> 장지張芝의 초서를 본받음이 안회顔回가 공자孔子를 본받음보다 심하
> 였다. 양공달은 글을 베껴 강맹영에게 보여주고 두 사람은 지치는 일
> 도 없이 입으로 그 문장을 낭송하고 손으로 글자를 베껴 썼다. 후학들
> 은 다투어 이 두 사람을 본받았다. …… 무릇 사람은 각자 서로 다른 기
> 운[氣]과 피[血]를 가지고 있고, 서로 다른 힘줄과 뼈를 가지고 있다. 마
> 음은 거칠거나 세밀하고, 손은 기교가 있거나 서투르다. 글씨의 아름
> 다움과 추함은 마음과 손에 달렸으니, 억지로 한다고 되겠는가?[64]

글씨는 신체의 연장이라는 점을 근거로 조일은 글씨가 고유한 개성을

---

64) 붓으로 쓴 글씨가 쓴 사람의 신체가 연장된 것이라는 관념에 대해서는 Billeter,
　　Chinese Art of Writing, ch. 6-7; Hay, "Human Body as a Microcosmic Source"
　　참조. 초서의 중요성에 관해서는 Prosser, "Moral Characters", ch. 5.「비초서」는
　　pp. 159-160에 인용되어 있다.

표현하며 따라서 모방을 통해 숙달될 수 없다고 결론짓는다.

조일의 글은 후한 말에 이르러 많은 학자가 서예 기술을 연마하기 위해 좋은 글씨를 모방하고 있었음을 알려준다. 이러한 관습은 위진 남북조 서예에 있어 주된 문제 중 한 가지인 복제와 위조를 야기하였 다. 이는 이 시대 서예 이론에 고유한 문제인데, 당시 서예 이론의 다 른 부분은 시, 그림, (서예는 신체의 표현이었으므로) 의학에서 차용한 것 들이었다.[65] 조일의 글에도 암시되어 있듯, 모방은 서예를 배우는 데 있어 필수적이었고, 따라서 사본을 복제하는 것은 일반적 문인의 삶 의 일부였다. 그러나 위진남북조 시대의 일화들은 사본을 원본인 양 꾸미는 것은 참된 '진眞'을 어지럽히는 기만적인 '위僞'로 간주되었음을 보여준다. 이 시대 다른 방면 비평 이론의 경우와 마찬가지로 이러한 용어들은 『장자』에서 차용한 것으로 보인다. 『장자』에서 '위'는 거짓되 거나 위선적인 것을 의미하는 반면, '진'은 참되거나 타고난 것을 의미 하고 인간의 완성을 나타낸다. 이 용어들은 '진'이야말로 스스로를 바 칠 이상이라고 생각한 도잠의 작품을 통해 중국 시의 세계에 들어오기 에 이르렀다.

이러한 이분법을 처음으로 서예에 적용한 것은 유명한 왕희지王羲之 (303~361)에 관해 논한 우화虞龢의 『논서표論書表』였다. 이때 왕희지의 양식은 이미 서예의 표준이 되어 있었고 따라서 끊임없는 복제 대상 이었다. 『논서표』의 한 부분은 남조 유송 종실의 한 사람인 유의종劉義

---

65) Harrist, "Replication and Deception," pp. 33-34. Egan, "Nature and Higher
   Ideals"는 다른 예술 장르 간에 비평에 사용되는 어휘를 상호 차용하였던 점을
   논하고 있다.

宗이 어떻게 많은 돈을 들여 탁월한 서예작품들을 구입하였는지를 이 야기한다. "경박한 무리들은 교묘하게 복제를 만듭니다. 그들은 띠풀 지붕에서 떨어진 물로 종이를 물들여 변색시키고 가공하여 낡게 만들 어, 오래된 글처럼 보이게 합니다. 참된 것과 거짓된 것이 서로 섞이고 아무도 구별하지 못하게 됩니다. 따라서 혜후惠侯(즉 유의종)가 모아놓 은 서예작품 중에는 참되지 않은 것이 많습니다."[66] 서예는 최고계층 사이에서 일류 예술로 자리 잡았고 따라서 서예를 위한 시장이 발전하 였으나, 이러한 시장에 부응하여 다양한 숙련 기술을 수반하는 위조 역시 주요 사업으로 성장하였다.

위조라는 개념 그 자체는 서예에서 무엇이 가치 있는지에 대한 확신 이 있어야 성립하는 것이다. 왕희지가 자기 글씨를 복제한 위작을 한 눈에 알아보지 못했다는 일화는, 눈으로 보아 진품과 구별할 수 없는 작품조차도 가짜로 간주되었음을 보여준다. 이는 서예란 글씨 쓴 사 람의 인성의 연장선 위에 있다는 사고방식이 글씨를 평가함에 있어 중 요한 요소였음을 의미한다. 즉 글씨를 가치 있게 만드는 것은 그 글씨 를 쓴 사람과의 연결 관계라는 것이다. 이는 서예가 단순한 서리의 기 술로부터 고급 예술로 얼마나 많이 진화했는지를 가장 잘 보여주는 것 으로, 이제 서예라는 고급 예술에서 글자의 각 획들은 그 획을 그은 사 람의 고상한 정신을 나타내는 것이라 간주되었다. 서예가 정신을 드 러낸다는 사고방식은 왜 『세설신어』에서 왕희지와 그 아들 왕헌지의 서예뿐 아니라 인성에 대하여 시적으로 기술하였는지, 그리고 왜 왕

---

66) Harrist, "Replication and Deception," pp. 35~39. 이 부분의 인용은 p. 39.

희지의 인성이라 상정된 특징들이 그의 작품에 대한 후세의 높은 평가에 중요하게 되었는지를 설명해준다.[67]

'진眞'에 대한 추구와 관련하여 또 다른 측면에서 서예는 도교의 형성에 영향을 미쳤다. 양희에게 계시되어 상청파 형성의 기초가 된 경전들은 뛰어난 시와 서예로 주목받았다. 양무제의 서예 감식인이었고 진품 식별 방법에 대해 글을 썼던 도홍경은 이러한 자신의 능력을 활용하여 양희의 필적을 구분해내었고, 그리하여 후대 첨가된 부분으로부터 실제로 계시된 진정한 문헌들을 가려냈다. 이 점은 양희가 남긴 글들을 모은 『진고眞誥』의 발문에서 도홍경 자신이 밝히고 있다. 그러나 양희의 글은 초서로 급하게 쓴 것이고 이 초서체 자체가 당시 서예가들에게 영향을 준 듯한데, 도리어 그 내용은 다시 조심스럽게 예서로 전사轉寫되었다. 이는 엄숙한 공적인 글은 정식 예서체로 써야 한다는 사고가 계속 영향을 미치고 있었음을 보여준다.[68]

『진고』는 문자를 세 층위로 나누었다. 최고 층위의 문자는 우주 태초의 기원부터 존재한 것으로 오로지 천계의 존재들만이 읽고 쓸 수 있

---

67) 글씨가 글쓴 사람의 정신을 드러낸다는 점에 대해서 Egan, "Nature and Higher Ideals," pp. 277–291. 왕희지, 왕헌지 및 다른 인물들의 인성과 글씨를 관련지어 평가한 것에 관해서는 Mather, tr., *New Account*, pp. 192, 230, 231, 235, 261, 269, 315, 321, 364–365, 365–366. 일본에 남아 있는 왕희지의 실제 필적에 보존된 보다 정확한 사례를 무시하고 어떻게 왕희지의 글씨를 그의 인성과 관련짓는지에 대해서는 Wang, "Taming of the Shrew: Wang Hsi-chih [Xizhi] (303–361)."

68) 뛰어난 서예가로서의 도홍경에 대해서는 Harrist, "Replication and Deception," pp. 40–48. 초기 도교의 서예에 대해서는 Ledderose, "Some Daoist Elements," 양희의 문자체와 예서로의 전사에 대해서는 pp. 257, 269.

었다. 두 번째 층위는 '운전雲篆'이라 묘사되는 문자체로 신령을 부리는 부적을 그리는 데 사용되었다. 이 문자체는 보통 사람은 읽을 수 없고 이를 사용하는 것은 도사들만의 특권이었다. 세 번째 층위는 보통 사람들이 사용하는 일반적 문자체였다. 앞의 두 층위 문자체와 달리 세 번째 층위 문자들은 식별이 가능하지만 영적인 힘이 상실되어버린 고정된 형태가 부여되었다. 후세 도교 문헌은 우주의 시간이 시작된 때부터 존재했던, 강력하고 그 자체로 살아 있는 문자라는 이 관념을 더욱 발전시켜갔다. 어떤 기록들은 이들 신비로운 글자로부터 현재 세계가 비롯되었다고도 한다. 문자의 신성한 본질에 관한 이러한 이론, 그리고 글자체의 감식이 도교 경전들을 확정하는 데 행한 역할은 이 시대 종교의 역사에서 서예가 차지하는 중요성을 보여준다.

산문 서사

위진남북조 시대에 글쓰기가 발전한 양상 중 마지막으로 살펴볼 것은 역사를 비롯한 산문 서술의 형태와 이용 방식이 어떻게 변화했는지의 문제이다. 역사 서술에 있어서 가장 중요한 발전은 역사서가 도서 분류상의 고유한 범주로 확립되었다는 점이다. 한대에는 당시 집필된 모든 역사서가 오경五經 중 하나인 『춘추春秋』의 부산물로서 경經의 범주 안에서 취급되었다. 역사는 조위曹魏 시기 순욱荀勖이 편찬한 『중경신부中經新簿』의 사부四部 분류 체계에서 처음으로 하나의 범주로 독립되었으나, 이때는 아직 '사史'라는 명칭이 부여되지는 않았다.

'사'는 438년 남조 유송에서 황실 장서가 재편되면서 독립된 범주로 공식적으로 확립되었고, 이때 유학儒學, 현학玄學, 사학史學, 문학文學을 위한 학관도 설치되었다. 문학이 독립성을 지닌다는 사고방식의 출현과 거의 동시에 역사도 독립된 학문 분야로 등장한 것이었다. 또한 역사가 독자적 장르로서 확립된 것과 동시에 역사 서술의 본질에 대한 논의도 나타났다. 이러한 논의가 분명하게 보이는 최초의 사례는 초주譙周(?~270)의 『고사고古史考』이고, 이 흐름 속에서 『문심조룡』도 역사에 관해 한 편을 할애하기에 이른다.[69]

한대 황실 장서 목록이 『춘추』 항목 아래에 추가로 역사 서적 12종을 열거한 것에 비하여, 『수서』 「경적지」(656년에 완성)의 '사史' 항목은 도서 874종을 열거하였고 그중 817종은 그 당시까지 현존하고 있었다. 최후의 왕조인 청淸(1644~1912)에 이르기까지, 다른 어느 시대보다 위진 남북조 시대 동안 더 많은 역사서가 편찬되었다. 사마표司馬彪, 원굉袁宏, 범엽范曄과 같은 많은 역사가들이 한漢 왕조의 역사를 서술하여 그 몰락을 설명했다. 다른 역사가들은 관찬官撰 혹은 사찬私撰으로 한대 이후 왕조의 역사를 서술했다. 이중 많은 사람이 한 왕조 이래의 정통正統을 분명히 하여 단순한 찬탈자 혹은 반란을 일으킨 사람과 구분하려 하였다. 진수陳壽의 『삼국지三國志』, 심약沈約의 『송서宋書』, 소자현蕭子顯의 『남제서南齊書』, 위수魏收의 『위서魏書』가 그 대표적 예이다. 심약

---

69) Knechtges, "Culling the Weeds," pp. 215-216; Ng and Wang, *Mirroring the Past*, pp. 99-100. 문학의 한 형태로서의 역사를 보는 시각에 대해서는 pp. 99, 103.

과 소자현의 역사서는 이들 저자가 섬긴 왕조의 직전 왕조 역사를 관
찬으로 편찬한 것으로, 이는 이후 중국 관찬 사학의 기본 방식이 되었
다.[70]

또한 이 시대에는 왕조나 국가를 역사의 한 단위로 취하지 않는 역
사서들이 등장하였다. 『화양국지華陽國志』와 같이 지역을 다룬 역사서
나 종교적 주제를 다룬 역사서가 있었다. 후자에 속하는 것들로 혜교慧
皎의 『고승전高僧傳』, 사찰이나 기적을 일으킨 불상에 대한 기록들, 어
떤 문헌이 출현하게 된 내력을 묘사한 발문跋文 그리고 『낙양가람기』와
같은 이례적인 서적이 있었다. 문인 사이에서는 다양한 종류의 전기
와 일화 모음집에 대한 관심이 커지고 있었다. 일화 모음집의 선구는
배계裴啓가 쓴 『어림語林』(362년 편찬)으로, 이는 『세설신어』의 선례가 되
었다. 이어 『세설신어』는 중국에서 수 세기에 걸쳐, 그리고 심지어 일
본에서도 일화 모음집이 편찬되는 토대를 마련하였다. 그러나 과거의
일을 전하면서도 정치를 중심으로 역사를 서술하는 기준에 따르지 않
은 다른 서사물과 마찬가지로, 『세설신어』도 많은 문인으로부터 비판
받았고 흔히 자질구레한 이야기, 즉 '소설小說'로 분류되곤 하였다. 이
용어는 결국 영어 단어인 '픽션(fiction)'을 번역하는 데 사용되었다.[71]

역사와 픽션 사이 경계에 걸친 가장 중요한 발전은 괴이한 일의 기

---

70) Ng and Wang, *Mirroring the Past*, ch. 3. 한대에 관한 역사서술에 대해서는
pp. 90-98. 각 왕조와 그 정통성에 관해서는 pp. 80-90. 진수에 대해서는 Cutter
and Crowell, *Empresses and Consorts*, pp. 61-81도 참조.

71) 『어림』에 대해서는 Lee, "Yu-lin and Kuo-tzu." 『세설신어』의 전통을 잇는
후대의 문헌들에 대해서는 Qian, *Spirit and Self*, Part 3. 『세설신어』를 어떤
범주로 분류할 것인가를 둘러싼 논쟁에 대해서는 *Spirit and Self*, ch. 3.

록을 의미하는 '지괴志怪'라는 장르의 등장이었다.[72] 대체로 유령과 괴이한 존재 혹은 기이한 사건에 관해 묘사하고 이야기하는 장르였는데, 통상적으로 중국에 있어서 픽션의 기원으로 간주되어 왔다. 그러나 이러한 장르의 글을 쓴 저자들은 자신들의 글이 사실적 글쓰기로서 경전에서 허용한 세 갈래의 연장선상에 있다고 정당화하였다. 그 세 가지란 천지天地에 관한 것, 길흉의 전조에 관한 것, 그리고 역사였다. 천지에 관한, 즉 세계의 구조에 관한 초기의 중국 문헌으로는『상서尚書』「우공禹貢」편,『목천자전穆天子傳』,『산해경山海經』등이 있었다.[73] 먼 지역과 높은 산들을 다룬 이들 문헌은 기이한 존재에 관한 이야기를 담았으며, 이러한 이야기들은 중원 지역의 규범적 지위를 확인해주었다. 길흉의 전조에 관한 기록은 왕조의 정사正史에 수록되어, 세계질서의 혼란을 미리 알리는 괴이한 현상들에 대한 다양한 기록을 포함하였다. 마지막으로 간보干寶 같은 대표적 저자들은 자신이 전하는 유령과 요괴 이야기들이 보다 통상적 형태의 역사서에서 생략된 것들을 보충하는 수단이라고 주장하였다.[74]

지괴의 내용이 멀리 떨어진 변방과 험준한 산 혹은 귀신과 신령의

---

72) Campany, *Strange Writing*.

73) 이들 문헌에 대해서는 Campany, *Strange Writing*, ch. 1, 3; Lewis, *Construction of Space*, ch. 5. 정상적인 것을 규정하는 경계를 확정하기 위해 기이한 것을 이용하는 방식에 대해서 Campany, *Strange Writing*, ch. 6 참조.

74) Campany, *Strange Writing*, pp. 146-149는 자신의 저작이 역사서를 보완한다는 간보 자신의 서술을 영어로 번역하여 인용하고 있다. 유담劉惔이 간보를 귀신 세계의 역사가라고 평한 이야기를 소개하고 있는 Mather, tr., *New Account*, p. 409도 참조할 것.

숨겨진 영역으로부터 비롯되었으므로, 지괴는 역사에 대한 보완으로 서 '주변부'적인 것들을 강조하였다. 지괴는 대체로 동진·남조 영역이 던 지역에서 유통되었고 그 저자 대부분도 남중국 사람이었으며, 내 용이 되는 기이한 사건의 상당수는 중국 남부와 서남부에서 발생하였 다.[75] 따라서 지괴는 중국 문명이 남쪽으로 그리고 산림으로 확장되는 과정에서 중국 문명세계에 물리적으로 편입된 지역에 관한 문자기록 을 제공하는 셈이다. 또한 지괴는 종종 중심과 주변부 사이 관계를 변 화시키기도 하여 결과적으로 사회적 위계질서에 도전하기도 하였다. 일부 지괴에서는 저자가 비밀스러운 술법이나 먼 변방에 대한 개인적 지식을 지녔다고 주장하는 경우도 있는데, 이는 변방의 주변부를 장 악하고 이를 인간의 문명세계로 통합시킨 것이 군주가 아니라 저자 자 신이었음을 의미했다.

이처럼 세속에서 물러난 수행자가 우월한 존재라는 주제의식은 보 다 명백하게 도교적 성격을 지닌 지괴들에서 더욱 강화되었다. 도교 지괴는 세계의 가장자리에 거주하는 존재들이 독자적 세상에 속한다 는 점과 그들이 인간세계의 군주보다 우월하다는 점을 강조했다. 왕 공王公의 꿈을 넘어서 보다 높은 세상으로 날아오르는 수행자의 비상 은 가장 멀리 떨어져 있는 사람이 최고의 지위에 있다는 주장으로 바 뀌었다. 한무제와 신선과의 만남을 이야기하는 문헌들에서 동방삭東 方朔은 군주와 세계의 끝에서 온 존재들 사이를 중개하며, 군주가 아 닌 이 중재자가 상황의 주도권을 쥔다. 불교적 색채의 이야기들은 이

---

75) Campany, *Strange Writing*, pp. 169-173, 199-201.

러한 유형에서 벗어난 예외였다. 불교적 이야기들은 불교가 외래종교라는 비판을 의식한 결과, 기적을 일으키는 능력은 진실한 믿음을 가진 사람이라면 누구나 가능하다고 주장하였다.[76] 그럼에도 불구하고 불교 주술에 관한 민간의 이야기는 그러한 주술을 사용하는 사람이 먼 이역에서 왔음을 강조하였다.

지괴 장르의 주요 저작은 하늘과 인류에 대한 한대의 시야가 우주적 차원으로 확장을 이루었음을 보여준다.[77] 한대에는 인간과 신성한 존재가 함께 하나의 윤리화된 세계를 이루고 있었고, 이 세계에서는 하늘이 전통적 가치관을 내세우는 최고의 심판자로 기능하였다. 그러나 지괴는 우주 안의 모든 것을 포함하도록 공간적·윤리적 범위를 확장하였다. 신성한 존재는 이전에 하늘과 인간 사이의 유일한 연결고리였던 군주에게만이 아니라 모든 사람들, 심지어 동물에게까지 자신이 연결되어 있음을 드러냈다. 지괴에서 표현되는 세계는 혼란스러워 보일 수도 있다. 그러나 눈에 보이는 존재와 보이지 않는 존재를 모두 포함하여 하늘과 땅 사이 모든 종류의 존재가 분명히 연결되어 있음을 드러내는, 겉으로는 기이해 보일 수 있는 사건들 속에서 그 밑바탕에 깔린 안정적 관계와 양상이 나타났다. 결국 이들 문헌이 담고 있는 궁극적 메시지는 경계를 초월한 우주적 상호관계였다. 그 속에서 의례에 기반을 둔 한대적 질서는 머나먼 곳의 낯선 생명체, 신선이 사는 높

---

76) 같은 책, pp. 280-294는 술사 혹은 방사적 시점을 다루고 있고, pp. 294-306는 도교적 시점을 다루고 있으며, pp. 318-321는 한무제에 대해, pp. 321-334는 불교적 시점을 다루고 있다.

77) Campany, *Strange Writing*, pp. 343-394.

은 산봉우리와 숨겨진 동굴, 그리고 생인生人과 망자亡者의 세계를 모두 포괄한 영역에 자리를 내주었다.

| 나오는 말 |

4세기에 걸친 분열기를 지나 수가 589년에 중국을 재통일하고 뒤이어 당(618~906)이 들어서면서, 한의 멸망 이래 변모해왔던 중국 사회에 다시 단일한 황제 지배가 행해졌다. 한 제국의 계승 혹은 부활이라고 주장하였으나, 사실 수당 왕조는 5~6세기에 북중국을 지배했던 이전의 '오랑캐' 왕조—북위, 북주, 북제—에서 발전한 많은 제도와 관행을 흡수하였다.

최후의 토지국유제였던 균전제를 시행하고, 최후의 세습 군제였던 부병제를 실시하며, 조세를 곡식과 직물로 거두고, 도교와 불교 교단을 국가가 후원하며, 한대 이후 등장한 동방과 남방 먼 나라들과 정기적 대외관계를 맺고, 수당 황실이 한족이 아닌 가문과 빈번하게 혼인관계를 맺어 황실 내에 외국인을 받아들인 일 등은 모두 위진남북조 시대로부터의 유산이었다.

반면 반半세습적 귀족제의 등장을 촉진한 구품중정제를 폐지하고, 장안과 낙양에 새로운 모습을 띤 수도를 건설하고, 이제 전체 인구의 40퍼센트가량이 살게 된 남중국을 통합하고, 이전 세기에 이룬 발전을 공고히 하며 아울러 이후 명청대에 지배적으로 나타날 양상을 예고하는 새로운 형태의 국제관계를 보여준 일 등 새로운 면모도 많았다.

수의 남중국 정복은 빠르게 이루어졌다. 581년 쿠데타로 북주를 대신하여 왕조를 세운 수문제隋文帝(재위 581~604)는 선례가 없을 정도로 전략적으로 강력한 위치를 물려받았다. 북주의 선행 왕조인 서위가 552년에 사천을 점령하였고, 2년 후에는 강릉 주변의 양자강 중류 지역 대부분을 정복하였다. 후경侯景의 난 이후 등장한 남조의 진陳은 575년에 북제에 대한 북주의 공격에 동참하였다. 그러나 일단 577년에 북제가 멸망하자 북주는 이전 연맹이었던 진을 공격하여 그 군대 대부분을 격파하고 양자강까지 밀어붙였다. 이 시점에서 진은 당장이라도 멸망할 것처럼 보였고, 수 왕조로의 교체로 이어지게 될 북주 조정 내의 갈등 상황만이 이 정복 사업을 지연시키고 있었다.

하지만 587년, 자신의 지위가 확고해지자 수문제는 남중국을 정복하기 위한 준비를 시작했다. 이전에 북중국 군대를 가로막았던 주된 요인은 강력한 선단의 부재였다. 수의 장군들은 사천에서 주요 선단을, 그뿐 아니라 양자강 중류와 동부 해안에서 그보다는 작은 선단을 모으고 훈련시키는 일에 착수했다. 대규모 육상 병력도 구성되었다. 황자이자 이후 수의 두 번째 황제가 되는 양광楊廣이 명목상 지휘를 맡았고, 588년 말 드디어 침공이 시작되었다. 몇 차례의 전투 후에 수의 군대는 진의 군대를 강가에서 쓸어내고 양자강을 건너 수도 건강을 점령했다. 진의 황제는 포로로 잡혔고 자신의 군대에 항복 명령을 내렸다. 새로운 지배체제 하에서 자신들의 특권이 사라질 것을 두려워한 남중국 주요 가문들이 589년에 반란을 일으켰으나 곧 무자비하게 진압되었고, 남과 북 사이 정치적 분열은 드디어 막을 내렸다. 남북 두 지역 사이 긴장은 지속되었으나, 양광의 호의적인 통치로 인해 남쪽의 저항은 점차 줄어들었다. 양광은 파괴된 남조의 수도를 단양丹陽이라는 새 이름으로 재건하였고, 남조 불교사찰과 문학 모임의 열렬한 후원자가 되었다.[1]

다른 신생 왕조처럼 수 왕조는 제국 지배에 필수적이라고 간주된 일련의 제도들을 확립했다. 유교 경전 학습을 국가에서 후원하겠다고 확인한 것에 더하여 수문제는 574년과 578년에 북중국에서 탄압받을 뻔했던 불교와 도교도 지원하였다. 후원의 내용은 주요 사원을 국가의 후원을 받는 사원으로 공인하는 것, 정해진 규모의 출가를 허용하는 것, 사원에 기부하는 것, 특정한 경우에 행해지는 재齋를 후원하는 것 등이었다. 수문제는 부처의 사리를 제국 주요 도시에 배포하였다. 그리고 율령, 조세제도, 국가가 주관하는 토지제도, 북주의 부병제에 기초한 군사제도를 마련하였다. 마지막으로 수문제와 그 아들 수양제는 한대 이래 지속해온 한국과 중앙아시아 나라들과의 관계뿐 아니라 지금의 동남아시아 및 멀리 떨어진 일본 열도 나라들과의 관계를 계속

---

1) Graff, *Medieval Chinese Warfare*, pp. 129-135; Wright, *Sui Dynasty*, ch.4. 양광과 남중국과의 관계에 대해서는 Xiong, *Emperor Yang*, pp. 12-20.

하여 키워나갔다.[2]

수에서 이루어진 첫 번째 큰 개혁은 기득권 가문이 관직 진출에 유리하였던 구품중정제를 폐지한 것이었다. 수는 한대의 호칭을 부활시키고 지방 행정단위를 두 단계로만 하는 원칙으로 복귀하는 내용을 포함하여 중앙과 지방에서 일련의 관제 개혁을 단행했다. 이 두 가지는 수가 통일제국 한의 고전적 모델을 복원하려는 기획의 일부였다. 그러나 어디까지나 단일한 행정 개혁으로서 가장 중요한 것은 중정관을 없애고 가문 배경에 기초한 추천에 의존하여 관리를 임용하는 방식을 폐지한 일이었다. 이 제도는 일부 가문에게 관직으로 나아가는 길을 보장하고 그들이 수 세기 동안 사회에서 우위를 유지할 수 있도록 해준 주요 기제가 되어 있었다. 폐쇄적인 귀족 계급을 형성하지도 않았고 군사력이 지배하는 세상에서 정치적 통제력을 확보하지도 못하였으나, 이들 유력 가문은 누구도 도전하기 어려운 사회적 위세를 누렸고 단명한 왕조의 군주들이 관리 임명을 장악하지 못하도록 만들었다. 583년에 이러한 기존 방식을 폐지하고 중앙정부의 이부吏部에서 관리를 임명하여 매년 고과를 통해 통제하는 방식으로 바꾼 것은 황제 권력이 유력 가문들 위에 있음을 정식으로 재주장하는 첫 움직임이었다.[3]

또한 수는 시험 제도의 도입을 향해서 움직였다. 이 시험 제도는 송

---

2) 수대의 제도와 대외관계에 대해서는 Xiong, *Emperor Yang*, ch. 6, 9, 10. Wright, "Formation of Sui Ideology"도 참조.

3) Wright, "Sui Dynasty," pp. 81-93; Wright, *Sui Dynasty*, pp. 91-107. 구품중정제와 추천제도의 폐지에 대해서는 pp. 98-103.

대 이후 관직으로 나아가는 주요 경로가 된다. 587년 수문제는 매년 재능과 유가 경전에 대한 지식을 기준으로 선발된 관리 후보를 각 주에서 세 명씩 수도로 올려 보내라는 조를 내렸다. 이 후보들은 모종의 지방 시험을 통해 선발되었던 것으로 보인다. 문제는 각 주에 부처의 사리를 배포한 것과 연계하여 601년에 지방 학교를 대량으로 폐쇄하는 조치를 시행하였는데, 그의 뒤를 이은 양제煬帝(재위 605~618)는 학교를 되살리고 진사進士 시험을 도입하였다. 진사과는 이후 당 왕조와 그 이후 중국 왕조들 대부분에서 가장 중시되는 과거시험 과목이 되었다. 진晉과 북위 시대에는 지방 학교에 더하여 수도에 학교가 세 곳 있었다. 단편적 자료들을 보면 학교를 마친 후보들은 지방 단계에서는 구술시험을 통과해야 했고, 그 후에는 그들이 배치된 정부 기구에서 필기시험을 치러야 했다.[4]

수의 또 다른 혁신적 조치는 옛 장안의 동남쪽 위수渭水 유역에 대흥성大興城이라는 이름의 새 도성을 건설한 것이다(지도 15). 수 세기를 거치며 옛 장안성이 쇠락하기는 했으나, 그 지리적 입지 덕분에 장안은 이전부터 통치를 위한 안정된 근거지가 되어왔다. 장안은 북주를 포함해 서북방의 단명 정권들의 수도로 기능했었고, 수를 개창한 문제 본인도 처음에는 이곳에서 권력을 장악했었다. 새 도성을 위한 장소로 이곳을 선택함으로써 수는 중국을 재통일한 스스로의 위업을 장기간 통일 중국을 유지했던 마지막 왕조인 한과 연결 지었다.

4) Xiong, *Emperor Yang*, pp. 123-126. 문제의 부처 사리 배포에 대해서는 Sen, *Buddhism, Diplomacy, and Trade*, pp. 62-64.

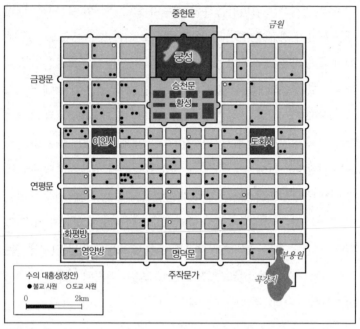

지도 15

　한의 장안성은 그 북쪽이 강이 흐르는 모양을 따라 형태가 정해진 불규칙한 모습을 하고 있었다. 새로운 장안성은 유가 경전의 내용을 따른 장방형 형태로, 한쪽 면이 6킬로미터에서 10킬로미터 사이인 거대한 도성이었다. 성 북쪽에는 넓은 금원禁苑이 있었다. 도성의 성벽 안으로는 북쪽 벽을 바로 등지고 황궁을 포함한 궁성宮城 구역이 있었다. 그 바로 남쪽은 역시 벽으로 둘러싸여 정부 부처들이 자리한 황성皇城 구역이었다. 이는 중국 제국 수도 설계에 있어서 새로운 형태였다. 외벽 내 다른 지역은 벽으로 둘러싸인 108개의 구역인 방坊으로 나뉘었는데, 이들 중 2개는 시장으로 쓰이고 106개는 거주 구역으로 기능하였다. 실제 건축 과정에서는 외벽이 가장 먼저 만들어지고, 그다음으로는 궁성 구역이 만들어져서, 583년에는 황제가 아직 거의 비어 있는 수도로 옮겨 왔다. 그리고 나서 황실 구성원이 자신들의 저택을 도성 내에 지었고, 불교사찰에 기부한 사람에게는 누구에게나 황제의 편액이 하사되었다. 이는 도성 안에 100개소가 넘는 사찰이 급속도로 건축되는 결과를 낳았다. 남조 진이 정복된 후에는 대규모 인구가 수도에 강제 이주되었다. 그럼에도 불구하고 수가 망하고 당이 들어설 때까지도 도성 대부분 지역은 아직도 비어 있는 상태였다. 새 왕조인 당은 기본적으로 종교와 행정의 중심이었던 곳을 활기 넘치는 주거 도시로 변모시켰다.[5]

　수의 두 번째 황제인 양제는 한의 두 번째 정치 중심이었던 낙양을 재건하였다. 낙양은 후한의 수도였고, 수십 년 동안 북위의 수도이기도 하였다(지도 16). 이 사업은 그의 재위 첫 해에 시행되었고, 그 크기가 대흥성의 절반을 조금 넘는 정도였음에도 불구하고 그 안에는 더욱 정교하고 호화로운 건물이 축조되었고, 결국에는 군주와 그의 왕조를 파멸로 이끄는 과시적 지출의 선례를 만들었다. 북으로는 산릉과 오래된 황릉 들로 막혀 있었으므로 낙양에서는 도성의 서쪽에 금원이 만들어졌고, 궁성 구역은 접근성을 고려하여 서북 모서리에 배치되었다. 대흥성과 마찬가지로 새로운 행정 중심은 궁성 구역의 바로 남쪽

---

5) Wright, "Sui Dynasty," pp. 78–81;Wright, *Sui Dynasty*, pp. 84–88; Xiong, *Sui-T'ang Chang'an*, ch. 2; Xiong, *Emperor Yang*, pp. 75–76, 82–87, 157–158.

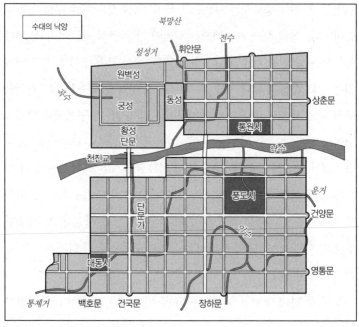

지도 16

에 건설되었고 중축선을 이루는 도로가 황성 구역의 남문으로부터 남쪽 외벽까지 똑바로 뻗어 있었다. 그러나 궁성과 황성이 서쪽에 치우친 배치로 인해 이 축선 도로는 대흥성의 경우처럼 도시를 동서로 양분하지는 않았다.

낙양을 남부와 북부로 양분한 것은 낙수洛水였고, 이로 인해 거주 구역과 시장의 배치에 다소 불규칙한 모습이 나타났다. 낙수의 북쪽에 있으면서 궁성과 황성을 이루는 구역은 30개의 방坊으로 나뉘어 있었고, 이들 중 2개는 합쳐져서 낙수에 인접한 시장을 형성하였다. 낙수

의 바로 남쪽에는 절반 크기의 방이 늘어서 있었고 그 남쪽은 66개의
정규 방이 바둑판처럼 구획되어 있었다. 그러나 이들 중 4개는 합쳐져
서 낙수 남쪽의 시장을 형성하였다. 이 시장은 운하를 통해 낙수에 연
결되어 있었다. 610년 이후에는 서남쪽 모서리에서 통제거通濟渠 운하
가 지나는 위치에 있는 방 하나가 세 번째 시장으로 기능하게 되었다.

　수의 동도東都인 낙양은 몇 가지 면에서 대흥성과 달랐다. 정부 부처
가 있는 황성 구역이 제자리를 벗어나 있었고, 그 결과 도성의 중축선
이 중심에서 벗어나 있었다. 양제는 대흥성에서 불교 시설에 대한 부
분적 정리를 단행하기도 하였는데, 낙양에는 원래 종교 시설이 훨씬
적었다. 가장 중요한 것은 궁성을 기준으로 대칭 형태로 양쪽에 자리
하는 두 개 시장을 가진 대흥성과 달리, 낙양은 수로에의 접근성에 따
라 위치가 결정된 세 개 시장을 가지고 있었다는 점이다. 우주론적이
고 정치적인 고려에 의해 그 위치가 정해진 대흥성의 시장들에 비하
면, 이처럼 실용적 위치에 자리한 낙양의 시장들이 실제 교역에는 훨
씬 적합하였다.[6] 도시계획에 있어서 교역이 중시된 것 그리고 무엇보
다도 수운에 기초한 교역이 중시된 것은 주목해야 할 새로운 특징이었
고, 중국에서 국가가 진화함에 따라 나타나는 중요한 발전이었다.

　수운의 새로운 중요성은 수대의 더 중요한 혁신, 즉 대량의 물자를
효과적으로 배를 통해 남에서 북으로, 동에서 서로 운송하기 위한 대
운하의 개통을 통해 구체화되었다. 이 대규모 토목 사업은 사람과 물
자의 대규모 이동을 원활하게 함으로써 지난 4세기 동안 정치적으로

---

6) Xiong, *Emperor Yang*, pp. 75-84.

분리되어 있던 황하 유역과 양자강 유역을 하나로 묶는 데 목적이 있었다. 무엇보다도 중요한 목표는 제국에서 가장 생산력이 높은 남중국으로부터 정복과 군사 지배를 통해 정치적 중심으로 확립된 북중국까지 곡물 운송을 가능하도록 만드는 일이었다.

대운하는 일반적으로 양제의 작품으로 알려져 있으나, 사실 몇몇의 옛 운하들과 수로들을 연결하는 이 사업은 그의 아버지인 문제가 이미 584년에 시작하였다. 문제는 토사가 쌓이기 쉽고 계절에 따라 수위가 낮아지는 위수와 평행으로 나 있던 한대의 옛 운하 광통거廣通渠를 복원하기로 결정했었다. 동쪽에 위치한 황하 하류의 비옥한 지역으로부터 수상 운송을 통해 곡식을 포함한 대량의 물품을 인구가 과밀한 관중의 수도 지역으로 운반하려는 의도였다(지도 17). 운하의 두 번째 구간은 통제거通濟渠인데, 낙양과 회수를 연결하고 그다음에는 한구邗溝라 불리던 옛 운하를 통해 강도江都(지금의 양주揚州) 근처까지 양자강으로 이어지는 것으로, 605년에 양제에 의해 착공되었다. 세 번째 구간도 역시 대부분 이전의 운하로를 따랐는데, 경구京口(지금의 진강鎭江) 근처에서 강남하江南河를 따라 여항餘杭에 있는 항주만杭州灣 입구에 이르는 것이었다. 두 수도의 주요 창고 몇 군데와 운하로 연변의 주요 지점에서는 곡식을 저장하거나 다른 선박에 옮겨 싣는 일도 가능했다.

608년에 착공된 마지막 구간은 낙양 근처의 낙수와 황하의 합류 지점으로부터 동북쪽으로 뻗어 나가 현재의 북경 근처에 이르렀다. 이 구간이 실제 본격적 굴착이 필요했던 유일한 구간이었다.[7] 이 구간은

---

7) 운하에 대해서는 Xiong, *Emperor Yang*, pp. 86-93; Wright, *Sui Dynasty*,

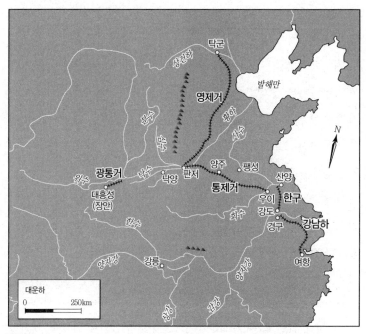

지도 17

동북 지역을 중원과 연결하였고 따라서 남중국과도 연결하였으며, 그럼으로써 중국 모든 지역을 수로로 연결하였다. 이 구간이 완공되자 고구려 침공을 위한 군량 보급도 가능해졌으나, 이 실패한 전쟁은 결과적으로는 수의 붕괴로 이어지고 말았다.

양제의 과다한 지출로 인한 압박으로 수가 붕괴된 후, 중국 역사가

pp. 177–181. 곡물 창고에 대해서는 Xiong, *Emperor Yang*, pp. 175–180.

이 운하가 후대 중국사에서 행한 역할에 대해서는 Van Slyke, *Yangtze*, ch. 6;
Tregear, *Geography of China*, pp. 78–80; Chi, *Key Economic Areas*,
pp. 113–121.

들은 대운하 굴착을 무자비하게 비판하였다. 그러나 장기적으로 보아 중국의 정치적 통일에 있어 대운하가 지니는 중요성은 아무리 강조해도 지나치지 않다. 이미 남중국에 존재하고 있던 운하망과 더불어 대운하는 사천을 제외한 중국의 생산성 높은 모든 지역으로부터 수도까지의 수상 운송을 가능하게 만들었다. 사천의 경우는 장안까지 이미 잘 만들어진 육로로 연결되어 있었고, 인구가 많은 양자강 하류 지역과는 강으로 연결되어 있었다. 상징적이면서 실질적인 운송 방식으로서 대운하는 이전 4세기 동안 독자적으로 발전해왔던 두 지역을 하나의 통일된 국가 안으로 통합시켰다. 경제 발전과 인구 증가로 인해 남중국이 가장 인구가 많고 생산성 높은 지역이 됨에 따라, 그리고 군사적으로나 정치적으로 우세한 북중국에 식량을 공급하는 일이 주로 운하에 의존하게 됨에 따라, 두 지역 간 연계는 더욱 더 중요해졌다. 원, 명, 청 왕조 치하 통일 중국의 수도로 북경이 떠오르게 된 것은 운하를 중국 동북부로 확장시키겠다는 수양제의 결정이 낳은 결과물이었다.

이처럼 여러 면에서 후대에 중요한 영향을 미쳤음에도 불구하고, 대운하는 건설한 본인에게는 재앙이나 마찬가지였다. 대운하 공사는 막대한 자금과 노동력을 소비했다. 여기에만 소요된 비용만을 놓고 본다면 그다지 파괴적 결과를 불러오지는 않았을 텐데, 양제가 대운하 공사뿐만 아니라 과시적 지출을 확대한 것이 문제였다. 그는 수도 두 곳과 또 다른 곳에 정교하게 장식된 거대한 건물들을 세우기 위해 비용을 지불했다. 낙양 서쪽 금원, 대운하망을 따라 위치한 주요 지점들, 북방 변경의 주요 지점들, 강도와 단양 같은 남방의 주요 도시

근처나 내부 등지에 찬란하게 장식된 건물로 이루어진 별궁들을 축조한 것이었다. 이들 별궁은 양제가 그의 영토 어느 곳으로 이동하든지 호화로운 숙소를 제공하는 역할을 했다. 그러나 정치적이고 전략적인 용도는 있었겠지만, 재정적으로는 심각한 누수를 초래하고 말았다.

이들 별궁을 축조한 일은 강도에 지었다는 상상의 건물인 미루迷樓와 관련된 설화를 낳았다. 여기서 양제는 미로처럼 꾸며진 건물의 비밀스러운 방 깊은 곳에서 상상할 수 있는 모든 종류의 육체적 쾌락에 빠져 있었다는 것이다. 후대의 소설에서 이 건물과 건물의 주민은 걷잡을 수 없는 관능의 전형적 이미지를 이루었다.[8] 이처럼 대규모 건설 사업으로 조정을 파산에 이르게 했음에도 양제는 동북으로 고구려 침공을 거듭하여 감행했고, 결국에는 이것이 수가 붕괴하는 기폭제가 되었다.

대운하망의 다른 구간과 달리 동북 구간은 중심 지역으로부터 멀리 변경의 군대로 보급품을 보내고 그렇게 함으로써 변경 지역을 제국에 묶어 두도록 계획된 것이었다. 동북의 군대는 처음에는 수비가 목적이었으나, 대외관계의 변화는 이 군대가 제국의 파멸을 불러올 공격을 감행하도록 만들었다. 수는 30년 정도의 지배 기간을 거쳐 안정감을 유지하기에 이르자, 동아시아 세계의 중심이라는 정당한 자리에 중국을 되돌려놓고자 하였다. 수는 남쪽으로 몇 차례 원정을 시도하여 성공하지는 못했으나 처참한 실패도 아닌 결과를 얻었다. 중앙

---

8) Owen, *Mi-lou*의 서문을 참조. 명청대 소설에 등장하는 이 건물에 대해서는 Li, *Fictions of Enlightenment*, pp. 149, 167, 204 주 98) 참조.

아시아 원정은 보다 성공적 결과를 가져와, 고창高昌 및 다른 몇몇 주
요 국가로부터 종주권을 인정받고 조공을 받게 되었다. 또한 중국 북
쪽의 광대한 지역을 장악하고 있던 돌궐에 정치 공작을 추진하여 돌궐
제국을 둘로 분열시키는 데 성공하였고 현재의 몽골 지역에 자리한 동
돌궐의 계승 분쟁을 조장하였다.[9]

그러나 607년에 승자인 양제와 그에 복속하는 동돌궐의 군주가 만
나는 자리에서 중국 측은 고구려에서 온 사절단과 마주쳤다. 북방의
잠재적 두 적대세력인 동돌궐과 고구려가 연합할 것을 우려하여 수는
고구려가 정식으로 수에 복속할 것을 요구하는 서신을 보냈다. 이 요
구가 거부되자 양제는 609년에 대운하의 동북 구간이 완공되기를 기
다렸다가 군대를 일으켜 그해 이른 여름 고구려를 침공했다. 그러나
수의 군대는 요하遼河를 따라 있는 고구려 성들에 가로막혀 제대로 진
군하지 못했고 늦여름이 되어 비가 많이 내리자 아예 더 이상 나아가
지 못했다.

613년에 이루어진 두 번째의 대규모 징병은 홍수로 피해 입은 지역
에서 반란을 촉발하는 계기가 되었고, 원정 자체는 낙양으로부터 멀
지 않은 곳에서 일어난 큰 반란으로 중단되고 말았다. 전국 각지에서
일어난 반란의 와중에 자신의 제국이 해체되어가는 상황임에도, 양제
는 이제 거의 개인적 집착이 된 듯한 일을 고집스레 추진하여 614년에
결국 세 번째 원정을 개시하였다. 양제와 그의 군대는 고구려 수도에
도착하였고 고구려 왕으로부터 복속하겠다는 약속을 받아냈다. 이 약

9) Xiong, *Emperor Yang*, ch. 10.

속이 지켜지지 않자 양제는 또다시 원정을 지시했으나, 이미 이때는 거의 중국 전체가 반란에 휩싸여 있었고, 양제의 명령을 따르는 군대는 없었다. 나라 전체가 내전 상태로 빠져 들자 양제는 자신이 좋아했던 남중국으로 피신했다. 618년 그는 강도에서 자신이 아꼈던 장군의 아들에게 살해당했다. 그의 진정한 업적들에도 불구하고 양제는 중국 역사에서 자신의 왕조를 파멸시킨 잔혹한 과대망상증 환자로 남고 말았다.[10]

양제가 정치적으로 실패하고 잇따라 수가 붕괴한 것은 일면 성격상의 문제 때문이라 볼 수 있을지도 모르나, 이러한 일들은 후대에 지리적 특성으로 인해 발생하게 될 구조적 갈등을 축소된 형태로 예고하는 것이기도 했다. 양제는 돌궐에 대해서는 분열과 지배라는 고전적 전략을 채택하면서도, 이성적으로 이해하기 어렵지만 고구려에 대해서는 실제로 정복하기를 고집하였다. 그의 이러한 태도는 아마도 유목민은 계속 이방인으로 남는 반면 정주민은 중국 영역 안에 속한다고 생각한 그의 사고방식에서 비롯된 것일지도 모른다.[11] 그러나 그 정주적 혹은 혼합적 성격 덕분에 동북 지역 민족들은 북중국에 모용씨의 연을 비롯하여 북위, 북주, 북제 등의 국가를 건설하였고, 나중에는 그들을 중국에 편입시키려는 중국 측의 반복되는 시도에 저항할 수 있었다. 결국 이후 시대에 중국 전체 혹은 상당 부분을 정복한 왕조들은 대

---

10) 수의 멸망에 대해서 Wright, *Sui Dynasty*, ch. 9; Graff, *Medieval Chinese Warfare*, ch. 7. 양제에 대한 기존의 역사적 평가에 대해서는 Wright, "Sui Yang-ti." 그의 개성과 이력에 대한 재평가를 위해서는 Xiong, *Emperor Yang* 참조.

11) Xiong, *Emperor Yang*, pp. 218~220.

부분—요, 금, 청—동북 지역에서 등장하였다. 이들 민족과 중국 사이의 군사적 긴장관계는 동북 변경 근처에 있는 북경을 제국의 수도로 확립시키기에 이르렀다.

의도치 않게 후세에 동북 지역에 정치 중심이 자리 잡을 첫 터전을 마련하였고 이 지역의 직접 지배를 자신이 생각한 중국을 이루는 데 중요한 부분으로 만들었으나, 막상 수양제 자신은 운하와 강이 모여드는 낙양에 수도를 두었고, 보다 풍요롭고 세련된, 그리고 그 자신이 점점 더 많은 시간을 보내게 된 양자강 하류에서의 삶을 선호했다. 대흥성은 북주와 수의 지배 집단의 근거지인 관중 지역의 중심에 만든 수도로서 전략적으로 더 안정된 곳이었으나, 양제는 이 도시를 거부하였다. 그는 옛 수도 지역에 거주하는 것을 거부하였을 뿐 아니라 양자강 지역 출신 인사들을 실질적 재상으로 임용했다. 왕조 말기에 국가가 붕괴하고 관리들이 최고의 장군과 병사들의 고향이자 보다 안전한 관중으로 피신할 것을 권하였을 때, 양제는 여전히 이를 거절하고 그 대신 강도에서의 피할 수 없는 패배와 죽음을 선택하였다.[12]

양제가 강남에 치중한 이유가 감수성과 정서 때문으로 보일지도 모르겠으나, 양자강 유역은 그 이후 세기에 실제로 인구·경제·문화의 중심이 되었다. 양제의 개인적·정치적 비극은 동북 지역에 대한 군사적 집착과 남중국을 중심으로 하는 개인적 삶 사이에 그 자신이 분열되어 있었다는 데서 비롯하였다. 이는 후대 중국이 군사적으로 우세한 북방과 경제적으로나 문화적으로 우세한 남방으로 나뉘는 지리적 갈등

---

12) 같은 책, pp. 64-66, 71, 116-120, 232-233.

국면을 축소된 형태로 미리 보여주는 것이었다. 그러나 수가 비극으로 막을 내리고 후대 중국의 기본적 특징들이 나타나기까지의 사이에는 당이라고 하는 왕조의 파란만장한 역사가 놓여 있었다.

위진남북조 주요 연표

196년   조조에 의한 첫 둔전 설치

208년   조조가 적벽에서 패전. 재통일의 가능성 상실

220년   후한 마지막 황제의 선양과 위 왕조의 개창. 구품중정제 실시

222년   오 왕조 개창. 삼국 시대의 시작

249년   사마씨의 쿠데타

265년   진 왕조가 위 왕조를 대체

280년   진이 오를 정복하고 중국을 재통일

300년   팔왕의 난

304년   유연이 스스로 '한왕漢王'을 칭함. 십육국의 첫 국가

311년   낙양 점령과 약탈. 진 조정은 장안과 남중국으로 피신

316년   장안 점령과 약탈

317년   동진 조정이 남중국에 건립. '남북조' 시대의 시작[1]

322년   왕돈이 동진 조정에 대해 반란을 일으킴. 양자강 하류와 중류 사이의
          첫 분열.

337년   전연의 성립. 동북 지역 '이원적' 국가의 효시

347년   환온의 사천 정복

350년   낙양에서 염민이 이민족을 학살

354년   환온이 관중 지역 침공. 부견이 격퇴

356년   환온이 낙양 점령. 365년까지 동진이 점유

---

1) 저자의 구분에 따른 '남북조' 시대임에 주의할 필요가 있다.-역주

369년   환온이 마지막 북벌을 실패하였으나 황제가 되기 위해 준비.

376년   사씨 가문이 북부병을 창설

381년   부견이 북중국의 재통일을 완수

383년   부견이 남중국 원정에 실패하고 곧이어 전진이 붕괴

386년   탁발규가 동북부에 대국 건설

398년   탁발규가 모용씨 정복하고 평성에 북위의 도성 건설

399년   손은이 이끄는 도교 반란이 양자강 하류 지역을 초토화

402년   환현이 건강을 점령하고 북부병 지휘부를 숙청

404년   유유가 환현을 격파. 무인이 남중국을 장악

420년   유유가 송 왕조 창업. 남조의 시작

426년   북위가 장안 점령하여 실질적으로 북중국을 재통일

439년   북위가 감숙회랑 점령하여 북중국 정복을 완수

442년   북위에서 도교 신정神政 실시

446년   북위에서 불교 탄압

450년   최호의 국사 사건으로 북위 조정에서 한족 관료 숙청

459년   북위에서 운강에 석굴사원 조영 시작

479년   남조 송—제 왕조 교체

485년   북위에서 균전제 시행

493년   북위 효문제가 수도를 낙양으로 옮기고 한화 정책 실시

494년   북위에서 용문에 석굴사원 조영 시작

502년   남조 제—양 왕조 교체. 양무제의 치세 시작

523년   북위에서 육진의 난 일어남

528년   이주영이 낙양 점령하고 궁중 인사들을 학살

535년	북위가 공식적으로 양분. 각각의 수도는 업과 장안
548년	후경의 난
549년	건강 함락. 양무제 사망. 서위에서는 호성胡姓으로 복귀
550년	북제 수립. 서위에서 부병제 창설
557년	북주 수립. 남조 진 왕조 수립
574년	북주에서 불교 탄압
577년	북주가 북중국을 재통일
581년	쿠데타로 수 왕조 개창
589년	수가 진을 정복하여 중국을 재통일
595년	구품중정제 폐지
610년	대운하 완공
612년	1차 고구려 침공
613년	2차 고구려 침공. 대규모 반란 발생
617년	당 왕조의 창업자인 이연李淵이 태원에서 반란 일으킴
618년	당 왕조가 수를 대체

중국의 역대 왕조

상商	기원전 1600~기원전 1027
주周	기원전 1027~기원전 256
서주西周	기원전 1027~기원전 771
동주東周	기원전 771~기원전 256
춘추시기春秋時期	기원전 722~기원전 481
전국시기戰國時期	기원전 476~기원전 221
진秦	기원전 221~기원전 206
전한前漢	기원전 206~기원후 8
신新	8~23
후한後漢	23~220
삼국三國(위魏, 촉蜀, 오吳)	220~280
서진西晉	265~317
위진남북조魏晉南北朝	317~589
수隋	589~618
당唐	618~907
오대五代	907~960
송宋	960~1279
북송北宋	960~1126
남송南宋	1126~1279
원元	1279~1368
명明	1368~1644
청淸	1644~1912

참고문헌

영어 프랑스어 독일어

Abe, Stanley. *Ordinary Images*. Chicago: University of Chicago Press, 2002.

Ahern, Emily. *The Cult of the Dead in a Chinese Village*. Stanford: Stanford University Press, 1973.

Akahori, Akira. "Drug Taking and Immortality." In *Taoist Meditation and Longevity Techniques*. Ed. Livia Kohn. Ann Arbor: University of Michigan, Center for Chinese Studies, 1989.

Analects of Confucius, The. Tr. Simon Leys. New York: Norton, 1997.

Asselin, Mark Laurent. "'A Significant Season': Literature in a Time of Endings: Cài Yōng and a Few Contemporaries." Ph.D. diss., University of Washington, 1997.

Backus, Charles. *The Nan-chao Kingdom and T'ang China's Southwestern Frontier*. Cambridge: Cambridge University Press, 1981.

Balazs, Etienne. "Nihilistic Revolt or Mystical Escapism: Currents of Thought in China During the Third Century A.D." In *Chinese Civilization and Bureaucracy: Variations on a Theme*. Ed. Arthur F. Wright. Tr. H. M. Wright. New Haven: Yale University, 1964.

――. "Political Philosophy and Social Crisis at the End of the Han Dynasty." In *Chinese Civilization and Bureaucracy: Variations on a Theme*. Ed. Arthur F. Wright. Tr. H. M. Wright. New Haven: Yale University Press, 1964.

――. *Le Traité économique du "Souei-chou."* Leiden: E. J. Brill, 1953.

――. "Two Songs by Ts'ao Ts'ao." In *Chinese Civilization and Bureaucracy: Variations on a Theme*. Ed. Arthur F. Wright. Tr. H. M. Wright. New Haven: Yale University Press, 1964.

Baptandier, Brigitte. *The Lady of Linshui: A Chinese Female Cult*. Tr. Kristin Ingrid Fryklund. Stanford: Stanford University Press, 2008.

Barfield, Thomas F. *The Perilous Frontier: Nomadic Empires and China*. Oxford: Basil

Blackwell, 1989.

Barnes, Gina. *China, Korea, and Japan: The Rise of Civilization in East Asia*. London: Thames and Hudson, 1993.

Benn, Charles D. *The Cavern-Mystery Transmission: A Taoist Ordination Rite of A.D. 711*. Honolulu: University of Hawai'i Press, 1991.

Berkowitz, Alan J. *Patterns of Disengagement: The Practice and Portrayal of Reclusion in Early Medieval China*. Stanford: Stanford University Press, 2000.

Bielenstein, Hans. "The Six Dynasties: Vol. 1." *Bulletin of the Museum of Far Eastern Antiquities* 68 (1996): 5–324.

———. "The Six Dynasties: Vol. 2." *Bulletin of the Museum of Far Eastern Antiquities* 69 (1997): 5–246.

———. "Wang Mang, the Restoration of the Han Dynasty, and Later Han." In *Cambridge History of Ancient China*, Vol. 1: *The Ch'in and Han Empires*.Ed. Michael Loewe. Cambridge: Cambridge University Press, 1986.

Billeter, Jean Francois. *The Chinese Art of Writing*. New York: Rizzoli, 1990.

Birrell, Anne, tr. *New Songs from a Jade Terrace*. London: George Allen and Unwin, 1982.

———. *Popular Songs and Ballads of Han China*. London: Unwin Hyman, 1988.

Bischoff, Friedrich Alexander. *The Songs of the Orchis Tower*. Wiesbaden: Otto Harrassowitz, 1985.

Blackmore, Michael. "The Rise of Nan-chao in Yunnan." *Journal of South-east Asian History* 1 (1960): 47–61.

Bodde, Derk. Festivals in Classical China: *New Year and Other Annual Observances During the Han Dynasty, 206 B.C.–A.D. 220*. Princeton: Princeton University Press, 1975.

Bokenkamp, Stephen R. *Ancestors and Anxiety: The Birth of Rebirth in China*. Berkeley: University of California Press, 2007.

———. "Death and Ascent in Ling-pao Taoism." *Taoist Resources* 1:2 (1989): 1–20.

———. *Early Daoist Scriptures*. Berkeley: University of California Press, 1997.

———. "Sources of the Ling-pao Scriptures." In *Special Issue: Tantric and Taoist Studies in Honour of R. A. Stein*, Vol. 2. Ed. Michel Strickmann. *Mélanges chinoises et bouddhiques* 21 (1983): 434–486.

———. "Stages of Transcendence: The *Bhūmi* Concept in Taoist Scripture." In *Chinese Buddhist Apocrypha*. Ed. Robert E. Buswell, Jr. Honolulu: University of Hawai'i Press, 1990.

Boulton, Nancy Elizabeth. "Early Chinese Buddhist Travel Records as a Literary Genre." Ph.D. diss., Georgetown University, 1982.

Bray, Francesca. *The Rice Economies: Technology and Development in Asian Societies*. London: Basil Blackwell, 1986.

Buchanan, Keith. *The Transformation of the Chinese Earth*. London: G. Bell and Sons, 1970.

Bush, Susan. "The Essay on Painting by Wang Wei (415–453) in Context." In *Chinese Aesthetics: The Ordering of Literature, the Arts, and the Universe in the Six Dynasties*. Ed. Zong-qi Cai. Honolulu: University of Hawai'i Press, 2004.

Bush, Susan, and Hsio-yen Shih, eds. *Early Chinese Texts on Painting*. Cambridge: Harvard University Press, 1985.

Cahill, Suzanne. *Divine Traces of the Daoist Sisterhood*. Magdalena, New Mexico: Three Pines Press, 2006.

———. "Material Culture and the Dao: Textiles, Boats, and Zithers in the Poetry of Xu Xuanji (844–868)." In *Daoist Identity: History, Lineage, and Ritual*. Ed. Livia Kohn and Harøld D. Roth. Honolulu: University of Hawai'i Press, 2002.

———. "Smell Good and Get a Job: How Daoist Women Saints were Verified and Legitimatized during the Tang Dynasty (618–907)." In *Presence and Presentation: Women in the Chinese Literati Tradition*. Ed. Sherry J. Mou. London: MacMillan, 1999.

———. *Transcendence and Divine Passion: The Queen Mother of the West in Medieval China*. Stanford: Stanford University Press, 1993.

Cai, Zong-qi, ed. *Chinese Aesthetics: The Ordering of Literature, the Arts, and the Universe in the Six Dynasties*. Honolulu: University of Hawai'i Press, 2004.

———. "The Making of a Critical System: Concepts of Literature in *Wenxin diaolong* and Earlier Texts." In *A Chinese Literary Mind: Culture, Creativity, and Rhetoric in Wenxin Diaolong*. Ed. Zong-qi Cai. Stanford: Stanford University Press, 2001.

———. *The Matrix of Lyrical Transformation: Poetic Modes and Self-Presentation in*

Early Chinese Pentasyllabic Poetry. Ann Arbor: University of Michigan, Center for Chinese Studies, 1996.

Campany, Robert Ford. *Strange Writing: Anomaly Accounts in Early Medieval China*. Albany: State University of New York Press, 1996.

———. *To Live as Long as Heaven and Earth: A Translation and Study of Ge Hong's Traditions of Divine Transcendents*. Berkeley: University of California Press, 2002.

Caswell, James O. *Written and Unwritten: A New History of the Buddhist Caves at Yungang*. Vancouver: University of British Columbia Press, 1988.

Cedzich, Ursula-Angelika. "Ghosts and Demons, Law and Order: Grave Quelling Texts and Early Daoist Liturgy." *Taoist Resources* 4:2 (1993): 34–35.

Chang, Kang-i Sun. "Description of Landscape in Early Six Dynasties Poetry." In *The Vitality of the Lyric Voice: Shih Poetry from the Late Han to the T'ang*. Ed. Shuen-fu Lin and Stephen Owen. Princeton NJ: Princeton University Press, 1986.

———. "Liu Xie's Idea of Canonicity." In *A Chinese Literary Mind: Culture, Creativity, and Rhetoric in Wenxin Diaolong*. Ed. Zong-qi Cai. Stanford: Stanford University Press, 2001.

———. *Six Dynasties Poetry*. Princeton: Princeton University Press, 1986.

Chang, Sung-sheng Yvonne. "Generic Transformation from 'Yuefu' to 'Gushi': Poetry of Cao Cao, Cao Pi, and Cao Zhi." Ph.D. diss., Stanford University, 1985.

Chen, Chi-yun. "A Confucian Magnate's Idea of Political Violence: Hsün Shuang's (A.D. 128–190) Interpretation of the Book of Changes." *T'oung Pao* 54:1–3 (1968): 73–115.

———. *Hsün Yüeh: The Life and Reflections of an Early Medieval Confucian*. Cambridge: Cambridge University Press, 1975.

Ch'en, Kenneth K. S. *Buddhism in China: A Historical Survey*. Princeton: Princeton University Press, 1964.

———. *The Chinese Transformation of Buddhism*. Princeton: Princeton University Press, 1973.

Chen, Shih-hsiang. *Biography of Ku K'ai-chih*. Chinese Dynastic Histories Translations No. 2. Berkeley: University of California Press, 1953.

Chi, Ch'ao-ting. *Key Economic Areas in Chinese History as Revealed in the Development of Public Works for Water-Control*. London: George Allen and Unwin, 1936.

China: Dawn of a Golden Age, 200–750 A.D. Exhibition catalogue for the Metropolitan Museum of Art, edited by James C. Y. Wyatt. New Haven: Yale University Press, 2004.

Clunas, Craig. *Fruitful Sites: Garden Culture in Ming Dynasty China.* Durham: Duke University Press, 1996.

Cole, Alan. *Mothers and Sons in Chinese Buddhism.* Stanford: Stanford University Press, 1998.

Connery, Christopher Leigh. "Jian'an Poetic Discourse." Ph.D. diss., Princeton University, 1991.

Cook, Constance A., and John S. Major, eds. *Defining Chu: Image and Reality in Ancient China.* Honolulu: University of Hawai'i Press, 1999.

Crowell, William G. "Government Land Policies and Systems in Early Imperial China." Ph.D. diss., University of Washington, 1979.

––––––. "Northern Emigres and the Problems of Census Registration." In *State and Society in Early Medieval China.* Ed. Albert E. Dien. Stanford: Stanford University Press, 1990.

Csikszentmihàlyi, Mark. "Traditional Taxonomies and Revealed Texts in the Han." In *Daoist Identity: History, Lineage, and Ritual.* Ed. Livia Kohn and Harold D. Roth. Honolulu: University of Hawai'i Press, 2002.

Cutter, Robert Joe. "Cao Zhi (192–232) and his Poetry." Ph.D. diss., University of Washington, 1983.

––––––. "To the Manner Born? Nature and Nurture in Early Medieval Chinese Literary Thought." In *Culture and Power in the Reconstitution of the Chinese Realm, 200–600.* Ed. Scott Pearce, Audrey Spiro, and Patricia Ebrey. Cambridge: Harvard University Press, 2001.

Cutter, Robert Joe, and William Gordon Crowell, tr. *Empresses and Consorts: Selections from Chen Shou's Records of the Three States with Pei Songzhi's Commentary.* Honolulu: University of Hawai'i Press, 1999.

Davis, A. R., tr. *T'ao Yüan-ming.* 2 vols. Cambridge: Cambridge University Press, 1983.

Declercq, Dominik. *Writing Against the State: Political Rhetorics in Third and Fourth Century China.* Leiden: E. J. Brill, 1998.

de Crespigny, Rafe, tr. *Emperor Huan and Emperor Ling: Being the Chronicle of Later*

Han for the Years 157 to 189 A.D. as Recorded in Chapters 54 to 59 of the Zizhi tongjian of Sima Guang. Canberra: Australian National University Press, 1989.

——. *Generals of the South: The Foundation and Early History of the Three Kingdoms State of Wu.* Canberra: Australian National University Press, 1990.

——, tr. *To Establish Peace: Being the Chronicle of Later Han for the Years 189 to 220 A.D. as Recorded in Chapters 59 to 69 of the Zizhi tongjian of Sima Guang.* Canberra: Australian National University Press, 1997.

Delahaye, Hubert. *Les Premières peintures de paysage en Chine: aspects religieux.* Paris: École Française d'Extrême-Orient, 1981.

de la Vaissière, Étienne. *Les Sogdiens en Chine.* Paris: École Française d'Extrême Orient, 2005.

——. *Sogdian Traders: A History.* Tr. James Ward. Leiden: E. J. Brill, 2005.

Despeux, Catherine. "Gymnastics: The Ancient Tradition." In *Taoist Meditation and Longevity Techniques.* Ed. Livia Kohn. Ann Arbor: University of Michigan, Center for Chinese Studies, 1989.

——. "Women in Daoism." In *Daoism Handbook.* Ed. Livia Kohn. Leiden: E. J. Brill, 2000.

Di Cosmo, Nicola. *Ancient China and Its Enemies: The Rise of Nomadic Power in East Asian History.* Cambridge: Cambridge University Press, 2002.

Dien, Albert E. "The Bestowal of Surnames under the Western Wei-Northern Chou: A Case of Counter-Acculturation." *T'oung Pao* 63 (1977): 137–177.

——. "Developments in Funerary Practices in the Six Dynasties Period: The *Duisuguan* or 'Figured Jar.'" In *Between Han and Tang: Cultural and Artistic Interaction in a Transformative Period.* Ed. Wu Hung. Beijing: Wenwu, 2001.

——. "Elite Lineages and the T'o-pa Accommodation: A Study of the Edict of 495." *Journal of the Economic and Social History of the Orient* 19:1 (1976): 61–88.

——. "Introduction." In *State and Society in Early Medieval China.* Ed. Albert E. Dien. Stanford: Stanford University Press, 1990.

——. "A New Look at the Xianbei and Their Impact on Chinese Culture." In *Ancient Mortuary Traditions of China: Papers on Chinese Ceramic Funerary Sculptures.* Ed. George Kuwayama. Los Angeles: Los Angeles County Museum of Art, 1991.

——. "The Role of the Military in the Western Wei/Northern Chou State." In *State and Society in Early Medieval China.* Ed. Albert E. Dien. Stanford: Stanford University Press, 1990.

———. "The '*Sa-pao*' Problem Re-examined." *Journal of the American Oriental Society* 82 (1962): 335–346.

———. "The Stirrup and Its Effect on Chinese Military History." *Ars Orientalis* 16 (1986): 33–56.

———. "A Study of Early Chinese Armor." *Artibus Asiae* 43 (1982): 5–66.

———. "Yen Chih-t'ui (531–591+): A Buddho-Confucian." In *Confucian Personalities.* Ed. Arthur F. Wright and Denis Twitchett. Stanford: Stanford University Press, 1962.

Diény, Jean-Pierre. *Les dix-neufs poèmes anciens.* Paris: Presses Universitaires de France, 1963.

———. "Lecture de Wang Can (177–217)." *T'oung Pao* 73 (1987): 286–312.

———. *Portrait anecdotique d'un gentilhomme chinois, Xie An (320–385) d'après "Shishuo xinyu."* Paris: Collège de France, Institut des Hautes Études Chinoises, 1993.

———. "Le saint ne rêve pas: De Zhuangzi à Michel Jouvet." *Études chinoises* 20:1–2 (Printemps-Automne 2001): 127–200.

Dudbridge, Glen. *The Legend of Miaoshan.* Rev. ed. Oxford: Oxford University Press, 2004.

———. *The Tale of Li Wa: Study and Critical Edition of a Chinese Story from the Ninth Century.* Oxford: Ithaca Press, 1983.

Eberhard, Wolfram. *A History of China.* Rev., enl. ed. Berkeley: University of California Press, 1971.

———. *Das Toba-Reich Nordchinas: Eine soziologische Untersuchung.* Leiden: E. J. Brill, 1949.

Ebrey, Patricia B. *The Aristocratic Families of Early Imperial China: A Case Study of the Po-ling Ts'ui Family.* Cambridge: Cambridge University Press, 1978.

———. "The Early States in the Development of Descent Group Organization." In *Kinship Organization in Late Imperial China.* Ed. Patricia Buckley Ebrey and James L. Watson. Berkeley: University of California Press, 1986.

———. "The Economic and Social History of Later Han." In *Cambridge History of Ancient China*, Vol. 1: The Ch'in and Han Empires. Ed. Michael Loewe. Cambridge: Cambridge University Press, 1986.

———. "Toward a Better Understanding of the Later Han Upper Class." In *State and Society in Early Medieval China*. Ed. Albert E. Dien. Stanford: Stanford University Press, 1990.

Eckel, Malcom David. *To See the Buddha: A Philosopher's Quest for the Meaning of Emptiness*. Princeton: Princeton University Press, 1992.

Egan, Ronald. "Nature and Higher Ideals in Texts on Calligraphy, Music, and Painting." In *Chinese Aesthetics: The Ordering of Literature, the Arts, and the Universe in the Six Dynasties*. Ed. Zong-qi Cai. Honolulu: University of Hawai'i Press, 2004.

———. "Poet, Mind, and World: A Reconsideration of the 'Shensi' Chapter of *Wenxin diaolong*." In *A Chinese Literary Mind: Culture, Creativity, and Rhetoric in Wenxin Diaolong*. Ed. Zong-qi Cai. Stanford: Stanford University Press, 2001.

Enoki, Kazuo. "On the Nationality of the Ephtalites." *Memoirs of the Research Department of the Toyo Bunko* 18 (1959): 1–58.

Fang, Achilles, tr. *The Chronicle of the Three Kingdoms (220–265): Chapters 69–78 from the Tzu chih t'ung chien*. Cambridge: Harvard University Press, 1952.

Faure, Bernard. *The Rhetoric of Immediacy: A Cultural Critique of Chan/Zen Buddhism*. Princeton: Princeton University Press, 1991.

Forte, Antonino. *Political Propaganda and Ideology in China at the End of the Seventh Century*. Naples: Istituto Universitario Orientale, 1976.

Frankel, Hans H. "Cai Yan and the Poems Attributed to Her." *Chinese Literature: Essays, Articles, Reviews* 5 (1983): 133–156.

Frodsham, J. D. *The Murmuring Stream: The Life and Works of the Chinese Nature Poet Hsieh Ling-yün (385–433), Duke of K'ang-lo*. 2 vols. Kuala Lumpur: University of Malaya, 1967.

Gernet, Jacques. *Buddhism in Chinese Society: An Economic History from the Fifth to the Tenth Centuries*. Tr. Franciscus Verellen. New York: Columbia University Press, 1995.

Goh, Meow Hui. "Tonal Prosody in Three Poems by Wang Rong." *Journal of the American Oriental Society* 124:1 (2004): 59–68.

———. "Wang Rong's (467–493) Poetics in the Light of the Invention of Tonal

Prosody." Ph.D. diss., University of Wisconsin, 2004.

Goodman, Howard L. *Ts'ao P'i Transcendent: The Political Culture of Dynasty-Founding in China at the End of the Han.* Seattle: Scripta Serica, 1998.

Goodrich, Chauncey S. "Riding Astride and the Saddle in Ancient China." *Harvard Journal of Asiatic Studies* 44:2 (December 1984): 279–306.

Graff, David A. *Medieval Chinese Warfare, 300–900.* London: Routledge, 2002.

Grafflin, Dennis. "The Great Family in Medieval South China." *Harvard Journal of Asiatic Studies* 41:1 (June 1981): 65–74.

——. "Reinventing China: Pseudobureaucracy in the Early Southern Dynasties." In *State and Society in Early Medieval China.* Ed. Albert E. Dien. Stanford: Stanford University Press, 1990.

Graham, William T., Jr. *'The Lament for the South,': Yü Hsin's 'Ai Chiang-nan fu.'* Cambridge: Cambridge University Press, 1980.

Great Tang Dynasty Record of the Western Regions, The. Tr. Li Rongxi. Berkeley: Numata Center for Buddhist Translation and Research, 1996.

Greatrex, Roger. *The Bowu zhi: An Annotated Translation.* Stockholm: Orientaliska Studier, 1987.

Han, Pao-the. *External Forms and Internal Visions: The Story of Chinese Landscape Design.* Taipei: Youth Cultural Enterprises, 1992.

Harley, J. B., and David Woodward, eds. *The History of Cartography*, Vol. 2: *Book* 2: *Cartography in the Traditional East and Southeast Asian Societies.* Chicago: University of Chicago Press, 1995.

Harper, Donald. *Early Chinese Medical Literature: The Mawangdui Medical Manuscripts.* London: Kegan Paul, 1998.

Harrist, "Replication and Deception in Calligraphy of the Six Dynasties Period." In *Chinese Aesthetics: The Ordering of Literature, the Arts, and the Universe in the Six Dynasties.* Ed. Zong-qi Cai. Honolulu: University of Hawai'i Press, 2004.

Hawes, Colin S. C. *The Social Circulation of Poetry in the Mid-Northern Song: Emotional Energy and Literati Self-Cultivation.* Albany: State University of New York Press, 2005.

Hay, John. "The Human Body as a Microcosmic Source of Macrocosmic Value in Calligraphy." In *Theories of the Arts in China.* Ed. Susan Bush and Christian

Murck. Princeton: Princeton University Press, 1983.

Hendrischke, Barbara. "Early Daoist Movements." In *Daoism Handbook*. Ed. Livia Kohn. Leiden: E. J. Brill, 2000.

Henricks, Robert G., tr. *Philosophy and Argumentation in Third-Century China: The Essays of Hsi K'ang*. Princeton: Princeton University Press, 1983.

Hightower, James Robert. "The *Fu* of T'ao Ch'ien." *Harvard Journal of Asiatic Studies* 17 (1954): 169–230. Rpt. in *Studies in Chinese Literature*. Ed. John L. Bishop. Cambridge: Harvard University Press, 1966.

Ho, Judy Chunghwa. "Portraying the Family in the Metropolitan and Frontier Regions during the Transition between Han and Tang." In *Between Han and Tang: Cultural and Artistic Interaction in a Transformative Period*. Ed. Wu Hung. Beijing: Wenwu, 2001.

Ho, Ping-ti. "Loyang, A.D. 495–534." *Harvard Journal of Asiatic Studies* 26 (1966): 52–101.

Holcombe, Charles. *The Genesis of East Asia, 221 B.C.–A.D. 907*. Honolulu: University of Hawai'i Press, 2001.

———. *In the Shadow of the Han: Literati Thought and Society at the Beginning of the Southern Dynasties*. Honolulu: University of Hawai'i Press, 1994.

Holmgren, Jennifer. *Marriage, Kinship and Power in Northern China*. Aldershot: Ashgate, Variorum Collected Studies Series, 1995.

Holzman, Donald. "The Cold Food Festival in Early Medieval China." *Harvard Journal of Asiatic Studies* 46:1 (1986): 51–79. Rpt. in *Immortals, Festivals and Poetry in Medieval China*. Aldershot: Ashgate, Variorum Collected Studies Series, 1998.

———. "Les débuts du système medieval de choix et de classment des fonctionnaires: Les neuf catégories et l'Impartial et Juste." *Mélanges Publiés par l'Institut des Hautes Études Chinoises*, Vol. 1. Paris: University of Paris, 1957.

———. "Immortality-Seeking in Early Chinese Poetry." In *The Power of Culture: Studies in Chinese Cultural History*. Ed. W. J. Peterson, A. H. Plaks, and Y.-s. Yü. Hong Kong: Chinese University, 1994. Rpt. in *Immortals, Festivals and Poetry in Medieval China*. Aldershot: Ashgate, Variorum Collected Studies Series, 1998.

———. *Landscape Appreciation in Ancient and Early Medieval China: The Birth of Landscape Poetry*. Xinzhu, Taiwan: National Tsing Hua University, 1996. Rpt. in *Chinese Literature in Transition from Antiquity to the Middle Ages*. Aldershot:

Ashgate, Variorium Collected Studies Series, 1998.

———. "La poésie de Ji Kang." *Journal Asiatique* 248: 1/2, 3/4 (1980): 107–177, 323–378. Rpt. in *Immortals, Festivals and Poetry in Medieval China*. Aldershot: Ashgate, Variorum Collected Studies Series, 1998.

———. *Poetry and Politics: The Life and Works of Juan Chi* (A.D. 210–263). Cambridge: Cambridge University Press, 1976.

———. "Les premiers vers pentasyllabiques datés dans la poésie Chinoise." In *Mélanges de sinologies offerts à Monsieur Paul Demiéville*. Paris: Presses Universitaires de France, 1974. Rpt. in *Chinese Literature in Transition from Antiquity to the Middle Ages*. Aldershot: Ashgate, Variorum Collected Studies Series, 1998.

———. "Les Sept Sages de la Forêt des Bambous et la société de leur temps." *T'oung Pao* 46 (1956): 317–416.

———. "Ts'ao Chih and the Immortals." *Asia Major, Third Series* 1:1 (1988): 15–57. Rpt. in *Immortals, Festivals and Poetry in Medieval China*. Aldershot: Ashgate, Variorum Collected Studies Series, 1998.

———. *La vie et la pensée de Hi K'ang* (223–262 Ap. J.-C.). Leiden: E. J. Brill, 1957.

———. "Xie Lingyun et les paysans de Yongjia." In *Hommage à Kwong Hing Foon: Études d'histoire culturelle de la Chine*. Ed. J.-P. Diény. Paris: Institut des Hautes Études Chinoises, 1995. Rpt. in *Immortals, Festivals and Poetry in Medieval China*. Aldershot: Ashgate, Variorum Collected Studies Series, 1998.

Honey, David B. "Sinification and Legitimation: Liu Yüan, Shi Le, and the Founding of Han and Chao." Ph.D. diss., University of California at Berkeley, 1988.

———. "Sinification as Statecraft in Conquest Dynasties of China: Two Early Medieval Case Studies." *Journal of Asian History* 30:2 (1996): 115–151.

Hsu, Cho-yun. *Han Agriculture: The Formation of Early Chinese Agrarian Economy (206 B.C.–A.D. 220)*. Seattle: University of Washington Press, 1980.

Hua, Guorong. "The Eastern Jin Tombs of the Wang, Xie, and Gao Families near Nanjing." In *Between Han and Tang: Visual and Material Culture in a Transformative Period*. Ed. Wu Hung. Beijing: Wenwu, 2003.

Hubbard, Jamie. *Absolute Delusion, Perfect Buddhahood: The Rise and Fall of a Chinese Heresy*. Honolulu: University of Hawai'i Press, 2001.

Huntington, Rania. "Crossing Boundaries: Transcendents and Aesthetics in the Six

Dynasties." In *Chinese Aesthetics: The Ordering of Literature, the Arts, and the Universe in the Six Dynasties*. Ed. Zong-qi Cai. Honolulu: University of Hawai'i, 2004.

Hurvitz, Leon, tr. *Scripture of the Lotus Blossom of the Fine Dharma*. New York: Columbia University Press, 1976.

I-ching. *Chinese Monks in India: Biographies of Eminent Monks Who Went to the Western World in Search of the Law during the Great Tang Dynasty*. Tr. Latika Lahiri. Delhi: Motilal Banarsidas, 1986.

I-ching. *A Record of the Buddhist Religion as Practised in India and the Malay Archipelago*. Tr. Takakusu Junjirō. Reprint ed. Dehli: Munshiram Manoharlal, 1966.

Janousch, Andreas. "The Emperor as Bodhisattva: The Bodhisattva Ordination and Ritual Assemblies of Emperor Wu of the Liang Dynasty." In *State and Court Ritual in China*. Ed. Joseph P. McDermott. Cambridge: Cambridge University Press, 1999.

———. "The Reform of Imperial Ritual during the Reign of Emperor Wu of the Liang Dynasty (502–549)." Ph.D. diss., Cambridge University, 1998.

Jansen, Thomas. *Höfische Öffentlichkeit im frühmittelalterlichen China: debatten im Salon des Prinzen Xiao Ziliang*. Freiburg im Breisgau: Rombach, 2000.

Jenner, W. F. J. *Memories of Loyang: Yang Hsüan-chih and the Lost Capital (493–534)*. Oxford: Clarendon, 1981.

Johnson, David G. "The City-God Cults of T'ang and Sung China." *Harvard Journal of Asiatic Studies* 45 (1985): 363–457.

———. *The Medieval Chinese Oligarchy*. Boulder: Westview, 1977.

———. "Mu-lien in Pao-chuan: The Performance Context and Religious Meaning of the *Yu-ming Pao-ch'uan*. In *Ritual and Scripture in Chinese Popular Religion: Five Studies*. Ed. David Johnson. Berkeley: Publications of the Chinese Popular Culture Project, 1995.

———, ed. *Ritual Opera, Operatic Ritual: "Mu-lien Rescues his Mother" in Chinese Popular Culture*. Berkeley: Publications of the Chinese Popular Culture Project, 1989.

Johnson, Wallace. *The T'ang Code, Vol. I: General Principles*. Princeton: Princeton University Press, 1979.

———. *The T'ang Code*, Vol. II: *Specific Articles*. Princeton: Princeton University Press, 1997.

Kaltenmark, Max. "The Ideology of the T'ai-p'ing ching." In *Facets of Taoism*. Ed. Holmes Welch and Anna Seidel. New Haven: Yale University Press, 1979.

Kawakatsu, Yoshio. "L'Aristocratie et la société féodale au début des Six Dynasties." *Zinbun* 17 (1981): 107–160.

———. "La Décadence de l'aristocratie chinoise sous les Dynasties du Sud." *Acta Asiatica* 21 (1971): 13–38.

Kieschnick, John. *The Eminent Monk: Buddhist Ideals in Medieval Chinese Hagiography*. Honolulu: University of Hawai'i Press, 1997.

———. *The Impact of Buddhism on Chinese Material Culture*. Princeton: Princeton University Press, 2003.

Kieser, Annette. "Northern Influence in Tombs in Southern China after 317 ce?—A Reevalution." In *Between Han and Tang: Cultural and Artistic Interaction in a Transformative Period*. Ed. Wu Hung. Beijing: Wenwu, 2001.

Kirkland, Russell. Taoism: *The Enduring Tradition*. New York: Routledge, 2004.

Kleeman, Terry F. "Ethnic Identity and Daoist Identity in Traditional China." In *Daoist Identity: History, Lineage, and Ritual*. Ed. Livia Kohn and Harold D. Roth. Honolulu: University of Hawai'i Press, 2002.

———. *A God's Own Tale: The Book of Transformations of Wenchang, the Divine Lord of Zitong*. Albany: State University of New York Press, 1994.

———. *Great Perfection: Religion and Ethnicity in a Chinese Millennial Kingdom*. Honolulu: University of Hawai'i Press, 1998.

———. "Licentious Cults and Bloody Victuals: Sacrifice, Reciprocity, and Violence in Traditional China." *Asia Major, Third Series* 7:1 (1994): 185–211.

———. "Mountain Deities in China: The Domestication of the Mountain God and the Subjugation of the Margins." *Journal of the American Oriental Society* 114 (Jan.–June 1994): 226–238.

Klein, Kenneth Douglas. "The Contributions of the Fourth Century Xianbei States to the Reunification of the Chinese Empire." Ph.D. diss., University of California at Los Angeles, 1980.

Knapp, Keith N. *Selfless Offspring: Filial Children and Social Order in Medieval China*.

Honolulu: University of Hawai'i Press, 2005.

Knechtges, David N. "Culling the Weeds and Selecting Fine Blossoms: The Anthology in Early Medieval China." In *Culture and Power in the Reconstitution of the Chinese Realm, 200–600*. Ed. Scott Pearce, Audrey Spiro, and Patricia Ebrey. Cambridge: Harvard University Press, 2001.

———, tr. *Wen xuan, or Selections of Refined Literature*. Vol. 1. Princeton: Princeton University Press, 1982.

Knoblock, John, and Jeffrey Riegel, tr. *The Annals of Lu Buwei: A Complete Translation and Study*. Stanford: Stanford University Press, 2000.

Kohn, Livia. *Laughing at the Tao: Debates among Buddhists and Taoists in Medieval China*. Princeton: Princeton University Press, 1995.

———. *Monastic Life in Medieval Daoism: A Cross-Cultural Perspective*. Honolulu: University of Hawai'i Press, 2003.

———. "The Northern Celestial Masters." In *Daoism Handbook*. Ed. Livia Kohn. Leiden: E. J. Brill, 2000.

Kroll, Paul. "Portraits of Ts'ao Ts'ao: Literary Studies on the Man and the Myth." Ph.D. diss., University of Michigan, 1976.

———. "Verses from on High: The Ascent of T'ai Shan." In *The Vitality of the Lyric Voice: Shih Poetry from the Late Han to the T'ang*. Ed. Shuen-fu Lin and Stephen Owen. Princeton: Princeton University Press, 1986.

Kwong, Charles Yim-tze. *Tao Qian and the Chinese Poetic Tradition: The Quest for Cultural Identity*. Ann Arbor: University of Michigan, Center for Chinese Studies, 1994.

Lagerwey, John. *Taoist Ritual in Chinese Society and History*. New York: MacMillan, 1987.

Lai, Chiu-mi. "River and Ocean: The Third Century Verse of Pan Yue and Lu Ji." Ph.D. diss., University of Washington, 1990.

Lai, Sufen Sophia. "Father in Heaven, Mother in Hell: Gender Politics in the Creation and Transformation of Mulian's Mother." In *Presence and Presentation: Women in the Chinese Literati Tradition*. Ed. Sherry J. Mou. London: MacMillan, 1999.

Lai, Whalen. "The Earliest Folk Buddhist Religion in China: *T'i-wei Po-li Ching* and Its Historical Significance." In *Buddhist and Taoist Practice in Medieval Chinese*

Society: Buddhist and Taoist Studies II. Ed. David W. Chappell. Honolulu: University of Hawai'i Press, 1987.

——. "Society and the Sacred in the Secular City: Temple Legends of the *Loyang Ch'ieh-lan-chi.*" In *State and Society in Early Medieval China*. Ed. Albert E. Dien. Stanford: Stanford University Press, 1990.

Lawton, Thomas, ed. *New Perspectives on Chu Culture During the Eastern Zhou Period*. Washington, DC: Smithsonian Institution, 1991.

Leban, Carl. "Ts'ao Ts'ao and the Rise of Wei: The Early Years." Ph.D. diss., Columbia University, 1971.

Ledderose, Lothar. "Some Taoist Elements in the Calligraphy of the Six Dynasties." *T'oung Pao* 70 (1984): 246–278.

——. "Thunder Sound Cave." In *Between Han and Tang: Visual and Material Culture in a Transformative Period*. Ed. Wu Hung. Beijing: Wenwu, 2003.

Lee, Lily Hsiao Hung. "Yü-lin and Ku-tzu: Two Predecessors of Shi-shuo hsinyü." In *A Festschrift in Honour of Professor Jao Tsung-I on the Occasion of His Seventy-Fifth Birthday*. Hong Kong: Chinese University of Hong Kong, Institute of Chinese Studies, 1993.

Legge, James, tr. *A Record of Buddhistic Kingdoms: Being an Account by the Chinese Monk Fa-Hien of his Travels in India and Ceylon (A.D. 399–414) in Search of the Buddhist Books of Discipline*. New York: Dover, 1965.

Lewis, Mark Edward. *The Construction of Space in Early China*. Albany: State University of New York Press, 2006.

——. *Early Chinese Empires: Qin and Han*. In History of Imperial China, ed. Timothy Brook. Cambridge: Harvard University Press, 2006.

——. *Sanctioned Violence in Early China*. Albany: State University of New York Press, 1990.

——. "The Suppression of the Three Stages Sect: Apocrypha as a Political Issue." In *Chinese Buddhist Apocrypha*. Ed. Robert E. Buswell, Jr. Honolulu: University of Hawai'i Press, 1990.

——. *Writing and Authority in Early China*. Albany: State University of New York Press, 1999.

Li, Qiancheng. *Fictions of Enlightenment: Journey to the West, Tower of Myriad Mirrors, and Dream of the Red Chamber*. Honolulu: University of Hawai'i Press, 2004.

Li, Qingchuan. "Buddhist Images in Burials: The Murals from Changchuan Tomb No. 1." In *Between Han and Tang: Visual and Material Culture in a Transformative Period*. Ed. Wu Hung. Beijing: Wenwu, 2003.

Li, Wai-yee. "Between 'Literary Mind' and 'Carving Dragons': Order and Excess in *Wenxin diaolong*." In *A Chinese Literary Mind: Culture, Creativity, and Rhetoric in Wenxin Diaolong*. Ed. Zong-qi Cai. Stanford: Stanford University Press, 2001.

———. "*Shishuo xinyu* and the Emergence of Aesthetic Self-Consciousness in the Chinese Tradition." In *Chinese Aesthetics: The Ordering of Literature, the Arts, and the Universe in the Six Dynasties*. Ed. Zong-qi Cai. Honolulu: University of Hawai'i Press, 2004.

Li, Xueqin. *Eastern Zhou and Qin Civilizations*. Tr. K. C. Chang. New Haven: Yale University Press, 1985.

Lin, Shuen-fu. "A Good Place Need Not Be a Nowhere: The Garden and Utopian Thought in the Six Dynasties." In *Chinese Aesthetics: The Ordering of Literature, the Arts, and the Universe in the Six Dynasties*. Ed. Zong-qi Cai. Honolulu: University of Hawai'i Press, 2004.

———. "Liu Xie on Imagination." In *A Chinese Literary Mind: Culture, Creativity, and Rhetoric in Wenxin Diaolong*. Ed. Zong-qi Cai. Stanford: Stanford University Press, 2001.

Lin, Wen-yüeh. "The Decline and Revival of *Feng-ku* (Wind and Bone): On the Changing Poetic Styles from the Chien'an Era through the High T'ang Period." In *The Vitality of the Lyric Voice: Shih Poetry from the Late Han to the T'ang*. Ed. Shuen-fu Lin and Stephen Owen. Princeton: Princeton University Press, 1986.

Lingley, Kate. "Widows, Monks, Magistrates, and Concubines: Social Dimensions of Sixth-Century Buddhist Art Patronage." Ph.D. diss., University of Chicago, 2004.

Liu, Mau-tsai. *Kutscha und seine Beziehungen zu China vom 2. Jh. bis zum 6. Jh. n. Chr.* 2 vols. Wiesbaden: O. Harrassowitz, 1969.

Liu, Shufen. "Art, Ritual, and Society: Buddhist Practice in Rural China during the Northern Dynasties." *Asia Major*, third series, 8:1 (1995): 19–47.

———. "Jiankang and the Commercial Empire of the Southern Dynasties." In *Culture and Power in the Reconstitution of the Chinese Realm, 200–600*. Ed. Scott Pearce,

Audrey Spiro, and Patricia Ebrey. Cambridge: Harvard University Press, 2001.

Liu, Xinru. *Ancient India and Ancient China: Trade and Religious Exchanges, AD 1–600*. Delhi: Oxford University Press, 1988.

———. *Silk and Religion: An Exploration of Material Life and the Thought of People, AD 600–1200*. Delhi: Oxford University Press, 1996.

Loewe, Michael. *Ways to Paradise: The Chinese Quest for Immortality*. London: George Allen and Unwin, 1979.

Lynn, Richard John. "Wang Bi and Liu Xie's *Wenxin diaolong*: Terms and Concepts, Influence and Affiliations." In *A Chinese Literary Mind: Culture, Creativity and Rhetoric in Wenxin Diaolong*. Ed. Zong-qi Cai. Stanford: Stanford University Press, 2001.

Magnin, Paul. *La vie et l'oeuvre de Huisi (515–577): Les origins de la secte bouddhique chinoise du Tiantai*. Paris: Adrien-Maisonneuve, 1979.

Mair, Victor H. "Buddhism in *The Literary Mind and Ornate Rhetoric*." In *A Chinese Literary Mind: Culture, Creativity and Rhetoric in Wenxin Diaolong*. Ed. Zong-qi Cai. Stanford: Stanford University Press, 2001.

———. *T'ang Transformation Texts: A Study of the Buddhist Contribution to the Rise of Vernacular Fiction and Drama in China*. Cambridge: Harvard University Press, 1989.

———, tr. *Tun-huang Popular Narratives*. Cambridge: Cambridge University Press, 1983.

———. "Xie He's 'Six Laws' of Painting and their Indian Parallels." In *Chinese Aesthetics: The Ordering of Literature, the Arts and the Universe in the Six Dynasties*. Ed. Zong-Qi Cai. Honolulu: University of Hawai'i Press, 2004.

Mair, Victor, and Tsu-lin Mei. "The Sanskrit Origins of Recent Style Prosody." *Harvard Journal of Asiatic Studies* 51:2 (December 1991): 375–470.

Makeham, John. *Transmitters and Creators: Chinese Commentators and Commentaries on the Analects*. Cambridge: Harvard University Press, 2003.

Mao, Han-kuang. "The Evolution in the Nature of the Medieval Genteel Families." In *State and Society in Early Medieval China*. Ed. Albert E. Dien. Stanford: Stanford University Press, 1990.

Marney, John. *Chiang Yen*. Boston: Twayne, 1981.

———. *Liang Chien-wen Ti*. Boston: Twayne, 1976.

Martin, François. "Les joutes poétiques dans la Chine médiévale." *Extrême Orient, Extrême Occident* 20 (1998): 87–109.

Mather, Richard B. *The Age of Eternal Brilliance: Three Lyric Poets of the Yungming Era (483–493)*. 2 vols. Leiden: E. J. Brill, 2003.

———. "K'ou Ch'ien-chih and the Taoist Theocracy at the Northern Wei Court, 425–451." In *Facets of Taoism*. Ed. Holmes Welch and Anna Seidel. New Haven: Yale University Press, 1979.

———. "The Landscape Buddhism of the Fifth-Century Poet Hsieh Ling-yun." *Journal of Asian Studies* 18 (1958–1959): 67–79.

———, tr. *A New Account of Tales of the World by Liu I-ch'ing with Commentary by Liu Chün*. Minneapolis: University of Minnesota Press, 1976.

———. "A Note on the Dialects of Lo-yang and Nanking during the Southern Dynasties." In *Wen-lin*. Ed. Chow Tse-chung. Madison: University of Wisconsin Press, 1968.

———. *The Poet Shen Yüeh (441–513): The Reticent Marquis*. Princeton: Princeton University Press, 1988.

Mazumdar, Sucheta. *Sugar and Society in China: Peasants, Technology, and the World Market*. Cambridge: Harvard University Press, 1998.

McCausland, Shane. *First Masterpiece of Chinese Painting: The Admonitions Scroll*. New York: George Braziller, 2003.

McKnight, Brian E. *The Quality of Mercy: Amnesties and Traditional Chinese Justice*. Honolulu: University of Hawai'i Press, 1981.

Miao, Ronald C. *Early Medieval Chinese Poetry: The Life and Verses of Wang Ts'an (A.D. 177–217)*. Wiesbaden: Franz Steiner, 1982.

Michaud, Paul. "The Yellow Turbans." *Monumenta Serica* 17 (1958): 47–127.

Miller, James. *Taoism: A Short Introduction*. Oxford: One World, 2003.

Miller, Roy Andrew. *Accounts of Western Nations in the History of the Northern Chou Dynasty*. Chinese Dynastic Histories Translations No. 6. Berkeley: University of California Press, 1959.

Millward, James A. "Qing Inner Asian Empire and the Return of the Torghuts." In

New Qing Imperial History: The Making of Inner Asian Empires at Qing Chengde. Ed. James A. Millward, Ruth W. Dunnell, Mark C. Elliott, and Philippe Forêt. London: RoutledgeCurzon, 2004.

Miscevic, Dusanka D. "A Study of the Great Clans of Early Medieval China." *Bulletin of the Museum of Far Eastern Antiquities* 65 (1993): 5–256.

Miyakawa, Hisayuki. "Local Cults around Mount Lu at the Time of Sun En's Rebellion." In *Facets of Taoism: Essays in Chinese Religion*. Ed. Holmes Welch and Anna Seidel. New Haven: Yale University Press, 1979.

Molè, Gabriella. *The T'ü-yü-hun from the Northern Wei to the Time of the Five Dynasties*. Rome: Istituto Italiano per il Medio ed Estremo Oriente, 1970.

Monks and Merchants: Silk Road Treasures from Northwest China, Gansu and Ningxia, 4th–7th Century. Exhibition catalogue for the Asia Society Museum, edited by Annette L. Juliano and Judith A. Lerner. New York: Harry N. Abrams, 2001.

Nattier, Jan. "The Meanings of the Maitreya Myth." In *Maitreya: The Future Buddha*. Cambridge: Cambridge University Press, 1988.

———. *Once Upon a Future Time: Studies in a Buddhist Prophecy of Decline*. Berkeley: Asian Humanities Press, 1991.

Needham, Joseph, and Francesca Bray. *Science and Civilisation in China*: Vol. 6: *Biology and Biological Technology, Part II: Agriculture*. Cambridge: Cambridge University Press, 1984.

Needham, Joseph, Christian Daniels, and Nicholas K. Menzies. *Science and Civilisation in China*, Vol. 6: *Biology and Biological Technology, Part III: Agro-Industries and Forestry*. Cambridge: Cambridge University Press, 1996.

Needham, Joseph, Gwei-djen Lu, and Hsing-tsung Huang. *Science and Civilisation in China*: Vol. 6: *Biology and Biological Technology, Part I: Botany*. Cambridge: Cambridge University Press, 1986.

Needham, Joseph, and Ling Wang. *Science and Civilisation in China*, Vol. 3: *Mathematics and the Sciences of the Heavens and the Earth*. Cambridge: Cambridge University Press, 1970.

Ng, On-cho, and Q. Edward Wang. *Mirroring the Past: The Writing and Use of History in Imperial China*. Honolulu: University of Hawai'i Press, 2005.

Nickerson, Peter. "'Opening the Way': Exorcism, Travel, and Soteriology in Early Daoist Mortuary Practice and Its Antecedents." In *Daoist Identity: History, Lineage, and*

Ritual. Ed. Livia Kohn and Harold D. Roth. Honolulu: University of Hawai'i Press, 2002.

———. "Taoism, Death, and Bureaucracy in Early Medieval China." Ph.D. diss., University of California, 1996.

Ning, Qiang. *Art, Religion, and Politics in Medieval China: The Dunhuang Cave of the Zhai Family*. Honolulu: University of Hawai'i Press, 2004.

———. "Patrons of the Earliest Dunhuang Caves: A Historical Investigation." In *Between Han and Tang: Religious Art and Archaeology in a Transformative Period*. Ed. Wu Hung. Beijing: Wenwu, 2000.

Nylan, Michael. "Calligraphy, the Sacred Text and Test of Culture." In *Character and Context in Chinese Calligraphy*. Ed. Cary F. Liu, Dora C. Y. Ching, Judith G. Smith. Princeton: The Art Museum, Princeton University, 1999.

Orzech, Charles D. *Politics and Transcendent Wisdom: The Scripture for Humane Kings in the Creation of Chinese Buddhism*. University Park: Pennsylvania State University Press, 1998.

Owen, Stephen, ed. and tr. *An Anthology of Chinese Literature: Beginnings to 1911*. New York: Norton, 1996.

———. *The Great Age of Chinese Poetry: The High T'ang*. New Haven: Yale University Press, 1981.

———. *The Making of Early Chinese Classical Poetry*. Cambridge: Harvard University Press, 2006.

———. *Mi-lou: Poetry and the Labyrinth of Desire*. Cambridge: Harvard University Press, 1989.

———. *Readings in Chinese Literary Thought*. Cambridge: Harvard University Press, 1992.

———. *Remembrances: The Experience of the Past in Chinese Literature*. Cambridge: Harvard University Press, 1986.

———. *Traditonal Chinese Poetry and Poetics: Omen of the World*. Madison: University of Wisconsin Press, 1985.

Pearce, Scott. "Form and Matter: Archaizing Reform in Sixth-Century China." In *Culture and Power in the Reconstitution of the Chinese Realm, 200–600*. Ed. Scott Pearce, Audrey Spiro, and Patricia Ebrey. Cambridge: Harvard University Press,

2001.

———. "Who, and What, Was Hou Jing?" *Early Medieval China* 6 (2000): 1–31.

———. "The Yü-wen Regime in Sixth Century China." Ph.D. diss., Princeton University, 1987.

Pearce, Scott, Audrey Spiro, and Patricia Ebrey. "Introduction." In *Culture and Power in the Reconstitution of the Chinese Realm*. Ed. Scott Pearce, Audrey Spiro, and Patricia Ebrey. Cambridge: Harvard University Press, 2001.

Perdue, Peter C. *China Marches West: The Qing Conquest of Central Eurasia*. Cambridge: Harvard University Press, 2005.

Piggott, Joan R. *The Emergence of Japanese Kingship*. Stanford: Stanford University Press, 1997.

Pollack, David. *The Fracture of Meaning: Japan's Synthesis of China from the Eighth through the Eighteenth Centuries*. Princeton: Princeton University Press, 1986.

Pregadio, Fabrizio. "Elixirs and Alchemy." In *Daoism Handbook*. Ed. Livia Kohn. Leiden: E. J. Brill, 2000.

Prosser, Adriana G. "Moral Characters: Calligraphy and Bureaucracy in Han China (206 B.C.E.–C.E. 220)." Ph.D. diss., Columbia University, 1995.

Puett, Michael J. *To Become a God: Cosmology, Sacrifice, and Self-Divinization in Early China*. Cambridge: Harvard University Press, 2002.

Pulleyblank, E. G. *The Background of the Rebellion of An Lu-shan*. London: Oxford University Press, 1955.

Qian, Nanxiu. *Spirit and Self in Medieval China: The Shih-shuo hsin-yü and Its Legacy*. Honolulu: University of Hawai'i Press, 2001.

Reischauer, Edwin O., tr. *Ennin's Diary: The Records of a Pilgrimage to China in Search of the Law*. New York: Ronald Press, 1955.

———. *Ennin's Travels in T'ang China*. New York: Ronald Press, 1955.

Rhie, Marilyn Martin. *Early Buddhist Art of China and Central Asia*. 2 vols. Leiden: E. J. Brill, 1999–2002.

Robinet, Isabelle. "Shangqing—Highest Clarity." In *Daoism Handbook*. Ed. Livia Kohn. Leiden: E. J. Brill, 2000.

———. *Taoism: Growth of a Religion*. Tr. Phyllis Brooks. Stanford: Stanford University

Press, 1997.

Rogers, Michael C. *The Chronicle of Fu Chien: A Case of Exemplar History.* Chinese Dynastic Histories Translation No. 10. Berkeley: University of California Press, 1968.

Rong, Xinjiang. "The Migrations and Settlements of the Sogdians in the Northern Dynasties, Sui and Tang." *China Archaeology and Art Digest* 4:1 (December 2000): 117–163.

Rouzer, Paul. *Articulated Ladies: Gender and the Male Community in Early Chinese Literature.* Cambridge: Harvard University Press, 2001.

Sage, Steven F. *Ancient Sichuan and the Unification of China.* Albany: State University of New York Press, 1992.

Schafer, Edward H. *The Golden Peaches of Samarkand: A Study of T'ang Exotics.* Berkeley: University of California Press, 1963.

———. *The Vermilion Bird: T'ang Images of the South.* Berkeley: University of California Press, 1967.

Scharf, Robert H. *Coming to Terms with Chinese Buddhism: A Reading of the Treasure Store Treatise.* Honolulu: University of Hawai'i Press, 2002.

Schopen, Gregory. *Bones, Stones, and Buddhist Monks: Collected Papers on the Archaeology, Epigraphy, and Texts of Monastic Buddhism in India.* Honolulu: University of Hawai'i Press, 1997.

———. *Buddhist Monks and Business Matters: Still More Papers on Monastic Buddhism in India.* Honolulu: University of Hawai'i Press, 2004.

———. *Figments and Fragments of Mahāyāna Buddhism in India: More Collected Papers.* Honolulu: University of Hawai'i Press, 2005.

Schreiber, Gerhard. "The History of the Former Yen Dynasty." *Monumenta Serica* 15 (1956): 1–141.

Seidel, Anna K. "Chronicle of Taoist Studies in the West, 1950–1990." *Cahiers d'Extrême-Asie* 5 (1990): 223–347.

———. "Early Taoist Ritual." *Cahiers d'Extrême-Asie* 4 (1988): 199–204.

———. "Imperial Treasures and Taoist Sacraments: Taoist Roots in the Apocrypha." In *Tantric and Taoist Studies* 2. Ed. Michel Strickmann. Brussels: Institut Belge des Hautes Etudes Chinoises, 1983.

Sen, Tansen. *Buddhism, Diplomacy, and Trade: The Realignment of Sino-Indian Relations, 600–1400.* Honolulu: University of Hawai'i Press, 2003.

Shih, Sheng-han. *A Preliminary Survey of the Book Ch'i Min Yao Shu: An Agricultural Encyclopedia of the 6th Century.* Peking: Science Press, 1974.

Shinohara, Koichi, "Quanding's Biography of Zhiyi, the Fourth Chinese Patriarch of the Tiantai Tradition." In *Speaking of Monks: Religious Biography in India and China.* Ed. Phyllis Granoff and Koichi Shinohara. Oakville, Ontario: Mosaic Press, 1992.

Shyrock, J. K., tr. *The Study of Human Abilities: The Jen wu chih of Liu Shao.* New Haven: American Oriental Society, 1937.

Skinner, G. William. "Cities and the Hierarchy of Local Systems." In *The City in Late Imperial China.* Ed. G. William Skinner. Stanford: Stanford University Press, 1977.

———. "Marketing and Social Structures in Rural China." 3 parts. *Journal of Asian Studies* 24:1 (1964): 3–44; 24:2 (1964): 195–228; 24:3 (1965): 363–399.

———. "Regional Urbanization in Nineteenth-Century China." In *The City in Late Imperial China.* Ed. G. William Skinner. Stanford: Stanford University Press, 1977.

Smith, Thomas Eric. "Ritual and the Shaping of Narrative: The Legend of the Han Emperor Wu." Ph.D. diss., University of Michigan, 1992.

Somers, Robert M. "Time, Space and Structure in the Consolidation of the T'ang Dynasty (A.D. 617–700)." In *State and Society in Early Medieval China.* Ed. Albert E. Dien. Stanford: Stanford University Press, 1990.

Soper, Alexander C. "Imperial Cave-Chapels of the Northern Dynasties: Donors, Beneficiaries, Dates." *Artibus Asiae* 28 (1966): 241–270.

———. *Literary Evidence for Early Buddhist Art in China.* Ascona: Artibus Asiae, 1959.

———. "South Chinese Influence on Buddhist Art of the Six Dynasties." *Bulletin of the Museum of Far Eastern Antiquities* 32 (1960): 47–112.

Spiro, Audrey. *Contemplating the Ancients: Aesthetic and Social Issues in Early Chinese Portraiture.* Berkeley: University of California Press, 1990.

———. "Hybrid Vigor: Memory, Mimesis, and the Matching of Meanings in Fifth-Century Buddhist Sculpture." In *Culture and Power in the Reconstitution of the*

Chinese Realm, 200–600. Ed. Scott Pearce, Audrey Spiro, and Patricia Ebrey. Cambridge: Harvard University Press, 2001.

———. "New Light on Gu Kaizhi: Windows on the Soul." *Journal of Chinese Religions* 16:1 (Fall 1988): 1–16.

Stein, Rolf A. "Religious Daoism and Popular Religion from the Second to Seventh Centuries." *Facets of Taoism*. Ed. Holmes Welch and Anna Seidel. New Haven: Yale University Press, 1979.

———. "Remarques sur les mouvements de taoïsme politico-religieux au IIe siècle ap. J.C." *T'oung Pao* 50 (1963): 1–78.

Steinhardt, Nancy S. *Chinese Imperial City Planning*. Honolulu: University of Hawai'i Press, 1990.

———. "From Koguryŏ to Gansu and Xinjiang: Funerary and Worship Space in North Asia 4th–7th Centuries." In *Between Han and Tang: Cultural and Artistic Interaction in a Transformative Period*. Ed. Wu Hung. Beijing: Wenwu, 2001.

Sterckx, Roel. *The Animal and the Daemon in Early China*. Albany: State University of New York Press, 2002.

Strassberg, Richard E. *Inscribed Landscapes: Travel Writing from Imperial China*. Berkeley: University of California Press, 1994.

Strickmann, Michel. "On the Alchemy of T'ao Hung-ching." In *Facets of Taoism: Essays in Chinese Religion*. Ed. Holmes Welch and Anna Seidel. New Haven: Yale University Press, 1979.

———. *Chinese Magical Medicine*. Ed. Bernard Faure. Stanford: Stanford University Press, 2002.

———. "The Mao Shan Revelations: Taoism and the Aristocracy." *T'oung Pao* 63 (1977): 1–64.

———. *Le Taoïsme du Mao chan: chronique d'une revelation*. Paris: Collège de France, Mémoires de l'Institut des Hautes Études Chinoises, Vol. 17, 1981.

Sullivan, Michael. *The Arts of China*. 3rd ed. Berkeley: University of California Press, 1984.

———. *The Birth of Landscape Painting in China*. Berkeley: University of California Press, 1961.

Sun, Cecile Chu-chin. *Pearl from the Dragon's Mouth: Evocations of Feeling and Scene in*

Chinese Poetry. Ann Arbor: University of Michigan, Center for Chinese Studies, 1995.

Tang, Yiming. "The Voices of Wei-Jin Scholars: A Study of 'Qingtan.'" Ph.D. diss., Columbia University, 1991.

Tang, Zhangru. "Clients and Bound Retainers in the Six Dynasties Period." In *State and Society in Early Medieval China*. Ed. Albert E. Dien. Stanford: Stanford University Press, 1990.

Tanigawa, Michio. *Medieval Chinese Society and the Local "Community."* Tr. and intr. Joshua A. Fogel. Berkeley: University of California Press, 1985.

Teiser, Stephen F. *The Ghost Festival in Medieval China*. Princeton: Princeton University Press, 1988.

――. *The Scripture of the Ten Kings of Hell and the Making of Purgatory in Medieval Chinese Buddhism*. Honolulu: University of Hawai'i Press, 1994.

Thorp, Robert L., and Richard Ellis Vinograd. *Chinese Art and Culture*. New York: Harry N. Abrams, 2001.

Tian, Xiaofei. *Tao Yuanming and Manuscript Culture: The Record of a Dusty Table*. Seattle: University of Washington Press, 2005.

Tokuno, Kyoko. "The Evaluation of Indigenous Scriptures in Chinese Buddhist Bibliographical Catalogues." In *Chinese Buddhist Apocrypha*. Ed. Robert E. Buswell, Jr. Honolulu: University of Hawai'i Press, 1990.

Tregear, T. R. *A Geography of China*. Chicago: Aldine, 1965.

Tremblay, Xavier. *Pour une histoire de la Sérinde: Le Manichéisme parmi les peuples et religions d'Asie Centrale d'après les sources primaires*. Vienna: Verlag der Österreichischen Akademie der Wissenschaften, 2001.

Tsai, Kathryn Ann, tr. *Lives of the Nuns: Biographies of Chinese Buddhist Nuns from the Fourth to Sixth Centuries*. Honolulu: University of Hawai'i Press, 1994.

Tsiang, Katherine R. "Disjunctures of Time, Text, and Imagery in Reconstructions of the Guyang Cave at Longmen." In *Between Han and Tang: Religious Art and Archaeology in a Transformative Period*. Ed. Wu Hung. Beijing: Wenwu, 2000.

Tsuchiya, Masaaki. "Confessions of Sins and Awareness of Self in the *Taiping jing*." In *Daoist Identity: History, Lineage, and Ritual*. Ed. Livia Kohn and Harold D. Roth. Honolulu: University of Hawai'i Press, 2002.

Tsukamoto, Zenryū. *A History of Early Chinese Buddhism: From Its Introduction to the Death of Hui-yüan*. 2 vols. Tr. Leon Hurvitz. Tokyo: Kodansha International, 1985.

Tuan, Yi-fu. *China*. Chicago: Aldine, 1969.

Twitchett, D. C. "The Composition of the T'ang Ruling Class: New Evidence from Tunhuang." In *Perspectives on the T'ang*. Ed. Arthur F. Wright and Denis Twitchett. New Haven: Yale University Press, 1973.

———. *Financial Administration under the T'ang Dynasty*. Cambridge: Cambridge University Press, 1970.

———. "Monasteries and China's Economy in Medieval Times." *Bulletin of the School of Oriental and African Studies* 19:3 (1957): 526–549.

Van Slyke, Lyman P. *Yangtze: Nature, History, and the River*. Reading: Addison-Wesley, 1988.

Vervoorn, Aat. *Men of the Cliffs and Caves: The Development of the Chinese Eremetic Tradition to the End of the Han Dynasty*. Hong Kong: Chinese University, 1990.

von den Steinen, Diether. "Poems of Ts'ao Ts'ao." *Monumenta Serica* 4 (1939–1940): 135–181.

von Glahn, Richard. *The Sinister Way: The Divine and the Demonic in Chinese Religious Culture*. Berkeley: University of California Press, 2004.

Wagner, Rudolph G. *The Craft of a Chinese Commentator: Wang Bi on the Laozi*. Albany: State University of New York Press, 2000.

———. *Language, Ontology, and Political Philosophy in China: Wang Bi's Scholarly Exporation of the Dark (Xuanxue)*. Albany: State University of New York Press, 2003.

Waley, Arthur. *Translations from the Chinese*. New York: A. A. Knopf, 1941.

Wallacker, Benjamin E. "Studies in Medieval Chinese Siegecraft: The Siege of Chien-k'ang." *Journal of Asian History* 5:1 (1971): 35–54.

Wang, Eugene. *Shaping the Lotus Sutra: Buddhist Visual Culture in Medieval China*. Seattle: University of Washington Press, 2005.

———. "The Taming of the Shrew: Wang Hsi-chih [Xizhi] (303–361) and Calligraphic Gentrification in the Seventh Century." In *Character and Context in Chinese Calligraphy*. Ed. Cary F. Liu, Dora C. Y. Ching, and Judith G. Smith. Princeton:

The Art Museum, Princeton University, 1999.

Wang, Ling. *Tea and Chinese Culture*. San Francisco: Long River, 2005.

Wang, Siu-kit, tr. *Early Chinese Literary Criticism*. Hong Kong: Joint Publishing, 1983.

Wang, Zhenping. *Ambassadors from the Islands of Immortals: China-Japan Relations in the Han-Tang Period*. Honolulu: University of Hawai'i Press, 2005.

Wang, Zongshu. *Han Civilization*. Tr. K. C. Chang et al. New Haven: Yale University Press, 1982.

Ware, J. R. *Alchemy, Medicine, and Religion in the China of A.D. 320: The Nei P'ien of Ke Hung*. Cambridge: Massachusetts Institute of Technology Press, 1981.

Watson, Burton. *Chinese Lyricism: Shih Poetry from the Second to the Twelfth Century*. New York: Columbia University Press, 1971.

———. *Chinese Rhyme-Prose: Poems in the Fu Form from the Han and Six Dynasties*. New York: Columbia University Press, 1971.

Wechsler, Howard J. *Offerings of Jade and Silk: Ritual and Symbol in the Legitimation of the T'ang Dynasty*. New Haven: Yale University Press, 1985.

Westbrook, Francis. "Landscape Description in the Lyric Poetry and 'Fuh on Dwelling in the Mountains' of Shieh Ling-yunn." Ph.D. diss., Yale University, 1972.

Wiens, Herold. *China's March into the Tropics*. Washington, DC: Office of Naval Research, U.S. Navy, 1952.

Wilhelm, Hellmut. "Shih Ch'ung and his Chin-ku-yüan." *Monumenta Serica* 18 (1959): 314–327.

Wong, Dorothy C. *Chinese Steles: Pre-Buddhist and Buddhist Use of a Symbolic Form*. Honolulu: University of Hawai'i Press, 2004.

———. "Ethnicity and Identity: Northern Nomads as Buddhist Art Patrons during the Period of Northern and Southern Dynasties." In *Political Frontiers, Ethnic Boundaries, and Human Geographies in Chinese History*. Ed. Nicola Di Cosmo and Don J. Wyatt. London: RoutledgeCurzon, 2003.

———. "Women as Buddhist Art Patrons during the Northern and Southern Dynasties." In *Between Han and Tang: Religious Art and Archaeology in a Transformative Period*. Ed. Wu Hung. Beijing: Wenwu, 2000.

Wriggins, Sally Hovey. *Xuanzang: A Buddhist Pilgrim on the Silk Road*. Boulder:

Westview, 1996.

Wright, Arthur F. "The Formation of Sui Ideology, 581–604." In *Chinese Thought and Institutions*. Ed. John K. Fairbank. Chicago: University of Chicago Press, 1957.

———. "Fo-t'u-teng: A Biography." *Harvard Journal of Asiatic Studies* 11 (1948): 322–370.

———. "The Sui Dynasty (581–617)." In *The Cambridge History of China*, Vol. 4: *Sui and T'ang China, 589–906, Part I*. Ed. Denis Twitchett and John K. Fairbank. Cambridge: Cambridge University Press, 1979.

———. *The Sui Dynasty: The Unification of China, A.D. 581–617*. New York: Alfred A. Knopf, 1978.

———. "Sui Yang-ti: Personality and Stereotype." In *The Confucian Persuasion*. Ed. Arthur F. Wright. Stanford: Stanford University Press, 1960.

Wu, Fusheng. *The Poetics of Decadence: Chinese Poetry of the Southern Dynasties and Late Tang Period*. Albany: State University of New York Press, 1998.

Wu, Hung. "Buddhist Elements in Early Chinese Art." *Artibus Asiae* 47:3–4 (1986): 263–316.

———. *Monumentality in Early Chinese Art and Architecture*. Stanford: Stanford University Press, 1995.

———. *The Wu Liang Shrine: The Ideology of Early Chinese Pictorial Art*. Stanford: Stanford University Press, 1989.

Xiao, Chi. *The Chinese Garden as Lyric Enclave: A Generic Study of the Story of the Stone*. Ann Arbor: University of Michigan, Center for Chinese Studies, 2001.

Xiao, Tong. *Wen xuan or Selections of Refined Literature*, Vols. 1–3. Tr. David R. Knechtges. Princeton: Princeton University Press, 1982–1996.

Xiong, Victor Cunrui. *Emperor Yang of the Sui: His Life, Times, and Legacy*. Albany: State University of New York Press, 2006.

———. "Ji-Entertainers in Tang Chang'an." In *Presence and Presentation: Women in the Chinese Literati Tradition*. Ed. Sherry J. Mou. London: MacMillan, 1999.

———. "The Land-tenure System of Tang China: A Study of the Equal-field System and the Turfan Documents." *T'oung Pao* 85 (1999): 328–390.

———. "Ritual Architecture under the Northern Wei." In *Between Han and Tang:*

Visual and Material Culture in a Transformative Period. Ed. Wu Hung. Beijing: Wenwu, 2003.

———. *Sui-Tang Chang'an*. Ann Arbor: University of Michigan, Center for Chinese Studies, 2000.

Xu, Gan. *Balanced Discourses*. Tr. John Makeham. Intr. John Makeham and Dang Shengyuan. New Haven: Yale University Press, 2002.

Yamada, Toshiaki. "The Lingbao School." In *Daoism Handbook*. Ed. Livia Kohn. Leiden: E. J. Brill, 2000.

Yan, Zhitui. Yen Chih-t'ui 참조.

Yang, C. K. *Religion in Chinese Society: A Study of Contemporary Social Functions of Religion and Some of Their Historical Factors*. Berkeley: University of California Press, 1961.

Yang, Chung-i. "Evolution of the Status of 'Dependents.'" In *Chinese Social History: Translations of Selected Studies*. Ed. E-tu Zen Sun and John De Francis. New York: Octagon Books, 1972.

Yang, Hong. "Changes in Urban Architecture, Interior Design, and Lifestyles between the Han and Tang Dynasties." In *Between Han and Tang: Visual and Material Culture in a Transformative Period*. Ed. Wu Hung. Beijing: Wenwu, 2003.

Yang, Hsiung [Xiong]. *The Canon of Supreme Mystery*. Tr. Michael Nylan. Albany: State University of New York Press, 1993.

Yang, Hsüan-chih. *A Record of the Buddhist Monasteries in Lo-yang*. Tr. Wang Yi-t'ung. Princeton: Princeton University Press, 1984.

Yang, Lien-sheng. "Great Families of the Eastern Han." In *Chinese Social History: Translations of Selected Studies*. Ed. E-tu Zen Sun and John De Francis. New York: Octagon Books, 1972.

———. "Notes on the Economic History of the Chin Dynasty." *Harvard Journal of Asiatic Studies* 9 (1945–1947): 107–185. Rpt. in *Studies in Chinese Institutional History*. Cambridge: Harvard University Press, 1961.

Yang, Xiaoshan. *Metamorphosis of the Private Sphere: Gardens and Objects in Tang-Song Poetry*. Cambridge: Harvard University Press, 2003.

Yeh, Chia-ying and Jan W. Walls. "Theory, Standards, and Practice of Criticizing Poetry in Chung Hung's *Shih-p'in*." In *Studies in Chinese Poetry and Poetics*. Vol. 1. Ed.

Ronald C. Miao. San Francisco: Chinese Materials Center, 1978.

Yen, Chih-t'ui. *Family Instructions for the Yen Clan*. Tr. Teng Ssu-yü. Leiden: E. J. Brill, 1968.

Yü, Chün-fang. "P'u-t'o Shan: Pilgrimage and the Creation of the Chinese Potalaka." In *Pilgrims and Sacred Sites in China*. Berkeley: University of California Press, 1992.

Yu, Taishan. "A History of the Relationships between the Western and Eastern Han, Wei, Jin, Northern and Southern Dynasties and the Western Regions." *Sino-Platonic Papers* 131, March, 2004.

Yü, Ying-shih. "Han Foreign Relations." In *Cambridge History of Ancient China*, Vol. 1: *The Ch'in and Han Empires*. Ed. Michael Loewe. Cambridge: Cambridge University Press, 1986.

———. "Individualism and the Neo-Taoist Movement in Wei-Chin China." In *Individualism and Holism: Studies in Confucian and Taoist Values*. Ed. Donald Munro. Ann Arbor: University of Michigan, Center for Chinese Studies, 1985.

Zheng, Yan. "A Preliminary Study of Wei-Jin Tombs with Murals in the Hexi Region." In *Between Han and Tang: Cultural and Artistic Interaction in a Transformative Period*. Ed. Wu Hung. Beijing: Wenwu, 2001.

Zhu, Yanshi. "The Capital City Ye of the Eastern Wei and the Northern Qi." In *Between Han and Tang: Visual and Material Culture in a Transformative Period*. Ed. Wu Hung. Beijing: Wenwu, 2003.

Ziporyn, Brook. *The Penumbra Unbound: The Neo-Taoist Philosophy of Guo Xiang*. Albany: State University of New York Press, 2003.

Zürcher, Erik. *The Buddhist Conquest of China*. 2 vols. Leiden: E. J. Brill, 1959.

———. "Buddhist Influence on Early Taoism: A Survey of Scriptural Evidence." *T'oung Pao 66* (1980): 84–147.

———. "Prince Moonlight: Messianism and Eschatology in Early Medieval Chinese Buddhism." *Toung Pao* 68 (1982): 1–75.

중국어 일본어

『李白集校注』, 上海: 上海古籍出版社, 1980.

加賀榮治, 『中國古典解釋史 — 魏晉篇』, 東京: 勁草書房, 1964.

谷川道雄, 『隋唐帝國形成史論』, 東京: 筑摩書房, 1971.

郭沫若 編, 『曹操論集』, 北京: 三聯書店, 1964.

宮崎市定, 『九品官人法の研究 — 科擧前史』, 京都: 東洋史研究會, 1956.

宮川尙志, 『六朝史研究 — 政治社會篇』, 京都: 平樂寺書店, 1964.

──, 『六朝史研究 — 宗教篇』, 京都: 平樂寺書店, 1964.

吉川忠夫, 『六朝精神史研究』, 京都: 同朋舍, 1984.

唐長孺, 「門閥的形成及其衰落」, 『武漢大學人文科學學報』 8 (1959): 1 – 24.

──, 『魏晉南北朝隋唐史論叢』, 北京: 三聯書店, 1955.

──, 『魏晉南北朝隋唐史論叢續編』, 北京: 三聯書店, 1959.

──, 『魏晉南北朝隋唐史三論』, 武漢: 武漢大學出版社, 1992.

大室幹雄, 『桃源の夢想 — 古代中國の反劇場都市』, 東京: 三省堂, 1984.

──, 『園林都市 — 中國中世の世界像』, 東京: 三省堂, 1985.

牟宗三, 『才性與玄理』, 臺北: 學生書局, 1978.

潘天壽, 『顧愷之』, 上海: 上海人民出版社, 1958.

森野繁夫, 『六朝詩の研究 —「集團の文學」と「個人の文學」』, 東京: 第一學習社, 1956.

松原三郎, 『中國佛敎彫刻史研究』, 東京: 吉川弘文館, 1966.

嚴耕望, 『中國地方行政制度史』 全3冊, 南港: 中央研究院歷史語言研究所, 1963.

呂謙擧, 「兩晉六朝的史學」 杜維運 · 黃進興 編, 『中國史學史論文選集』 第1冊, 臺北:

華世出版社, 1976.

榮新江, 『中古中國與外來文明』, 北京: 三聯書店, 2001.

吳功正, 『六朝園林』, 南京: 南京出版社, 1992.

王仲犖, 『魏晉南北朝史』上下, 上海: 上海人民出版社, 1979.

──, 『曹操』, 上海: 人民出版社, 1956.

魏嘉瓚 編, 『蘇州歷代園林錄』, 北京: 燕山出版社, 1992.

劉淑芬, 『六朝的城市與社會』, 臺北: 學生書局, 1992.

前田正名, 『平城の歷史地理學的研究』, 東京: 風間書房, 1979.

佐久間吉也, 『魏晉南北朝水利史研究』, 東京: 開明書院, 1980.

周一良, 『魏晉南北朝史論集』, 北京: 北京大學出版社, 1997.

竹田晃, 『曹操 ─ その行動と文學』, 東京: 評論社, 1973.

陳寅恪, 「東晉南朝之吳語」, 『陳寅恪先生論文集』, 臺北: 三人行出版社, 1974.

──, 「從史實論『切韻』」, 『陳寅恪先生論文集』, 臺北: 三人行出版社, 1974.

──, 「『桃花源記』旁證」, 『陳寅恪先生論文集』, 臺北: 三人行出版社, 1974.

川本芳昭, 『魏晉南北朝時代の民族問題』, 東京: 汲古書院, 1998.

川勝義雄, 『六朝貴族制社會の研究』, 東京: 岩波書店, 1982.

──, 『中國の歷史 4 ─ 魏晉南北朝』, 東京: 講談社, 1974.

湯用彤, 『魏晉玄學論稿』, 石家莊: 河北人民出版社, 2000(『湯用彤全集』版).

韓國磐, 『南北朝經濟試探』, 上海: 上海人民出版社, 1963.

侯迺慧, 『唐宋時期的公園文化』, 臺北: 東大圖書, 1997.

──, 『詩情與幽境 ─ 唐代文人的園林生活』, 臺北: 東大圖書, 1997.

지은이의 말

남북조 시대 역사를 다룬 이 책을 집필하면서 내가 참고했던 모든 연구서와 논문의 저자들에게 감사를 표하고 싶다. 이들의 이름은 각주와 참고문헌에서 확인할 수 있다. 그리고 이 시리즈의 책임 편집자이자 이 책을 위해 나와 많은 대화를 나누고 격려를 아끼지 않은 티모시 브룩Timothy Brook, 이 시리즈를 기획하고 재정적으로 지원한 하버드 대학교 출판부의 캐슬린 맥더모트Kathleen McDermott, 그리고 역시 출판부에 근무하며 이 책의 개선 방향에 대한 수많은 조언을 해준 수전 월리스 베이머Susan Wallace Boehmer에게 감사드린다. 나는 특히 앨버트 딘Albert Dien으로부터 큰 도움을 받았다. 그의 저서인 『Six Dynasties Civilization』은 남북조 시대의 물질문화에 대해 공부하고 도상 자료를 파악하는 데 귀중한 도움이 되었다. 그뿐 아니라 그는 이 책의 원고 전체를 읽고 많은 비평과 조언을 아끼지 않았다. 마지막으로 이 책의 원고 집필과 교정을 도와준 아내 크리스틴 잉그리드 프리크룬드Kristin Ingrid Fryklund에게 고마움을 전하고 싶다. 그럼에도 남아 있는 오류 및 따로 역자를 언급하지 않은 번역은 전부 저자인 나에 의한 것임을 밝혀 둔다.

옮긴이의 말

이 책의 저자인 마크 에드워드 루이스는 전국 시대와 진한 시대 역사를 주로 연구하는 중국 고대사 전공자이다. 그러나 이제까지 발표한 저서와 논문을 보면 시대적 범위가 위로는 상대商代로 올라가기도 하고 아래로는 수당대까지 내려오기도 할 뿐 아니라 주제 면에서 보아도 정치, 사회, 경제, 신화, 철학, 종교 등 다방면에 걸쳐 있다. 전체 6권으로 구성된 이 시리즈에서 송대부터는 각 권을 한 사람의 저자가 맡아 집필한 것에 비해, 진한 제국을 다룬 제1권, 위진남북조를 다룬 제2권, 수당 제국을 다룬 제3권을 저자가 혼자서 집필한 점은 다소 특이하게 보일 수도 있다. 그러나 저자의 광범위한 연구 주제와 경력을 알고 나면 시리즈의 구성을 곧 수긍할 수도 있을 것이다. 내가 케임브리지대 박사과정에 입학하기 직전에 저자가 케임브리지대에서 스탠포드대로 옮겨간 탓에 그의 강의를 직접 들어볼 기회는 없었지만 그 박람강기博覽强記에 대해서는 여러 차례 소문(!)으로 접한 바가 있었다. 이런 인연도 있었고, 내가 잠시 케임브리지대에서 연구원으로 지내며 강의하던 시절에 이 책의 원서를 교재로 사용한 일도 있었기 때문에, 이 책을 번역해 달라는 이야기를 들었을 때는 반갑기도 했지만 한편 부담스럽기도 했다. 내용을 보면 알 수 있는 것처럼, 흔히 접할 수 있는 중국사 개설서와는 달리 문학이나 철학은 물론 농업과 같은 다양한 주제를 통해 위진남북조를 조망하고 있는 터라 번역하기가 쉽지 않으리라는 걱정이 앞섰던 것이다. 아울러 이 책은 기본적으로 한자나 중국어를 모르는 영어권 독자가 읽을 것을 염두에 두고 쓴 책이기 때문에 책 전체에 한자가 한 글자도 없는 것은 물론이거니와 우리에게 익숙한 중국사 특유의 용어를 사용하지 않은 것도 걱정거리였다.

하지만 내가 가장 먼저 고민했던 것은 책의 제목에도 드러나 있는 시대 명칭이었다. 보통 한국에서는 후한 제국이 무너지고 수당 제국이 중국을 재통일하기까지 400여 년에 걸친 시기를 '위진남북조'라고 부르는 데 비해, 저자는 이 명칭보다 짧은 '남북조'를 고수한다. 우리에게는 사소한 차이처럼 느껴질 수 있지만 영어로 '위진남북조'는 'Wei, Jin, and Northern and Southern Dynasties'라는 다소 장황한 명칭이 되어버린다는 점을 무시할 수 없다. 그러나 저자의 의견에서 보다 경청할 부분은 이 기간 동안 실제로 중국은 남북으로 분열되어 있었으므로 '남북조'로 볼 수 있다는 것이다. 즉 사마씨의 서진 왕조가 통일을 이룬 아주 짧은 기간을 제외하면 위·촉·오 삼국 시대를 포함하여 4세기에 가까운 이 기간 동안 중국은 실질적으로 황하 유역을 중심으로 하는 북중국과 양자강 유역을 중심으로 하는 남중국의 두 부분으로 나뉘어 있었다는 점이다. 위·촉·오의 삼국, 서진의 통일, 동진과 오호십육국, 남조와 북조 등으로 각기 분절적으로 이해하기 쉬운 이 시대를 저자는 남과 북의 틀로 비교적 크게 묶어서 이해하는 것이다. 저자의 이 주장을 존중하여 책의 제목에서는 '남북조'라는 명명을 따랐다. 다만 한국에서 '남북조'라는 시대 명칭은 대체로 북위가 북중국을 통일하고 유송이 남중국을 지배하여 남북 양쪽에 하나씩의 왕조가 성립한 시기부터를 가리킬 때 사용하므로 오히려 혼란을 불러올 우려가 있기 때문에, 부득이하게 본문에서는 저자의 '남북조' 대신 한국에서 더 널리 통용되는 '위진남북조'를 사용하여 번역하였다.

남북조라 부르든 위진남북조라 부르든 이 시대에 대한 일반적인 인상은 400여 년에 걸친 분열과 혼란의 시대, 중국 역사상 처음으로 이민족이 중원을 점령한 미증유의 혼란기, 문약한 지배층의 예술, 지적 허무주의, 불교신앙의 확산 같은 것들이 아닐까 싶다. 게다가 수많은 왕조들이 명멸한 탓에 전공자가 아니라면 각 왕조의 이름, 연도, 지역조차 제대로 기억하기 어려운 것이 사실이다. 그렇다면 이러한 시대를 어떻게 이해하고 설명할 것인가, 이 시대는 중국 역사의 흐름 속에서 어떠한 의미를 가지고 있을까. 저자는 이 물음에 대해 먼저 '들어가는 말'에서 자신의 문제의식과 접근 방법을 간결하게 설명하고 있다. 이 책을 다 읽은 후에 '들어가는 말'과 '나오는 말'의 내용을 다시 한 번 읽어보고 이 물음에 대한 답을 독자 스스로 찾아보면 좋을 것 같다.

그 외에 옮긴이로서 독자가 눈여겨보았으면 하는 점이 몇 가지 있다. 우선 이 시대에 장기간 북중국을 지배했던 이민족, 즉 비한족들의 역사적 역할을 강조하는 저자의 시각이다. 선비 탁발부가 북위를 건국한 이후로 북중국의 정치권력은 북방 유목 민족의 수중에 있었다고 보고 북위에서 수당까지를 일종의 '탁발 왕조'로 이해하는 시각도 제기될 정도로, 요즘은 이 시대 중국 역사를 만들어가는 과정에서 한족이 아닌 다양한 민족들이 행한 역할에 주목하고 있다. 한국에서는 옮긴이의 은사이신 박한제 교수가 이미 오래전부터 호한체제론胡漢體制論이라는 틀을 통해 북방 유목 민족들의 역할을 강조하기도 했다. 이 책의 마지막 부분에서도 드러나듯, 이들 북방 유목 민족들의 유산은 수당 제국을 형성하는 데 큰 기여를 하였고, 이 점에서도 위진남북조의 역사적 의미는 간과할 수 없음을 기억할 필요가 있다.

또 다른 한 가지는 저자가 이 시대 지배층을 보는 시각이다. 한국에서는 흔히 위진남북조의 지배층을 귀족이라 부른다. 이 시대 귀족들의 사회적 지위는 매우 강고한 것이었고 이름난 문벌門閥 귀족들이 유난히 눈에 띄는 것이 사실이다. 이러한 역사적 상황 때문인지 서양 학계에서도 다소 이견이 있기는 하지만 대체로 이들을 '귀족aristocrats'으로 파악하는 경우가 많다. 그러나 저자는 귀족이라는 용어를 사용함으로써 오히려 오해를 불러올 수 있다고 보고 구태여 '귀족aristocrats' 대신 '유력 가문great families'을 고수하고 있다. 저자는 본문 중에서 그 이유를 몇 차례 밝히고 있는데, 저자의 논리를 전면적으로 수긍하기는 어렵지만 이 시대 지배층의 실상과 '귀족'이라는 명칭이 부합하는지 한 번 생각해보는 기회가 되면 좋겠다. 본문 중에서는 저자의 의도를 존중하여 일반적으로 한국에서 통용되는 귀족이라는 용어를 피하고 일부러 다소 어색하게 느껴질 수도 있는 '유력 가문'이라는 용어를 사용하였다.

마지막으로 한 가지 덧붙이자면, 이 책은 위진남북조라는 시대를 이해하기 위하여 도교와 불교에 적지 않은 관심을 기울이고 있다. 한국의 위진남북조사 연구는 대체로 정치사·제도사·사회사를 중심으로 이루어져왔고, 중국 문학이나 중국 철학 등의 분야가 별개로 존재하는 탓인지 문학·사상·종교 등은 그다지 큰 주목을 받지 못했던 것이 사실이다. 그러나 역사에서 처음으로 도교와 불교가 중국의 역사 무대에 등장하여 다양한 역사상을 만들어내기 시작한 것이 이 시대인 만큼, 이 시대의 분위기를 제대로 이해하기 위해서는 이들 종교에 대해서 주의를 기울일 필요가 있다. 이 시대의 개설서로는 드물게 이 책은 이들 종교가 당시의 사회에서 어떠한 모습으로 등장하여 성장했는지를 정치, 사회, 경제, 가족, 문화, 예술 등 다양한 각도에서 보여주고 있다.

각주나 참고문헌을 보면 알겠지만 저자는 한문으로 된 원사료나 중국 혹은 일본의 연구 성과는 그다지 인용하지 않았다. 거의 철저할 정도로 미국과 유럽 학계의 연구 성과, 혹은 원사료의 영어 번역만 인용하고 있다. 다시 말해 저자는 가능한 범위에서 서양의 연구 성과를 토대로 서양인에게 위진남북조사를 개괄하여 설명하려 한 것이다. 이는 그만큼 이 시대의 다양한 주제들에 대하여 미국과 유럽의 성과가 축적되어 있다는 의미이다. 한국에서 연구와 교육에 종사하는 입장으로서는 반성하게 되는 부분이다. 물론 한국인의 입장에서 아쉬운 부분이 없는 것은 아니다. 이 시대 한반도 역사에 대한 저자의 서술은 한국 학계의 성과를 제대로 참고하지 못한 탓인지 그다지 정확하지 않거나 동의하기 어려운 부분도 있다. 그럼에도 저자의 의도를 존중하려는 취지에서 일일이 역주를 덧붙여 설명하지는 않았다. 한반도와 관계된 부분이 아니라도 저자의 이해에 동의하기 어려운 부분이 없지 않았으나, 이 역시 저자의 의도를 효율적으로 전달하기 위해 명백한 사실관계의 오류가 아닌 이상 그대로 두었다.

한자가 한 글자도 없는 영어 원문을 보고 하나하나 고유명사의 한자들을 찾거나 저자의 영어 번역이 맞는지 한문 사료의 원문을 찾느라 적지 않은 시간이 걸렸다. 여기에 옮긴이의 게으름이 더해 번역 작업이 예정보다 많이 지체되었음에도 너그럽게 기다려주신 너머북스 이재민 대표에게 감사드린다. 그리고 어색한 문장과 잘못된 번역을 꼼꼼하게 지적하고 수정해주신 이유나 편집자에게도 감사드린다. 그럼에도 여전히 남아 있는 번역상의 문제들은 전부 옮긴이 탓이다.

2016년 3월

조성우

찾아보기